Carl Bleibtreu

Die Völkerschlacht bei Leipzig

Ein Gedenkbuch zu den Jahrestagen der Völkerschlacht bei Leipzig vom

16.-18. Oktober 1813

EHV
HISTORY

Carl Bleibtreu

Die Völkerschlacht bei Leipzig

Ein Gedenkbuch zu den Jahrestagen der Völkerschlacht bei Leipzig vom 16.-18. Oktober 1813

ISBN/EAN: 9783955643171

Auflage: 1

Erscheinungsjahr: 2013

Erscheinungsort: Bremen, Deutschland

@ EHV-History in Access Verlag GmbH, Fahrenheitstr. 1, 28359 Bremen. Alle Rechte beim Verlag und bei den jeweiligen Lizenzgebern.

EHV
HISTORY

Die Völkerschlacht bei Leipzig.

Ein Gedenkbuch
zu den Jahrestagen der Völkerschlachten bei Leipzig
vom 16. bis 18. Oktober 1813.

Von

Carl Bleibtreu.

Vierte völlig umgearbeitete und vermehrte Auflage.

Leipzig.
Verlag von Theod. Thomas.
1907.

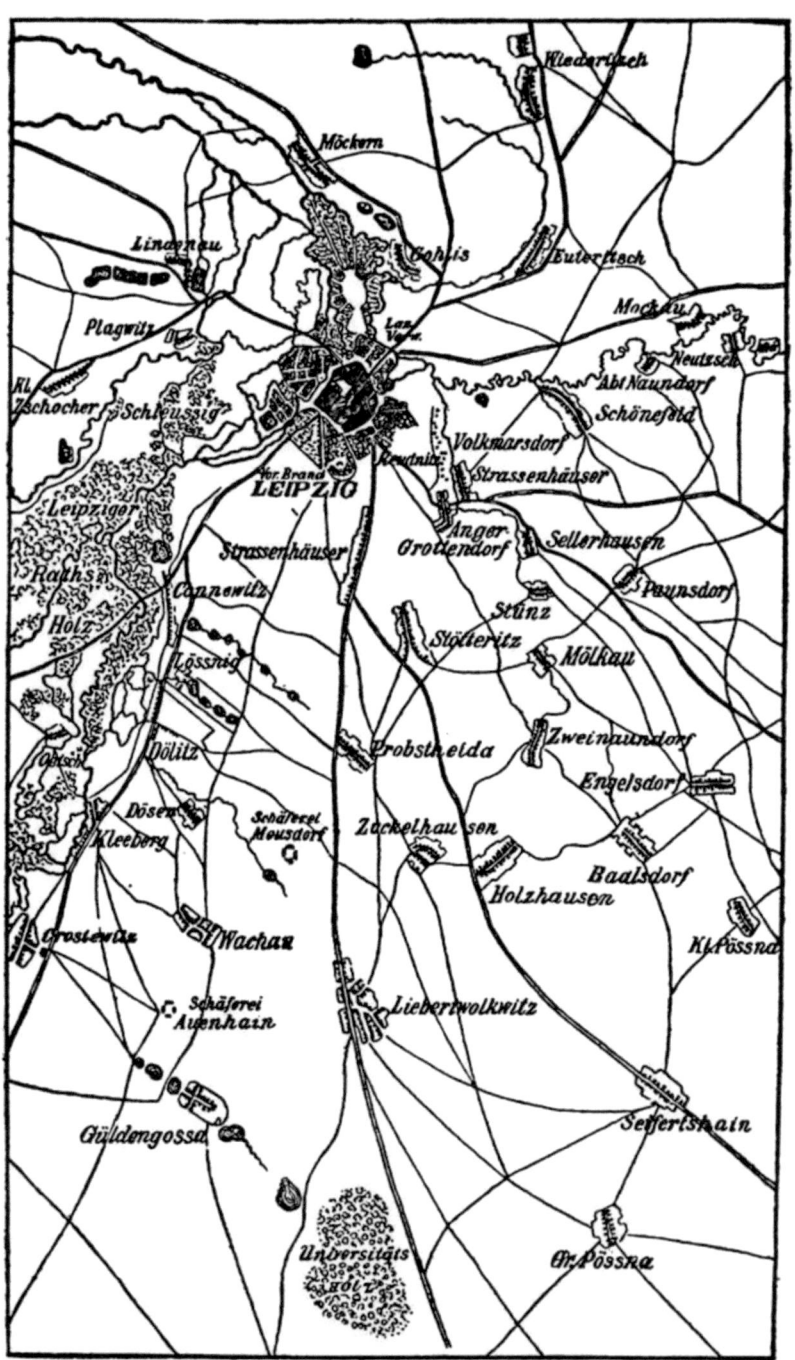

„Daß keiner ihn grüßt, wenn er einzieht, sonst gibt's Wichse!"

„Ist er schon hier, das Ungeheuer, die Gottesgeißel? Daß der deutsche Boden ihn verschlänge!"

„Ja, Brüder, sie naht, die Hermannsschlacht! Und Frankreich wird jammern: Varus, gib mir meine Legionen wieder!"

„Wohlauf zum lustigen Jagen! Ihr Brüder, auch für Sachsen schlägt die Stunde der Rache. O, daß wir mittun dürften als Streiter in deutschen Reihen! Das Volk steht auf, der Sturm bricht los, und kein deutscher Jüngling sollte am Ofen hocken!"

So plauderte erregt ein Schwarm Leipziger Studenten, Arm in Arm mit Mützen und Bändern ihrer Couleurs, draußen am Feldrain südöstlicher Gemarkung vor den Toren der Stadt. Und die deutschen Linden und Pappeln nickten ihnen zu, daß sie schon die Eichen des Teutoburger Waldes zu erblicken glaubten, unter denen der römische Dränger in sein Schwert fiel und die Barden teutonischer Furie zum Dröhnen der Stierhörner ein Loblied sangen. Und begeistert stimmten sie an, unbekümmert um polizeiliche Ohren, das Lied von Lützows wilder verwegener Jagd, das ja einer von ihnen, der Theodor Körner, gedichtet. Denn wo lebte allzeit ein regeres Gefühl für Alldeutschlands Würde und Herrlichkeit, als in der guten alten Seestadt Leipzig! In diesen gemütlichen Sachsen, denen man weder ihre ungewöhnliche geistige Begabung noch ihre hervorragende Tapferkeit ansieht, steckt ein Untergrund von Idealismus und Begeisterungsfähigkeit und unverwüstlichem Stolz auf deutsche Eigenart.

1*

„Der Gott, der Eisen wachsen ließ, der wollte keine Knechte" — soeben hatten sie's angestimmt, frischfreifröhlich wie Zöglinge des Turnvaters Jahn, als plötzlich zwischen den Bäumen ein einzelner Reiter hervorkam. Erst fern dahinter ward ein Gefolge sichtbar. Der graue Rock verschlissen und an den Schößen von Biwakfeuern braunfleckig angesengt, die Hutkrempe zerknüllt, von welcher in letzten Tagen wohl oft der gräuliche Landregen heruntertroff, die Hautfarbe gelbbläßlich, die Haltung nachlässig und ohne jede Pose — aber welch ein Antlitz, nicht zu verkennen, und welche Augen und welch ein Blick, der diese Jünglingsgruppe streifte! Jeder wußte ja, wer das war, es gab nur den Einen auf Erden. Und als der kleine unansehnliche Mann einsam vorüberschlenderte, da geschah etwas seltsames. All diese Jünglinge, die sich verschworen, ihm den Gruß zu weigern, erfüllt von echtem vaterländischen Zorn, standen da, die Mützen in der Hand, wie auf Kommando in Reih' und Glied das Haupt entblößend. Der Cäsar nickte leicht mit kurzem Wink der wunderschönen weißen Hand, ihn vorbeizulassen, und ritt über das Feld dahin. Sie starrten ihm nach, der sie schon vergaß. Sie aber würden ihn wohl nimmer vergessen. In beklommenem Schweigen zogen sie heim und endlich fand einer das erlösende Wort: „Es ist doch ein großer Mann!"

Dumpf rauschte es über die Gefilde heran wie Flügelschlag stoßbereiter Raubvögel. Hinter Cäsar seine Legionen.

Ja, die Große Armee, die unter seinen Adlern der Trikolore folgte, — das war eine Armee! Jeder stolz, ihr anzugehören. Auf den Fahnen der altfranzösischen Regimenter standen die Namen Lodi, Arcole, Pyramiden, Heliopolis, Marengo, Austerlitz, Jena, Friedland, Corunna, Ocanna, Eckmühl, Aspern, Wagram, Borodino. Diese Namen waren es, welche so verschiedene Nationalitäten unter gleichem Banner straff zusammenhielten. Die Verschiedenheit prägte sich nur in der bunt gemischten wechselnden Farbe aus, durch welche die sonst im Schnitt übereinstimmenden Uniformen der Fremden von denen der Franzosen abstachen.

Da strahlten oft krepprote Röcke mit himmelblauen Vorstößen und gelben Kragen der Schweizer neben den himmelblauen Uniformen mit gelben Aufschlägen der polnischen

Weichsel-Legion. Da sah man auch kapuzinerbraune Fracks mit dunkelroten Klappen und grünen Epauletten und die lackierten Lederhelme von Portugiesen neben den weißen mit hellgrünen Vorstößen geschmückten Uniformen des spanischen Garde-Leib-regiments Josef Napoleon. Da begrüßten die grüntuchenen Spenser der piemontesischen Dragoner die gleiche Kostümierung der belgischen reitenden Jäger. Unter den Rheinbündlern fielen die Westfalen durch ihre vollständig weiße Bekleidung mit roten Passepoils auf — ähnlich jener der Holländer des 3. Regiments der Kaisergarde. Fehlte hier auch ein Teil dieser Fremdtruppen, so standen doch immer noch Bleibsel von Spaniern, Illyriern, Rheinbündlern neben Franzosen, Italienern, Polen, und Söhne des deutschen Rheins dienten unter den gallischen Adlern.

Und drüben nordgermanische Stämme, Schweden und Eng-länder, Slaven und Hunnen. Ein Bild schauriger Erhabenheit mußte sich hier entrollen, der Anblick neuer Völkerwanderung, Schlacht auf den Catalaunischen Feldern, ein Ringen von Norden und Osten gegen Süden und Westen. Doch der Attila war diesmal ein Cäsar der Franken, ein Spätling des alten Rom, ein Wildling aus corsischer Urnatur.

— — — — — — — — — —

„Der Kaiser kommt!" ging es am vierzehnten Oktober morgens von Mund zu Mund.

Die Gardereiterei langte in den Vorwerken von Leipzig an. Da war das Regiment der polnischen Garde-Lanciers, Lanzenreiter in blauem Waffenrock mit carmoisinroten Kragen und rosaroter Czapka. Da flatterten die rotweißen Fähnlein der Holländer roten Lanciers, in Scharlach mit blauen Auf-schlägen gekleidet. Und in ihre wirbelnden Kesselpauken schmetterten die Trompeten der Jäger-zu-Pferde hinein, die in schwarzen Pelzmützen mit rotem Kalpak, den zinnoberroten, gelb-verschnürten Dolman über die Achsel geworfen, einen malerischen Anblick boten. Da trabten auch die Dragoner der Kaisergarde vorüber, in gelbem Helm mit Pantherfell-Besatz, während vom Kamm der schwarze Roßschweif niederflatterte....

Endlich erschien die heut diensttuende Schwadron der Grenadiere-zu-Pferde auf gewaltigen Gäulen normännischer Rasse, fast jeder auf den weißen Aufschlägen das rote Band der Ehrenlegion zeigend — in ihrer Mitte im grauen zerschlissenen Überrock und grünem Jägerfrack der welterschütternde Mann.

In dem glänzenden Gefolge, wo mancher Großadler der Ehrenlegion am breiten carmoisinroten Band erkennbar war und der stattliche B e r t h i e r Fürst von Wagram in der gelben Uniform seiner Neufchateller Leibgarde die beste Figur machte, bildete das marmorne Imperatorantlitz doch den Zielpunkt aller Blicke. Er lüftete gleichgültig den historischen Hut auf den sklavisch devoten Jubelruf der zwanggehorchenden Bürger.

Das schicksalmächtige Auge streift durchdringend über das künftige Schlachtfeld hin, das hunderttausend Streiter verschlingen soll. Sein fahler Schimmel schlendert über den ungeheuren Leichenacker der Zukunft, wo aus der Grabverwesung doppelte Fruchtbarkeit der Felder nach dem grausamen Hohn der Naturgesetze entstehen, wo aus Tod und Vernichtung auch neue Blüten der Menschheit ersprießen sollen.

Natur und Geschichte, beide sind hart und streng. Im Erntemonat wird jetzt der Schnitter Tod die mitleidlose Sichel schwingen, aber Pfingstfrühling, rote Pfingsten, Völkerfrühling soll dieser schaurigen Ernte folgen? —

Rings öde unbebaute Sandflächen, wo später volle Ähren und satte Wiesengründe prangen. Einige Erlenhölze auf der Wachauer Ebene — die wird der Eisenhagel der Batterien schon niederstrecken. Sonst auf dem wellenförmig sanft absteigenden und abfallenden Plateau gar keine Deckung im offenen Feld.

Ha, die Dörfer — wie auf willkommene Beute zuckt das Adlerauge des Empereurs von Ort zu Ort.

Ja, dies trotzige Kinn, diese mächtig gezeichnete Nase, die halb an den Fuchs, halb an den Löwen gemahnte, verrieten eine Willenskraft, die nur an sich selbst scheitern konnte.

Die Karte vor sich auf dem Hals des Schimmels, klopfte er, nachlässig vornübergebeugt, an die blanken Stiefel mit der Reitgerte oder zog Luftkreise, als zeichnete er die kommende Riesenschlacht so nebenbei auf ein neues Riesenblatt der Clio, das unsichtbar zu seinen Häupten rauschte — oder war's der Fittich der Nemesis? Heut vor sieben Jahren — Jena!

„Sta bene?“ begrüßte Napoleon seinen Verwandten Arrighy di Casanova, Herzog von Padua, sonst Chef des dritten Reiterkorps, dem er außer dem ständigen Gouverneur Margaron, einem tüchtigen, aber abgebrauchten und körperlich leidenden Veteranen, besondere Bewachung von Leipzig anvertraut hatte. In der Familie sprach der Corse meist italienisch, in Jugendgewohnheit verfallend.

„Altro!“ erwiderte Arrighy gleichmütig mit nationalcharakteristischer schnalzender Gebärde. „Gemäß Ihrem Brief vom 12. vier Uhr nachmittags habe ich den Brückenkopf bei Lindenau palisadieren lassen und sämtliche fünf Hauptbrücken und sechzehn Verbindungsbrücken im nordöstlichen Winkel des langen Defilees entsprechend besetzt. Aber ich habe nicht viel Leute, denn fast alle meine Depottruppen des Generals Lefol stießen zu Augereau, und so habe ich nur vier Conscribiertenbataillone zur Verteidigung von Lindenau unter General Morio de l’Jsle.“

„Ich schrieb am 12. acht Uhr abends noch ausdrücklich an Murat, daß alle Brücken mit Palisadentambour zu umgeben seien, aber ich höre, daß Ihre Schanzarbeiten noch lange nicht vollendet sind.“

„Ich habe vier Schanzen als Batterieeinschnitte, jede mit zehn Kanonen, in Angriff genommen.“

„Sputen Sie sich mit der Herstellung!“

Der Empereur eilte sofort zum Grimmaischen Tor hinaus und machte in der Nähe des Galgens Halt. Nachdem man ihm einen Feldstuhl, einen Tisch und eine Karte des Kriegstheaters gebracht, begab er sich unverzüglich an die Arbeit, die er nur einmal unterbrach, um den König von Sachsen zu begrüßen, der von Wurzen her anlangte. In weißer Uniform, über die zwei große Uhrketten herunterhingen, mit gepudertem Haar, entstieg der ehrwürdige Monarch der Karosse in Begleitung der Königin. Letztere fragte: „Sie werden morgen Schlacht liefern, Sire?“ „Ja, ich glaube.“ „Und werden gewinnen,“ trumpfte die junge Prinzeß Auguste auf. Napoleon lachte leicht. „Ah, da sieht man die Frauen! Sie zweifeln an nichts. Doch wir wollen’s hoffen.“ Während dessen erhob sich der heftigste Kanonendonner bei Liebertwolkwitz. Die Meldungen klärten

ihn bald auf, daß es sich um ein forciertes Avantgarden-
gefecht handelte. Er bekümmerte sich also gar nicht darum und
blieb bei seinen Karten bis gegen vier Uhr...

In Leipzig herrschte fieberhaftes Treiben. Gouverneur
Margaron, schon lange hier als Platzkommandant die Etappen
bewachend, Intendant Daru, Armeezahlmeister Peyrousse jam-
merten über Verpflegungszustände. „Das war vorig Jahr ein
ander Werk, als wir allein 23 000 Ochsen aus Ostpreußen
requirierten und ganz Preußen zwei Millionen Zentner Weizen,
Reis, Kartoffeln, Heu, Hafer, Stroh und zwei Millionen Flaschen
Bier und Branntwein liefern mußte! Wenn ich noch an die
zwei Millionen Portionen Zwieback in Danzig denke, wo unsere
Militärbäckerei täglich 60 000 Brotportionen buk!" „Jawohl,
aber wundern wir uns nicht, daß diese Völker uns hassen. Es
war, parbleu, zu arg! Die 34 Millionen Branntweinrationen,
die damals sichergestellt wurden, sind ausgetrunken, aber der
bittere Bodensatz kommt nach!" — „Wenn nur unser Park von
Eilenburg durchkommt!" seufzte der Aidemajor-General Drouot
seinen Artillerie-Generalen zu. „Der Brückentrain ist auch
dabei, und den könnten wir hier hochnötig haben." „Ja, das
kennt man schon! In Rußland hatten wir 520 Pontons, und
als wir sie brauchten wie's liebe Brot, da mußten die vierhundert Helden von Eblé und Chasseloup an der Beresina allein
die Sache besorgen." Alles schwieg düster. Die Erinnerung
an den unvergeßlichen Brückenschlag, wo die Vierhundert in
übermenschlicher Arbeit samt und sonders ihr Leben hingaben
für ihre Brüder, klang wie ein böses Omen. „Nichts ist mehr
in gutem Stand. Bei Borodino verfeuerten wir 44 000
Kanonenschüsse, 2½ Millionen Gewehrpatronen, und doch war
Munitionsersatz sofort zur Hand bei unseren 2500 Munitions-
wagen, obschon wir 500 nebst 100 Geschützen aus reinem Be-
spannungsmangel in Wilna stehen ließen. Das war wohl mit
das größte Wunder, daß wir so viele bis Moskau durch-
brachten. Hier werden wir noch viel mehr Schießbedarf
brauchen, aber wenn der Park uns fehlt, kann der Ersatz
ausgehen."

Von Lazarett zu Lazarett ritt ein kleiner Mann in besonderer Uniform, dessen Gesichtsschnitt eine gewisse Ähnlichkeit
mit Napoleon aufwies, und entwickelte einen wahrhaft napole-

onischen Eifer. Das war der berühmte Chirurg Generalarzt
Reichsbaron Larrey. „Ich erinnere nochmals an Instruktion
Sr. Majestät vom elften August 1811 an die Truppenärzte des
Elbkorps," ermahnte er die Sanitätsoffiziere, „darin sind alle
leitenden Gedanken niedergelegt. Sie wissen, der Kaiser will
lieber die blutigste Schlacht verlieren, als die Truppen in unge-
sunde Orte stecken. Die Hospitäler der Stadt sind übervoll.
Wenn sie nicht entlastet werden, fürchte ich einen Seuchenherd,
aber wie schwer wird der Abtransport werden!" Mittlerweile
rückten schon die halben Krankenträgerkompagnien und Divi-
sionsambulanzen von je fünfzehn Sanitätspersonen, sowie der
Ambulanzwagen, der jedem Regiment extra folgte, hinaus ins
Feld. Denn draußen ritt dort ein ganz anderer Kerl umher
als der kleine Zivilist Larrey, keine Zierde des Menschen-
geschlechts wie dieser, aber eine Zierde des Schlachtfeldes. Vom
Zauber des Napoleonsblicks, von der hinreißenden Allgewalt
der Geniepersönlichkeit, welche alles sah, alles befahl, jede
schwächliche Ermattung verwischte und Anhänglichkeit zur Begeisterung steigerte, eignete zwar dem M u r a t nichts. Gleichwohl
verlieh seine abenteuerliche Erscheinung dem Reitermut erhöhten
Schwung, wenn er wie ein leibhaftiger Kriegsgott auf schäumendem, hochsteigendem Renner an den Geschwadern entlang-
sprengte wie soeben hier. Und wo sein funkelnder, durchdringender Blick über das Heer seiner Schwertmänner und
Lanzenreiter dahinflog, dies blinkende wogende Helmenfeld,
gleich wie ein reicher Gutsbesitzer wogende Ährenäcker mit behag-
lichem Stolz überschaut, da entging ihm selten etwas von Zeit
und Raum für Sturmritte, in denen er seinen gefeierten Säbel
vor den besten Klingen Europas röten konnte.

„Das Herz geht mir vor Freude auf, endlich mal wieder
Gelegenheit zu richtiger Attacke," rief er stürmisch dem straffen
stolzen Lauriston zu, der soeben sein Armeekorps zum Kampfe
führte. Auch dieser hatte wie Victor, Poniatowski, Oudinot,
Ney, die Greuel der Beresina durchgekostet. Tränen verschluckend
stöhnte er dort: „Um Gotteswillen, Eile, Eile! Jede Störung
ist Untergang" und erhielt Eblés gelassene Abfertigung:
„Sehen Sie nicht, wie wir arbeiten?" Doch hier merkte man
nichts mehr von jener Entnervung, trotzig trug Lauriston den
stattlichen Lockenkopf mit dem massig gewölbten Kinn wieder

hoch. Und wenn er hinter sich schaute und die Massen sah, die heranströmten, nichts wie Himmel und Franzosen, dachte er eher an die Donaubrücken von Wagram und die Niemenbrücke bei Kowno, wo beidemal unter Blitz und Donner unabsehbare Kernscharen vor dem neuen Xerxes vorüberrauschten.

Wohl sank die alte Zuversicht, daß in Napoleon ein Gott sie führe, daß der Unfehlbare durchs Ungewisse geheimnisvoller Zukunft ins gelobte Land geleite, und wenn er auch beföhle, gegen den Mond zu marschieren. Doch in den jüngeren Offizieren tönte immer noch ein Echo des alten blinden Vertrauens nach, und wo als Echo der Heimat die leichtfüßigen Französchen alt-bretonische und provencalische Volkslieder intonierten, da traten die Müden fester auf. Die Söhne des Westens, seit langen Jahren in unwirtlichen Norden und Osten verschlagen und immer neu ersetzt, wenn das Massengrab sie verschlang, fühlten sich wie neugeboren, sobald es mal wieder zum Schlagen kam.

Das schrecklich schöne Schauspiel der Schlacht, wenn eine ganze Landschaft in Flammen aufgeht und Menschen im brennenden Ofen dieses Furchtbaren kaum atmen können, wird dem Soldaten zuletzt zum Spiel. Wie bei Smolensk die Reserven auf den Hügeln wie von Sitzen eines Amphitheaters den stürmenden Waffenbrüdern drunten Beifall klatschten, echt französisch wie in der großen Oper, so wünschten die anrückenden Marschsäulen sich nichts liebers, als den tosenden Reiterkampf auf der weiten Fläche zu bestaunen, welche breite Blutstraßen bald malerisch durchfärben sollten. — Die feindliche Kanonade befand sich in vollem Ausbruch. „Sacré tonnerre! Serrez les rangs!“ „Aufgeschlossen!“ tönte das barsche Kommando, wo eine treffende Eisengarbe in die Glieder einschlug. „Bah, bei Smolensk riß eine einzige Kugel 22 Mann auf einmal neben mir nieder, und ihr seht, ich bin noch springlebendig!“ spendete ein alter Korporal, eisenfest all dem Verderben entronnen und wieder an der Arbeit, als wäre nichts geschehen, erbleichenden Rekruten zweifelhaften Trost. Wer den brenzlichen Gestank verkohlten Menschenfleisches und den Verwesungsgeruch lebendig verfaulender Erfrorener überstand, den labte bloß dieser übliche Blutgeruch der Walstatt, wo man bei jedem Schritt Leichengassen hinter sich ließ, die eine stumme erschütternde Ansprache an alle Lebenden hielten.

„Ich hoffe das Beste," versetzte Lauriston achselzuckend auf Murats freudige Worte. „Ist Ihnen bekannt, Sire, daß Marschall Macdonald sich noch kürzlich herausnahm, sofortigen Rückzug bis über die Saale anzuraten?"

„Bah, der! Wenn man ihn hört, war er immer der einzig Gescheite und Anständige. Aber man muß General Thiebaut hören, wie der die alte Geschichte mit Championnet in Neapel 1799 darstellt, wo Macdonalds Intriguen seinen Chef verdrängten! Er schwört natürlich aufs Gegenteil. Was kümmern mich Macdonalds Gespenster! Er glaubt wohl, weil er Schotte ist, er hat das ‚zweite Gesicht'! Aber jetzt ist keine Zeit, im Vertrauen unsere Aussichten zu besprechen. Der Feind steht, der Tanz geht los!" Seine Adjutanten jagten durchs Feld hinaus, wilde Erregung riß Murat aus jedem Nachdenken, das er ja ohnehin nicht liebte. Seine Quecksilberseele brauchte nicht einsam mit sich selber zu ringen, wie der große Verantwortliche, dessen äußere abgeklärte Marmorruhe durch so manchen inneren Sturm hindurchging, ehe er zu undurchdringlicher Unbeweglichkeit erstarrte. Aber als fühle er das Bedürfnis, seinen Reitern sich menschlich näher zu bringen, mit denen er gemeinsam sein Blut vergießen wollte, sprengte dieser Theaterkönig in goldstrahlender Kleidung und wallendem Federhut, auf dem so lustig die Reiherfedern sich bogen, mit hellem Zuruf und geschwungenem Säbel weit voraus. „Vive le roi de Naples!" folgten ihm wie einem erleuchtenden Sinnbild der Hoffnung seine Geschwader hinein ins Getümmel, hinein in den Tod.

Aber die Rächer und Vergelter drüben, denen diese fremden Adler so viele Wunden schlugen, und die's nicht länger ertragen wollten, was ihnen die Gottesgeißel auferlegt, ballten ingrimmiger die Faust um den Schwertgriff. Mit Ungestüm gingen verbündete Reiterharste entgegen. Und ob ihre Tapfersten zu Tausenden erliegen sollen, die verbündeten Völker wollen ihre Völkerschlacht bis zum bitteren Ende.

Noch bei Borodino kam es zu ritterlichen Galanteriestücken, Fürst Bagration rief der Gewehr im Arm in die Schanzenhölle rückenden Division Ledru verbindlichen Gruß entgegen: „Bravo, meine Herren, das ist superbe!" Aber jetzt gab es dergleichen nicht mehr, tödlicher erbitterter Haß beseelte die Preußen. Des Zaren Reisige reiten heran. Hin und zurück rollt der Stoß.

In wütendem Handgemenge mischen sich die Geschwader. Weithin übers Blachfeld stäuben geworfene Teile, gierige Verfolger flink hinterdrein. Beide Parteien bieten alle Kräfte auf, alles was eine Klinge heben kann. „Soldaten von Friant, ihr seid alle Helden!" hatte Murat dem Fußvolk zugerufen, mit dem er gemeinsam Semenofskaja bestürmte; auch Division Maison wollte sich heut solch Lob unter den Augen des großen Reiterführers verdienen. Freilich ging nur ihre zweite Brigade (152., 153., 154. Regiment) zum Angriff vor, die erste Brigade feierte ganz und nur das 139. litt durch Kanonade. Doch besonders das 152. focht mit Elan, Klenaus Österreicher wehrten kaum vollem Erfolg. Bis zur Auspumpung der Pferde setzte Murat, in fröhlicher Heiterkeit strahlend, die Reiterschlacht fort, die immer wieder entbrannte.

Hinter den langen Reihen seiner Dragoner blinkten Harnische soeben anlangender Spitzen des Reiterkorps von Latour Maubourg. Und Murat schaut noch immer so frisch und froh darein wie einst, wo in wundersamem Mittagsglanz die tausend Kapellentürme von Moskau vor ihm aufleuchteten, wo sein Reitergeneral Roussel dem Kollegen Jaquinot zujauchzte: „Ich stehe vor Moskaus Toren" und der rüstige Jaquinot den Trumpf draufsetzte: „Und ich stehe bald vor Konstantinopel!!"

Solch ausschweifende Träume der Cäsareaner, die nie im Erobern ermüden wollten, erstarben freilich im düstern Schweigen der öden Zarenhofburg, wie in ausgestorbenen Totenstädten am Nil, wo einst so unheimlich der Hufschlag kühner Gallier durch schauerliche Stille erscholl. Das zornige Ungeheuer Welt, das man gezähmt wähnte wie einen Bären zum Mummenschanz in lustigem Ruhmeskarneval, wie ihn in Köln vorm Auszug nach Rußland die Gardereiter gefeiert voll sprudelndem Übermut — es warf die Maske der Überwindung ab. Nach untertäniger Sklaverei zeigte es jetzt die grausen Krallen. Die Welt gegen die Große Armee und ihre Gloire — da verging Einem dreiste Selbsttäuschung.

Sie erfror mit all den Tausenden, die um erlöschende Biwakscheite vergebens angezündeter Zweige reglos herumlagen, in schneegefüllten Senken unterm Gürtel eisstarrender Fichtenwälder, die Arme am Gewehr erstarrt, umtobt vom Schneesturm.

Als gräßliches Lachen, röchelndes Wimmern in schweigenden Pyramiden Erfrorener endeten, als die edelste deutsche Treue bis zuletzt dem Schlage der letzten Trommel folgte und diese deutschen Ehrenmänner durch unerschütterliche Todesverachtung ihrem undankbaren Führer Ney unsterblichen Lorbeer aus der Winterlawine herauspflückten, als zuletzt die Finger am stechendkalten Eisen der Gewehrhähne erfroren, als stumpfe Unempfindlichkeit einen Ingenieurkünstler wie General Haxo zum Blödsinnigen machte und Murat feige aus Wilna davonfloh: „Ich mag nicht in diesem Nachttopf ersticken wie ein Floh," als um dortige Hospitäler sich bis zum Giebel Leichenhügel schichteten, schaudererregende Gruppen übereinander gestülpt, als in Kowno ein See von ausgelaufenem Branntwein über den Markt schwamm und die viehisch betrunkenen Nachzügler darin ersoffen, als wiederum auch hier, nachdem die letzten Bayern, Hessen, Westfalen, Badenser, Mecklenburger, Bremenser schon vorher zwischen Neys Eisenfingern zerrannen, zwei deutsche Garnisonsbataillone von Schwarzburg, Reuß, Waldeck unter Ney und Gérard wie Helden den letzten Stand nahmen gegen die hungrigen Kosakenwölfe, als endlich hinter dem letzten Mann der Großen Armee, genannt Michel Ney, krachend die Brücke hochging, die uns Europäer von der Mongolei Iwans des Schrecklichen trennt, — da hieß es dennoch: Er ist gerettet! Noch sank des Korsen Stern nicht untern Horizont hinab, noch funkelte er blutig wieder empor. Und erst hier auf Leipzigs Gefild sollte sich's entscheiden, ob des Kometen feuriger Schweif noch länger die irdische Planetenordnung stören, ob er in sich zertrümmern solle wie jeder Komet . . . .

„Bei Borodino, erinnern Sie sich, widerrief ich Attackenordre für Sie, als Sie an Montbruns Stelle traten, weil schon Latour anritt; doch heut kommen S i e dran und Latour mag zuschauen", hatte Murat dem kühnen Husarengeneral Pajol zugerufen, dessen eigentliche Bedeutung im Aufklärungsdienste lag, den er allein seit Lasalles Tode zu des Kaisers Zufriedenheit handhabte. Sonst nur an Führung leichter Kavallerie gewöhnt, sah er sich hier auch Dragonerdivisionen Milhaud und Leritier unterstellt, altgeübte Veteranen der spanischen Feldzüge, frisch von dort gekommen im Geleite des Marschalls Augereau, der sie ursprünglich bei sich hatte. Kaum angelangt, stießen sie zu

Pajol. Hinter Mojaisk schwerverwundet, kaum vom Schmer-
zenslager erstanden, stritt dieser Schneidige schon wieder bei
Dresden. „Dragoner und Chasseurs, zeigt, wer's am besten
kann!" reizte er zum Wetteifer. Von Laurifton kam nur Division Maison zum Schlagen, der Infanteriekampf kostete Klenaus
Österreichern jedoch ansehnliche Opfer, da Murats reitende
Batterien und auch ein Teil der sieben reitenden Gardebatterien
erheblich wirkten und die Dragoner nachdrücklich einhieben, viele
Gefangene machten. Doch die preußische Kürassierbrigade warf
sich mit Wut auf Pajols Reiterei und diese wiederholt vor sich
her. Murat entkam knapp der Gefangennahme durch Bredow,
tollkühnen Major der Brandenburger Geharnischten. Ebenso
erzielten die russischen Geschwader Pahlen's mehrfachen Erfolg,
obschon zuletzt Murat wieder die Oberhand gewann. Nach
rechtshin bei Markleeberg hielten Poniatowskys Krakusen zahlreiche Kosakenpulks im Schach, doch kam es an dieser Stelle nur
zu schwachen Scharmützeln. Das Artilleriefeuer der Verbündeten spielte indessen unverdrossen und ward so heftig, daß sogar
ein Offizier der Gardegrenadiere-zu-Pferd, die weit rückwärts
in Nähe des Kaisers hielten, getroffen vom Sattel sank.

„Wie bei Borodino!" lachte Pajol, als ihm und seinem
Divisionär Suberbie die Pferde unterm Leib zusammenbrachen,
geradeso wie damals am Abhang von Doronino. Suberbie
blieb heut meist in Reserve, am ungestümsten und anhaltend
fochten Lheritiers 6. und 15. Dragoner, die zusammen achtzehn
Offiziere einbüßten. Maisons Brigadegeneral Bertrand fiel.

Hier wetteiferten 26. Piemontesische, 27. Belgische Chasseurs
mit 13. Italienischen Husaren, tummelten sich Franzosen
der 3. 14. Chasseurs beherzt wie bei Aspern. Und jedes
der anwesenden zehn Dragonerregimenter, zu vier, drei, zwei
Schwadronen formiert, hatte siegreiche Kämpfe in Spanien und
anderswo hinter sich. Im Reiterkorps Latour-Maubourg aber,
von welchem noch einige Regimenter eingriffen, sah man die
sächsische Kürassierbrigade, die bei Borodino fünfhundert von
achthundert der Ihren opferte, und italienische Napoleonsdragoner. Bei den 7. Dragonern fiel dem Armeegedächtnis
Wagram, bei den 4. Kürassieren Aspern, bei den 7. Beresina,
bei den 6. Tarutino ein, wo letztere neben den polnischen Elite-
voltigeuren sich für Murats Unbesonnenheit opferten. Ferner

gab es hier die 1. italienischen Chasseurs, die bei Jena und Aspern so tapfern 8. Husaren und noch manche anderen alt-bewährten Regimenter. Ähnlich auch beim noch fehlenden Reiterkorps Sebastiani, wo 7., 20. Chasseurs der einstigen Brigade Durosnel oder Colbert von Jena bis Wagram sich ausgezeichnet, wo 5. Küraffiere den Namen Borodino auf ihrer Standarte trugen, da sie dort unter Oberst Christophe so löwen-kühn in die Kehle der Kurganschanze ritten. Hier leuchteten auch die gelben Harnische der auserlesenen Karabinierbrigade, die sie erst nach Wagram, wo sie so schwer litt, zum Schutze erhielt. — Neben 14. Holländer Küraffieren 8. Polenlanciers. In der neuen Gattung der Lanzenreiter, erst in Rußland aktiv geworden, fehlten Anhalter sowie Hamburger 9. Lanciers, deren wackerer Oberst Gobrecht sie beim russischen Rückzug so fest bei-sammenhielt und jetzt als Chef einer Lancierbrigade bei Kulm sich durchschlug.

... „Excellenz meinen wirklich, ich solle gleich losschlagen?" wandte zu Anfang des Treffens der russische Reiterführer Graf Pahlen ein, bei dem soeben ein höherer Vorgesetzter eintraf: der Generalquartiermeister des russischen Heeres, Diebitsch, der sich schon bei Kulm an Spitze der Gardedragonerschwadron Fürst Hilkow, wobei zwei seiner Adjutanten neben ihm fielen, per-sönlich in den Feind gestürzt.

„Jawohl, es ist von äußerster Wichtigkeit, sich über Stärke und Stellung des Feindes die nötige Aufklärung zu verschaffen. Er ging schon von Gossa und Gröbern zurück, und auch was ich drüben übersehe, scheint nur eine Nachhut. Ich fordere Sie daher zu sofortigem Vorgehen auf."

Graf Pahlen schüttelte den Kopf. „Ich glaube die Verhält-nisse doch richtiger zu würdigen. Meine Artillerie kanoniert ja schon gehörig, aber ich muß doch wohl die preußische Reserve-reiterei abwarten. Die Infanterie des Fürsten Gortschakof erreichte noch kaum Gossa, nur die Spitze des Korps Klenau geht soeben auf Liebertwolkwitz."

„Was haben Sie denn hier bei sich?"

„Nur Husaren von Sumy und Olviopol und Reitende Batterie Nr. Sieben, zwölf Geschütze. Den General Rüdiger sandte ich mit Grodnohusaren und meinen Kosakenpulks von Ilowaiski nach links hinüber zur Schäferei Auenhain. Doch erwarte ich in Bälde Kosaken von Grekow und Regiment Tschugujew meiner Ulanenbrigade Lisanewitsch."

„Wo sind die Tartarischen Ulanen, was von ihnen seit Kulm noch übrig ist?"

„Mit General Knorring bei der leichten Gardekavallerie verblieben. Die Ulanen von Serpuchow und die Husaren von Lubny reiten beim Fußvolk rückwärts. Dafür hoffe ich bald die Neumärkischen Dragoner zu bekommen, die als Divisionskavallerie bei Ziethen und Pirch befindlich."

„Sehn Sie, der Feind setzt sich in Bewegung! Es verstrich schon zu viel Zeit! Reiten Sie an!" Pahlen sammelte sofort bei der Ziegelei zwischen Gröbern und Gossa. Von Wachau, an dessen Ostseite die Hauptstraße vorbeiführte, war nichts zu sehen, da es in flacher Wölbung unter Büschen versteckt lag. Dagegen rückte gegen das schon von fern ins Auge fallende höhere Liebertwolkwitz soeben das österreichische Infanterieregiment Erzherzog Karl, durch seinen Heldenkampf in Eßling berühmt geworden, mit dem Bajonett an und vertrieb die französische Besatzung. Dies dauerte jedoch nur kurze Weile, bis Major Jouglas mit 153. Rgtr. Württemberg und Lindenau schlug. Rechts vom Wäldchen zwischen Ziegelei und Chaussee vorbrechend, ward Pahlen alsbald von Murat völlig über den Haufen geworfen. Seine reitende Batterie Nr. Sieben, zwölf Geschütze, mußte eiligst abfahren, um nicht genommen zu werden. Die acht Stück der Batterie Sechs fehlten noch. Nur reitende Batterie Acht der preußischen Reservereiterei, seit kurzem auffahrend, setzte ihr Feuer fort. In diesem Augenblick langten die vier Schwadronen Neumärkischer Dragoner in beschleunigter Gangart an und warfen sich, kaum daß die Front frei, in den Feind. Gleichzeitig stürzten zwei Schwadronen Schlesischer Ulanen unter Major v. Blacha, als Spitze der Röderschen Reservereiterei, mit Bravour vor. Der Stoß gelang anfangs, die erste Linie Murats wich. Doch seine zweite Linie bedrängte die tapfern Preußen, empfindliches Feuer aus Wachau traf ihre linke Seite, das Signal „Retraite" ertönte und, lebhaft verfolgt, suchten die Geworfenen sich erst wieder an der Ziegelei dem Signal „Railliert!" anzupassen. Russengeneral Dokorof fiel.

„Bin mit Brigade Mutius zur Stelle," meldete sich General v. Röder bei Pahlen. „Brigade Wrangel und Laroche folgen auf dem Fuße. Was disponieren Sie?" „Sie würden mich verbinden, wenn Sie zunächst meine Linke deckten. Mein General Rüdiger meldet soeben, daß die Polen ihn drängen. Ihre Küraffiere erbitte sodann auf meine Rechte!" Das siebente und achte schlesische Landwehrregiment führte Oberst Mutius also den Grodnohusaren zu Hilfe, während Pahlen neue Linien ordnete, durch Tschugujewulanen und Grekowkosaken verstärkt. Auch die preußische reitende Batterie Sieben langte an und Batterien Klenaus intonierten rechts. Die Trompeten des Oberst Laroche v. Starkenfels schmetterten, zwei Schwadronen 2. Schlesischer Husaren, deren andere Hälfte beim Streifkorps Thielmann vor Lindenau stand, setzten an. Die Neumärker hatten inzwischen für sich allein zum zweiten Mal attackiert, wie denn die Attacken nur meist regimenterweise erfolgten, indes Murat einheitlich ordnete. Mit aller Gewalt ward Milhaud davongetrieben, selbst Murats Batterien bei Liebertwolkwitz gerieten in Gefahr, aber zahlreiche Rückhalte und Kanonade von Wachau her nötigten die Verbündeten erneut zur Umkehr, an deren Spitze Graf Pahlen sich todesverachtend tummelte. Er wollte sich der Ehre würdig zeigen, dem Reiterkönig gegenüberzustehen. Als sich der Staub senkte, den so zahlreiche Pferde trotz des sonst wahrlich nicht trockenen Wetters erzeugten, und beiderseits Ordnung in die krause Verwirrung gebracht wurde, sah man sich bald einer neuen langen französischen Linie gegenüber, an welcher ein Mann in theatralischem Aufzug entlang galoppierte, den Seinen Mut zusprechend. Kaum sah dies Leutnant Guido v. Lippe, der mit den Plänklern der Neumärker vor der Front hielt, als er mit dem Flanqueurzug der zweiten Schwadron, unter dem Rufe „den will und muß ich fangen" dem zum dritten Mal attackierenden Regiment vorauf, förmlich auf Murat Jagd machte. Im vollen Lauf, was die Pferde halten wollten, stürzte dieser verwegene Rasende hinter dem König her, dessen Suite überrascht auseinanderpreschte. Nur ein Piqueur hielt bei Murat aus, dessen Pferd soeben vor einem Graben scheute. Schon war Lippe hinter ihm drein, als der treue Begleiter ihn über den Kopf hieb und ihm, als er auch jetzt nicht abließ, den Degen durch den Leib rannte. Murat, dem schon ähnliches bei Tarutino begegnete, dankte kurz: „Ich geb' dir Pension von 6000 Francs und schlag' dich zur Ehren-

legion vor." Mit seinen frisch vernarbten Wunden von Lützen
blieb Lippe tot liegen. Das Handgemenge ward so blutig, daß
Major v. Waldow sowie ein Rittmeister gleichen Namens und
Leutnant v. Richthofen inmitten der Neumärker den Tod fanden.
Nach kurzer Pause, während die sich befehdenden Reiterlinien
unfern von einander hielten, richtete Pahlen nunmehr den Angriff in Murats linke Flanke südöstlich von Liebertwolkwitz, an
das sie sich dauernd lehnte. Oberst Wrangel mit den schlesischen
und ostpreußischen Kürassieren unternahm diesen Stoß, durch
Klenaus Batterien und fünf seiner Dragonerschwadronen unterstützt. Aber erst als auch die Brandenburgischen Kürassiere eingriffen, brachten diese Schlußattacken günstigen Umschwung,
deren sich der weichende Feind zuletzt nur durch heftiges Kara-
binerfeuer zu entledigen suchte. Hierbei attackierten die Neumärker, so gut es mit den ermatteten Pferden gehen mochte,
zum vierten Mal. Doch zwang man den Feind nicht vom
Schlachtfeld weg, im Gegenteil mußte Liebertwolkwitz vor Lauriston wieder geräumt werden. Die schlesischen Leibkürassiere
vermißten heut ihren Kommandeur Major von Briesen, dem bei
Haynau der Arm zerschmettert. Sein Retter bei Lützen, Fähn-
rich v. Waltier, hauchte jetzt hier sein junges Leben aus. Aber
der tollkühne Leutnant v. d. Hölle, einst Standartenträger bei
Eylau, und Unteroffizier Wagner mit dem St. Georgsorden
auf der Brust, zwei Helden von Haynau, ritten drauf, als gings
gegen die Hölle. Die ostpreußischen Kürassiere, vor deren
Front später nach Etoges General Ziethen entblößten Hauptes
entlangritt, um ihre Bravour zu ehren, und deren nachmaligen
Chef, Rittmeister Wrangel (einst Feldmarschall), bei jener
Lützener Nachtattacke nur treue Hingabe des selbst verwundeten
Kürassiers Schweizer von Gefangenschaft rettete, fochten mit
besonderer Bravour. Oberstleutnant v. Werder zersprengte
feindliche Eisenreiter, wobei Leutnant v. Senfft in den Tod fiel.
Ihn zu rächen, sprengte Kürassier Kaulbars aus dem Gliede
heraus und erschlug den Franzmann, der seinen Leutnant um-
gebracht, mitten in feindlicher Reihe. Unter den schlesischen
Ulanen befand sich noch jener Leutnant Gebhard, der bei
Heilsberg den Kürassierdivisionär d'Espagne aus dem Sattel
stach.
Da hinter Rüdiger endlich auch die dritte russische Kürassierdivision eintraf, unternahm Murat nichts Ernstliches mehr, und bei

finkendem Abend beschloß heftige Kanonade der Artillerie von Klenau und Gortschakof das hitzige Gefecht. Die Verbündeten wurden durch die bessere Beschaffenheit ihrer Pferde begünstigt, die gestreckten Galopp erlaubten, während die marschmüden französischen Reiter meist kurzen Trab bevorzugen mußten. Außerdem besaßen sie große Übermacht, da achtzehn russische Schwadronen (außer zwei Kosakenregimentern), zwölf österreichische, sechsundzwanzig preußische fochten, wobei noch die Freiwilligen Jägerabteilungen des brandenburgischen und schlesischen Kürassierregiments übergangen. Die Gesamtzahl betrug sicher achttausend Pferde, indes Murat kaum sechstausend engagierte.

Auch das Korps Victor stellte sich hinter Lauriston in Schlachtordnung und entwickelte sich neben ihm. Das altberühmte 4. Regiment, auf dem russischen Rückzug durch seinen tapfern jungen Obersten de Montesquiou - Fesenzac in straffer Ordnung gehalten, erlitt hier einigen Verlust. Die preußischen Kürassiere, heut so gewaltig wie beim Überfall von Haynau einhauend, bluteten zuletzt noch gehörig unter den Hieben ihrer französischen Kollegen. Im allgemeinen schnitt das Treffen weder günstig noch ungünstig für jede Partei ab, doch konnte diese Unentschiedenheit wahrlich Murat nicht zufriedenstellen.

Lauriston verlor etwa fünfhundert (dreiundzwanzig Offiziere) Tote und Verwundete, Klenau achthundertsiebzig, auch hundertvierzig Gefangene. Doch ließ dafür Pajol eine größere Menge Gefangene in Feindeshand. Vierundvierzig seiner Offiziere bluteten (zwanzig Lheritiers, der dabei seine 2., 11. und 13. Dragoner nicht einmal engagierte), doch bei der preußischen Kürassierbrigade allein sechsunddreißig, woraus man auf den übrigen Verlust der verbündeten Reiterei schließen darf, obschon sie ihren Verlust offenbar zu niedrig auf sechshundert Tote und Verwundete angab. Wirklich so viel büßten Murats Geschwader ein. An Gefangenen (beiderseits tausend) glich der Gesamtverlust sich aus. Bezeichnenderweise rapportierte Flügeladjutant Graf Hacke dem Preußenkönig: „Wir mußten das Gefecht abbrechen!"

„Das ist ein guter Posten, da mögen die Kerle sich die Zähne ausbeißen," äußerte Fürst Poniatowski befriedigt zum General Krasinski, dem einstigen Führer der polnischen Gardechevauxlegers beim glorreichen Sturmritt im Paß von Somosierra. Dieser nickte: „Gewiß, unsere Schützen finden genügende Deckung, und ehe der Feind über Teiche, Dämme und Sumpfwiesen heran ist, wird ihn schon der Teufel holen!" So frohgemut sahen die Polen ihre Lage an, als sie bei Lößnig und Dölitz lagerten, indes links neben ihnen das übrige Heer des Königs Murat sein aufgestecktes Lager bezog.

2*

Korps Poniatowsky bestand nur aus Division Krasinski, da Dombrowski seit lange detachiert, wenig mehr als fünftausend Mann, da jedes Bataillon durchschnittlich nur vierhundert zählte, nur das 1. polnische Regiment neunhundertzwanzig; zwei Schwadronen polnischer Küraffiere und vier Schwadronen Krakusen dazu mit dreißig Geschützen. Dies Häuflein sollte genügen, die Rechte der gesamten Verteidigungsfront südöstlich von Leipzig zu decken. Im Zentrum schloß sich daran Korps Victor, dessen drei Divisionen Dubreton, Dufour, Vial auch nur (nachdem 46. und 72. Regiment infolge Verlustes bei Kulm zu je ein Bataillon einschrumpften) dreizehntausend mit fünfundfünfzig Geschützen umfaßten, ohne Kavallerie, da diese (Westfalen) schon desertierte. Ebenso viel Geschütze besaß Lauriston links daneben. Seine Division Puthod war am Bober vernichtet, doch die starkformierten Divisionen Maison und Rochambeau hatten an der Katzbach von Niederlage sich freigehalten, infolgedessen allerdings weit mehr Tote und Verwundete eingebüßt (Maison am ersten, Rochambeau am zweiten Tage), als die anderen dort geschlagenen Divisionen, die fast nur Gefangene verloren. Sie zählten immerhin noch zwölftausend Mann, dazu fünfhundert Jäger zu Pferde. Außerdem wurden drei neue Marschbataillone (fünfzehnhundert) beigegeben, dem Detachement Margaron entnommen. Reiterkorps Pajol (leichte Division Suberbie, schwere Milhaud und Leritier) bestand noch aus viertausend Reitern nebst sechs Geschützen, während Latour-Maubourgs zwei leichte Divisionen Berkheim und Chastel und schwere Doumerc und Bordesoulle sogar siebentausend nebst siebenundzwanzig reitenden Geschützen umfaßte. In früheren Zenithjahren des Empire hätten solche achtzig Schwadronen schier doppelte Zahl ausgemacht, heute sanken die Frontstärken. Während Pajols 25. Dragoner noch rund vierhundertachtzig Säbel zählten, betrugen Bordesoulles sächsische Küraffiere noch achthundertfünfzig, zwei Schwadronen 3. Küraffiere zweihundertfünfzig, drei der 9. noch dreihundertfünfzig, drei der 4. Doumercs zweihundertachtzig, zwei der 28. Dragoner gar noch zweihundertsechzig.

„Sire, Reiterkorps Kellermann defiliert durch Leipzig. Die Garde ist angelangt," meldete Generaladjutant Graf Flahaut.

„Gut. Mein Pferd! ... Der Marschall Augereau ist doch gestern von Westen her durch die Stadt gerückt?"

„Was bringen Sie, Caraman?" Der kaiserliche Ordonnanzoffizier, Major Caraman, ein früher in preußischen Diensten gestandener Refugié, erstattete Bericht über seine Sendung zu Marmont, der bei Breitenfeld stehe. „Gut. Berthier, schreiben Sie dem Marschall, daß Korps Bertrand sich hinter Marmonts Linke setzen wird als Reserve, rechts die Brücke von Schönfeld deckend. Es empfiehlt sich, etwas Erde aufzuwerfen, Verhaue und Pallisaden. Übrigens schicken Sie Marmont die

Beschreibung der Schlacht von Breitenfeld unter Gustav Adolf, damit er sich danach richtet. — Schreiben Sie folgende Dis-position:

„Das Reiterkorps Graf von Valmy hinter dem Korps Poniatowski zwischen Dölitz und Markleeberg, an den Pleiße-übergängen. Das Reiterkorps Latour-Maubourg hinter Korps Victor bei Wachau. Das Reiterkorps Pajol setzt sich hinter Marschall Augereau, welcher sich von Dösen bis Wachau in die erste Linie einschieben wird. Das Reiterkorps Sebastiani be-gleitet das Korps Macdonald. Diese beiden noch nicht ange-langten Korps werden über Holzhausen auf die rechte Flanke der Verbündeten marschieren und sich an das Korps Lauriston bei Liebertwolkwitz anschließen.

Als große Reserve sammelt sich die ganze Garde bei Probst-heida. Das Heer des Marschalls Ney stellt die Korps Marmont, Souham und Reiterei von Arrighy zur Beobachtung der schle-sischen Armee längs der Parthe auf, läßt aber das Korps Rhey-nier bei Düben zurück, um diese Rückzugsstraße nach Osten zu behaupten.

Ebenso bleibt das Korps Bertrand zwischen Lindenthal und Gohlis stehen, um uns den Westen freizuhalten.‘“

Der Kaiser eilte sodann den verschiedenen Truppenteilen entgegen, empfing sie und gab ihnen die Richtung an. Der Durchmarsch währte den ganzen Tag und die folgende Nacht. Er selbst begab sich nach Reudnitz, im Nordosten Leipzigs, wo er sein Hauptquartier genommen hatte.

„Ah, sieh da, mein alter Augereau!“ begrüßte Napoleon im Tone freundschaftlichen Vorwurfs einen ungeschlachten, massigen Mann, der soeben eintrat und in all seinen Goldtressen wie ein Bauer aussah. „Endlich sind Sie da! Haben lang auf sich warten lassen! Ach, auch Sie sind nicht mehr der Augereau von Castiglione!“ Der langnasige Riese mit dem wulstigen Mund schlug die Stiefel salutierend aneinander, daß die Sporen klirrten, und parierte grob und derb: „Sire, ich werde wohl wieder wie bei Castiglione sein, wenn Sie mir die alten Sol-daten der ‚Armee von Italien‘ wieder geben.“

Ja, wo waren die! Kaum noch Reste in der Garde! Doch Napoleon nahm den bösen Stich nicht einmal übel.

Am fünfzehnten Oktober schon sehr früh trabte ein eleganter Reiter in komödiantischem Kostüm, in grünem Sammetrock mit carmoisinroten Corduanstiefeln, mit Mamelukensteigbügeln, einen krummen Damascener an der Seite, in Reudnitz hinein: der König von Neapel erschien vor seinem Schwager.

Dieser vernahm gelassen, daß das große Reitergefecht bei Liebertwolkwitz am vorigen Nachmittag nicht sonderlich günstig abgelaufen, daß Milhauds alte Dragonerregimenter, aus Spanien gekommen, nicht überall das Feld behauptet hätten. Der König selbst, durch sein theatralisches Äußere als Zielscheibe dienend und wie gewöhnlich allzu nah an den feindlichen Linien auf seinem mit Quasten und Schnüren überladenen Renner herumtänzelnd, war nur mit Mühe der Gefangenschaft ent-ronnen.

„Nun ja, unsere Pferde sind hart mitgenommen und von endlosen Märschen ermüdet. Wundert mich nicht, daß das Ganze sich schwerfällig gezeigt und Attacken nur im Trabe aus-geführt hat. Wie war die feindliche Führung?"

„Miserabel. Vereinzelte Attacken."

„Dachte mir's. Lassen Sie die Reiterei heute ruhen, denn sie muß morgen noch große Dinge tun. Ihre superiore Führung muß für die Mängel eintreten."

„Morgen soll also —?"

„Gewiß, ich greife das böhmische Heer an."

„Und wenn das schlesische Heer —"

„Es wird nicht kommen."

Gegen zehn Uhr ritten der Kaiser und der König auf eine Höhe zwischen Wachau und Liebertwolkwitz, den sogenannten Galgenberg, welcher die Gegend beherrscht. Ein großes Wacht-feuer qualmte auf.

„Von dort überschaute ich gestern mittag die Anstalten des Feindes," zeigte Murat eine hohe Linde, aus deren Geäst er damals Ausschau hielt. „Und dort drüben war's, wo der lange Preuße sich an mich annestelte. ‚Halt, halt, König!' schrie der Kerl, bis ein Degenstoß meines Stallmeisters mich befreite und ihm den Garaus machte."

Nachmittags begab sich Napoleon noch zu Poniatowski, wo er die Pleiße-übergänge besichtigte. Er vergewisserte sich, daß der wahrscheinliche Versuch Schwarzenbergs, seinen rechten

Flügel hier im Rücken zu fassen, an den Terrainhindernissen scheitern würde.

Er ritt die Vorposten ab und dann nach Zuckelhausen. Dort verlieh er drei neuformierten Regimentern Lauristons mit einer begeisternden Standrede Adler. „Schlagt euch tapfer, Kinder! Auf der Spitze eurer Bajonette tragt ihr Wohl und Wehe des Vaterlandes," schloß er seine erschütternde Ansprache unter lautem Jubel und feurigem Zuruf. Trotz des ungeheuren Menschenverlustes, der alle alten Soldaten von Fleurus, Rivoli, Marengo, Hohenlinden und so viele von Austerlitz bis Borodino verschlang, gebar Frankreich immer noch ganz frische Rekruten.

Dann kehrte er über Zweinaundorf in großem Bogen nach Reudnitz zurück.

Das französische Heer war in doppelten und dreifachen Linien in Schlachtordnung formiert. Es lehnte sich rechts an die Gehölze an der Pleiße, links hingegen war von Holzhausen bis Schönfeld ein leerer Raum geblieben. Hier standen die Reihen unterbrochen und vereinzelt; Marmont allein im Norden, während einzelne Truppenzüge fern am Horizont von Düben her sichtbar wurden.

Als Napoleon hastig in das Zimmer trat, wo der Chef des großen Generalstabs mit seinen Gehilfen versammelt, lag der sechzigjährige Berthier gähnend und verschlafen in seinem Fauteuil, die Füße an den Arbeitstisch gestemmt. Auf Fragen des Souschefs gab er keine Antwort und pfiff vor sich hin. Ein rascher Blick des Kaisers umfaßte die ganze Gruppe, nahm dies erhebende Bild in sich auf. Dieser im Sessel räkelnde Fürst von Neuschatel machte den Eindruck eines völlig verbrauchten und ermüdeten Menschen; einer jeder selbständigen Tatkraft baren Schreiberseele. Seit lange spürte man keine andere Regung in diesem unanständigen Gemüte, als Haß und Neid für alle Generale, die Charakter und Energie zeigten. So hatte er früher Soult förmlich verfolgt mit so kleinlicher Rancune, daß er sogar Soults Beförderungsvorschläge für dessen Adjutanten hintertrieb. Seinen boshaften Treibereien verdankte Davout seine Isolierung in Hamburg, fern der Armee, in einer seiner unwürdigen Nebenaufgabe, die er deshalb auch ohne Eifer betrieb, so daß doppelt unnütz seine hohe militärische Bedeutung dem Kaiser entzogen wurde. Bei seinen eigenen Adjutanten sah Berthier nur darauf, daß sie möglichst chic und elegant in Hofzirkeln auftraten, und ihn selbst kümmerte nur ein möglichst pompöses Ausprägen seiner neuen Würde als regierender Herr, wenn auch nur eines kleinen schweizer Ländchens.

Dies alles sah Napoleon mit einem Blick und sah noch mehr, sah alle diese beunruhigten und mißvergnügten Marschälle, die heimlich ihr Interesse schon von der gemeinsamen Sache trennten, die nur seufzten: wie wird das enden, das unersättliche Bedürfnis dieses einen Mannes nach Allbeherrschung? werden nicht unsere Titel und Reichtümer in einer Grube verschwinden, die er uns bereitet statt der wohlverdienten Stunde der Ruhe? Das Vertrauen in seinen Stern schwand, noch mehr das Vertrauen zu sich selber. Früher wetteiferte man in Taten, um schmeichelhaften Beifall des Kaisers auf sich zu ziehen, heut kritisierte man die Kalkuls des Meisters, gehorchte nur mit Zögern und Widerstreben.

Als beim Eintritt des Kaisers die Generalstäbler emporschnellten, brach er ärgerlich los: „Ich bemerke einen schlechten Geist im Generalstab. Das heilige Feuer erlischt. Ist dies eine Haltung am Vortag der Entscheidung? Ich bin untröstlich, es rügen zu müssen. Die hohen Offiziere betragen sich, als wollten sie nicht mehr. Will man wieder Marschälle Ludwigs XV spielen? Überall, wo Ich nicht bin, sieht man Schreckgespenster. Wahrhaftig, ich muß die Spitze der Kolonne verjüngen, Leute wie Gérard und Maison und Compans zu Marschällen machen.‟

„Ew. Majestät werden nicht behaupten wollen,‟ versetzte Berthier gereizt, „daß Ihre Chefs an Bravour verloren.‟

„Darum handelt sich's gerade! Bravour ist unser tägliches Brot, tapfer sind alle. Man weiß, daß Generale, die ihr Metier nicht verstehen und vor Verantwortung zittern, ihre moralische Furchtsamkeit durch große persönliche Kühnheit verstecken. O ich brauchte nicht Dennewitz und Katzbach, um Ney und Macdonald zu beurteilen! All diese Trägen, Ungehorsamen, Undankbaren, ich habe sie mit Gold und Ehren überhäuft, damit sie marschieren, und statt dessen keuchen sie, als hätt' ich sie mit zu schwerem Gepäck belastet. Jawohl, mit zu viel Besitz marschiert sich's schwer. — Genug, zur Sache! Ver-

lesen Sie mir die Ordre nochmal, die ich heut sechs Uhr abends
an Sie erteilte, Macdonald betreffend!"

Berthier schlug im Register des Ordrebuches nach und ver-
las: „„Geben Sie dem Herzog von Tarent Befehl, sich morgen
bei Tagesanbruch nach Holzhausen und von da nach Seyffartshayn zu begeben, wo er Befehle empfangen wird, die Rechte
des Feindes zu umfassen. Er wird in Taucha zwei Bataillone
zurücklassen, um Park, Gepäck und Stellung dort zu bewachen.
Der Kaiser wird um sechs Uhr in Liebertwolkwitz sein.'" Und
um acht morgens schrieben Ew. Majestät bereits an diesen Marschall: „„In jedem Fall richten Sie sich auf Taucha, um die
Marschroute für Korps Souham freizulassen. Lassen Sie mich
wissen, zu welcher Stunde Sie dort eintreffen.'"

„Es genügt. Ney soll sich also nahe bei Leipzig halten.
Bemerkt man morgen, wie alles vermuten läßt, k e i n Vorrücken
Blüchers von Halle, so stellt Marmont sich staffelförmig auf der
Chaussee nach Liebertwolkwitz auf, sein Hauptquartier im
Chausseehaus. Er soll mir einen Adjutanten schicken, damit
man ihn rechtzeitig findet und in Marsch setzt, falls mir dies
nötig scheint, sei es um hier an der Schlacht teilzunehmen, sei
es um Unvorhergesehenem zu begegnen. Korps Souham wird
seine Stelle auf der Straße nach Halle einnehmen. Reiterdivision Lorge bildet die Avantgarde und klärt auf. Korps
Bertrand bleibt in Reserve bei Gohlis. Auch Ney soll mir
Adjutanten schicken, damit ich genau den Ort kenne, wo er sich
befindet. — Haben Sie das?" Die eifrig notierenden Generalstäbler bejahten. „Fügen Sie hinzu, daß Ney Landleute, be-
gleitet von als Bauern verkleideten Soldaten, die deutsch
sprechen, in jeder verschiedenen Richtung umhersenden soll, um
aufzuklären. Außerdem soll er jede Stunde Rapport vom
sächsischen Observationsposten auf dem Leipziger Kirchturm
einziehen. Ich habe angeordnet, daß Parks und Bagagen beim
Dorfe Schönfeld sich aufhalten. Die Parthebrücken sollen gut
ausgefundet werden, damit er ohne Beschwerlichkeit schleunig
hierherrücken kann, sollte ich alle Kräfte nötig haben. In dieser
Lage werde ich weitere Befehle senden, sobald ich sah, was bei
der Avantgarde vorgeht. Übrigens soll er Patrouillen nach
Taucha und Eilenburg schicken. Sieht er feindliche Infanterie
in Richtung von Halle, soll die Reiterei lebhaft attackieren, um

Gefangene zu machen und Nachrichten einzuziehen. — So, dies wäre das Nötigste. Ferner lassen Sie General Durrieu in Eilenburg wissen, daß Marschall Ney sein Hauptquartier in der Leipziger Vorstadt hat und Durrieu mit ihm korrespondieren muß, da Ney ihn im Notfall unterstützen soll. Fragen Sie beim Artilleriekommandanten an, von wo er den Park instradiert, damit er nicht die Straßen belästigt, wo die Marschkolonnen passieren. — Wieviel Routen laufen im Norden der Parthe nach Leipzig?"

„Fünf; von Eilenburg, Düben, Delitzsch, Landsberg, Halle. Letztere über Gohlis und Möckern," las Berthier von der Karte ab.

„Das Gelände zwischen Elster und Parthe leicht gewellt, ohne alle Stützpunkte. Nur wo ein Bach bei Gohlis in die Elster fließt, gibt es eine ernste Verteidigungsstellung. Ferner weiter vorn zwischen Lindenthal und Breitenfeld, doch dazu braucht man 30 000 Mann und künstliche Verstärkung. Zu letzterem fehlte es Marmont nicht an Zeit, aber erstere kann ich dort nicht entbehren. Hingegen bei Euteritsch und Gohlis können 12 000 gut sich halten. Wir haben doch Marmont schon früher darauf hingewiesen?"

„Düben, 13. Oktober, 7 Uhr abends," bestätigte Berthier nachschlagend. „Auch erläuterten Ew. Majestät bereits am 13. um zehn Uhr früh dem Herzog von Ragusa seine Aufgabe. ‚Mein Vetter, ich erhalte Ihren Brief von heut drei Uhr früh, in dem Sie mir anzeigen, Sie würden um acht Uhr bei Hohenleina sein. Ich denke, es ist nötig, daß Sie sich nicht in Masse am linken Partheufer massieren, es sei denn, König Murat werde angegriffen.' Sie empfehlen, Sire, die Stellung von Breitenfeld zu erkunden und sich zwischen Elster und Parthe zu entwickeln. Drei Brücken über die Parthe schlagen, um im Notfall aufs Südufer zu uns zu stoßen, aber die Kavallerie immer vorn zur Aufklärung auf allen Straßen. Blücher dürfe sich keinesfalls ungehindert auf zwei Meilen von Leipzig nähern."

„Sehr richtig. Mißverständnis ist ausgeschlossen, denn noch am 13. setzte ich Murat ähnliches auseinander. Schlagen Sie nach!"

„Gewiß, Sire. Nr. 20 792 im Register. „An Joachim Napoleon, König von Neapel, in Wachau. Ich empfing Ihre Briefe. Der Herzog von Ragusa nebst Kavalleriedivision Lorge'" — ich darf wohl das Unnötige übergehen. Der König solle keinenfalls verfrüht Marmont an sich ziehen, damit er nicht, falls Blücher nun doch vorrücke, gerade im entscheidenden Augenblick seine Linie zu schwächen brauche."

„So ist's," schaltete der Kaiser ein. „Dieser Augenblick ist's, der die Schlachten verloren gehen läßt, denn umgekehrt gewinnt man sie nur, indem man in Krise seine Linie verstärkt. Was weiter?"

„Meine Intention ist, daß Sie das 6. Korps bei Breiten- feld postieren ... man versichert, dies sei eine beherrschende Stellung, eine Sache, die näher studiert zu werden verdient ... Ich denke, daß Marmont auf der Stelle einige Redouten bei Breitenfeld konstruieren soll. Ebenso Sie einen Verhau an der Brücke von Connewitz sowie bei Lindenau.'"

Napoleon sann einen Augenblick nach. „Es ist gut. Wir stehen am Wendepunkt, und da wünsch' ich mir alle Operationen der letzten Tage nochmals zu vergegenwärtigen. Haben wir doch augenblicklich nichts weiter zu tun! Ehe ich weiteres für Marmont ausarbeite, amüsieren wir uns mit der Analyse.

Aus Wurzen schrieben wir am 9. Oktober an den Gou- verneur von Torgau. Sehen Sie nach!"

Berthier blätterte, fand und las:

„,Herr Graf von Narbonne! Ich marschiere heute auf Düben, morgen auf Wittenberg. 300 Wagen, 6000 Kranke, 30—40 000 Kanonenschüsse sind in Dresden nach Torgau ver- laden. Aus Wittenberg werde ich Ihnen Pulver und Mehl schicken. Aus Leipzig dirigiert Graf Daru 10 000 Scheffel Mehl nach Torgau —'"

„Und so weiter. Dies ist in Ordnung. Ende September wies ich Daru an, 30 Millionen Rationen Mehl zu haben, die Hälfte in Dresden, die andere in Magdeburg, Erfurt, Leipzig, Torgau, Wittenberg. Für Reis ließ ich besonders sorgen, das beste Mittel gegen Dyssenterie und Diarrhoe. Und was die Munition betrifft, so hatten wir Mitte August — lesen Sie Brief an Kriegsminister Clarke — fast 400 000 Kanonenschüsse, 18 Millionen Patronen. Das macht so viel aus wie Bedarf für vier Schlachten von Wagram. Die Depots an der Elbe sowie am Rhein, Mainz und Wesel sind gut versorgt, die Garnisonen genügend. Auf den Etappen haben wir 5000 Mann in Würzburg, meist Rekonvaleszenten, 4000 in Minden unter General Lemoine, Marschkolonnen bei Erfurt etwa 7000 unter Guérin und Grouvelle, Depot in Erfurt 3000. Letztere Verstärkung bestimme ich eventuell fürs Korps Souham-Ney. Aber wie steht es mit Dresden? War mir immer ein Pfahl im Fleische, daß mein Hauptdepot zu nahe an Böhmen liegt. Meine Linie Dresden—Torgau ist allerdings viel kürzer auf der Sehne des inneren Bogens, als bei den äußeren Radien der Verbündeten. Allein, sobald ich die kleinste Bewegung nach Dresden mache, wenn der Feind dort debouchiert, weicht er einfach ins Gebirge zurück und ich habe immer das Nachsehen. Wir erlebten es wiederholt. Unter solchen Umständen bleibt das Beste, den Feind endlich bis Leipzig zu locken, um ihn endlich zur Schlacht zu fassen. Was lächeln Sie?"

„O ich meinte nur ... der Haß unserer Feinde erreicht solchen Grad, daß sie fast gar keine Furcht mehr vor uns haben und unser Schlachtanbieten bereitwillig annehmen."

„Um so besser. Nun wissen Sie aber, daß von Anfang an meine Absicht war, den Stoß auf Berlin zu richten, den Krieg zwischen Elbe und Oder hinüberzuspielen, unterm Schutz von Torgau—Magdeburg—Hamburg manövrierend. An der Oder halten wir Glogau, Küstrin, Stettin, und ein weiteres Verfolgen dieses Planes würde auch Danzig, Thorn, Modlin debloquieren. Sie erinnern sich, daß ich schon im März aus Trianon in diesem Sinne an den Vizekönig schrieb, der leider meinen Direktiven so sehr zuwiderhandelte. Schon damals stellte ich den Grundsatz auf, über Havelberg direkt auf Stettin zu marschieren und von da nach Danzig. Am zwanzigsten Tag nach Überschreiten der Elbe hätten wir diese Stadt debloquiert. Die Ereignisse im Frühjahr wollten es anders, wir drückten den Feind durch Schlesien an die österreichische Grenze, ohne uns um Berlin kümmern zu können. Doch schon am 30. August diktierte ich die ‚Note über die allgemeine Lage meiner Angelegenheiten‘, worin ich auseinandersetzte, daß Offensive auf Prag nutzlos und nur auf Berlin fruchtbringend sei. Doch Überstürzung der Ereignisse zwang mich, bei Dresden zu schlagen, und mittlerweile erlitten meine Nordarmeen lauter Unfälle. Das hat mich bislang gehindert, den eigentlichen Plan aufzunehmen. Erst am 6. Oktober begann ich die große Bewegung auf Meißen und Wittenberg."

„Ew. Majestät schrieben um neun Uhr früh an den Herzog von Ragusa: ‚Ich beabsichtige, mich nach Torgau zu begeben, und von dort am rechten Elbufer zu marschieren, um den Feind abzuschneiden und ihm seine Brücken aufzuheben.' Am 7. Oktober, 1 Uhr mittags, setzten Sie ein Tableau auf, um sich am 10. bei Wurzen zu vereinen, wo Marschall St. Cyr von Dresden über Meißen anlangen sollte. Dem König von Neapel ward aufgetragen, das böhmische Heer so lange aufzuhalten und sich selber nicht von der Mulde abschneiden zu lassen."

„Ganz recht, ich selber schrieb noch persönlich an Murat, das ganze schlesische Heer sei bei Wartenburg über die Elbe gegangen, nichts befinde sich mehr zwischen Dresden, Görlitz, Berlin, so daß ich den Stoß dorthin getrost ansetzen konnte. Bernadotte war am 8. teils zwischen Saale und Mulde, teils bei Dessau, Blücher an den Muldeübergängen bei Düben und Eilenburg. Unsererseits traf Augereau über Jena bei Naumburg ein, Ney wich auf Taucha-Eilenburg. Mein Marsch auf Düben am 9. brachte mich Blücher ganz nahe, von dem Bernadotte um einen Tagemarsch getrennt. Nun wohl, Blücher wich aufs linke Saaleufer aus nach Halle, eine unerwartete Keckheit, da er sich völlig von seiner Verbindungslinie trennt. Viel vermochten wir ihm nicht anzuhaben, aber sein Korps Sacken ward noch zwischen Elbe und Mulde von Bertrand und Sebastiani eingeholt, Langeron aus Düben so überrumpelnd verjagt, daß er die frisch reparierte Schiffsbrücke stehen ließ. Viele Bagagen und Convois mit 300 Wagen und eine Masse Gefangene fielen in unsere Hände. Was Bernadotte betrifft, so wurden ihm seine Brücken zerstört, 20 Geschütze abgenommen und viel Verlust zugefügt. Wäre Ney etwas schneller marschiert und Marmont angelangt, hätten wir am 10. Blücher noch mehr geschadet. Aber Wege und Wetter waren schlecht, und so konnte auch am 11. unsere Avantgarde Wittenberg nicht erreichen. Meine Ordre vom 10. früh vier Uhr an Ney schrieb schon vor, Dombrowski dorthin vorzuschieben. Marmont ward angewiesen, das Gelände bei Bitterfeld stets im Auge zu halten und eine

Position parallel zum Feinde einzunehmen, falls Blücher auf
Leipzig marschieren sollte. Die leichten Gardereiter Lefebre-
Desnoëttes klärten zwischen Düben und Leipzig, Fournier's
Schwadronen zwischen Delitzsch und Bitterfeld auf, Ornano
ging zwischen Jeßnitz und Bitterfeld vor Alle Impedimenta in
Leipzig wurden auf Eilenburg dirigiert, um das Terrain frei-
zumachen, denn schon damals war ich entschlossen, bei Leipzig zu
schlagen. Der Stoß auf Bernadotte konnte größere Ergebnisse
bringen, aber sein Hauptzweck war immer nur, seine Brücken
zu zerstören, um ihn von rechtzeitiger Ankunft bei Leipzig ab-
zuhalten."

„Allerdings, Sire, schrieben wir schon am 10. halbsechs
Uhr abends an König Joachim: ‚Ich kann am 13. mit meinem
ganzen Heer bei Ihnen sein. Die Hauptsache für Sie ist, eine
sehr schöne Stellung zu haben.' Und dem Herzog von Padua
ward bereits angegeben, daß der Rückzug, falls Leipzig unhaltbar, über die Mulde bei Eilenburg oder sogar über die Elbe
bei Torgau zu erfolgen habe. Auch setzten Sie gleichzeitig den
General Negrier in Kenntnis, daß wir in Masse die Elbe überschreiten würden, um alle Manöver der Gegner zu verwirren.
Am 12. früh drei Uhr befahlen Ew. Majestät dem Fürsten
v. d. Moskwa nach Gräfenhainchen, daß Negrier und Dombrowski auf Roßlau vordringen müßten. Bertrand über
Wartenburg auf Dessau, Macdonald auf Wittenberg. Gleichzeitig wiesen Sie Marmont an, sich bei Delitzsch in Verbindung
mit der Jungen Garde zu setzen, die bei Jeßnitz ihre Vorhut
hatte, ebenso mit dem Herzog von Padua eine stete schnelle
Korrespondenz zu unterhalten und die Linke durch Lefebre-
Desnouëttes aufklären zu lassen. Aber schon um halbzehn Uhr
gaben Sie mir Ordre, von jeder weiteren Bewegung auf Roßlau
abzustehen und alles über Düben bei Taucha im Laufe des 14.
zu vereinen, wo Sie Schlacht zu liefern wünschten. Ganz besonders sei Macdonalds Ankunft am 14. früh bei Düben uner-
läßlich. Am 13. früh drei Uhr wiederholten Sie diese Ordre,
nachdem um Mitternacht infolge guter Nachrichten von Murat
ein Gegenbefehl erlassen, jetzt aber sichere Kunde von Bayerns
Abfall kam."

„Ja, aber dies allein bewog mich nicht dazu, sondern die
traurige Lässigkeit der Generale und Ihre eigenen Bedenklich-

keiten, mein Vetter. Noch immer hätten wir uns auf Torgau richten und auf die nördliche Elbe und Weser basieren können. Ich gebe zu, das Wagnis war keck, aber es versprach so viel. Mögen die es nie bereuen, die mich zum Aufgeben des Planes bewogen!" Napoleon starrte düster vor sich hin. Zwar widerlegte seine Korrespondenz aus Düben in jenen Tagen zur Genüge die bis heut verbreitete Fabel, er habe dort in dumpfer Untätigkeit sein Arbeitskabinett nicht verlassen. Wenn er schweigsam am Tische saß und Papier mit allerlei Schnörkeln bemalte, so begleitete dies mechanische Kritzeln nur geheimes angestrengtes Nachdenken. Der einmütige Widerstand seiner Umgebung, die in förmlicher Deputation ihre angstvolle Unzufriedenheit mit dem gewagten Plan ausdrückte, bestimmte ihn endlich, davon abzulassen. „Was hätten wir riskiert, wenn der Feind uns bis zur Saale nachrückte? Ich hätte ihm glückliche Reise gewünscht, viel näher an Berlin, als er an Erfurt. Streifte nicht Sebastiani schon bis Zerbst, Belzig und Treuenbrietzen? Jagten sie nicht Tauentzien und Thümen vor sich her, die Ney und Reynier aus Dessau, Roßlau und vor Wittenberg wegtrieben? Zerstörte nicht Division Brayer die Brücke von Aken? Was von Bernadotte schon diesseits zwischen Saale und Mulde stand, seine Schweden und Russen, war mit Blücher abgeschnitten, die Preußen Bülow und Tauentzien nebst den Parks und Trains jenseits von ihm am rechten Ufer getrennt. Es war unmöglich, uns einzuholen, die ganze Elbe zwischen Torgau und Magdeburg gehörte uns auf viele Tage, so daß Einnahme von Berlin, Entsatz von Hamburg und Stettin uns sicher. Nun, sei's wie's sei, Bernadotte ist bis Cöthen retiriert, auf mehrere Tagemärsche weiter von Leipzig entfernt, und so werden wir allein mit Schwarzenberg zu tun bekommen, da auch Blücher vielleicht sich nicht rührt."

„Doch sind unsere Korps Souham, Reynier, Macdonald infolge der Elbe-Märsche gleichfalls weiter entfernt als wünschenswert, und die Strapazen kosteten uns viele Menschen. Man sagt, wir haben 20 000 Nachzügler und Fußkranke."

„Das ist nicht zu ändern. Viel wichtiger unsere günstige strategische Lage. Zwischen Parthe und Pleiße haben wir als unsere Basis die Elbe direkt hinter uns, die Magazine in Torgau. Woher wird der Feind Munition und Proviant entnehmen?

Schwarzenbergs nächstes Depot heißt Prag und Blüchers Berlin, wenn er und Bernadotte überhaupt nördlich von Magdeburg wieder die Elbe rückwärts passieren können. Im Fall einer taktischen Niederlage wird die strategische Zertrümmerung der Alliierten zur Tatsache. Ihre Massen werden auf zwei weit entfernte Zonen auseinandergesprengt. Umgehe ich in solchem Falle die nördliche Rückzugslinie der Verbündeten über Dessau, bin ich wiederum früher als sie in Berlin. Und was die südliche Rückzugslinie betrifft, so wird St. Cyr bei Dresden Schwarzenberg auffangen und ihm ins Erzgebirge nachstoßen. Laß sehen, ob er's jetzt besser kann als Vandamme, den St. Cyr damals im Stich ließ! Sein eigener Ehrgeiz wird ihm diesmal wohl besser raten."

„Ja, aber.... Sie hatten früher die Absicht, Dresden zu evakuieren und St. Cyr an sich zu ziehen, und ich weiß doch nicht, ob nicht besser wäre, ihn noch heranzurufen. Er könnte am 17. eintreffen, könnte es schon am 16., wenn wir ihn gestern riefen."

Napoleon zuckte die Achseln. „Man kann nicht immer genau abwägen, was das Beste sei. Jedenfalls fesselt er Bennigsen bei Dresden, und ich mag mich der Möglichkeit nicht berauben, im Fall wir siegen, Schwarzenberg diese Ausfallpforte Dresden in den Weg zu stellen. Sonst könnte ihm das dortige verschanzte Lager, wenn von uns geräumt, noch einen Ruhehafen gewähren. Nein, es bleibt dabei. Gestern mittag zwei Uhr wies ich Maret an, in Leipzig Lebensmittel für 300 000 Mann anzuhäufen. General Durrieu mit 4000 Mann bewacht Eilenburg, wo Park, Pontons und Administration des Hauptquartiers verbleiben. Es handelt sich nur darum, baldigste Konzentration zu erzielen. Man soll St. Cyr in Kenntnis setzen, daß wahrscheinlich schon morgen, spätestens übermorgen, hier alles entschieden sein wird. Das Gelände ist uns sehr günstig. Bernadotte ist in Bernburg, Blücher kommt schwerlich von Halle. Haben Sie heute früh an Macdonald nochmals geschrieben, sich äußerst zu beeilen?"

„Schrieb sieben Uhr früh, ebenso an Ney. Sobald er Kanonendonner höre, solle er den Marsch verdoppeln."

„Haben Sie, daß Marmont einen Offizierposten auf den Turm von Lindenau stellen soll und einen auf den nächsten

Leipziger Kirchturm, um bei Tagesanbruch mit dem Fernrohre auszuschauen?"

Berthier sah im Ordrebuche nach. „Zu Befehl Ew. Maje-stät. Ich habe nichts vergessen. Ferner erinnere ich an Note von heute früh: ‚Ordre an General Reynier, sein Korps bei Düben zu vereinen und weitere Befehle abzuwarten.'"

So wenig sicher fühlte Napoleon sich seiner Generale, daß seine Feder sich scheute, zu präzise Befehle auszu-drücken, damit sie sich nicht in ihrer gleichgültigen Träg-heit davon zu sehr gebunden fühlten trotz etwa veränder-ter Umstände. Niedergedrückt von den tausend Regierungs-sorgen, abgelenkt durch stete Instruktionen für die ver-schiedenen Kriegstheater, besonders in Spanien, wandte er nicht mehr die alte Sorgfalt an Ort und Stelle an, wo er selber leitete, und er hatte niemand, ihn zu ersetzen, ihm auszuhelfen. Die Zeiten waren dahin, wo er bei Austerlitz persönlich das 17. Leichte auf dem Santon aufpflanzte, wo er mit Laterne in der Hand die Pionierarbeit auf dem Jenaberg beleuchtete, wo er bei Borodino die Batteriestände am Vorabende einrichtete. Diesmal erhielt Rogniat, der Geniechef, keinerlei Instruktion für Instandsetzung von Schanzen an der Parthe, am Kolmberg, in Leipzig. Stellvertreter Murat selber, obschon er Muße genug hatte, das Schlachtfeld zu studieren, tat nichts dafür, obschon er früher am dreizehnten bei Gossa zwei Schanzlinien aufwarf und nachher auch hinter Wachau schanzen wollte. Doch er blieb beim bloßen Versprechen. Arrighy hatte noch heute die Lindenauer Schanzen nicht vollendet. Und Reynier, wenn er marschiert wäre wie einst Friant nach Austerlitz, wie Lannes, Soult, sogar Bernadotte nach Prenzlau und Lübeck, hätte schon morgen an der Parthe zur Schlacht anlangen können. Statt dessen langte er erst heute abend in Düben an. So blieben nur die materiellen und künstlerischen Berechnungen des Meisters richtig wie immer und verhießen ihm entscheidenden Sieg, aber der sonst so klare Psychologe verrechnete sich in den moralischen Werten, er zählte weder auf die Schlaffheit seiner Unterführer noch auf die begeisterte Tatkraft der Gegner....

„Was ist das?" Es war schon finster, als um acht Uhr abends von Südosten her drei weiße Raketen hoch aufstiegen.

„Aha, ein Signal des böhmischen Heeres! . . . Sieh da!" Auch aus der Gegend von Halle stiegen vier rote Raketen auf.

„Sire," rief Berthier haftig, „diese feurigen Boten zeigen doch an, daß die schlesische Armee morgen in den Kampf einzutreten gedenkt."

„Unmöglich. Marmont meldet mir, daß er nur sehr mäßige Kräfte vor sich sieht. Ich sage Ihnen, Blücher wird nicht kommen."

Nicht lange darauf traf ein Rapport Marmonts ein, der sich tatsächlich vorwärts Lindenthal und hinter Radefeld in Gefechtsbereitschaft setzte und sich angelegen sein ließ, das dortige Gehölz zu einer natürlichen Festung umzugestalten. Die Kavallerie Lorge vertrieb schon gestern dort russische Reiterei. Marmont schrieb heut: „8 Uhr abends. Je mehr ich die innehabende Stellung studiere, desto mehr glaube ich Grund zu haben, davon befriedigt zu sein. Freilich ist sie zu breit für meine Truppenzahl, doch wenn Ew. Majestät 10 000 Mann hinzufügen, so versichere ich, mit Erfolg einer doppelten Zahl widerstehen zu können. Ich ließ einige Fleschen anlegen, die im Laufe des morgigen Tages vollendet sein können."

„Da haben wir's ja!" rief Napoleon zufrieden, nachdem er einige Auskünfte von Leipziger Agenten eingezogen. „Schreiben Sie, mein Vetter!" Und er diktierte Berthier folgende Ordre an Marmont: „Reudnitz, 10 Uhr abends. Mein Vetter! Berichte aus der Stadt besagen, daß Bernadotte in Merseburg ist. Man sah heut abend viele Wachtfeuer bei Markranstädt im Westen, was vermuten läßt, daß Blücher nicht auf der Halleschen Straße, sondern von Weißenfels herkommt, um sich über Pegau mit Schwarzenberg zu vereinen." Doch nach wiederum einer Stunde lief Rapport Marmonts ein, daß einige bei Delitzsch gefangene und entwischte Sappeurs aussagten, wie der Feind mit Macht anmarschiere. Marmont sah, den Kirchturm von Lindenthal besteigend, mit eigenen Augen den ganzen Horizont von Wachtfeuern erhellt. Er erlaube sich zu erinnern, daß er um Verstärkung bat.

Ärgerlich runzelte der Kaiser die Stirn. „Jetzt fangen schon wieder die Bedenklichkeiten an. Schreiben Sie ihm sofort im angegebenen Sinne und verweisen Sie ihn auf Bertrand!"

Der Generalstabschef ergriff also die Feder und erließ folgendes Schriftstück, indeß sein Meister mit großen Schritten murmelnd auf und ab ging. „11 Uhr abends. Der Major-General an Marschall Marmont. Herr Herzog von Ragusa, der Kaiser ist erstaunt, daß Sie sich noch nicht mit General Bertrand in Verbindung setzten. Dieser steht seit gestern abend bei Gohlis. Der Kaiser liefert morgen Schlacht in Höhe von Liebertwolkwitz, wohin das Hauptquartier um 7 Uhr früh sich begibt. Haben Sie nur Kavallerie und etwas Infanterie vor sich, drücken Sie sie weit zurück und halten sich bereit, zum Kaiser zu stoßen. Bertrand würde genügen, die Position im Norden zu halten, wenn nicht das g a n z e Schlesische Heer dort angreift. Sonst befindet sich ja auch Korps Souham in Mockau. Geht aber der Feind mit seinen gesamten großen Kräften vor, so sind Ihr Korps und die von Souham und Bertrand bestimmt, ihm ent-gegenzutreten.“

„Ganz klar. Hoffentlich versteht Marmont, was ich unter gesamten verstehe: nämlich vereinte Heere von Blücher und Bernadotte, ein durchaus unmöglicher Fall. Ich möchte nur Marmont beruhigen. Notieren Sie also schon heut für morgen früh die Wendung der Ordre: ‚Kurz, Sie könnten General Bertrand zu Hilfe kommen, falls des Feindes ganze Armee, was unwahrscheinlich, auf der Halleschen Straße erscheint.‘ Division Lorge soll bei Radefeld verbleiben, damit diese Kavallerie, von Bertrand unterstützt, immer noch die vorgeschobene Stellung be-hauptet. Ausdrücklich soll aber gesagt sein: ‚Ich werde Sie zur Schlacht rufen, sobald ich sicher bin, daß der Feind sich engagiert.‘ Ein Mann von Marmonts Intelligenz wird also verstehen, daß h i e r a u f das Gewicht liegt, daß ich unter allen Umständen darauf rechne, ihn h i e r zu haben. — Lavesant!“ Ein Ordonnanzoffizier trat vor. „Halten Sie sich gesattelt, morgen früh zum Herzog von Ragusa zu eilen, mit der maßgebenden Ordre. Hören Sie wohl auf meine Worte: Jetzt handelt sich's n i c h t mehr darum, Blücher möglichst weit von Leipzig fern-zuhalten. Das paßte, solange Neys Korps noch auf dem Marsche waren. Morgen gilt es nur, Zeit zu gewinnen, um ihn mit Verausgabung möglichst geringer Kräfte so lange aufzuhalten, bis ich mit Schwarzenberg fertig bin. Verstanden? Abtreten! — Ich will nur hoffen, daß Macdonald rechtzeitig morgen früh zur Stelle ist. Wir schrieben ihm heut schon um 8 Uhr früh, daß der König von Neapel gestern sechs Angriffe abschlug und der Feind sich schon 4 Uhr nachmittags zurückzog. Ferner, daß Bernadotte und Blücher mit einem Manöver, das mein Verständnis übersteigt, auf Merseburg marschieren, so daß Marmont nichts als Kavallerie vor sich hat. Wenn sie uns im Rücken fassen wollen, so sei dies eine neue Probe von Torheit, da man so Schwarzenberg sich selbst überläßt. — Nun, dies mag etwas irrig sein, laut Marmonts letztem Rapport. Aber es ist gut, daß Macdonald die Dinge so ansieht, ohne sich durch etwaigen Kanonendonner im Rücken beirren zu lassen. Ich rechne darauf, daß er dort rasch genug anlangt, falls der Feind wider Erwarten die Offensive ergreift: Deshalb lasse ich den Kolmberg unbesetzt, um meine Front nicht zu weit auszudehnen, und nur den Südabhang durch Reiterei beobachten. Man hätte dort eine Redoute anlegen, ein Bataillon Lauristons aufstellen können, doch wozu unnütze Mühe, da der Feind wahrscheinlich umgekehrt unseren Angriff erwartet? Vom Umfassungsstoß Macdonalds erhoffe ich die Erschütterung des Gegners, um sodann mit Garde und Reiterei als Durchbruchsmasse den Genickfang zu geben. Die Umfassung muß überraschend kommen, deshalb viel Reiterei dort zu verwenden. Sebastiani ist nicht genug," wandte er sich an Murat im schweigenden Kreis der Zuhörer, „schieben Sie Pajols Divisionen Suberbie und Milhaud dorthin. Auch die junge Garde soll sich möglichst links schieben, denn zwischen Wachau und Liebertwolkwitz, dort ist's, wo der Durchbruch geschehen soll. Ich rechne darauf, daß Macdonald bequem um zehn Uhr den Kolmberg überschreitet, Sebastiani schon früher. Auch wird Korps Souham wahrscheinlich noch in dieser Richtung heranmarschieren und den Feind noch weiter links zu überflügeln suchen. Reynier mag seine Bewegung von Düben her beschleunigen. Marmont wird uns im Zentrum verstärken, sodaß wahrscheinlich nur Bertrand und Dombrowski genügen, den Feind im Norden und Westen zu amüsieren. Sollte der Feind gegen unsere Rechte an der Pleiße ausfallen, so beschäftigen ihn die Polen dort genügend. Der Fluß ist durch Regengüsse angeschwollen, das Westufer ist hoch und steil, Sumpfwiesen erschweren den Zugang. Geht der Feind — falls e r angreift, was ich noch nicht glaube — in diese Falle, uns dort umgehen zu wollen, so geht's ihm schlecht. Rückenangriff auf Lindenau fürchte ich nicht, so peinlich dort eine Wegnahme der Brücken wäre. Denn durch die dortigen Gärten und Büsche, wenn ein schwacher Verteidiger sich Schritt für Schritt zurückzieht, dürfte der Feind sich erst sehr spät nach Leipzig durcharbeiten, und bis dahin ist in der Hauptschlacht alles aus und zu Ende. Ich hoffe also, sogar noch Bertrand hier verwenden zu können, der Herzog von Padua allein könnte Lindenau und Leipzig festhalten. Wohlan, werden meine Befehle rechtzeitig ausgeführt, so fall' ich trotz unserer allgemeinen Minderzahl mit ganzer Kraft und Übermacht auf Schwarzenberg und jage ihn zum Teufel. Nie befand sich jemand in schlimmere strategische Lage verstrickt, als die Verbündeten im Fall einer Niederlage, da ich in der Mitte zwischen ihren Massen die mittlere Elbe beherrsche und überhaupt die ganze Elbe von Dresden bis Hamburg noch in unseren Händen. Die Massen im Norden sind strategisch einfach ruiniert, wenn Schwarzenberg im Süden unterliegt. Vielleicht blüht uns morgen der größte Erfolg, von dem militärische Annalen melden, die Manöver von Regensburg in vergrößertem Maßstab. Bedenke also jeder, was auf dem Spiele steht!"

Napoleon ließ sich jetzt noch in private Unterredung mit seinem Schwager ein, indem er sich anklagte, seine Brüder Josef und Louis zu sehr begünstigt zu haben.

„Sie aber," wandte er sich plötzlich und überraschend an Murat, „lauern schon lange darauf, bei passender Gelegenheit von mir abzufallen."

Murat verfärbte sich, sein geheimstes Trachten so erraten zu sehen. „Sire, wie mögen Sie denken! Seien Sie meiner unverbrüchlichen Treue versichert! Versteckte Feinde haben mich bei Ihnen angeschwärzt."

„Ja," lächelte Napoleon sanft, „Sie sind gutmütig, haben einen Fond von Freundschaft für mich. Doch ich hätte Sie nur zum Vizekönig machen sollen. So denkt Ihr armer Kopf immer nur an seine eigene Krone!" Er sagte dies mit einer gewissen Resignation, die alle Anwesenden ergriff. „Ja, führe uns nicht in Versuchung!" . . . .

Inzwischen rückten Sachsen auf der Eilenburger Straße heran, Regimenter Low, Rechten, Prinz Friedrich, Prinz Anton, Niesemeuschel, alle jetzt nur als Bataillon formiert. Grenadierbataillone Spiegel und Anger, leichte Bataillone Sahr und Lecocq zogen unterm alten grünen Rautenbanner und die Standarten ihrer Husaren und Ulanen wehten immer noch im französischen Heere, obschon die roten Johann-Dragoner in der Beresina zu grunde gingen und nur je vierzehn Offiziere und Gemeine der Prinz Albrecht-Jäger brüderlich gesellt sich als Rest von sechshundertachtunddreißig treugehorsamen Sächsern in Dresden vorstellten. — Dort erfreute sich das Auge auch noch an der kleidsamen kornblumenblauen Uniform eines illyrischen Bataillons, dessen andere Hälfte neben den Kroaten bei Hagelsberg so unliebsame Bekanntschaft mit märkischen Fäusten machte. Dazu noch die Spanier bei Marmont, was wollte man mehr! Das eiserne Band des Empire über alle Vasallen schien also noch ungelockert!

Das eigentliche Heer des Kaisers, das hinter Murats Macht als zweite Linie aufrückte, verfügte an Reiterei vorerst nur über Korps Kellermann, das nur eine einzige polnische Division vorstellte: 1200 Lanciers, 400 Chasseurs nebst zwölf Geschützen. Mit ihm zugleich schob sich Korps Augereau zwischen Victor und Poniatowski ein, das gleichfalls nur aus einer einzigen Infanteriedivision bestand: 6000 Mann, 14 Geschütze. Die Hauptkraft des Kaiserheers machte natürlich die Garde aus und hatte in ihrer Eigenschaft als Armeereserve eine bedeutendere Stärke, vornehmlich unverhältnismäßig an Geschütz, als alle übrigen Korps. Zwei Divisionen alte Garde, Friant und Curial, besaßen freilich zusammen nur 8000 Mann, die junge Garde aber in Divisionen Pacthod, Barrois, Decouz, Roguet, über 16 000 und zu Barrois stieß noch das 11. Tirailleurregiment mit 1000 Mann. Dann hatte ein Etappenkommandant, General Lefol, herbeigeführt 22 Geschütze, 5000 Mann Marschinfanterie, von denen die kleinere Hälfte (nebst 1700 Marschreitern, die in die Reiterkorps einrückten) dem Fürsten Poniatowky unterstellt ward, die andere das schwache Korps Bertrand verstärkte. Denn auch dies bestand jetzt nur noch aus 6000 Mann Infanterie, da seine italienische Division, Fontanelli, bei Wartenburg zersprengt, Morands französische Bataillone höchstens (wie II. 96.) 300 stark und nur 950 Württemberger (unter dem schon bei Aspern verwundeten Franquemont) vorhanden waren. Dazu 350 deutsche Reitersäbel, Reste von Württembergern, Westfalen, Hessen. 11 bei Wartenburg verlorene Geschütze ersetzte Lefol durch 12, so daß Bertrand 33 bekam. Nur Lefols Verstärkungen machten Bertrand für seine nachherige Aufgabe leistungsfähig, bei Lindenau die bedrohte Rückseite der Vorderstellung zu decken. In Leipzig selbst blieben als schwache Be-

fatzung 3000 Franzofen und Badenfer (Brigaden Morio und Stockhorn) nebſt 16 Geſchützen. Auch die Gardekavalleriedibiſionen: Ornano
(holländiſche, bergiſche Lanciers, Dragoner Junge Garde), Lefebvre
(polniſche Lanciers, Jäger, Grenadiere: Junge Garde), Walther (pol=
niſche Lanciers, ſechs Schwadronen Jäger, je vier Dragoner und Grena=
diere: alles Alte Garde), nebſt vier Regimentern Ehrengarden —
letztere zählten jedoch nur noch 900 Säbel, die polniſchen Lanciers der
alten Garde 409 — wurden noch um 1400 Ehrengarden verſtärkt, die
Lefol gleichfalls brachte. Außer dieſen 6000 Säbeln beſaß die Garde
noch 4000 Artilleurs mit nicht weniger als 208 Geſchützen!

Hierzu bildete eine Nebengruppe Korps Macdonald mit vier
mäßig ſtarken Diviſionen, wobei Ledrus vier weſtfäliſche Bataillone
und Heſſen=Badenſer: 15 000 Mann Fußvolk, 68 Geſchütze. Dazu
ſechs italieniſch=neapolitaniſche und eine Würzburger Schwadron.
Macdonald beigeſellt war Reiterkorps Sebaſtiani, das an der Katzbach
litt, obſchon nicht ſo, wie der Feind ausſchrie. All ſeine 12 Geſchütze
fielen in Feindeshand, das letzte davon beim Train, wohin Sebaſtiani
es unbegreiflicherweiſe und zu Napoleons höchſtem Unwillen ſteckte.
Seine Diviſionen Excelmans und Rouſſel (Chaſſeurs, Huſaren,
Lanciers) und St. Germain (Küraſſiere) ſtellten noch 4500 Säbel dar.

Von Neys Armeegruppe im Norden war vor der Hand nur
Marmont in Stellung: 14 000 Infanterie, 620 württembergiſche
Reiter, 82 Geſchütze. Attachiert: Polendiviſion Dombrowski, 3500
mit acht Geſchützen, wovon 800 Ulanen. Marmont hatte am
1. Oktober noch 16 500 Mann Infanterie gehabt, (da er bis jetzt faſt nie
ins Feuer kam, bei Dresden ſehr wenig verlor und Diviſion Friedrichs
dort nicht mal mitfocht), jetzt noch 15 600, einzelne ſeiner Bataillone
zählten noch nicht 300 Mann; hiervon drei Marinebataillone in Eilen=
burg abgezogen, bleibt 14 000. Doch ſind natürlich überall ent=
ſprechende Menge Artilleurs (bei Marmont 2000) zuzurechnen. Korps
Souham (Ney) zählte gleichfalls noch 15 000 Infanterie. Seine
10. Huſaren und badiſchen Huſaren waren am 1. Oktober noch 1007
Mann ſtark, jetzt alſo bedeutend ſchwächer. Dazu 61 Geſchütze.

In der Mitte zwiſchen beiden Gruppen Korps Reynier: 7000
Franzoſen, 400 Würzburger, 3300 Sachſen Fußvolk, 700 ſächſiſche
Reiter, dazu 44 Geſchütze, wovon Hälfte ſächſiſche mit entſprechender
Bedienung. Reiterkorps Arrighy, nur 23 Schwadronen, neun Ge=
ſchütze: 2500, weil 600 Brigade Quinette nach Lindenau detachiert.

Es ſchützten alſo die Nordfront im ganzen rund 42 000 Infanterie,
5500 Reiter, 4000 Artilleriſten nebſt 206 Geſchützen. Unter Napoleon
unmittelbar ſtanden (exkl. Padua in Leipzig, inkl. Bertrand) 90 000
Infanterie, 26 000 Reiter, 10 000 Artillerie, 520 Geſchütze. Seine
Geſamtmacht betrug demnach: 133 000 Infanterie, 32 000 Reiter,
15 000 Art., 1500 Genie, 740 Geſchütze. Dieſen 182 000 Mann ſtand
faſt doppelte Zahl Verbündeter, auch an Geſchütz, gegenüber. Doch
derartig zerteilt, daß am erſten Schlachttag nur 151 000 Schwarzenberg

und 58 000 Blücher zur Stelle waren. Napoleons überlegene Strategie brachte es also fertig, am ersten Tage mit fast gleichen Kräften (da Blücher nur 40 000 engagierte) zu schlagen, und verschlimmerte sich dies Verhältnis für die Verbündeten noch dadurch, daß 22 000 Giulay und 30 000 Meerfeldt und Hessenhomburg gegen die Flanken der fran= zösischen Stellung vordrangen, deren natürliche Stärke erlaubte, hier nur schwache Kräfte entgegenzustellen. Somit blieben nur 100 000 Verbündete für den Hauptangriff bei Wachau übrig, wobei anfangs 24 000 als Reserven zurückblieben. Gegen diese vermochte Napoleon 114 000 auszuspielen, selbst nach Abgang Bertrands. Dies Verhältnis hätte sich noch mehr zu Napoleons Gunsten verschoben, wenn Marmont oder andere Teile der Neyschen Gruppe mit herangezogen werden konnten, wie beabsichtigt. Doch das Verhängnis spielte ihm hierbei übel mit.

Das böhmische Heer hatte in den Dresdener Kämpfen bedeutend gelitten. Korps Württemberg und Garden bei Kulm, Ziethen und Pirch im großen Garten, Gortschakofs Brigaden Roth, Wlastof, Lukow (deren Chef nebst Husarengeneral Millessimo dort fiel) bei Striesen, Klenau's Divisionen Hohenlohe und Meyer erheblich bei Lobeda gegen Division Teste, Bianchy noch mehr am Feldschlößchen gegen Ney, Colloredo nebst Moritz Liechtenstein im Moscinskigarten, Aloys Liechtenstein gegen Victor, wobei Giulay verwundet, Division Metzko völlig von Murat vernichtet. Auch bei Kulm erlitten Kleist und Colloredo beträchtlichen Verlust. Dazu die große Einbuße an Maroden, Deserteuren, Kranken, so daß um fast 100 000 die ursprüngliche Stärke schmolz und nur knapp 170 000 unter Waffen blieben. Und davon fehlte anfänglich das Korps Colloredo, das erst für morgen er= wartet wurde. Auch weit über 40 000 verlor schon das schlesische Heer, und die Nordarmee hatten Belagerung der Elbfestungen so in An= spruch genommen und verschiedene Umstände so vermindert, daß sie nur mit wenig über 65 000 eingreifen konnte. Bennigsen mußte nahezu 15 000 vor Dresden belassen und kam mit 42 500, so daß 336 000 Verbündete zur Entscheidung verfügbar von ursprünglich 550 000. Landläufige Angabe „301 500" ist falsch, Colloredo dabei vergessen und Blücher auf nur 56 000 taxiert, obschon York und Langeron allein 50 000 zählten, Bernadotte hingegen zu hoch auf 68 000. So kämen sogar 333 500 Verbündete heraus. Doch ist von Bennigsen die österreichische Division Bubna abzurechnen, die schon bei 160 000 Schwarzenberg mitgezählt. Ebenso falsch ist aber, daß Napoleon nur 156 000 Mann (Vaudoncourt) oder 171 000 (Plotho) hatte, wäh= rend Bernhardis tendenziöse Heraufschraubung auf 190 000 gleichfalls sinnlos. Da Napoleon außer Davout nur 350 000 ins Feld führte und inkl. St. Cyr noch 210 000 besaß, litt er also trotz aller Niederlagen und Strapazeneinbuße erheblich weniger, da die verbündete Gesamt= masse (inkl. Wallmoden, Tauenzien, Thümen, Hirschfeld, Cernierung vor Dresden) kaum 330 000 überstieg.

Die Nacht verlief ungestört unter klarem Himmel. Den geräumten Kolmberg bei Liebertwolkwitz sollte Oberst Marbot mit den 23. Chasseurs bis Tagesanbruch beobachten, der zu diesem Behufe bis an den Fuß der Höhe heranging. Beim Sternenlicht ließ sich von unten die beleuchtete Kuppe klarer erkennen, indeß der Blick von oben ins Finstere fiel, zumal die Reiter ganz im Schatten standen. Indem nun Marbot lautlose Stille anempfahl und schwach am Horizont das erste Tageslicht graute, zeichneten sich plötzlich auf der Kuppe die Umrisse dreier Reiter ab. Sie unterhielten sich französisch, da der eine ein Russe war, die anderen Preußen. Ganz deutlich vernahm man die Worte: „Reiten Sie zu den Majestäten und melden sie, hier sei alles frei. Es wird bald hell genug sein, Umschau zu halten, doch muß der Augenblick wahrgenommen werden." Ein anderer Offizier warf ein: „Wäre nicht angezeigt, erst die Leibwache abzuwarten?" — „Wozu denn? Thun Sie, wie ich sagte, hier stört uns vorderhand kein Feind." Hufschläge des sich entfernenden Adjutanten . . . die Chasseurs wagten kaum zu atmen und verhielten sich mäuschenstill. Marbot hatte vorne nur eine Schwadron zur Stelle, gab jedoch schon früher Weisung an zwei Schwadronen, rechts und links den Hügel einzuschließen, falls sich irgendwer auf den Kolmberg wage. Nach einer Weile erschien eine kleine Suite oben und Marbot wollte eben das verabredete Zeichen geben, nämlich sein Taschentuch schwenken, als in der Erregung ein vorderster Chasseur den Säbel fallen ließ. In der Befürchtung, das Geräusch sei nach oben gedrungen und der Feind werde sich sofort aus dem Staube machen, schoß er sogar mit dem Karabiner in den Haufen auf der Höhe, der natürlich augenblicklich auf und davon jagte. Die Kavalkade gewann schon solchen Vorsprung, daß Marbot jede Verfolgung einstellte, sehr erbittert, daß ein so herrlicher Fang ihm entging . . .

„Ew. Majestät wollten sich um sieben Uhr nach Liebertwolkwitz aufmachen," mahnte Berthier am Frühmorgen.

„Das wäre verfrüht. Übrigens begebe ich mich nach
Wachau, wohin Generalstab und Adjutanten zu folgen haben.
Man sah in der Nacht so wenig Biwakfeuer gegenüber, daß ich
für möglich halte, Schwarzenberg könne bis Borna retiriert sein.
Das würde einen schwachen, moralischen Zustand anzeigen. Nun,
wir werden sehen. Ich hätte die Aktion schon begonnen, doch
dieser infame Nebel nötigt mich zum Warten, auch muß erst
unser zweites Treffen aufrücken. Ich gab Ihnen gestern schon
die geeigneten Winke für Ney. Bereiten Sie alles vor, um
spätestens neun Uhr diesen Schlußbefehl zu expedieren, sobald
ich klar sehe über des Gegners Absichten. Bis dahin wird sich
nichts geändert haben. Nun wohl, so gehe jetzt die definitive
Ordre an Marmont ab. Datum sieben Uhr früh, nicht wahr?"
Napoleon diktierte nun eine längere Erörterung in dem Sinne,
den er schon gestern abend angab, die also anhob: „Mir scheint
nichts anzuzeigen, daß der Feind wirklich über Halle debouchieren will, und daß er in dieser Richtung mehr hat als Auf-
klärungsreiterei. Es scheint zweifelhaft, daß man gestern, wie
behauptet wird, Bataillone dort im Marsche sah. Ich denke,
es ist zweckmäßig, daß Sie die Vorstadt passieren und sich
in Reserve zwischen Wachau und Liebertwolkwitz aufstellen. Von
dort können Sie sich nach Lindenau richten, falls der Feind, was
mir absurd erscheint, auf dieser Seite ernstlich angreift."

Berthier sah beim Diktat mit flüchtigem Lächeln auf, als
er die Wendung, ‚Ich glaube, es ist zweckmäßig‘ hörte. War
dies der napoleonische Ton, in dem man sonst zu kommandieren
pflegte?

Besser wäre gewesen, wenn Berthier nicht überhört hätte,
daß die Ordre nicht mit wünschenswerter Genauigkeit ausdrückte:
es solle nun nicht mehr bei Breitenfeld, sondern erst bei Gohlis
Widerstand geleistet werden und hierfür Bertrand, eventuell mit
Souham, genügen. Napoleon verließ sich auf Marmonts Verständnis, daß dieser begreifen werde: man brauche ihn unter
allen Umständen bei Wachau, wenn irgend möglich.

Da der Ordonnanzoffizier Lavesant sich so sehr beeilte, daß
Marmont schon um acht Uhr den Brief in Händen hielt, so hätte
dessen bereits versammeltes Korps schon um elf Uhr bei Probst-

heyda eintreffen können. Die treffliche Organisation dieses aus-
besonders guten Bestandteilen gebildeten Korps erlaubte auch
wirklich, es schon eine halbe Stunde nach Empfang der Ordre
in sechs parallelen Marschsäulen bereit zu stellen. Allein, jetzt
zögerte Marmont, ohne willigen Gehorsam, wie hier Pflicht
gewesen wäre, immer bereit, mit der Wahrheit zu spielen und
sich hinter Ausflüchten zu verschanzen. Er tat, als setze er sich
in Marsch, trödelte aber bis zehn Uhr auf dem gleichen Fleck
herum, als warte er nur darauf, daß baldiges Erscheinen des
Feindes v o r ihm ihn der Mühe des Abmarsches überhebe. Was,
wieder in Reserve hinter Wachau, statt endlich mal wieder seine
selbständige Schlacht durchfechten zu dürfen? Es mochte h a l b -
z e h n Uhr sein, als Ney, der sich für seine Person schon rückwärts
in Vorstadt Reudnitz befand, seinerseits die bindenden Befehle
Napoleons empfing. Um diese Zeit stand Marmont noch bei
Lindenthal, Radefeld, Breitenfeld. Lorge bei ihm. Souham
mit Reiterdivision Defrance bei Mockau. Reiterdivision Fournier
und Dombrowski bei Plösen, polnische Reiterbrigade Kroko-
witzschki weiter vor. Der Marschall setzte die Direktive sofort
in Dispositionen um, denen man fachmännische Routine nicht
absprechen kann. Die polnische Reiterei sollte bis Skeuditz und
Stahmeln aufklären, Korps Souham die bisherige Stellung
Marmonts übernehmen, eine Brigade bis Stahmeln vorgeschoben. „Die Divisionen werden sich brigadeweise entwickeln,
mit Distanzen von hundert Schritt, Artillerie auf den Flügeln."
Fournier soll sich mit Durrien in Eilenburg vereinbaren, Defrance von Mockau aus die Parthe von Schönfeld bis Taucha
überwachen. „Der Herr Marschall verspricht eine gute Beloh-
nung, wenn Soldaten als Bauern verkleidet, auf der Halleschen
Chaussee sich vorschleichen." Während bereits die Schlacht bei
Wachau im Ausbruch, gab Ney um h a l b e l f Uhr von diesen
Ordres dem Kaiser brieflich Rechenschaft und ritt dann eiligst über
die Parthe ab, wo er eine Stunde später auf seinen Marschalls-
Kollegen stieß. In seiner hochmütig gemessenen Haltung sprach
sich Marmonts überschwängliches Selbstgefühl aus, geplagt von
heißem Ehrgeiz, der sogar seine zweifellose Begabung ankrän-
kelte, und ihm aus blinder Lorbeergier bei Salamanka alle
Früchte seiner vorhergehenden glänzenden Manöver raubte.

Unwillkürlich fiel ihm bei seinem Ritt zu Ney eine seltsame

Unterredung ein, die er jüngst in Düben mit dem Kaiser pflog, dessen besonderes Vertrauen er zu dieser Zeit genoß, in den letzten Feldzügen des Kaiserreichs weit mehr als früher in den Vordergrund getreten. Napoleon brachte das Gespräch unmerklich auf den Ehrbegriff und warf plötzlich hin, indem er seinen Jugendfreund und Günstling mit eigentümlichem Blick von der Seite betrachtete: „Sehen Sie, wenn Sie z. B. auf dem Montmartre ständen und die Alliierten vor Paris, und Sie hielten es nützlich für Frankreich, mich fallen zu lassen, dann könnten Sie vielleicht ein Patriot sein, doch nicht das, was ich einen Mann von Ehre nenne." Da zuckte Marmont betroffen zusammen und erbleichte leicht. Es gibt Augenblicke, wo der Mensch sein Schicksal sich nahe fühlt und die Zukunft blitzartig vor ihm sich öffnet. „Solcher Fall wird glücklicherweise nie eintreten," versetzte er mit gezwungenem Lächeln und heiserer wie belegter Stimme. — „Meinen Sie, wir wollen's hoffen." Wie kam es nur, daß Marmont sich plötzlich an dies Gespräch erinnerte, als ob eine Vorahnung kommenden Unheils ihn beschleiche?

Doch er schüttelte sie ab und versteifte sich auf eigenes Besserwissen: „Der Kaiser verfiel in einen großen Irrtum, es wäre ein Mangel an Initiative, wenn ich blind gehorchte. Wir müssen nördlich der Parthe gegen Blücher Front machen, der mit ganzer Macht anrückt," stellte er Ney lebhaft vor. Dieser befand sich wie gewöhnlich in peinlicher Ungewißheit und Unruhe, unfähig, sich jemals intuitiv auf einem Schlachtfeld zu orientieren. Zudem fühlte er sich bedrückt durch eine verfrühte Maßregel der Ängstlichkeit, durch die er offenbar schon dem strikten Befehl des Kaisers zuwiderhandelte.

Ein Adjutant des Herzogs von Padua langte nämlich schon vor neun Uhr, e h e Ney die entscheidende kaiserliche Ordre erhielt, bei ihm an: „Se. Hoheit lassen dringend um vier Bataillone Verstärkung bitten, um die Flanken der Chaussee bei Lindenau zu decken. Der Feind geht mit außerordentlichen Kräften zum Angriff vor." Ney eilte sofort an Ort und Stelle und überzeugte sich allerdings von der Richtigkeit dieser Angabe. „Da wird nichts anderes helfen, Bertrand muß dorthin, das Defilee und Leipzig sind kompromittiert." Es rächte sich freilich, daß Paduas Schanzarbeiten noch nicht genügend fortschritten, daß Rogniats Geniepark nicht in Leipzig die Verteidigung mit Bei-

hilfe der Bevölkerung organisierte, daß eine zu schwache Besatzung darin lag. Immerhin genügten die von Padua erbetenen
vier Bataillone vollkommen für den Zweck, den Angreifer dort
möglichst lange zu fesseln. Denn selbst wenn dieser in Leipzig
eindrang, was schadete das, sofern nur mit möglichst vereinter
Kraft bei Wachau die Entscheidung fiel! Aber Ney verlor ja
immer den Kopf bei feindlicher Drohung. Persönlich der
tapferste der Menschen, fiel er als Führer von einem Bangen
ins andere. So wenig hatte der physische Soldatenmut mit dem
Feldherrnmute zu tun, da ersterer nur auf Nerven und Blut-
beschaffenheit, letzterer nur auf Charakter und Intellekt beruht.

Ney tat also sogleich des Guten zu viel. Obschon er mittlerweile die kaiserliche Ordre erhielt und ausdrücklich in seiner
eigenen Disposition angab: „Korps Bertrand bleibt bei
Eutritsch“, berief er jetzt dies Korps nach Lindenau. Bertrand
hatte bereits seine Rechte in Richtung auf Liebertwolkwitz verschoben, da ein Adjutant ihn von der kaiserlichen Absicht unterrichtete, möglichst a l l e s Verfügbare dorthin zu ziehen. Der
dringenden Einladung seines Vorgesetzten Ney Folge leistend,
schwenkte er aber jetzt nach Leipzig ab, das er gegen zehn Uhr
betrat. Er brachte sein Korps dort unter und marschierte selbst
mit Division Morand nach Lindenau ... Dort sammelten sich
allerdings sehr bedeutende Kräfte der Österreicher, nämlich
Korps Giulay, abgesehen von Division Murray, die Weißenfels
und Kösen bedrohte, leichte Division Moritz Liechtenstein und
Reiterfreischaren Thielmann und Mensdorf, im ganzen zwei-
undzwanzigtausend Mann mit sechzig Geschützen. Aber das
Gelände erwies sich dem Angreifer so ungünstig, und Giulay
vertrödelte so viele Stunden, daß er erst um z w e i Uhr nachmittags in drei Kolonnen ernstlich vordrang. Erst um e i n Uhr
mußte General Morio das Dorf Plagwitz westlich von Lindenau
räumen, und erst jetzt trat Bertrand ins Gefecht ein. Seine
württembergisch-italienischen Bataillone, so schwach an Zahl,
hätten ausgereicht, den nebensächlichen Kampf zu nähren, indes
Morands Kerntruppen längst bei Liebertwolkwitz ein übergewicht hätten geben können oder umgekehrt bei Gohlis Blüchers
Vordringen verzögern. Der größte Teil dieses Korps tat heut
keinen Schuß, fiel also für Napoleon ganz aus, und dieser übel-
stand wiederholte sich sogar in noch größerem Maßstab durch
Neys Torheit ....

„Die Ordre Sr. Majestät ist bindend,“ wehrte Ney anfangs
Marmonts Vortrag ab. „Es könnte doch sein, daß die feindlichen Vortruppen, die Sie mir zeigen, wirklich nur verschleiernde
Kavallerie bedeuten und Blücher uns hier täuscht, der vielmehr
über Merseburg auf Lindenau geht. Die Nachrichten von dort
beweisen die Ansammlung großer Massen an dieser Stelle.“

Aber Marmont bestand darauf, worin er ja Recht hatte,
daß im Gegenteil Blüchers Armee direkt hierher von Halle an-
rücke. „Ich darf mich wohl auf meine lange militärische Erfahrung berufen,“ machte er gekränkt. „Ich lege meinen Kopf
zum Pfande, daß der Kaiser sich irrt. Und ich allein kann diesen
Anprall nicht aushalten. Der Kaiser versprach mir Bertrand,
nun haben Sie über diesen anderweitig verfügt. Also müssen
Sie selbst mit Souham mir aushelfen.“ Daß der Kaiser ihm
deutlich die rückwärtige Stellung bei Gohlis-Eutritsch empfahl
und n i c h t ein Beharren bei Lindenthal, falls Blücher ernstlich
drohe, vergaß er völlig. Es war mittag, und die feindlichen
Vortruppen verstärkten sich unablässig, tiefe Massen wogten auf
der großen Straße heran. „Nun gut denn!“ entschloß sich Ney,
„ich werde mich rechts von Ihnen bei Widderitsch entwickeln.
Zudem steckt Division Delmas noch auf der Dübener Straße,
wie man mir meldet, weil sie zu lange auf Bespannung für ihre
Artillerie harrte. Also muß ich wohl oder übel standhalten und
den Kampf aufnehmen. Ich werde Se. Majestät sofort in
Kenntnis setzen.“ Der Gedanke, daß es bequemer gewesen wäre,
Delmas vorzuschreiben, er möge einfach nach Osten ausbiegen,
um nicht in die feindlichen Kolonnen hinein zu geraten, kam
ihm nicht. Später von Napoleons heftigem Mißvergnügen über
diese Maßregel unterrichtet, suchte sich Ney der kaiserlichen Auf-
fassung anzupassen, indem er nun wenigstens Divisionen Brayer
und Ricard nach Schönfeld durchmarschieren ließ. Nur Dombrowski mit Fournier und Defrance blieben bei Groß- und
Klein-Widderitsch und begünstigte hier das Glück noch verhältnismäßig die Franzosen. Denn Blücher war überzeugt, daß
Napoleon i h m die Hauptschlacht liefern wolle, Front nach
Nordwesten zwischen Taucha und Breitenfeld, auf Gustav Adolfs
alter Walstatt. Infolgedessen marschierte er mit Vorsicht und
erst um zehn Uhr ab, und das Gehölz von Lindenthal verdeckte
Marmonts Aufstellung, zumal der zaghafte General Langeron

meldete, er könne nicht weiter, ehe nicht das beherrschende Radefeld genommen sei, wo der Feind mit voller Kraft stehe. Es
stellte sich nun freilich überraschend heraus, daß Radefeld und
Lindenthaler Gehölz nur noch eine Nachhut enthielten. Aber
nach deren Vertreibung stieß Langeron auf Besetzung von
Widderitsch, viel weiter östlich, als man die Ausdehnung der
französischen Front annahm, und daraus schien sich zu ergeben,
daß zahlreiche Truppenmengen auf einer so weiten Front ent-
gegenständen. Hierdurch trat erhebliche Verzögerung im Anmarsch ein und Langeron sah sich den ganzen Tag neutralisiert,
nicht nur nicht auf gleicher Höhe mit York, sondern eine breite
Lücke zwischen ihm und sich lassend, je weiter York südwestlich
vordrang. So ward es z w e i Uhr, als York Marmonts Nachhut vorwärts Möckern zurückwarf und den Kampf eröffnete,
allein auf seine Kräfte angewiesen. In die Lücke, durch welche
Ney sich hätte in Yorks Flanke drängen können, trat die russische
Reiterei Wassiltschikof Sackens, doch erst spät. und das russische
Reiterkorps Emmanuel erhielt erst gegen fünf Uhr Befehl zur
Unterstützung Yorks. Bernadotte brach überhaupt erst sehr spät
nachmittags auf, nachdem er sich erst lang und breit vergewisserte,
daß kein Franzose mehr bei Wittenberg und Dessau sei ....
    Das Gefecht bei Lindenau tobte mittlerweile den ganzen
Tag für sich alleine fort, ohne daß weder Ney noch Napoleon
sich darum kümmerten. Die braven Konskribiertenbataillone
des Generals Morio de l'Isle hielten fast allein den ganzen
Andrang auf und leisteten so einen großen Dienst. Als Giulays
erste Kolonne das Dörfchen Lautsch wegnahm und die Franzosen über Feld und Holz nach Lindenau wichen, warfen sie sich
plötzlich in einen weiten Garten, dessen Mauern der Herzog
von Padua verschartet hatte, und verteidigten sich unbeugsam.
Kleine Streifkorps von Prinz Biron v. Kurland, Graf
Pückler und Rittmeister Colomb sowie das schlesische National-
husarenregiment schwärmten im Rücken Napoleons umher.
General Czollich nahm mit seinen Regimentern Kaiser und
Kottulinski Kleinzschocher mit Sturm, wobei auch das Brooder
Grenzbataillon der leichten Division Moritz Liechtenstein gute
Dienste leistete. Unterstützt vom 7. Jägerbataillon des Oberst
Beyder, fiel er auch Plagwitz an, ward aber wiederholt mit
blutigen Köpfen heimgeschickt. Zuletzt brach einige Marsch-

kavallerie Margarons hervor und ritt Brooder und Jäger, die sich in einen Klumpen zusammendrängten, beinahe nieder. Heftige Attacken der vereinten Reiterei von Thielmann, Mensdorf und Fürst Kudascheff: Kaiserchevaurlegers unter Oberst Fitzgerald und Lewenehrdragoner unter Oberst Hirsch, Klenau-Chevaurlegers und 2. schlesischen Husaren unter Oberst Eike, Kosakenpulks von Bock und Orlof, rissen jene jedoch aus ihrer bedrängten Lage und Giulays Zwölfpfünder beschossen den vorderen Abhang des Luppeflüßchens mit Erfolg. Prinz Philipp von Hessen-Homburg, Regiment Kollowrath in Reserve lassend, eroberte zwar mit Regiment Fröhlich, das bei Aspern allein einen großen Sturmritt abwies, dem ungarischen Regiment Mariassy, sowie 2. Jägern von Moritz Liechtenstein die nach Norden zugekehrten Häuser von Lindenau. Bald ward es ihm aber dort zu heiß, und er mußte den gewonnenen Boden wieder aufgeben. Die leichten Völker unterhielten in den Auen abwärts Lindenau noch ein Scheingefecht, die Hauptmacht wich aber auf Markranstädt allmählich zurück, da ein Erreichen der Brücken auf offenem Raum unterm Bereich der Batterien hinter der Luppe und am Kuhburger Wasser ganz unmöglich schien.

Zweimal schlug Padua die Österreicher gründlich ab. Lindenau stand allerdings schon in Flammen. Bertrand brachte aber jetzt fast seine gesamte Artillerie teils über die Brücken, teils kränzte er die Abhänge, und deren mörderisches Flankenfeuer zwang den Angreifer zu allmählichem Rückzug. Die zweite Kolonne unter General Czollich drang freilich nach zwei Uhr in den Oberteil von Lindenau ein. Bertrand zog nun die schwachen Kräfte hinter Kuhturm und Ziegelei zurück und formierte große Vierecke, womit er Reiterattacken abschlug. Die dritte Kolonne unter Prinz Liechtenstein und Thielmann scheiterte bei dem Versuch, nördlich von Lindenau dem schlesischen Heer die Hand zu reichen. Sobald Bertrand endlich Division Morand engagierte, ward Ober-Lindenau wieder dem Feind entrissen und am Abend ward er sogar so dreist, angriffsweise gegen Klein-Zschocher auszufallen. Nur eine heftige Kosackenattacke und Oberst Gallois' Vincentchevaurleg. vereitelten dies Beginnen. Dies war schon mehr als nötig, und Bertrands Anwesenheit bei Wachau hätte den allgemeinen Angelegenheiten mehr genützt . . .

Freilich rang sein Geschütz so schwer, daß vierzehn Stück demontiert . . .

Der Morgen brach trübe und regnerisch an. Napoleon fuhr um acht Uhr nach dem Galgenberg. Schon aber empfing ihn der König von Neapel mit der Nachricht:

„Ich glaube die Bildung großer feindlicher Angriffssäulen zu bemerken."

Das Gewehrknattern der beiderseitigen Vorposten schwieg seit einiger Zeit. Der Kaiser stieg ab und beobachtete wenige Augenblicke das Gewühl in der nebligen Tiefe.

„Zum Erstaunen!" entrang es sich seinem Munde: Er hatte genug gesehen.

„Bin da und zu allem bereit. Man sollt' es nicht glauben, aber wirklich, sie greifen mich an. Ich will ihnen heimleuchten."

In diesem Augenblick — es war neun Uhr — fielen drei Signalschüsse aus grobem Geschütz und kaum waren sie verklungen, als schon die Kugeln über das kaiserliche Gefolge hinflogen und die furchtbarste Kanonade begann.....

„Die Stunde der Entscheidung schlägt für Frankreich. Heute abend müssen wir Sieger sein oder alle tot!" Es war General Maison, der mit so stolzen Worten die Reihen seiner Regimenter durchritt....

„Uns blüht heute eine Umfassungsrolle wie am Floßgraben bei Lützen," bemerkte Macdonald zu seinem Stabschef Dumoustier, als sein Heerteil sich gegen den Kolmberg in Bewegung setzte. Weit hinten sah man die Lederhelme mit Wollraupen der Hessen und Badenser. „Die Deutschen brauchen wir jetzt nur im Notfall. Wer weiß, ob man sich noch auf sie verlassen kann!"

Nach Lützen verteilte Napoleon Titel, Majorate, De-
korationen in Fülle. Begreiflich also, daß Macdonald an diesen
Tag mit Genugtuung gedachte.

Bei den Polen, welche Fürst Poniatowski so geschickt bei
Dölitz und Lößnig verteilte, fehlten freilich mehrere Regimenter,
die sich in Spanien Lorbeeren erwarben, wie insbesondere das
3. und 7. Immerhin blickte auch das 1. mit Stolz auf Erstürmung von Saragossa zurück, das 8. auf Almonacid und
Ocanna. Das 2. in Division Dombrowski, die in Leipzigs
Norden stand, hatte in Rußland fast sieben Achtel der Offiziere
und fast neunzig Prozent der Mannschaft tot oder vermißt
zurückgelassen. An der Beresina allein dreizehnhundert Mann
sechsundzwanzig Offiziere. Schwach, wie diese Regimenter
waren (das 1. zählte nur neunhundertzwanzig, das 2. achthundertfünfzig Mann), beseelte sie doch eine wilde Entschlossenheit, in der Überzeugung, daß mit Napoleons Sturz Polens
Sache endgültig verloren sei. Die fanatische Begeisterung der
kriegerischen Sarmaten für den Soldatenkaiser hielt bis zuletzt
in treuer Anhänglichkeit vor ....

„Mein Marinefußvolk und meine Marinekanoniere sind
gerade so gut wie die Alte Garde," betonte Marmont, nicht ohne
Grund. Die von Kopf bis zu Fuß tiefblau gekleideten vier
Seeregimenter blickten mit Geringschätzung auf alle übrigen
Linientruppen dieses Korps. Auch ein hier befindliches spanisches Bataillon bezeugte als Rest von zwei Regimentern, wie
tapfer sie und das Portugiesenregiment Nr. drei an der Beresina
sich opferten. — —

Schon in der Nebeldämmerung des Frühmorgens regte
es sich an der Pleiße gegenüber Dölitz, von wo die Polen sich
bis Markleeberg erstreckten, während die Augereau zugeteilte
Brigade Lefols Connewitz und eine Linienbrigade Augereaus
das Gelände zwischen Connewitz und Markleeberg besetzten.
Aus Gautsch, von dessen Kirchturm Schwarzenberg selber die
feindliche Rechte zu überblicken suchte, ohne sich in diesem Gewirr
sumpfiger Flußarme zurechtzufinden, rückte das zweite österreichische Armeekorps Merfeldt auf Connewitz los, wo es die
Brücke über den vordersten Flußarm zerstört fand. Die Heerreserve des Prinzen Hessen-Homburg folgte, da Schwarzenberg
lächerliche Hoffnungen auf diese unmögliche Umfassung setzte.

Am linken Ufer nahmen die Österreicher schon um 8 Uhr Schloß
Dölitz nebst Flußinsel in Besitz, aber drüben in Mühle und
Dorf lag alles voll Polen, und das Schießen begann hier schon
früher als auf der übrigen Schlachtlinie....

„Der Schlüssel unserer Stellung liegt bei Wachau. — Sie
greifen wieder vereinzelt an. In Markleeberg tobt's schon lange.
Aha, da hebt's bei Wachau an. Gegen Liebertwolkwitz zu ist's
noch still."

Während der Kampf bei Connewitz, Dölitz, Markleeberg
tobte und unabläſſig der ſtärkſte Kanonendonner rollte, empfing
der Meiſter Neys Rapport von halbelf Uhr: „Sire, ich ſende
das vierte Korps nach Lindenau, um den Herzog von Padua zu
ſtützen, der mir anzeigt, eine ſtarke Kolonne komme von Lützen.
Das ſechſte Korps Marmont wird eine Diviſion nach Schönfeld
ſchicken, ſeine beiden anderen Diviſionen löſt mein drittes Korps
ab, und ſodann werden ſie auf Liebertwolkwitz rücken. Steht
der Feind nicht in zu großer Stärke in Richtung von Halle, wird
das dritte Korps mit Ausnahme einer Diviſion, die bei Eutritſch
bleibt, dem ſechſten folgen." So ärgerlich Napoleon die unnütze
Entſendung des ganzen Korps Bertrand empfand, ſo entſprach
das übrige doch ſeinen Abſichten, und er beruhigte ſich noch mehr,
als ein Rapport Marmonts einlief, gleichfalls von halbelf Uhr
datiert. „Ich habe meinen Flügeladjutanten General Dejean
beauftragt, dort Aufklärung zu betreiben. Laß ſehen, was es
gibt!" erbrach er das Schriftſtück. Marmont ſchrieb, daß „Dejean ihm nur 1500 Mann feindliche Infanterie melde, obſchon
die Biwaks viel mehr anzeigten, daß in dieſem Augenblick elf
Bataillone entdeckt wurden, die auf den Straßen von Halle und
Landsberg anrücken. Doch die lebhafte Kanonade bei Wachau
beſtimmt mich, die befohlene Bewegung zu beginnen."

Napoleon atmete hoch auf. „Zu beginnen? Labe-
ſant muß doch ſchon um acht Uhr nach Lindenthal gelangt ſein,
Marmont brauchte wahrlich zu viel Zeit mit Einrichtung des
Marſches. Gleichviel, er kommt! Und nun haben wir ſiebzig
Chancen gegen dreißig, die Schlacht zu gewinnen." Er rieb
ſich vergnügt die Hände... aber das Vergnügen verging ihm,
als von Stunde zu Stunde ſeine haſtige Erkundigung, ob man
noch nichts von Marmont ſehe, nur Verneinungen brachte.
„Haben Sie Abfahrt des großen Genieparks von Eilenburg

4*

nach Taucha veranlaßt?" fragte er haftig den Ingenieurchef Rogniat, einen verdrießlich und übellaunig dreinschauenden General. „Nein, Sire," gab dieser trocken Auskunft, „ich hatte keinen Auftrag dazu." Napoleon biß schweigend die Lippen zusammen. Keinen Auftrag! Das alte Lied! Kein Eifer mehr, keine Selbsttätigkeit, wie sie früher in der Armee herrschte!

Rogniat, ein trockener Schleicher, gar nicht auf der Höhe seiner Aufgabe, befand sich stets in übelm Humor und quälender Gereiztheit, seiner Unfähigkeit bewußt, nachdem er sich durch Verschanzung von Eßling als Lannes' Ingenieurchef einen gewissen Namen, aber damit zu so hoher Stellung noch keine Tauglichkeit erwarb. Deshalb tat er hier auch nichts zur Befestigung Leipzigs, insbesondere von Gohlis, dessen Bedeutung der Kaiser so wiederholt betonte, und das man durch Werke unauflöslich mit der Vorstadt verbinden konnte, gegen jeden Angriff faft uneinnehmbar.

Hätten die Arbeiter und Werkzeuge des Geniekorps sich in Taucha befunden, wo Napoleon vorsorglich zwei Bataillone Macdonalds zu belassen angeordnet hatte, und wo ein paar Barrikaden den Park gegen jeden feindlichen Kavallerieüberfall gesichert hätten, so würde Gohlis die nötige Stärke gewonnen haben. Statt dessen blieb der Park zu lange in Eilenburg stecken und sah sich daher durch das Auftreten Langerons seitwärts aus der Armee=Zone abgedrängt. So reihte sich hier ein Mißgeschick ans andere. Monfieur Rogniat aber schämte sich nachher nicht, seinem neidischen Querulantenwahn in den berüchtigten ‚Betrachtungen über Kriegskunst' Luft zu machen, worin seine Nasenweisheit sich unterfängt, den Großmeister abzukanzeln, auch bezüglich technischer Unterlassungssünden bei Leipzig, die allein Rogniat selber zur Last fallen.

Die Österreicher Merfeldts fanden Brücke und Chauffee bei Connewitz von zahlreichem Geschütz verteidigt, der hohe rechte Uferrand spie unabläffig Feuer. Merfeldt suchte auf und ab geeignete Übergänge, besonders durch das Gehölz, das sich von dort nach Leipzig zieht. Aber hinter Hecken, Dickichten und großen Kastanienbäumen zu beiden Seiten der Waldstraße sprühte es unabläffig, und da auch bei Lößnig alles mit Morast oder Holz bedeckt, nur hier und da von kleinen Wiesen unterbrochen, so mißglückte auch dort der Übergang. Bei Dölitz ging es heiß her. Die Polen bewachten treulich die Pleiße. Umsonst suchten sie freilich das Schloß am jenseitigen Ufer in Brand zu stecken, indes der Feind die Mühle mit Handgranaten anzündete.

Doch dies und die größte Übermacht erschreckte die Polen keines-
wegs. Sehr beherzte Angriffe fruchteten nichts, der hitzige
Kampf spann sich, abgetrennt von der Hauptschlacht, bis tief in
den Nachmittag fort, bis etwa um vier Uhr auch die Heerreserve
des Kaisers Franz von Kröbern vorging und die Hälfte der
Division Bianchi unterhalb Krostewitz durchzudringen suchte,
indes Merfeldt auf nochmaligen Befehl Schwarzenbergs, der
sich kapriziös auf diesen Einfall versteifte, Scheinangriffe gegen
Connewitz fortsetzte und um jeden Preis den Übergang bei Dölitz
zu erzwingen suchte . . .

Als Napoleon in offenem Wagen aufs Schlachtfeld fuhr
und den Fuß zur Erde setzte, begrüßt von enthusiastischen Zurufen der Jungen Garde, erreichten sogleich furchtbare Entladungen der verbündeten Artillerie die Gruppen seines Stabs
und wühlten den Boden nah und ferne auf. Fast im nämlichen
Augenblick lief eine Kanonade die ganze Linie bis zur Pleiße
hinunter und steigerte sich zu so rasender Heftigkeit, daß Generale, die bei Wagram und Borodino fochten, sich zuriefen:
„Hörten Sie je etwas Ähnliches?" Dreihundert französische
und zweihundert verbündete Geschütze spielten hier sofort gegeneinander.

„Ew. Majestät müssen sich diesem Bereich der feindlichen
Kanonade entziehen," mahnte Drouot respektvoll. „Ich rate,
sich nach der Schäferei von Meusdorf zu begeben." Der Kaiser
winkte gleichgiltig und ritt langsam dorthin. Bald aber fielen
auch hier um ihn Offiziere und Pferde in Menge. Mit seiner
gewöhnlichen Selbstsicherheit, als ob für ihn keine Kugel gegossen
sein könne, blieb er unbeweglich und schaute gelassen zu . . . .

Die Kolonne Kleist verwickelte sich zuerst mit den Polen
bei Markkleeberg. So tapfer jene sich stemmten und wehrten,
mußten sie doch das Pleißedörfchen fahren lassen, bis Augereau
von Zuckelhausen her, wo die Junge Garde ihn ablöste, zu Hilfe
kam. Das Ringen um Markkleeberg hob wieder an. Preußen,
Franzosen, Polen füllten mit ihren Leichen die Gassen und
Baumgänge. Die begeisterte Tapferkeit der Preußen trium-
phierte, Prinz August leuchtete seiner Division wie immer voran.
Kleist, durch russische Division Helfreich hilfreich unterstützt, suchte
sowohl die Hochfläche von Dösen, als seitwärts Raum gegen
Wachau zu gewinnen. Auf ersterer behaupteten sich jedoch der

französische General Semelé und der polnische Krasinski, Batterie am Kellerberg lichtete die Reihen der braven Preußen.

Gleichzeitig drang nach elf Uhr Helfreich, Wachau rechts lassend, hitzig vor und die ganze zweite Kolonne des Prinzen Württemberg, bestehend aus seinem bei Kulm so sehr geschwächten russischen Korps und der preußischen Division Klüx, in Wachau ein. Scharfschützen und Kanonen Helfreichs, in eine einzige Linie aufgelöst, im Wiesengrund zwischen Kleist und Eugen gerieten schon bald in Gefahr der Überflügelung. Während daher Prinz August mit dem Gros Markleeberg erstürmte, entsandte Kleist, dessen Reserveartillerie unter Oberst Braun ihre vierundsechzig Feuerschlünde allmählich in Linie brachte, eine zwölfpfündige Batterie und II. 6. II. 11. Res. unter Oberst von Loebel in dieser Richtung. Die schwache Divisionskavallerie, nur zwei Schwadronen 2. schlesischen Landwehrkavallerieregiments, deckte die Geschützreihen, das beigegebene russische Husarenregiment Lubny und Kürassierbrigade Levaschef (Hälfte der dritten Reservereiterdivision des Fürsten Galitzin) paßten jedoch auf, ob sich Gelegenheit für ihre Waffe biete. Ein Hohlweg hinter Markleeberg ward weiterem Nachdrängen auf die sanften Höhenwellen dahinter sehr hinderlich, da man kein Geschütz darüber weg bringen konnte. Eine polnische Batterie wirkte überaus mörderisch in die linke Flanke der Preußen, indes gleichzeitig sich verheerendes Kanonenfeuer in ihre rechte Seite von der Wachauer nach Markleeberg abfallenden Höhe ergoß. Als dort die russische Reiterei sich der vorstürzenden Uminskis'erfolgreich entgegenstellte und zwei Bataillone Augereaus übel zurichtete, mußte sie dieser zusehends verstärkten Kanonade bald ausweichen. Indem nun Prinz August mit II. III. 2. schlesischen Infanterieregiment in Richtung auf Dölitz ausfallen wollte, persönlich immer im Gemenge wie bei Kulm, wo er die Fahne dieses Regiments ergriff und die Panik staute, und Helfreich sich gegen Wachau hinzog, klaffte eine Lücke zwischen beiden Teilen. Oberstleutnant Schwichow mit I. 2. 11. Reserveregiment marschierte daher im Raum jenseits Markleeberg auf, unterstützt von den 25. russischen Jägern. Auf dem völlig offenen Gelände von heftigstem Kugelhagel überschüttet, stutzten die Truppen anfangs, zumal ein Bataillon sogleich durch mehrere mitten hineintreffende Kanonenkugeln

beim Aufmarsch zersprengt ward. Gleichwohl überwanden die
Preußen alle Schrecken ihrer Lage, und sie harrten nicht nur
standhaft aus, sondern wagten sogar ungestümen Vorstoß nach
Wachau, um dort ihre Waffenbrüder zu entlasten. I 11. Regiments unter Major Graf Monts kam mit dem Bajonett dicht
an Eichbusch westlich, mußte aber trotz aller Bravour weichen,
ebenso das russische Regiment Estland. Nunmehr entbrannte
der Hauptkampf um Markleeberg selber, aus welchem die
Preußen viermal vertrieben wurden, um viermal als Sieger
zurückzukehren. Auch das 10. schlesische Landwehrregiment
nahm feurig an diesem Ringen teil und verlor die Hälfte der
Mannschaft. Kleists Artillerie donnerte nach Kräften.

Dreimal stechen Uminskis Warschauer Krakusen Helfreichs
Schützen nieder. Aus Weidengestrüpp jenseitigen Ufers schoß
mit Rgt. Kaunitz Meerveldts, wo zwar Hauptmann Petzler Rgts.
Strauch fünf Gegenstürme auf Schloß Dölitz abschlug, doch
Schwarzenberg kleinlaut gestand: „Wenig Aussicht vorhanden!"

Dieser ganze Vormarsch der Verbündeten, ausgeführt
unter entsetzlichem Geschützhagel, zeugte von fester Entschlossenheit, der Heldenprinz Eugen griff einmal nach dem
andern wieder an. Um Mittag war es schon der sechste Angriff,
den Victor zurückschlug, doch nur die Höhen hinter dem Dorfe
wahrend, denn Wachau selbst konnte er vorerst nicht halten,
bisher nur Vortruppen einsetzend.

„Sehen Sie's nun? Hoheit wissen, daß ich an Standhalten Napoleons nicht glaubte. Er müßte ein Narr sein, sich
hier in die Mausefalle zu setzen. Er räumt sicher Leipzig und
weicht nach der Saale aus. Was wir da vor uns haben, ist
bloß eine Nachhut. Sehn Sie doch nur, wie die Ihren in
Wachau eindringen! Und auf der Hochebene drüben zeigt der
Feind nur 7 Geschütze, zählen Sie nur!" In der Tat warf
soeben die linke Flügelkolonne des Prinzen von Württemberg,
bestehend aus der russischen Brigade Reibnitz und III. 1. West-
preuß. I. 6. Res., die Franzosen aus Wachau hinaus. Der
Oberkommandierende der russisch-preußischen Linientruppen,
Graf Wittgenstein, ein unfähiger Mensch, dem nur das Talent
seines Stabschefs Diebitsch, des späteren Feldmarschalls ‚Bal-
kansky', im Dünafeldzug einen Schimmer von Bedeutung an-
schminkte, ritt hinter der Heersäule Württemberg und sprach

lebhaft auf den Prinzen ein. Der hagerbleiche braunlockige
Jüngling, ein Veteran vieler Schlachten, erwiderte nichts. Das
Fernglas kam nicht von seinem Auge. Erst auf Wittgensteins
scharfe Frage: „Wie beliebt, Hoheit?" versetzte er gelassen:
„Die Sache scheint mir nicht geheuer. Das sieht wie Absicht
aus. Doch nur zu! wir werden ja sehen. Exzellenz gestatten,
daß ich mich beurlaube. Ich muß zu meinen Regimentern."
Damit flog der Prinz nach seiner Gewohnheit ins Vordertreffen
zu den Regimentern Minsk und Tobolsk, die Wachau besetzten,
indes die preußischen Bataillone II, III 6. Reserveregiments
Haine und Gayl aus dem Gebüsch von Erlen östlich am Dorfrand gleichfalls den Feind vertrieben. Dreiundzwanzig russische
Zwölfpfünder, Batterien Baikow und Tscheremissino, letzterer
Oberst bei Kulm gefallen, eröffneten ein nachdrückliches Feuer.
Das 1. schlesische Landwehrkavallerieregiment rückte ins Dorf
ein, indes Division Klüx in zwei Treffen I II 1. westpreußisches
Linien-, 7. schlesisches Landwehrregiment dahinter formierte,
zwei Kompagnien schlesische Schützen im Rückhalt. In der Mitte
wandte sich Division Schachoffskoy rechts an Wachau vorbei und
links von ihr hing sich Oberst Feodoroff mit der zweiten Brigade
der Division Püschnitzky an. General Püschnitzky, bataillons-
weise formiert, wollte soeben seine erste Brigade Reibnitz durch
Vorgehen auf die Höhe östlich von Wachau unterstützen, als
dort ein fürchterliches Ungewitter losbrach....

... „Diese Leute verstehen nichts vom Werte der Zeit,"
schnarrte der Imperator geringschätzig, indem er sich in seinem
Sattel behaglich ausstreckte, eine kleine Lindenallee hinter
Wachau zum Standort wählend. Ach, die Allee seiner Siege,
durch die sein Rößlein gemächlich ritt, durchflochten gar zu viele
Cypressen und die blinkende Sturzwelle von Waffen, die sein
Wink übers Blachfeld jagte, strandete gar zu schnell an Leichen-
steinen.

Abgott, Sachwalter, Aufwiegler, Vertreter und Tyrann der
demokratischen Massen, ein Centralbureau aller modernen Stre-
bungen in seinem Kopfe, verband er seine knetende Eisenfaust
unmittelbar mit seinem Weltgehirn. Er tat sich etwas darauf
zu gute, daß er selber ein Sklave sei und einem unerbittlichen
Herrn gehorche: der Berechnung von Tatsachen und der Natur
der Dinge.

„Sie werden sehen," schwadronierte er, um seiner Umgebung
Mut zu machen, wie er denn gern Charlatanerie, freilich von
der höchsten Art, wie jedes andere natürliche Mittel zu Hilfe
nahm, wenn kein anderes übrig blieb, „diese Leute haben auch
soldatisch nichts gelernt und nichts vergessen. Ihre Reserven
stehen zu weit zurück und werden zu spät kommen. Als Kellermanns achthundert Reiter bei Marengo sechstausend ungarische
Grenadiere unmittelbar unter den Augen der österreichischen
Reiterei zersprengten, hielt letztere in Entfernung einer halben
Lieue und brauchte eine Viertelstunde, um selber aufs Schlachtfeld zu gelangen. Diese Viertelstunden, bemerkt' ich immer,
entscheiden den Ausgang der Schlacht. Es kommt ja immer ein
Augenblick, wo die Bravsten fliehen möchten, doch ihren Mangel
an Zuversicht stellt der geringfügigste Anlaß wieder her. Erinnern Sie sich an meine handvoll Trompeter bei Arcole! Wenn
zwei Heere sich wie zwei Menschen, die plötzlich aufeinander-
stoßen, einander zu schrecken versuchen, kommt immer ein Augenblick der Abspannung, und wer vielen Schlachten beiwohnte, erkennt ihn so leicht, wie Addition einer Ziffernreihe. Da gilt's
genau und rechtzeitig die Reserve am kritischen Punkte einsetzen,
und die meine wird immer bei der Hand sein, verstanden?"

Und wieder funkelte blendende Glorie vor den Söhnen des
jungen revolutionären Frankreich, das seine Eisenketten lange
nicht spürte, weil er sie vergoldete. Wie der Marktplatz nach
seinem Ausspruch der Louvre des Volkes, so galt unter ihm
das Schlachtfeld dem Soldaten zugleich als Ballsaal zum Feste
des Ruhmes und als Börsenmarkt für ungeheuren Gewinn. Aber
seine Großwürdenträger, die als vereidigte Makler dieser Börse
die fettesten Dividenden einstrichen, hatten genug des grausamen
Spiels, ihr teures Dasein dafür in die Schanze zu schlagen.
Ihre müden Nerven lechzten nur danach, sich in Daunenbetten
zu räkeln, ihre niedere Selbstsucht stand ja nicht mehr im Ein-
klang mit der Riesenselbstsucht des allverzehrenden, nie ermüden-
den Ideenmenschen, der nie eine Grenze seiner Arbeit und seines
Genius finden wollte, der in naivem Kindersinn mit Dingen
und Menschen todbringend spielte und dem ein Selbstmordversuch
gigantischen Ringens mit dem Unmöglichen im Grunde auch
nur ein Spiel war. „Was kommt bei dem allen heraus, und
wenn wir heute siegen? Nichts kommt heraus!" stand deutlich

auf manchem Gesicht geschrieben. Um etwas mehr oder weniger Schlachtenruhm scherten sich die Verwöhnten keinen Pfifferling. Napoleon aber fühlte sich seiner Sache so sicher, daß er bald in aller Gemütlichkeit einen kalten Imbiß zu sich nahm, mit der bekannten gleichgültigen Haltung, wie er vor Austerlitz über Corneilles Schicksalstragödie und bei Borodino über die Statuten des Theatre Francais diskutierte. Es beliebte ihm, diese Unbefangenheit zu markieren, und so formulierte er kauend einen gar nicht zur Sache gehörigen Wahrspruch: „Die größte Schwierigkeit im Berufe eines Heerführers ist die Notwendigkeit, so viel Menschen und Pferde zu ernähren. Verläßt man sich auf Anordnungen der Intendanten, kommt man nie vom Fleck. Ich werde nachher, sobald die Verbündeten wieder der Teufel holte, in Leipzig persönlich die Magazinfrage regeln. Die Kommissäre mögen sich gewärtig halten, daß ich alle Rechnungen revidiere.“ ....

Die dritte Kolonne unter Fürst Gortschakof, bestehend aus seinem Russenkorps und der preußischen Division Pirch, hatte den weitesten Weg nach seinem Aufbruch zurückzulegen und erreichte Liebertwolkwitz noch nicht, als schon die vierte sehr starke Kolonne des Grafen Klenau, bestehend aus dessen Armeekorps und der preußischen Division Ziethen, von Seyffartshayn her diesen Ort umging. Die österreichische Division Mohr griff heftig an, und auch hier entbrannte ein schwerer Kampf. Die Verbündeten marschierten überall mit Zuversicht und entschiedenster Entschlossenheit, wie Männer, die jedes Hindernis überwinden wollen und sich vor nichts scheuen. Die schrecklichen Salven der französischen Artillerie, den ganzen Abhang der Leipziger Ebene entlang reihenweise aufgefahren, bedeckten zwar diese starren Schlachthaufen mit Geschossen, vermochten sie aber weder aufzuhalten, noch ihren Schritt zu mäßigen, und ohne Schwanken und Wanken gelangten allerorts die Angreifer bis zum Fuße der französischen Stellungen. Während in den Dörfern hartnäckig gerungen ward, setzte eine zahlreiche Reiterei sich in Bereitschaft einzuhauen.

So bei Gossa die russische Kürassierbrigade Gudowitsch, zwischen Wachau und Liebertwolkwitz das starke russische Reiterkorps Graf Pahlen, im ganzen 22 Schwadronen. Vor Liebertwolkwitz sammelte sich außer Reiterei Klenaus die Zietens und preußische Reservereiterei. Hinter diesen Massen Wittgensteins standen die russischen Grenadierdivisionen von Rachewski und die Kürassierdivision Kretow als zweites Treffen und noch weiter zurück die Garden — russische Infanterie, Yermolow, preußische Alvensleben, russische Gardereiterei Fürst Galitzin samt Kürassierdivision Depreradowitsch, Artilleriereserve — bei Magdeborn. Leichte Gardereiterdivision Schäwitsch vorgeschoben.

Da Schwarzenbergs Disposition ausdrücklich empfahl, wenig Schützen auszusenden und in Massen zu manövrieren, so wuchsen die Verluste um so mehr. Auch Marschall Victor warf sich in geschlossenen Sturmkolonnen auf die zweite und erste Kolonne, da letztere von Markleeberg aus ihre Anstrengungen gleichfalls auf Wachau richtete. Innerhalb zwei Stunden ward Kleeberg fünfmal gewonnen und verloren, bald nur noch ein Haufe von Trümmern und Leichen. Klenaus Brigade Splenny zeigte sich zuerst nordwestlich Liebertwolkwitz, sah sich aber von Division Rochambeau derart empfangen, daß ihr vorerst die Lust zum Wiederkommen verging. Inzwischen kanonierte Lauriston, Artilleur von Beruf, aus geschickter Aufstellung die Kolonne Gortschakoff, die sich am Universitätswäldchen entlang zog. Das Dorf, verhältnismäßig hoch gelegen und jedenfalls das sanft ansteigende Gelände überhöhend, wo vorgestern schon Klenau und Maison gegeneinander fochten, zeigte sich sehr widerstandsfähig. Trotzdem gingen Pirchs Preußen mit Energie bis nahe heran, Maison ließ sie den Abhang heraufkommen, erschütterte sie aber mit Nahfeuer und ging dann zu einer allgemeinen Bajonettattacke über, vor welcher Kolonne Gortschakoff teils zum Universitätswalde, teils nach Güldengossa wich. Aber die Übermacht der Verbündeten an diesem Punkte blieb vorerst eine geradezu erdrückende, und sehnsüchtig schaute Lauriston nach Nordwesten aus, von wo längst Macdonald hätte eintreffen sollen.

Als später Gortschakof seine Stellung infolge Weichens der Kolonne Klenau nicht mehr haltbar fand und die Regimenter Perm, Kaluga, Mohilew und Bataillon Großfürstin Katharina aus dem Niederholz des Krähenwaldes vor Maisons erster Brigade Penne (später bei Wavre gefallen) weichen mußten, verfolgten Lauristons Batterien den Abzug mit unablässigen Kartätschlagen. Division Mesenzoff hatte schwere Mühe, ihre Rückwärtsbewegung auszuführen, bis sie ihre Rechte an den

Universitätswald lehnte. Division Pirch machte jedoch wiederholt Front und erreichte ungefährdet den Osteingang von Gossa,
den sie mit II 2. westpreußischen Regiments und zwei Bataillonen schlesischer Landwehr besetzte und wo zwölf russische
Sechspfünder sich aufstellten. Ein Bataillon 7. Reserveregiments sicherte den Saum des Universitätswaldes. Höchst-
gesteigerte Kanonade leitete Lauristons Angriff auf Gossa ein,
der sofort die Preußen bis in Mitte des Dorfes zurückwarf.
Allein, I 2. Westpreußen unter persönlichem Befehl des tapfern
Oberst v. Jagow stellten das Gefecht wieder her, Linie und
Landwehr stritten mit begeistertem Ungestüm. II 7. Reserve
unter Major Schutter marschierte rechts, das Füsilierbataillon
der Westpreußen unter Major Hund links vom Dorfe auf.
Pahlens reitende Artillerie beschoß günstig von den flachen Höhen
am Universitätsholz die rechte Flanke der Franzosen, die indes
nicht nachließen...

„Sagen Sie dem Grafen Valmy, daß ich ihm auch Division
Leritier unterstelle, und daß er die Preußen vom Dösener Plateau nach Markleeberg hineinjagen soll!" sandte Napoleon seinen
Adjutanten Caraman zu Kellermann. Dieser war aber erkrankt
abwesend, ,spanische' Dragoner rührten sich nicht, nur Poniatowski bediente sich seiner ausgezeichneten Reiterei mit anscheinen-
dem Erfolge. Doch die russischen Kürassiere von Levacheff
durchtrabten geschickt einen Taleinschnitt und fielen den
Polen in die Flanke. Diese mußten weichen, doch die ver-
folgenden Kürassiere erlagen dem Kreuzfeuer der Artillerie von
Dösen und Connewitz her und kehrten schleunigst um. So hielt
man sich gegenseitig im Schach, doch konnten Franzosen und
Polen vorerst Markleeberg nicht zurückgewinnen.

„Das ist zum Verzweifeln, wo bleibt Macdonald?" rief
Napoleon in lebhafter Unruhe. „Schon vor zwei Stunden konnte
er anlangen. — Endlich!" Es war mittag, als Macdonalds
Spitze endlich vorm Kolmberg auftauchte, den bisher nur Pajol
mit zwei Reiterdivisionen deckte. Zwischen Holzhausen und
Zweinaundorf, dahinter das starke Reiterkorps Latour-Maubourg. Pajol mußte schon einen Haken nach Holzhausen hin
bilden, um Klenaus ausgreifende Umgehung zu lähmen, der
mit Kosakenkorps Platow und vierzehn Eskadrons Lauriston
westlich zu umfassen suchte. Seine Infanteriedivision Mohr

überschritt bereits den Bach, der vom Dorfe nach dem Gehölz von Klein-Pößna läuft, und zwölf österreichische Feuerschlünde richteten vom Kolmberg ihre Geschosse auf Rochambeau.

Dem Uneingeweihten, der hinter allen Vorfällen in Napoleons Nähe etwas unheimlich Geniales witterte, mochte es so aussehen, als seien die Vorderdörfer absichtlich schwach besetzt und Markleeberg beim ersten Anlauf des Feindes geräumt worden, um die feindlichen Schlacht=haufen weiter vorzulocken, damit nun mit kühler Berechnung das all=gemeine Vorgehen beginnen könne. In Wahrheit lag es aber durchaus nicht in Napoleons Plan, den Vorbereitungskampf, des Feindes Haupt=kräfte neutralisierend, so lange fortzuspinnen. Vielmehr hatte er auf frühere Ankunft Macdonalds mit Bestimmtheit gerechnet. Noch ver=drießlicher war ihm, daß Marmont sich noch immer nicht näherte. Der Entscheidungsstoß wurde um zwei Stunden verzögert, während es darauf ankam, dem Feind nicht Zeit zu lassen, um sich eine richtige Vorstellung von Verteilung der napoleonischen Streitkräfte zu machen und seine Reserven an richtiger Stelle einzusetzen. Ohne auf der linken Flanke gedeckt zu sein, konnte der Meister nicht an Veranlagen des gewünschten Zentrumdurchbruchs denken. Sebastianis Kavallerie maskierte so wenig die Ankunft Macdonalds, daß Klenaus Reiterei ihn vom Nahen der Umfassung vorzeitig benachrichtigte, und somit jede demoralisierende Überraschung versagte. Auch band sich Macdonald zu sehr an die frühere Ordre, auf Seyffartshayn zu marschieren, da Napoleon damals die feindliche Rechte weiter ausgedehnt annahm. Macdonald sah und hörte deutlich, daß Klenau nur bis zum Kolmberg reichte, er dehnte sich also ganz unnütz weiter östlich bis Klein=Pößna aus und brachte so Division Gérard nicht auf den eigentlichen Kampf=platz. Weshalb er die schwache deutsche Division Marchand (3000 Mann) in Holzhausen beließ, blieb unerfindlich. Auch ließ sich Sebastiani viel zu lange von den Demonstrationen der österreichischen Kavallerie und der Platowschen Kosaken amüsieren, statt sofort Klenau in den Rücken zu fallen.

„Der General fällt!“ flog bei Division Gérard der Schreckensruf umher, welche links der Grimma=Straße auf der äußersten linken Flanke vorrückte. So schlimm war es nicht. Aber leicht verwundet durch einen der ersten Gewehrschüsse, mußte der tüchtige Führer vorerst das Kommando abgeben. Das Ausscheiden eines solchen Mannes aus der Schlachtreihe, immer ein Unglück, ward es jetzt doppelt. Seine des Führers beraubte Division verirrte sich mehr und mehr ostwärts auf Klein=Pößna und entzog sich ganz der Feuerzone. Sebastiani erschien zwar endlich vor Seyffartshayn und griff Kaiserkürassiere, Ferdi=nand=Palatinalhusaren heftig an, die nach ernstem Ringen die Flucht ergriffen. Doch Graf Pahlen, heut zum Oberführer der gesamten Kavallerie ernannt, sandte die preußischen Brigaden Wrangel und Mutius — vierzehn Schwadronen — und Platows Kosaken machten scharfen Flankenangriff aus Klein-Pößna. Das Reitergefecht dauerte in wechselnden Verschlingungen ohne Ergebnis fort. In die Lücke zwischen Lauriston und Macdonald rückten zwei Divisionen Junger Garde ein, da eine Stützung Lauristons dringend nötig schien. Es war dem Kaiser gar nicht recht, daß so dem Zentrumstoß Kräfte entzogen wurden.

... Napoleon, der an vorigen Tagen alle Zuhörer durch Milde und Gelassenheit seiner allgemeinen Betrachtungen und Vorhersagen überraschte, fand jetzt im Berufseifer seine ganze subjektive Tatkraft wieder. Jene objektive Unbefangenheit, mit welcher er seine drangvollen Angelegenheiten wie gleichsam außer ihm liegende Dinge besprach und sich ganz über sein persönliches Leben zu erheben schien, wich beim ersten Schrei des Geschützdonners einer Erregung, wie sie das ohrenspitzende Streitroß beim Klang der Dromete befällt. Man sagt, die Sterbenden prophezeien, und fast gemahnte sein übernatürliches Ferngesicht, das so klar einen Marmont und Murat durchschaute, an solches Sterbegefühl, als ob die Todesstunde der Gloire heraufziehe. Jetzt aber, erfaßt von des Schlachtlärms grauser Berauschung, war er ganz Leben, ganz Kraft und Bewegung.

... Fast gleichzeitig mit dem Kaiser der Franzosen ritt drüben der Generalissimus des verbündeten Europa ins Feld. Den Fürsten Schwarzenberg begleitete sein Stabschef Radetzky, ein häßliches korpulentes Männchen, das dereinst durch seinen eigenen genialen Stabschef (Heß) welthistorische Siege erringen sollte, hier aber als Berater seines unfähigen „Feldherrn“ eine nicht geringe Konfusionsbegabung betätigte. Seine Disposition zur Schlacht von Dresden hätte kaum einem Kadetten Ehre gemacht, und die heutige verfiel in die gleiche Unklarheit bei etwas geringerer Weitschweifigkeit. Wie damals der verhängnisvolle Plauensche Grund die österreichische Rechte von Verbindung mit der Hauptarmee abschnitt, so hier das Pleißetal, in welches alle neunzehn Bataillone zwölf Schwadronen des Korps Meerfeldt und zwanzig Bataillone sechsunddreißig Schwadronen des Reservekorps eingeklemmt wurden.

Ein Glück nur, daß die zwanzig Bataillone zwölf Schwadronen des Korps Colloredo noch fehlten, die erst morgen anlangen sollten, sonst hätte man auch sie noch hier lahm gelegt. Die achtzehn Bataillone Giulays vor Lindenau nebst vier leichten Bataillonen Moritz Liechtensteins dorthin abzuzweigen, fühlte sich Schwarzenberg nur durch die gleiche konfuse Umfassungs- idee bewogen, die nirgendwo mit den taktischen Bedingungen des Geländes rechnete. Klenaus vierundzwanzig Bataillone am entgegengesetzten Flügel hätten weit richtiger einer Verdoppelung bedurft. Allerdings hatte man in dieser Richtung vierund- zwanzig Grenadierbataillone Reservekorps und dreißig russisch- preußische Gardebataillone in Nähe und zweihundertfünfzig Reservegeschütze Barclay de Tollys schoben sich im Laufe der Schlacht heftig von Magdeborn vor. Vorerst mußten aber hundertzwölf preußische Geschütze neben nur sechzig russischen Wittgensteins genügen, die Kanonade zu nähren, und von den rund siebenhundert Geschützen des böhmischen Heeres (hundert österreichische der Reserve fehlten heute) ging doch schon ein erheblicher Teil verloren.

Neben Radetzky ritt sein Vertrauter und Adlatus, der säch- sische General von Langenau, eine aufgeblasene Null, und jener Schwarzenberg als Neben-Stabschef attachierte Quartiermeister des Zaren, General Toll, dessen ebenso hochmütig gallige, als seichte und mittelmäßige Einbildung durch Selbstreklame un- verdientes Ansehen erwarb und dies leider für Unkundige durch die posthume Bernhardi-Reklame seiner Memoiren noch heute be- hauptet hat, ähnlich wie der mittelmäßig neidische, boshafte Müffling in Blüchers Hauptquartier. Dagegen machte sich schon äußerlich eine andere Persönlichkeit sehr vorteilhaft be- merkbar, die mit dem Generalissimus fast Gleicher zu Gleichem verkehrte. Dieser Mann mit hoher Stirn und feinen, schmalen Lippen, die oft ein mokantes Lächeln kräuselte, war der Schweizer Jomini, ohne jede Kriegsschule oder Garnisonerfahrung als reiner Civilist aktiver General in der stolzesten Armee geworden, seltsamerweise von Ney, dem Ungebildetsten der Ungebildeten, entdeckt und gefördert, dann von Napoleon doppelt entdeckt und zu Neys Stabschef befördert: der feinste Sachkundige in kritischer Er- fassung napoleonischer Strategie, als theoretischer Schriftsteller schon längst eine europäische Berühmtheit und, was mehr sagen will, solche voll verdienend, bahnbrechender Theoretiker der Mili- tärwissenschaft, so geistreich wie der Preuße Clausewitz, aber

klarer. Ungerechtigkeit des elenden Berthier vertrieb ihn aus
den französischen Reihen und er ging, just nachdem er bei
Bautzen noch die größten praktischen Dienste geleistet, zu seinem
besonderen Gönner, dem Zaren, über. Entwerfer des Trachen-
berger Kriegsplanes, das Vertrauen des Zaren genießend, nahm
er eine vermittelnde Sonderstellung ein, als geistige Autorität
die äußere offizielle Schwarzenbergs in der Schwebe haltend.
Allein, mit seinen undankbaren Schülern Toll und Müffling
zerfallen, mit Radetzky und Langenau verfeindet, schmolz sein
Einfluß zusehends. Nach der Dresdener Niederlage bürdete
man ihm die Schuld auf, während er in allem das Gegenteil
von dem riet, was Schwarzenberg und Radetzky zu tun beliebten.

Auch diesmal befand er sich in übel verhehlter Mißstimmung
und murmelte seinem Adjutanten Baron Friedrichs zu: „Das
kann nun und nimmer gut gehen. Das ist ja die reine Sack-
gasse, in die wir uns da verrennen sollen!" Unbekümmert darum
sprengte Schwarzenberg fröhlich auf die Brücke von Connewitz
zu, seinem ausgesuchten strategischen Lieblingspunkt am Zu-
sammenfluß von Elster und Pleiße. Kaum aber mit Stab und
Eskorte auf sechshundert Schritte der Brücke sich nähernd, sah
er plötzlich zwei polnische Schwadronen mit eingelegten Lanzen
vorbrechen. Mit verhängtem Zügel davonhastend, fand man
erst Schutz bei Meerfeldts Bataillonen, bei deren Anblick jene
frechen Polacken ihre Jagd einstellten. Nun aber vertrödelte
Schwarzenberg zwei kostbare Stunden in pedantisch weitläufigen
Anordnungen, indes vom anderen Ufer des Flusses immer furcht-
barer die Kanonade herüberscholl.

„Ich beschwöre Ew. Durchlaucht, im Namen Ihres eigenen
Ruhmes, von solch fruchtlosem Beginnen abzustehen," drang
Jomini wiederholt in ihn, sich mehrmals nähernd, doch ebenso
oft höflich, aber entschieden abgelehnt. „Da sehen Sie, meine
Herren, wie man eine Schlacht verliert, weil der Chef sich mit
der Hälfte in eine Mausefalle setzt, indes man die andere Hälfte
abschlachtet," rief er zuletzt erbost. „Wenn man so kommandiert,
sollte man sich lieber schlafen legen." Um noch einen Versuch
zu wagen, stellte er Schwarzenberg vor: „Senden Sie einen
Adjutanten mit mir auf den Kirchturm von Gautsch, von wo
man sehen kann, welche Gefahr uns bedroht." Dies gestand
der Österreicher zu: „Sie mögen den General begleiten," befahl

er den Grafen Clam und Wrbna. Diese erkannten vom Kirchturm bald genug, wie die Sachen auf dem anderen Ufer standen,
und berichteten pflichtgemäß. Jomini selber aber sandte Baron
Friederichs mit einem Bleistiftzettel zum Zaren: „Informieren
Sie Se. Majestät, daß die Reserven von Magdeborn eiligst heran
müssen und daß der Fürst hier endlich sich doch wohl zur Rückkehr nach Gröbern wird entschließen müssen.“ Jomini galoppierte später selber zum Zaren, sobald endlich Grenadiere und
Kürassiere Hessen-Homburgs die Furt bei Gaschwitz am seit-
wärtigen Pleißearm überschritten, um sich hinter Kleist bei
Markleeberg zu setzen. Als er bei Alexander eintraf, war's
schon um die Zeit, wo eine schwarze Masse dicht gegenüber sich
in Bewegung setzte. „Sire,“ rief er ihm zu, „eine böse Verwirrung bereitet sich da vor, und Sie haben hier weder Artillerie
noch Infanterie zur Hand. Ew. Majestät müssen zu Pferd
steigen, sich Ihrer Garde zu nähern.“ Aber der König von
Preußen nahm dies übel auf. Mit dem melancholisch trockenen
Ausdruck seines langen, bleichen Gesichts versetzte er scharf:
„Wieso Verwirrung? Es gibt keine, wo brave Truppen sind.“

Pikiert antwortete der General lebhaft: „Ich bitte um Verzeihung, Sire, aber ich selbst sah mehrmals schreckliche Verwirrung unter den bravsten Truppen der Welt und Ew. Majestät werden bald genug dergleichen hier sehen!“ ....

Da Schwarzenberg schon um n e u n Uhr vormittags angriff — viel zu spät, wenn's auf Überrumpelung abgesehen,
sonst aber viel zu früh, da auf Mitwirkung Blüchers erst nachmittags gerechnet werden konnte —, hatte Macdonald noch
einen ziemlichen Marsch zurückzulegen, ehe er in der Lücke
zwischen Ney und Lauriston auf die feindliche rechte Flanke fiel.
Reiterei Sebastiani ging ihm voraus. Diese zweiundzwanzig-
tausend Mann fielen also vorerst aus und die Korps Lauriston,
Victor, Augereau waren ja an sich noch zu schwach, den drei
großen Angriffssäulen unter Klenau, Eugen Württemberg,
Kleist ausgiebigen Widerstand entgegenzusetzen. Der Kampf
schien anfangs für die Verbündeten eine günstige Wendung zu
nehmen. Der Vorderrand von Liebertwolkwitz ward teilweise
vom österreichischen Fußvolk genommen, Division Rochambeau
geriet in furchtbaren Kampf. Wachau ward vorübergehend nochmals Division Dubreton entrissen, Augereau wich höher hinauf

nach Dösen, während entsetzliche Kanonade beiderseits die Reihen
lichtete. Dagegen gelang es Meerfeldt immer noch nicht, sich
in dem Sumpfzwickel bei Connewitz zurechtzufinden. Und als
die anderen Angriffssäulen aus den Dörfern vorbrechen wollten,
empfing sie ein zermalmendes Feuer.

„Stellen Sie mir flugs ein ‚Bouquet‘ zusammen!“ hatte
Napoleon seinem großen Geschützmeister Drouot, dem bedeutendsten Artillerieleiter aller Zeiten behufs Handhabung dieser Waffe
in der Schlacht, zugerufen. Und der Aide-Major-General
Drouot (Stellvertreter des Generalstabschefs Berthier) entsprach
sofort diesem Wink. Hundertfünfzig Geschütze sprühten auf einmal von einer Bodenwelle westlich von Wachau der unglücklichen
Sturmsäule Eugen Württembergs entgegen, die wie erstarrt
anhielt. Wie auf dem Grunde eines eisenspeienden Vulkans
sah es auf dem Abhang aus, auf den sich dies unsägliche Feuer
richtete. Die preußische Landwehr (Schlesier) focht wie gewöhnlich mit rührender Hingebung, und die russischen Kerntruppen,
stolz auf ihre glorreiche Haltung in den Tagen von Kulm und
ihren heroischen prinzlichen Führer, mit harter Ausdauer.

Ganze Pelotons stürzten auf einmal zusammen, deutlich sahen
die frohlockenden Artilleurs, wie die Stürzenden sich an einander
zu halten suchten. Eine Weile widerstand man noch. Aber bald
ward alles vergebens. Das Blutbad wuchs ins Unglaubliche,
Bataillone schmolzen zu Kompagnien, kaum geschlossene Lücken
klafften sogleich aufs neue, Häuflein standen hier und da, wo
vordem dichte Massen heranzogen. Seit jenem Tag, wo Napoleon bleich und fiebrig am Hünengrab von Schewardino lehnte,
erlebte niemand solchen Schlachtorkan. Mit Energie drangen
Divisionen Dufour und Vial zwischen Wachau und Markleeberg
an, während Maison mit Elan zwischen Wachau und Liebertwolkwitz vorging. Auch jetzt noch schwankte allenthalben der
Kampf. Vials 4. ligne und 11. Leichtes, zwei wohlbekannte
Regimenter, verloren heute je zwanzig Offiziere, während er
das 18. ganz und auch das 2. in Reserve hielt. Doch schien
das Zentrum (Eugen) so erschüttert von ungeheuren Verlusten,
daß sein Weichen aus der Schlachtlinie jeden Augenblick zu gewärtigen stand. Wie ausgebrannte Schlacken verheerte Schlacht-
körper umherstreuend, wollte Drouots Krater sich nicht eher
schließen, bis unter eherner Lava alles begraben am Boden lag.

Nach kurzer Frist lagen neunzehn russische Zwölfpfünder demontiert. Zwar hatte der Prinz schleunigst seine Adjutanten Wachten, Helldorf, Hofmann nach rückwärts entsendet: die Zwölfpfünder der preußischen Division heranbefohlen und um Unterstützung bei der Gardeartillerie nachgesucht, die auch ihre reitende Batterie unter Oberstleutnant Bistrom sandte. Im Handumdrehen sahen aber auch diese frischen Geschütze sich zusammengeschossen, sechs preußische unbrauchbar gemacht. „Oberst Reibnitz ist verwundet! Das Dorf nicht mehr haltbar!" Um ein volles Drittel geschmolzen, strömte die russische Brigade aus dem Dorf zurück, das vorher vom einen Ende zum andern von Verbündeten vollsteckte. Das 4. Jägerregiment der Brigade Feodoroff und Regiment Tschernigow der Brigade Wolff drangen sich links wendend wieder ein und die heldenmütigen Bataillone Gayl und Haine stießen den Feind sogar bis an seine Batterien, doch auch sie vermochten sich zuletzt nur mit verzweifelter Anstrengung im westlichen Busche und Vordergehöft zu behaupten. Die Hälfte des 7. schlesischen Landwehrregiments unterstützte sie, ferner II. Bataillon der Westpreußen und zuletzt auch die schlesischen Schützen. Hier auf dem äußersten linken Flügel der Kolonne Württemberg drohte die meiste Gefahr und suchten hier Oberst Feodoroff und der preußische Oberstleutnant v. Schmalensee dem Durchbruch vorzubeugen. Umsonst, auch die Gebüsche gingen verloren. I 6. Reserveregiment von Klüx und die Hälfte der Landwehr hielten sich in Vertiefung vor dem Dorfe, zu ihrer Rechten hinderte Klüx' letztes Geschütz durch Kartätschfeuer das Vordringen der Franzosen aus Wachau, mußte jedoch endlich abfahren. Rechts vom Dorfe in der freien Ebene stand Division Schachoffskoy ohne jede Deckung fest und konnte weder vor noch zurück. Regiment Reval schmolz zu einem Häuflein. Der Brigadechef Baron Wolff, ein Held von Borodino und Kulm, sah sein braves Regiment Murom, dessen Kommandeur v. Vietinghof bei Kulm gefallen, und die 20., 21. Jäger hinschmelzen, auch Regiment Krementschuk des Oberst Feodoroff bezeichnete den Ort, wo seine Bataillonskolonnen standen, mit zwei Dritteln der Mannschaft, als Opfer ihrer Ausdauer niedergestreckt. Nicht minder fielen Major Gayl, Landwehrkommandeur Kiekebusch. Bei I. 6. Reserve fielen alle sechzehn Offiziere, nur siebzig Gemeine blieben übrig! Dem Prinzen ward von einer gleichen Kanonenkugel sein Pferd und sein Adjutant Kursell sowie ein preußischer Husar seiner Eskorte getötet. Artillerieoberst Galubzow, der soeben melden kam, es sei ihm nicht mehr geheuer, lief eiligst davon, als stecke des Prinzen Nähe mit Tod an.

„Kgl. Hoheit möchten doch eine Diversion nach links unternehmen, um unsere bedrohte rechte Flanke zu decken," überbrachte soeben atemlos ein Adjutant Kleists dessen Bitte an den viel ärger bedrängten Prinzen, als eine Stückkugel dem Helden das dritte Pferd unterm Leibe tötete.

„Sie sehen, wir liegen hier auch nicht auf Rosen," lachte der Sieger von Kulm gleichmütig. Der junge Prinz, heute wieder ganz ein Prinz Eugen der edle Ritter, kannte sowas von Borodino her, wo seine Division zwei Drittel verlor und ein Gaul nach dem anderen unter ihm zusammenbrach. Ob die Welt um ihn her aus den Fugen ging, er zitterte nicht. Doch jetzt kam ein neuer Ruck von links...

„Von Liebertwolkwitz her muß der Schlag fallen," äußerte sich schon vorher der Kaiser, der das Glas nicht vom Auge brachte. „Ich sehe dicke Staubsäulen am Kolmberg, wird denn Macdonald endlich eingreifen? Aha, da attackiert Sebastiani!"

Dichte Staubwirbel am Kolmberg verrieten ein beträchtliches Reitergefecht. „Drouot, bringen Sie fünfzig Stück dort in Batterie, ich gebe Ihnen Roguet und Barrois, die Bewegung zu decken. Der Herzog von Treviso hat schon Anleitung dazu."

Gesagt, getan. Kaum setzten diese zwei Divisionen Junger Garde sich in Angriffsbereitschaft, kaum schleuderten fünfzig Gardegeschütze ihren Eisenhagel, wobei ihre töblichen Bälle sich mit denen der großen Wachauer Hauptbatterie kreuzten, bis eine unendliche Feuerkette den Verbündeten ins Gesicht leuchtete, Scheunen und Hütten dem Erdboden gleichmachend, daß Funken stoben und Späne flogen — als Klenau sich wieder auf den Kolmberg und das Gehölz südöstlich von Liebertwolkwitz zurückzog. Gegen letzteres warf sich Mortier alsbald, um Lauriston herumschwenkend, stieß aber auf heftigsten Widerstand. Macdonalds Division Charpentier langte gleichzeitig im Geschwindschritt an und stieß kräftig in die Flanke der Brigade Schäfer. Doch der Kolmberg behauptete sich, die Ebene wie eine Festung beherrschend, bedeckt mit Geschütz und Fußvolk, auf dem Gipfel

eine alte Schwedenschanze aus Torstensons Zeit. So währte die
Schlacht unentschieden noch eine Stunde fort, zu Leidwesen und
Ungeduld des Kaisers, der seinen Entscheidungsschlag bei
Wachau nicht eher ansetzen durfte, ehe nicht der Kolmberg zur
Linken fiel. Immer noch vermutete er, durch falsche Auskundung
verführt, Blücher auf dem linken Elsterufer in Marsch zur Ver-
einigung mit Giulay. „Und Bernadotte, bah, der wird nur
piaffieren wie ein Gaul, der nicht vom Flecke will. Ich halte
Bertrand dort und Dombrowski mit Delmas hier schon allein
für stark genug, Schutzmauer und Vorhang zu bilden für meine
große Operation im Süden." Nicht mehr rechnete er mit
Sicherheit auf Marmont, wohl aber auf Souham-Ney, deren
Verharren im Norden er für überflüssig erachtete. Daß sich
Neys Division Delmas seitwärts von Reynier noch auf dem
Marsche befand, wußte er, auch daß Dombrowski ziemlich isoliert
die Vorhut, respektive die Nachhut abgab, denn schon vor e i n
Uhr teilte ihm Ney mit, Marmont könne nicht abmarschieren
und müsse standhalten. Unangenehm berührt und betroffen,
hoffte er immerhin, daß man in vorteilhafter Aufstellung bei
Gohlis bereitstehe, etwaige Stöße von Halle her aufzufangen,
und nahm an, daß wenigstens Neys Hauptteil sich bereits über
Schönfeld auf Holzhausen nähere, daß Reynier schon in Nähe
von Taucha lagere. Nie ward eine Hoffnung ärger enttäuscht.

„Hören Sie nicht, Sire? Geschützdonner im Norden!" machte
Berthier ihn aufmerksam, von Stunde zu Stunde mächtiger
erhob sich im Laufe des Nachmittags dies ferne Brummen.
Botschaft lief später ein, daß man auch aus Gegend von
Widderitsch heftiges Feuer vernehme, also auch dort ein Angriff
erfolgt sei. Sehr unzufrieden über Neys Meldung, hatte Na-
poleon sofort zurücksagen lassen, daß Korps Souham nun an
Stelle von Marmont auf Wachau abrücken solle. Jetzt endlich vor
zwei Uhr langte Neys verhängnisvoller Rapport an, der alle
Zweifel zerstreute, ob es sich um ein ernstes Engagement handle:

‚Schönfeld, 1 Uhr mittags. Im Moment, wo Ew. Majestät
heut morgen aufbrachen, erhielt der Herzog von Ragusa, der in
Lindenthal war, den Befehl, sich zwischen der Vorstadt und
Liebertwolkwitz zu echelonieren. Aber der Feind debouchierte
auf der Halleschen Straße und zwang ihn zum Halten. Das
Korps Bertrand befand sich auch schon in Bewegung auf Reud-

niß, als der Herzog von Padua Unterstützung verlangte. Ich lasse Divisionen Brayer und Ricard auf Schönfeld marschieren, um die Parks zu decken.' Dort, wohin Napoleon früher eine Division Marmonts zu senden befahl. „Noch nicht mal in Schönfeld? Also sehr weit vom Schlachtfeld sowohl dem meinen als dem Marmonts! Was soll daraus werden?" Napoleon überlegte kurz, sandte dann Adjutanten: die Divisionen sollten den Marsch nach Zuckelhausen oder Holzhausen fortsetzen.

Mittlerweile beschwor aber Marmont seinen Kollegen, ihn nicht im Stiche zu lassen, und Ney tat in solchem Dilemma, was ein träger Kopf gewöhnlich tut, nämlich nichts. Einen Teil des Nachmittags lagerten seine Truppen an der Parthemühle bei Schönfeld, ungewiß, ob sie dem Ruf des Kaisers oder Marmonts Hülferuf folgen sollte. Ney ließ übrigens den Kaiser wissen, daß er sich selber wieder nach Reudnitz begeben werde....

„Die Pferde! Ich begebe mich selbst zu Macdonald, um zu sehen, was vorgeht, was ihn aufhält!" Es war ein Uhr, als Napoleon in gestrecktem Galopp zur Division Charpentier heranflog, die immer noch am Fuße des Kolmbergs zauderte. Mit zornigem Antlitz wandte er sich an die nächste Truppe, die ihm begegnete: „Also das 22. Leichte ist's, das mit gekreuzten Armen faullenzt unter der feindlichen Mitraille, statt sich auf die feindliche Artillerie zu stürzen?" Ein donnerndes Vive l'Empereur brach aus den Reihen, das Regiment stürmte sofort vor, die ganze Division folgte. Den abschüssigen Abhang unter dem schrecklichsten Feuer erklimmend, suchten diese Tapferen ihr Versäumnis gut zu machen. Umsonst warf Klenau seine Reiterei in ihre Flanke, die Obersten Marbot und St. Chamans ritten mit ihren Chasseurschwadronen blitzschnell entgegen und entrissen den geschlagenen Österreichern sogar drei reitende Geschütze. Nichts vermochte das 22. Leichte aufzuhalten, seinen Oberst Ferran (tot bei Hanau) und Major Charras an der Spitze erreichte es den Gipfel des Hügels, stürmte Rgt. Kerpen über den Haufen und bemächtigte sich der dortigen Batterie.

Die höheren Führer setzten sich hier sehr aus, Macdonalds Brigadegeneral Meunier ward verwundet. Gleichzeitig avancierte Mortier durch das sogenannte Krähenwäldchen. Im Vorüberjagen rief Napoleon den Marschall herbei: „Was machen Sie? Was nützt uns dies Holz? Dort vorwärts gegen den

Universitätswald liegt Ihre Richtung, wenn wir durchbrechen wollen!" Das ließ sich Mortier gesagt sein und ging sofort energisch gegen dies breitere Gehölz vor, das südöstlich Liebert-wolkwitz schon im Rücken von Wachau in gleicher Höhe mit Gossa und Cröbern lag und dessen Saum die Kolonne Gortscha-koff hartnäckig zu schirmen suchte. Besonders Barrois' 3. Tirailleurs, während die 2., 11. heut völlig feierten und auch die 6., 7. fast gar nicht litten, bluteten in diesen Kämpfen. Divi-sion Ledru wandte sich jetzt auf Seyffartshayn, wo Klenau sich aufs erbittertste zur Wehr setzte. Macdonald selbst stellte sich wiederholt an die Spitze. Doch der Feind (Division Mayer mit Brigade Abele) hatte das Dorf verbarrikadiert. Ebenso Groß-Pößna östlich von der Vorderparzelle des Universitäts-waldes, wohl zu unterscheiden von Klein-Pößna, östlich von Holzhausen und nördlich von Seyffartshayn. Charpentier und Ledru eroberten nur wenige Häuser, indes Mortier erhebliche Schwierigkeiten zu bewältigen hatte, ehe er den Wald betrat. Denn vom Besitz von Groß-Pößna, das Ziethen verteidigte, hing die Eroberung des Waldes ab, aus welchem man die zweite Schlachtlinie der Verbündeten bei Gossa im Rücken fassen konnte.

Nachdem das Regiment Zach, dessen Fahne bei Aspern Erzherzog Karl persönlich schwang, und Regiment Josef Collo-redo der Brigade Schäffer vor Liebertwolkwitz verjagt, führte Fürst Hohenlohe-Bartenstein, der früher so brav bei Eßling und Neusiedel kämpfte, seine Division auf Pößna zurück. Den nörd-lichen Teil des Krähenwaldes hatte I 1. Schles. fahren lassen müssen, indes Feldmarschalleutnant Mohr, selbst verwundet wie auch Generalmajor Spleny, vom Kolmberg auf Fuchshain wich.

Lauriston blieb bisher von harten Verlusten noch ziemlich verschont, doch verlor hier der Oberst Sennegon des 155. ligne sein Leben. Der Oberst Dzillan des 154., der es bei Weißig zu außerordentlichen Taten entflammte, bei Goldberg schwer verwundet, ersetzte sein Nachfolger Chapuzet mit gleicher Hin-gebung. In dem erbitterten Ringen, das nunmehr um die Gossastellung anhob, warf Maison sich derart mitten ins Ge-wühl, daß Leutnant Germain des 153. ligne ihn mit genauer Not herausholte und vor Gefangennahme rettete. Charpentiers 22. Leichte verlor mehrere brave Offiziere, besonders den jungen Kapitän de Bréa, aus Monaco gebürtig, der erst jüngst im

Juni das Ehrenkreuz und den Orden beider Sicilien empfing. Einer der ersten in der Schwedenschanze, blieb er für tot liegen, erwachte jedoch und lebte fort, um fünfunddreißig Jahre später in der Februarrevolution als Opfer soldatischer Pflichttreue zu fallen.

„Seiffartshain muß unbedingt gehalten werden," mischte sich der als russischer Kommissär bei Klenau akkreditierte Zarenadjutant General von Toll mit gewohnter rücksichtsloser Anmaßung grob und barsch in die neuen Anordnungen des Feldzeugmeisters. „Wir müßten es sonst morgen mit Aufwand von Zeit und Blut doch erobern." Klenaus Stabschef Oberst Rothkirch erlaubte sich zu widersprechen und der österreichische Kommandierende wies verdrießlich die unerbetenen Ratschläge zurück. In heftigem Wortwechsel unterfing sich Toll zu drohen: „Mein erhabener Gebieter, der Zar, wird höchst unzufrieden sein. Auf ihn berufe ich mich als höchste Instanz." In berechtigtem Unmut, aufs äußerste gereizt und verletzt, wandte sich Graf Klenau an seinen Stab: „Wenn dem so ist, so kommandiere ich hier nicht mehr! Meine Herren, hier kommandiert der russische Generalmajor Herr v. Toll," und ritt davon. In so knechtisch unterwürfiger Stimmung aber befand sich die damalige offizielle Welt Rußland gegenüber, daß der Stab allen Ernstes tat, als habe der General der Kavallerie Feldzeugmeister Graf Klenau sein Kommando niedergelegt und an Toll abgetreten. Der unverschämte Deutschrusse entsandte seine deutschredenden Adjutanten sofort mit Ordres zur Behauptung von Seiffartshain und die k. k. Truppen gehorchten wirklich. Als daher Klenau zurückkehrte, seine Entrüstung verbeißend, blieb ihm nichts übrig, als Toll's Eigenmächtigkeit gutzuheißen und persönlich das Kommando in Seiffartshain zu ergreifen. Dort verteidigte er sich hartnäckig, nachdem man in der Eile Verhaue rings um den Ort gemacht. Als Macdonald trotzdem eindrang und gegen fünf Uhr in einstündigem Ringen Meister zu werden schien, raubte ein glänzender Sturmlauf des Regiments Zach unterm Generalmajor Schäffer ihm wieder alle Früchte. Gegen Groß-Pößna, wo Division Ziethen am Windmühlenberg den Zugang zur Schlachtlinie bewachte, wirkte Macdonald fast nur mit grobem Geschütz und manövrierte sehr behutsam und langsam, da erst völlige Besitznahme des Universitäts-

waldes durch Mortier hier einen Schlag zu führen erlaubt hätte.
— In der Zwischenzeit war jedoch die Reiterschlacht auf diesem
Flügel in vollem Gange. Die österreichische Kavalleriedivision
Schneller ward von ihrem Fußvolk weggezwungen, auf welches
Excelmans mit Wut einhieb. Rosenberg-Chevauxlegers erlagen.

„Rettet die Batterie!" Eine fast schon eroberte den französischen Säbeln zu entreißen glückte nur der anstürmenden Hingebung des Obersten Fürst Windischgrätz und seiner Oreilly-
Chevauxlegers. Auch Hohenzollern-Chevauxlegers unter Oberst
Baron Lederer nahmen an dieser Rettung teil. Doch wäre alles
umsonst gewesen, wenn nicht im gefahrvollsten Augenblick brandenburger und ostpreußische Kürassiere den übermütigen Sieger
bis an seine Batterien zurückgescheucht und das Sammeln der
erschütterten Österreicher bei Klein-Pößna gedeckt hätten.

Die preußische Reiterei benahm sich auch hier wieder äußerst
brav. Zwei Schwadronen der schlesischen Ulanen, die schon Ende
August im Gefecht von Possendorf die Bergischen Lanciers
niedergerauft, mit welchen sie später nach erneuter Rückerwer-
bung der Rheinlande zum neuen westfälischen Ulanenregiment
zusammenschließen sollten, fielen gegen den Kolmberg aus. Die
1. schlesischen Husaren unter Major v. Schmiedeberg folgten dem
kühnen Versuch, die Höhe im Anritt zu nehmen. Und es wäre
beinahe geglückt, wenn nicht die österreichischen Plänkler aus
Versehen und Mißverständnis ihnen in den Rücken gefeuert
hätten, wodurch sie nach Verlust vieler Pferde und Mannschaft
zur Rückkehr genötigt. Gleichzeitig führten die ostpreußischen
Kürassiere einen glänzenden Angriff aus, im Verein mit Platofs
herzueilenden Kosaken, indem sie das Vordertreffen einer
Chasseurbrigade über den Haufen ritten und ein gefangenes
österreichisches Bataillon befreiten. Dem Gaul des Oberst-
leutnants v. Werder ward hierbei das Maul verwundet und
Kürassier Gerhardt der vierten Schwadron tauschte sein Pferd
mit dem blutenden des Kommandeurs, auf welchem er unverzagt, ohne sich bei den Handpferden ein frisches zu holen, im
Gewühl wieder auftauchte. Auf Befragen erwiderte er trutzig:
„Halten zu Gnaden, noch ist die Schlacht nicht aus, werd' schon
sehen, ob die Mähre nicht noch in der Schwadron geht." Da rief
Werder: „Was ein Gemeiner kann, kann der Kommandeur auch!
Gib's wieder her!" und bestieg aufs neue sein blessiertes Tier . .

Sebaſtianis an ſich brillante Attacken blieben bedeutungslos, da Klenaus Reiterei und die unermüdlichen Koſaken, die wie Horniſſen immer wieder kamen, nach wie vor die Linke Macdonalds bedrohten und daher ſtets beaufſichtigt werden mußten. Pajols Geſchwader, zur Rechten Macdonalds von Murat aufgeſtellt, ſahen untätig zu, weil ſie keinen Entwickelungsraum fanden, ebenſowenig die leichte Gardereiterdiviſion Lefebvre, welche Mortiers Flanke deckte. Während letzteren die bedrohte Lage des linken Flügels aus ſeiner urſprünglichen Beſtimmung ſüdlich zu weit öſtlich ablenkte, hatte Napoleon ſchon mittags Oudinot mit der anderen Hälfte der Jungen Garde gegen Wachau vorgeſchoben. Und es wäre vielleicht paſſender geweſen, wenn er ohne Rückſicht auf Lauriſton ſchon damals die g a n z e Garde und Murat als Durchbruchsmaſſe vorgeſchleudert hätte. Die erſte und zweite Kolonne der Verbündeten waren bereits ſo mürbe geſchoſſen, daß der Stoß in einem Zuge bis Goſſa gereicht hätte, ehe Schwarzenberg ſeine Reſerven flüſſig machte.

Jetzt gewann er etwas Zeit, Atem zu ſchöpfen, und eine zweite Linie zwiſchen Goſſa und Gröbern zu bilden. Auch verzögerte ſich Oudinots Angriff, indes die Alte Garde nebſt Latour-Maubourg die von der Jungen Garde verlaſſene Stellung beſetzte, alſo nach vorn vorrückte. Es wurde auch bei Wachau zwei Uhr, ehe der eigentliche Durchbruch erfolgte. Achtzig Reſervegeſchütze der Alten Garde, während die der Jungen ſchon lange ſpielten, hatte Drouot bereits in einer einzigen Batterie verſammelt, wobei zweiunddreißig Zwölfpfünder des Oberſt Griois eine beſonders durchſchlagende Wirkung übten. Einem derartigen Feuer konnte keine Truppe der Welt widerſtehen, dennoch hielt ſich die zweite Kolonne noch eine Weile, ehe ihre Trümmer auf die Schäferei Auenhayn zurückfluteten... „Durchlaucht, um Gotteswillen, im Namen des Zaren, Se. Majeſtät beſchwören Sie, von Ihrem Projekt auf die Pleißeufer abzuſtehen und uns die öſterreichiſchen Reſerven zu ſchicken,“ beſtürmte ſchon vorher der Adjutant des Zaren v. Wolzogen Schwarzenberg, der ſich immer noch bei Gautſch herumtrieb. Dieſer erkannte endlich ſeinen Schnitzer, daß er in eine Falle ging, befahl dem Prinzen Heſſen-Homburg aufs rechte Pleißeufer nach Gröbern hinüberzurücken, und begab ſich ſelbſt zu den drei Monarchen, die er in tiefer Beſtürzung traf. Die vierte Kolonne ſchlug ſich noch um

Seyffartshayn und Groß-Pößna mit Macdonald, die dritte wurde allmählich von Mortier und Maison in den Ostteil des Universitätswaldes gedrängt und stützte sich links an Güldengossa, dessen Lehmhütten und sumpfige Wasserläufe sich gut zur Verteidigung eigneten. Hinter der zweiten Kolonne brachen die Kürassiere von Kretow und das Grenadierkorps Rajewsky vor, das teils bei Auenhayn, teils bei Gossa aufmarschierte.

„Formiert das Karree!" kam das Kommando Victors Bataillone entlang, als die steifen Rotkragen der russischen Kürassiere durch Staub und Dampf vor ihnen aufblitzten. Gleichmäßige, kaltblütige Gewehrsalven warfen die Reiter unter die Kadaver ihrer Rosse. Aber wie eine lange grüne Mauer, unterbrochen in jeder Intervalle durch dunkle Geschütze, spannte sich das Grenadierkorps über die Ebene. Rajewsky, der Borodinoheld der Kurganschanze, hielt seine zehntausend Grenadiere in eiserner Zucht beisammen.

„Die sollen uns kennen lernen! In solche Mauern schießt man Bresche! Alle Batterien auf die Infanterie, kümmert euch nicht um die Artillerie, denn die ist uns doch nicht gewachsen!" lautete Drouots Kommando. Mit dem ganzen überlegenheitshochmut der napoleonischen Spezialwaffe, die überall ihre Obmacht kennen lernte, ließen die Gardeartilleurs die feindlichen Kanonen ohne Antwort, als sei es bedeutungslos, dies Feuer zu dämpfen, und schleuderten ununterbrochen ihre treffsicheren Eisenmassen auf dies prachtvolle Fußvolk, es in ganzen Garben niedermähend. „Noch näher heran! Kartätschen auf hundert Schritt!" befahl Drouot, der zwischen den Angriffssäulen in der Mitte unablässig vorrückte. Und die lebendige Menschenmauer flog stückweise auseinander. „Jetzt haben sie genug! Nun drauf mit dem Bajonett!" Dubreton, der tapfere Verteidiger von Burgos, schon bei Dresden besonders bemerkbar, riß seine Division gegen die Schäferei Auenhayn vor und eroberte sie im ersten Anlauf. In Gossa aber wehrten sich die Grenadiere mit äußerster Hartnäckigkeit, begünstigt durch die Bauart und Lage des Dorfes zwischen Bäumen und Sümpfen.

Die Pachthöfe und kleinen Teiche, hinter denen ihre spitzen Blechmützen auftauchten, schwammen in Blut, als Maison eindrang. Mit verzweifelter Tapferkeit rang er das obere Ende des Weilers den Russen ab, aber General Yermolow führte noch eine Gardebrigade heran und behauptete standhaft mit Najewski den unteren Teil der Ortschaft. Von mehreren Stichen getroffen, mit Blut bedeckt, wechselte Maison dreimal sein erschossenes Pferd, ohne je in heroischem Bemühen nachzulassen. Immer wieder führte er seine Leute in den harten Kampf, tief in das Dorf hinein, das weder die Russen ihm wieder entreißen, noch er den Russen ganz abringen konnte. Auch Najewsky zahlte seine Gegenwehr mit dem eigenen Blute.

Die dritte Nachmittagsstunde verstrich darüber. Die ganze Vorderlinie der Verbündeten bog sich nicht nur rückwärts, sondern schien an mehreren Punkten gesprengt. Nur in Markleeberg hielten sich noch III 2. Schlesier mit unbeschreiblicher Hingebung trotz viermaliger Anstrengungen Poniatowskis.

Napoleon sah finster drein, der bisherige Erfolg genügte nicht. Es galt zu siegen um jeden Preis und heute, um nicht morgen von der nahenden Überzahl umzingelt zu werden. Nicht nur Besiegung, sondern vernichtende Niederlage gehörte zu künftiger Möglichkeit, wenn man nicht heute Schwarzenberg wenigstens aufs äußerste erschütterte.

„Die Kavallerie!" murmelte er. „Die Artillerie tat ihr Werk, jetzt muß die Ernte in die Scheuer! — Teilen Sie dem Grafen Pajol mit, daß Leritiers Dragoner von Spanien sich an Latour-Maubourg anschließen sollen. Alles los auf Gossa!"

Latours leichte Division Berkheim, außer 8. Husaren an der Spitze Murats gegen Gossa, wandte sich nach Cröbern, ihr folgten sächsische Zastrowkürassiere, rote Bergische Gardelanciers. Pajol entsandte seinen Adjutanten, Rittmeister Biot: „Kunden Sie das Tal vor Gossa aus, wie es mit dem Attackenfelde steht!" Biot kam bald atemlos zurück: „Nicht gut. In der Front von Gossa Moräste, daß die Pferde bis zur Brust einsinken! Nur zu beiden Seiten des Dorfes gibt es leidliche Anrittbahn." Unverzüglich benachrichtigte Pajol den König von Neapel, der soeben zu seinem Standorte heransprengte. Als dieser nach kurzem Gespräch sich im Galopp entfernte, um Latour-Maubourg aufzusuchen, platzte eine Granate unter Pajols Roß, und schleuderte den Reiter in die Luft, den linken Arm und die Hüften zerfleischend, zwanzig Fuß hoch!

„Sapristi, mein armer Pajol! Die Attacke fängt gut an, noch ehe es losgeht!" murrte Murat vor sich hin. Obschon er das Gelände um Gossa aus vorigen Tagen genau hätte kennen sollen, machte er sich kein klares Bild davon. Die nutzlos neben Lauriston auf dem Flecke tretenden Pajolschen Divisionen Milhaud und Suberbie heranzurufen, fiel ihm nicht ein, er hatte sie förmlich vergessen. Doch ritten einige Teile Suberbies wenigstens im Gefechtskreis Sebastianis mit an. Umsonst stellte sich Lefebvre-Desnouettes zur Verfügung.

„General, freuen Sie sich, Sie kommen dran!" rief der Reiterfürst schon von weitem dem biedern ritterlichen Latour-Maubourg entgegen, der dicht vor seinen blinkenden Geschwadern hielt. „Um so besser! Wir langweilen uns schon!" gab dieser gleichmütig zurück. Division Bordesoulle hatte die Spitze. Die weißen Spenzer der sächsischen schlachtenkundigen Gardedukorps hoben sich in vorderster Reihe vom Dunkelblau der 9., 11., 12. Küraffiere ab, die ein Bruder des verstorbenen Marschalls, Brigadegeneral Bessières, führte. Ihm befahl Stabschef Oberst Laborde, Echelon zu bilden, doch schon ritt er gradeaus an neben Brigade Sopranzi.

Eine kurze Pause gespannter Vorbereitung, wobei Murat mit fieberhaftem Eifer sich tummelte, und die Reiterharste strömten allmählich zusammen, des Winkes gewärtig, sobald der Kaiser befehle. . . .

Kleist in Markkleeberg sah sich beinahe blockiert, von Auenhahn und Connewitz her umzingelt, gleichwohl hielt er heroisch aus. Der Kampf bei Dölitz und Connewitz erreichte erst gegen vier Uhr seinen Höhepunkt. Während die österreichische Heerreserve sich auf Auenhahn wendete, unterstützte ihre Division Bianchi gleichzeitig Meerfeldts ohnmächtige Versuche, bei Dölitz hinüberzukommen. In diesem blutigen Gefecht schonten die Österreicher sich wahrlich nicht, Meerfeldt selber gab Proben hervorragender Tapferkeit. Doch wollte und wollte es mit ihm nicht fort. Die hellblauen Spenzer der Polen, die blauen der Franzosen, die Weißröcke der Österreicher und die dunkeln schlichten Uniformen der Preußen mischten sich zwischen Markkleeberg und Gröbern in buntem Gewimmel. Markkleeberg fiel endlich in Hände Poniatowskis, fast gleichzeitig mit Besitznahme von Pößnaholz, die Macdonald gegen vier Uhr schon erreichte. Grenzerbrigade Paumgart wich vorm 14. Leichten, doch Gortschakoff behielt den Ostteil des Universitätswaldes.

So standen die Dinge auf beiden Flügeln noch immer günstig für Napoleon, im Zentrum begann der Keil sich tiefer einzubohren. Aber das Auftreten der frischen österreichischen Heerreserve bei Gröbern machte sich bald fühlbar, flößte solche Besorgnis ein, daß der Kaiser sich persönlich an Curial wandte: „Halte mir diese Kanaillen dort vom Leibe!" „Zu Befehl, Sire, soll geschehen!" Und Curials Division der Alten Garde eilte im Laufschritt nach Südwesten die Dösener Hochfläche hinab, um bei Dölitz über jeden mit dem Bajonett herzufallen, der keck genug sein sollte, das diesseitige Ufer zu erreichen. Jedenfalls kam Bianchi zu spät, um Kleists Weichen aufzuhalten, dessen völlig erschöpfte Haufen nach Gröbern abflossen, ohne sich jedoch zu entscharen, die Stirn trotzig dem Feinde zugekehrt.

Poniatowski ließ zwar nicht ab, allen Angriffen, auch denen des frischen Gegners auf Markkleeberg, einen unbesieglichen Widerstand entgegenzustemmen. Aber die Belästigung in dieser Richtung nötigte Napoleon doch, die schon eingeleitete Bewegung seiner Alten Garde auf Gossa einzustellen und Curial dorthin abzuzweigen. Im Kriege kommt alles anders: statt daß er die gesamte Garde auf einem Fleck im Zentrum vorstieß, verausgabte er sie so nach drei verschiedenen Richtungen. Andererseits sah sich auch der Feind am Rand seiner Kräfte.

Barclay de Tolly gab schon die ganze Reserve aus der Hand, die Garderegimenter zur Verteidigung aufbietend. Noch ehe diese eintrafen, ward Lauriston, der sich unerschütterlich im schauerlichsten Kugelorkan verhielt, dort Meister. Maison, blutend aber unersättlich im Umarmen der Gefahr, wollte nicht nachlassen, bis er Güldengossa sein eigen nenne. Mortier, die Russen Gortschakoffs immer tiefer in den Wald hineindrängend, folgte gleichfalls Maison seitwärts gegen Gossa, indes die preußische Division Pirch, den Wald verlassend, sich gleichfalls dorthin richtete. Macdonald erneuerte nach vier Uhr seine Anstrengung gegen Groß-Pößna. Auch die Reiterschlacht auf der Flanke ging weiter. Die preußische Reiterei zeichnete sich hier lebhaft aus, wobei Wrangel, der spätere Feldmarschall, sich bemerkbar machte. Macdonalds neapolitanische Karabiniers ließen sich unter den Augen des Marschalls jämmerlich zusammenhauen. Sebastianis Geschwader, denen sich auch die sieben Chasseurschwadronen Lauristons mutvoll anschlossen, während St. Germains Kürassiere im Rückhalt blieben, vermochten nicht viel auszurichten, da auch die österreichische Kavallerie sich aufs Tapferste schlug.

Inzwischen zog Barrois die 1. Tirailleure vor. Roguets Junge Garden (insbesondere 8. Tirailleurs und Flanqeur-Chasseurs) brachten den an Gossa anstoßenden Saum des Universitätswaldes endgültig in französischen Besitz. Sie stürmten nochmals Güldengossa gemeinsam mit Maison, warfen Rajewsky dort endlich über den Haufen.

„Vorwärts, Garden, der Tag ist unser!" Marschall Mortier, Chef der Gardeinfanterie, ein wahrer Riese, sprengte persönlich nach seiner tapferen Art umher. Jetzt attackierte die leichte Reiterdivision Excelmans mit einigem Erfolg. Ihr Chef, der Held von Werthingen, mehr Held als Führer, trat erst jetzt in den letzten Kriegen des Empire an eine vordere Stelle, nicht immer zum Heil seiner Leute, die er vielfach chikanierte. Sein Mißgeschick an der Katzbach wettzumachen, brannte er ebensosehr, wie sein Chef Sebastiani und Marschall Macdonald selber.

Während so die verbündete Rechte mit verstärkter Kraft überwältigt, erging es dem Zentrum noch schlimmer. Drouots Batterien räumten wahrhaft grauenhaft auf, ihre Eisenballen sprengten das russische Reiterkorps Pahlen, das zwischen Eugen und Klenau Verbindung erhalten sollte, sowie alles, was von Kleist im offenen Felde zwischen Markkleeberg und Wachau die Lücke füllte, vollständig auseinander. Seit bei Borodino von viertausend Grenadieren des Prinzen Mecklenburg nur zweihundert heil blieben, die entsetzliche Kanonade sogar den allein nicht fechtenden Garderegimentern Preobraschensk und Semenowsk sechshundert Riesen wegraffte, fiel nimmer so reichlich der Kern streitbarer Männer. Eugens und Rajewskys Heersäulen, die sich mit unbeschreiblicher Standhaftigkeit wehrten, wurden förmlich unter solcher Eisenlawine begraben. Und nun —

„Der Augenblick ist da," hatte der Kaiser mit einem fast hämischen Aufblitzen der Augen, die ununterbrochen des Gegners Blöße erspähten, den Marschall Oudinot schon vorher ermuntert: „Nimm deine Division Decouz und die von Pacthod und jage diese Burschen da mit einem Fußtritt in den Hintern davon, daß sie nur so fliegen!" Sodann winkte er den Reiterkönig heran: „Murat, du gibst den Genickfang. Zieh sofort

alles zusammen, was dir von Kavallerie zur Hand, und reite an!
Mach's, wie bei Eylau, verstehst du? Keine Trophäen, sich nicht
aufhalten, Durchbruch!"

Der Sturmmarsch wirbelte. Victors Fußvolk sah kaum
die Junge Garde vorrücken, als es ermutigt seinerseits alle
Kräfte anstrengte. Es bedurfte daher fast nicht Decouz' Mitwirkung, der alsbald mit 4., 5. Voltigeurs zum Sturm ansetzte und zwischen Kleist und Eugen die mürbe feindliche Linie
entzweiriß. Blut floß in Strömen. Dubretons 37. und 56.
ligne, die einst Aspern und Eßling so heroisch verteidigt, litten
hier als Stürmer, ebenso das 19., das Inschrift Wagram auf
der Fahne trug. Alle Heersäulen der Verbündeten, von Drouots
Riesenbatterie zermalmt, strömten in zerrüttetem Zustande auf
Güldengossa, Dufours Brigade d'Etzko stieß heftig nach, während
die einstige Prinz Reuß sich zurückhielt.

In diesem entscheidenden Augenblick, wo die Wut ent-
fesselter Elemente einen Schritt in die Hölle zu öffnen schien
und diesen Schritt immer noch furchtlose Herzen wagten, erhob
sich ein gewaltiges Getöse und ein blendendes Glitzern, wie
von herabrauschendem Hagelschlag, wo mit Windeseile aus dem
Erlengehölz hinter Wachau achttausend Reisige und Rosse her-
vorschnaubten. Über erbebendem Boden und wankendem
Schlachtgerüst, durch Rauch und Flammen, Blut und Leichen,
ein Hervorsprudeln klirrender Rüstungen und trappelnder Hufe!

Dieser Murat, sonst ein ebenso eingebildeter wie unfähiger
Mensch, besaß eine geradezu wunderbare Gabe, nicht nur Geschwader fortzureißen und das Äußerste an Leistungsfähigkeit
aus ihnen herauszupressen, sondern auch mit beispielloser
Schnelligkeit große Massen zusammenzubringen und einheitlich
loszulassen. Wie er bei Eylau in kürzester Frist mit achtzig
Schwadronen vor der fast durchbrochenen Mitte Napoleons
einen Schleier formte und in rasendem Sturmritt alle drei
Treffen der bestürzten russischen Schlachtordnung hindurch-
brauste, so bildete er hier hinter dem Wäldchen von Wachau,
das seine Bewegungen verdeckte, mit Blitzesschnelle eine riesige
Säule von fast hundert Schwadronen hintereinander, vorn neun
Kürassierregimenter Latour-Maubourgs und die famosen
8. Husaren, mit denen er unverzüglich vom Fleck aus los-

stürmte. Es war drei Uhr, als Napoleon vom Galgenberg aus das Vorbrechen dieser beflügelten Eisenmauer erblickte.

Mehrere Gehöfte in Wachau blies der Kugelorkan geradezu vom Boden weg, nur in den Kellern des massiven Herrschaftshauses fanden die zitternden Einwohner Schutz. Sämtliche preußischen Geschütze bis auf eines lagen zertrümmert, der Verlust stieg ins Ungeheure, das 7. schlesische Landwehrregiment ward derartig vernichtet, daß von achtzehnhundert Streitern nur hundertsechzig dem Verderben entrannen. Dennoch wichen die heldenmütigen Truppen, ihres fürstlichen Führers würdig, nur ganz wenig und langsam Schritt für Schritt. Als Schachoffskoy sich bereits nach Gossa zurückwendete, stand Klüx nebst den Resten von Feodoroff noch ganz fest hinter Wachau und blieb im allgemeinen dort stehen, obschon am linken Flügel an der Schäferei Auenhayn umgangen. Kein Wunder, daß die Preußen solche Hingebung teuer bezahlten.

„Oberst Wachten, reiten Sie ventre à terre zum General Schäwitsch, daß er uns degagiert. Da kommt feindliche Reiterei!" Kaum rief es Prinz Eugen, als mehrere tausend Kürassiere in den Zwischenräumen seiner Bataillonsmassen durchbrachen. Er selbst eilte zum General Duca, rief dessen Kürassierbrigade Gudowitsch herbei und schloß sich der Gegenattacke an. Sein Pferd ging dabei durch und er geriet zu früh in den Feind, kam aber noch glücklich zwischen den französischen Eisenreitern heraus. Minder glücklich lief die Sache für General Dalwüdow ab, der schwerverwundet vom Rosse sank, indes er seine Gardehusaren sterbend fliehen sah. General Schäwitsch aber ward gerade in dem Augenblick getötet, als Oberst Wachten ihn im Namen des Prinzen zur Attacke aufforderte. Da sich Murats Geschwader um die Infanterie nicht viel kümmerten, ward nur I Krementschuk überritten, ein Oberstleutnant mit sechzig Mann gefangen. So erschüttert diese schwergeprüften Bataillone auch sein mochten, rückten sie doch ruhig zusammen. Nur II 11. Res. ging unter, Rest drei Off. achtzig Mann gefangen. II 6. R. auf Hügelwelle wehrte sich keck vor dem Einbruch. Dagegen fiel eine russische schwere Gardebatterie, die dem Prinzen zu Hilfe kommen wollte, sofort in die Hände der Reitermasse, deren Wucht auch den bis zum Galgenberg vorbewegten Pahlen ganz überrannte,

Verzweifelt hatte sich dessen Kavallerie und reitende Artillerie
bemüht, die allzuweite Lücke zwischen Eugen und Gortschakoff
zu füllen. Sie mußte sich begnügen, zu fallen, wo sie stand, von
der entsetzlichen Kanonade überwältigt, und wankte auf Grünteich
zurück, ohne irgendwie dem Fußvolk Luft machen zu können.
Nur die schlesischen Kürassiere und weit vor ihnen die unermüdlichen Neumärker Dragoner, bis zwei Uhr als Batteriebedeckung
stillhaltend und schon arg gelichtet, behielten so viel Geistesgegenwart, daß sie sich vom Flügel her nach dem bedrohten
Zentrum wendeten. Doch behinderten Hohlwege und Sumpf-
teiche bei Gossa die Formation beim Anlaufe. Als Bordesoulle
sich in Dammgräben und Wasserwirrsal verstrickte, hielt Doumerc plötzlich an. „Verrat Murats!" grollten Mißtrauische.
Doch der weißmäntelige Reiterfürst mit dem Straußfederbusch
spielte nur Vogel Strauß, steckte den Kopf in den Sand, Unmöglichkeit nicht zu sehen: dies Gelände verbot klaren Überblick.
Alles drängte sich gedankenschnell zusammen. „Dragoner, auf
die Kürassiere!" sprengte General Zieten heran, auf der Stelle
schwenkten die Neumärker ab.

„Sie sind atemlos, wenn sie da sein werden, ihre beste
Kraft geht verloren", weissagte Schwarzenberg als alter Ka-
vallerist, doch nur das Gardekosakenregiment des Donischen Ata-
mans, zu Schäwitsch gehörig, weiter rückwärts geblieben, blieb
noch zur Verfügung. Dagegen die Gardedragoner des Oberst
Tschitscherin und Gardeulanen des Prinzen Karl von Hessen-
Philippsthal, beide bei Kulm so erfolgreich, wurden hier schon
völlig zersprengt; ebenso die Gardehusaren, jedes Regiment zu
sechs Schwadronen formiert. Darauf die bei Schewardino einst
so kraftvollen Kürassierregimenter Kleinrußland und St. Georg,
an deren Spitze General Duca selber vom Pferd gehauen. Fürst
Galitzin befahl nun auch den Chevaliergarden, Leibkürassieren,
Garden-zu-Pferd und Kürassieren der Kaiserin seiner zweiten
Division Depreradowitsch, neunzehn Schwadronen, und den vierzehn der ersten Reservereiter-Division Kretow sich entgegenzu-
stürzen. Die Kaiserin-Kürassiere unter Prinz Leopold von
Sachsen-Koburg, späterem König der Belgier, brannten darauf,
ihren Kulmer Ruhm zu erneuern. Doch schien dies alles zu spät
zu kommen, indes auch die Fußgarden im Laufschritt sich vorbewegten.

Nebst der preußischen Gardekavalleriebrigade Werder, deren leichtes Regiment bei Haynau, wo die Rittmeister Krafft und L'Estoq wie wahre Berserker Wunder taten, und deren Gardedukorps bei Lützen, wo sie hundertvierundsiebzig Mann verloren, sich ausgezeichnet. Doch sie und das erste und zweite Garderegiment zu Fuß unter Oberst v. Alvensleben, so ruhmreich bei Lützen, sollten möglichst geschont werden.

„Die Welt dreht sich noch mal!" Napoleon nahm leicht-schmunzelnd eine Prise und beobachtete wohlgefällig, wie diese Eisenmasse über Wachau hinaus sich gegen Güldengossa wälzte. „Reiten Sie zum König von Sachsen," fertigte er einen Flügel-adjutanten ab, „man soll in Leipzig die Glocken läuten. Halt, noch eins: Courier nach Paris schicken mit der Siegesbotschaft! Vorwärts, König von Preußen!" gratulierte er neckisch seinem Günstling Emil von Hessen. Um diese Zeit erhielt er auch Nachricht von Bertrand, daß alles bei ihm gut stehe. „Und Poniatowski klopft die Kaiserliks auch nicht schlecht auf die Finger. Erinnern Sie mich, Berthier, ich werde dem Fürsten wohl ein Marschalls-Patent zubilligen müssen. Hat Curial seine Alte Garde nach Connewitz abgehen lassen, um die Polen zu stützen?"

„Gewiß, Sire, und ich habe Ihnen die erfreuliche Kunde mitzuteilen, daß wir dort schon eine Menge Gefangene haben. Ein polnischer Adjutant war soeben hier. Sagt freilich aus, daß ein Teil der dortigen feindlichen Heerabteilung augen-scheinlich aufs östliche Pleißeufer abrückt, um die feindliche Linke bei Auenhayn zu unterstützen."

„Kommt zu spät, Sie sehen ja, daß wir dort Meister sind. Immerhin mögen Sie auch die polnische Reiterei dorthin ab-lassen, und etwas Gardekavallerie dazu, um den Erfolg auszu-beuten." — „General Letort hat sich mit den Gardedragonern schon dieser Richtung genähert und wollte ich eben fragen — auch Graf Berkheim fragte schon an —." „Um so besser! Ich übertrage Letort das Kommando der polnischen Reiterei, da Kellermann abwesend und Pajol sich Murat anschloß. Die Krise steht so günstig, daß wir nichts zu sparen brauchen. Eine Attacke über Markkleeberg kann nichts schaden!"

Der mächtigen Zentrumsattacke hing sich also noch eine, um halbdrei Uhr Kürassiere von Levaschoff zersprengende, am rechten Flügel an, die aber alsbald auf starke Reserven stieß.

General Sakolnitz ritt mit seinen 3. und Prinz Sulkowski,
der einst in Spanien bei Ocanna sich hervortat, mit 6. polnischen
Lanciers an. Doch der Prinz von Hessen-Homburg führte seine
eiligst dorthin abgeschwenkten Österreicher vor, deren Kürassierdivision Nostitz und Grenadierdivision Weißenwolf sich energisch
ins Mittel legten und Letorts Reiteranprall zuletzt gründlich
abwiesen. Die Offensive kam bei Gröbern zum Stehen.

Letorts Gardedragoner griffen überhaupt nicht an, wie die
Legende nachher behauptete, denn sie verloren Null. Vielmehr hatte Letort außer Bergischen Lanciers nur je zwei-
hundert Auserlesene der vier Reiterregimenter der Alten
Garde bei sich. Als daher die Spitze der Kürassierdivision Nostitz:
Brigade Ehrengreif unterm Befehl Prinz Ferdinands v. Hessen-
Homburg, Regimentskommandeur der Lothringen-Kürassiere,
bei Gröbern auftauchte, stieß Letort auf weit überlegene Kräfte.
Das vorderste Regiment, Kürassiere Albert von Sachsen-Coburg,
rückte langsam entgegen mit imponierender Ruhe, eines schrecklichen Geschoßregens nicht achtend. Das Kürassierregiment
Lothringen traf die Flanke Letorts, der nicht zu widerstehen ver-
mochte. Auch Victors Sturmsäulen stutzten und warfen sich in
Vierecke, ein Teil ward gegen die nach Wachau ansteigende Erhöhung getrieben. Allein Zastrowsachsen und Kellermanns
Polen brachten die österreichische Kürassierbrigade sofort wieder
zum Weichen. Jetzt ritt zwar General Rothkirch mit den Regimentern Kronprinz Ferdinand und Erzherzog Franz energisch
an und ließ aufs neue alle Fortschritte der Franzosen stocken.
Auch ein Vorbrechen polnischer Schwadronen auf der Seite von
Markleeberg brach sich am Kürassierregiment Sommariva, das
Oberst Graf Auersperg und Major Ottilienfeld mit Geschicklichkeit handhaben. Bis in die Mitte der feindlichen Linien ein-
dringend, wußte Graf Auersperg sich herauszuwickeln und ließ
sich nicht den Rückzug abschneiden. Napoleon selbst flüchtete zur
Alten Garde, bis Rgt. Sommariva fast aufgerieben, Lothringen durch Berkheims Reiterjäger und Vierecke der Jungen
Garde arg zerzaust, ein Teil abgedrängt und gefangen, etwa
zweihundert Mann. Aber jetzt langte das schöne ungarische Fußvolk der Division Bianchi an und besetzte den ganzen Strich
zwischen Gröbern und Auenhayn. Feldmarschalleutnant Nostitz,
bereits verwundet wie vorher General Levaschoff, hatte noch ein

Rgt. Hohenzollernküraffiere aufgeſpart, dies deckte die Flanke, als Bianchi in Ablöſung Kleiſts die Auen und Wieſen längs der Pleiße angriff. Er ſelbſt mit ſeiner erſten Brigade (Rgtrn. Hiller und Hieronymus Colloredo) und einem Bataillon Eſterhazy der zweiten Brigade drängte Augereau etwas zurück bis in Nähe von Dölitz und eroberte drei Kanonen. Inzwiſchen hielt General Graf Haugwitz mit Regiment Heſſen-Homburg den Andrang von Wachau her ab. Regiment Simbſchen, zur Feſthaltung des wichtigen Bindepunkts Gröbern zurückgelaſſen, erhielt von Schwarzenberg ſelber Befehl, die Schäferei Auenhahn, hier den Schlüſſel zur Stellung, wieder zu nehmen. Marſchall Victor ließ ſchon zu beiden Seiten der ſtarkbeſetzten Gebäude Batterien vorfahren. Feldmarſchallleutnant Weißenwolf kanonierte zwar ſeinerſeits und ſchickte ſeine acht auserleſenen Grenadierbataillone vor. Doch ward der erſte Angriff des Regiments Simbſchen gründlich abgewieſen, ſchon zuvor ruſſiſche Grenadierdiviſion Sulima. . . .

Mittlerweile rannten Latour-Maubourgs Geharniſchte alles vor ſich nieder. Die Sächſiſchen, vor deren Front einſt Murat an zerſtampfter Bruſtwehr der Kurganſchanze ihren Führer preiſend umarmte, wieder in erſter Reihe. Durchwühlte Trümmer Rajewskys, zurückſtürzend, ſuchten Vierecke zu bilden, ſahen ſich jedoch unbeachtet, und die geſamte ruſſiſche Reiterei, nachdem den Gardeulanen der anfangs durch Dawüdow flankierte Beſſières und Gardedragonern die anfangs von Gudowitſch geworfenen Sachſen den Garaus gemacht, zerſtob in alle Winde. Alles, was dem raſenden Roſſeslauf begegnete, ward unter die Hufe geſtampft. Das Zentrum ſchien durchbrochen. Brigade Beſſières eroberte ſechsundzwanzig Geſchütze, die Sachſen rechtsſchwenkend andere. Anhaltend Geſchrei warnte zum Wachtberg hinauf den Zaren.

Der muntere König der Kavallerie grüßte ſchon mit vorauszeigendem Türkenſäbel den Hügel, wo die alliierten Monarchen das kriegeriſche Schauſpiel betrachteten. Auf vierhundert Schritt davon brauſte Brigade Beſſières heran. Die Federbüſche ihrer Stäbe gerieten in bedenkliche Bewegung.

Wer iſt der ſchöne Mann im goldbetreßten Weißrock, Goldquaſten der Schärpe über rote goldgeſtreifte Beinkleider flatternd, den hohen Orden vom goldenen Vließ um den Hals? Fürſt Schwarzenberg ſelber, mit gezogenem Degen heransprengend! Aufschrei der Begeisterung antwortete. Neumärker und Donsche Gardekosaken fielen gemeinsam mit voller Wucht über die Spitze der Reitersäule her, die Kosaken zugleich in die Flanken, wo ihre langen Lanzen Verheerung anrichteten. Zwei reitende Gardebatterien pfefferten aus nächster Nähe dazwischen, persönlich vom Zaren herangeholt. Murat hatte, um den richtigen Augenblick nicht zu verpassen, vom Fleck aus galoppieren lassen und eine weite Strecke in Carrière zurückgelegt, infolgedessen die Pferde den Atem verloren und unwillkürlich verschnaufen mußten. Außerdem stieß man bei Güldengossa auf sumpfige Stellen, halbe Moräste, Hohlwege und Baumparzellen, welche des Anritts wuchtige Geschlossenheit brachen, der westlich und östlich von Gossa vorüberschoß. Der Sturmritt kam unter dem Druck so verschiedener Ursachen zum Stehen und wankte schließlich unterm beherzten Stoß schlesischer Kürassiere, obschon Neumärker abgeschüttelt. Umsonst streckten die Geharnischten ihre langen Schwerter vor, der feindliche Stahl drang durch die Fugen der Rüstung, während Kartätschlagen und Generalsalven der ankommenden preußisch-russischen Garden eine Menge Reiter tot zu ihren Füßen niederstreckten, die dicht bis auf ihre Vierecke heranrasten. Schon macht das Bajonett dem Säbel den Rang streitig. Von allen Seiten flogen die verbündeten Reiterabteilungen herbei, auch die geworfenen sammelten sich wieder und griffen an. Murats Gewaltstoß mußte die Beute fahren lassen, die abgejagten Pferde knickten ein. Das Fußvolk Lauristons und die Junge Garde konnten nicht rasch genug folgen, und so gab Murat schon das Zeichen zum Abbrechen, als das französische Fußvolk sich erst zum Nachstoßen über Güldengossa anschickte. Aus Reihen der 8. Husaren schieden zehn blutende Offiziere.

..... Während dieser entscheidenden Vorgänge hatte Napoleon sich eine kurze Weile vom Schlachtfeld entfernt. Er lauschte einige Zeit auf den von Minute zu Minute anschwellenden Kampf im Norden, dann hinterließ er, daß er den Oberbefehl während seiner Abwesenheit dem König von Neapel übergebe, und ritt sofort in schärfster Gangart nach der Leipziger Vorstadt, um sich persönlich von dem Stand der Dinge zu überzeugen. Am Eingang von Reudnitz traf er, den er suchte.

„Wie, Ney, Sie schon hier?"

„Sire, ich bin soeben mit der Tete von zwei Infanterie- und zwei Reiterdivisionen der Ordre Ew. Majestät gemäß von der Parthe in Richtung auf Zuckelhausen angelangt, stelle aber anheim, ob die bei Widderitsch von zehnfacher Übermacht angefallene Division Dombrowski ohne Unterstützung bleiben soll, um so mehr unsere Flanke dadurch entblößt wird. Meine dritte Division und das Korps Reynier sind im Anmarsch von Düben her."

„Kommen Sie! Es fragt sich, ob Marmonts Affäre günstig liegt."

„Alle am Rosentaler Tor einlaufenden Nachrichten bestätigen diese Hoffnung." Das Gefecht war dem Schalle nach von beispielloser Heftigkeit, doch schienen die Gegner nirgends vorwärts zu kommen. Daher gab Napoleon dem Marschall Ney anheim, sofort nach Dölitz abzuschwenken, wo das diesseits schwächer werdende Feuer auf einen Verzweiflungskampf der Polen Poniatowskis schließen ließ. Ziemlich befriedigt kehrte der Kaiser wieder in beschleunigtem Tempo nach Wachau zurück, voll Spannung, wie die Schlacht, die unablässig weiterraste, geendet habe....

.... Ein herrlicher Anblick war's ja gewesen, als Murats glänzende Geschwader, glänzend in kriegerischem Wert und glänzend im Pomp ihrer Rüstung, mit flatterndem Zaumzeug und rasselnden Säbeltaschen wie ein Hagelwetter übers Feld fegten. Die Luft war voll vom Dröhnen der Hufe und Panzer, Klirren der Scheiden an Steigbügel und Bug der Streitrosse, unterm lastenden Baldachin des Salvenrauchs.

Wohl knickten die Vorderglieder der langen Säule nieder vor den Linien des verbündeten Fußvolks, das in unordentliche Vierecke und Klumpen zurückfiel. Auch die Geschütze, obschon man noch kaum Hände zum Laden hatte, unterhielten einzeln ein beständiges Schießen bis zur äußersten Möglichkeit, wie zersplitterte Maststümpfe eines Wraks aus der Brandung emporragend. Doch mit gebücktem Helmhaupt über den wehenden Mähnen und im Winde flatternden Schärpen und Federn ritten Murat und seine Leute mitten hinein. Blitzen von tausenden Schwertern und Donner zahlloser Hufe brachen wie ein Donnerkeil das Fußvolk entzwei. Wie eine siegende Flotte alle Segel aufsetzt, um eine in Flammen stehende, deren Maste dahin, vollends in geschwärzte Ruinen zu verwandeln, so brachen Murats wilde Angriffswogen über das freie Feld herein.

Der Reiterkönig selber wählte das Aufblitzen eines Flanken-
geschützes zum Ziel und ritt unaufhaltsam drauflos. Die Bronze
der Kanone blitzte noch dicht vor ihm auf, ihr Mund heiß von
Flammen des letzten Schusses, vor dem eine ganze Kette Gehar-
nischter rasselnd niedersank. Dann sprengte der Reiterfürst mit
lustig wehendem rotweißen Federbusch und den baumelnden
klimpernden Zieraten seiner Tigerfellschabracke zwischen die
fliehende Bemannung von zwei verlassenen Geschützen durch.

Seine Leute, ihren Galopp schon von weither zum Carrière
beschleunigend, als das nahe Geschützfeuer vom Talausgang vor
Gossa begann, drängten auf gleiche Front mit ihren Offizieren
vor und brachen über die Batterien der russischen Gardereserve
herein, nachdem diejenigen Eugens bereits durchritten und Bespannung niedergestoßen. Mit einem Satze drüber hinaus stürzten
sie voll auf die russischen Gardereiterhaufen dahinter, sie gleichfalls umreitend. Aber die preußisch-russischen Garden hinter
Güldengossa standen im tosenden Waffenmeer wie Felsinseln,
von Feuer und Stahl umgürtet, ob um sie her zersprellte Heersäulen auch schon als Wrack auf den Schlachtwellen schaukelten.
Von Eugens Unermüdlichen erhielt Murat im Rücken Feuer.

Und nun wandte sich das Blatt, als schlesische Kürassierfaust
nach hellblauen Neumärker Dragonern und roten Donischen Kosaken die Spitze der Kürassiere ins Wanken brachte, und von allen
Seiten die verbündeten Geschwader dem beherzten Beispiel
folgten. Der Gardekosakenhetman Orlow-Denissow, ein mit-
leidloser Würger der verkümmerten Frostskelette der Großen
Armee beim Moskauer Rückzug, tat sich hier hervor. Die 9.
Curassiers vorn an der Spitze fochten verzweifelt, elf ihrer Offiziere bluteten, ebenso sieben der 11., dagegen blieben die 12. so
eingekeilt zurück, daß sie nicht ordentlich zum Einhauen kamen,
Verluste nur zwei Offiziere. Einige Zeit schwankten die furchtbaren Panzerreiter, deren Standarten eine Gloriole von hundert
Siegen umwob, noch verzweifelt hin und her.

Das Klirren der Schwerter, Stampfen der Hufe, Tosen des
Schlachtgeschreis schwoll an. Doch immer vorwärts rannte jetzt
die Reiterschlacht in umgekehrter Richtung von Gossa her, bis
endlich das ganze Gerüst der Muratschen Reitermacht in sich
zusammenbrach. Fliehende des Vordertreffens hatten über
Körper ihrer Genossen des Hintertreffens hinwegzureiten, die

bereits unterm Flankengruß von Lanzen, Säbeln, Gewehr-
schüssen Kartätschen fielen und ihre reiterlosen Gäule als Quelle
neuer Verwirrung umhersäten. Toll von Schrecken zwängten
diese sich in die noch bemannten Glieder ein.

Murat selber genoß das Vergnügen der Gesellschaft von fünf
solcher armen Tiere, die getreulich neben ihm Schritt hielten und
sich zutraulich an ihn drängten, wo er einsam davonjagte.

Entsetzt durch den Anblick unablässig mordender Vernichtung, die Sattel auf Sattel leerte, stoben entmannte Flüchtlingsscharen übers Feld von Wachau dahin. Im Licht roter
Flammen, aus den Dörfern herüberzuckend, die schon lange
Feuer fingen, focht hier und da noch Mann wider Mann mit
feurigem Mute. Dann enteilte, was noch kurz zuvor mit so
grimmer Majestät des Sieges und in so drohender Gestalt der
Unwiderstehlichkeit dies Blachfeld durchkreuzte.

„Der kommandierende General ist gefallen!" scholl zweimal hintereinander der Schreckensruf bei beiden französischen
Reiterkorps Latour-Maubourg und Pajol, und vermehrte die
grause Bestürzung. Eine jähe Verwirrung verbreitete sich auf
der ganzen Schlachtlinie bei Freund und Feind.

Wie zwei sich befehdende Flotten als ein Knäuel schwan-
kender Masse und zersetzter Segel im Winde dahintreiben, so
wälzten sich beide Heere mit wehenden Fahnen durcheinander.
Wie eine Brise von Wind und Regen zur See die Aussicht
hemmt, so hier Dampf und Geschosse. Und wie ein Kriegsschiff
seine angesengten Netzwerkmatten abhaut und ins Meer wirft,
ehe die Flamme bis zum Mittelmast emporzüngelt, so stieß man
hier beiderseits zerschossene Vorderteile von sich ab und ließ sie
durchs Hintertreffen weichen, um gleichsam dem Entern des
nachstoßenden Gegners eine neue unversehrte Brüstung entgegenzustellen.

Wie aber in Seeschlacht ein riesiger Dreidecker wie ein
wahrer Berg über den Mastenwald sein Löwenhaupt erhebt und
aus den Tops seine Schützen das Oberdeck des Feindes über-
schießen, so stand hoch über dem Schlachtdampf der Tiefe Drouots
Riesenbatterie. In deutlichen, tiefen, schnell aufeinander
folgenden Tonwellen erhob sich über dem Todestal die Donner-
stimme dieser Schlachtbeherrschung wie das Gebrüll eines

Löwen, der jeden heisern Tigerschrei und jedes Pantherfauchen mit dumpfem Grollen übertönt.

.... „Durch solche Wassertümpel und Baumgruppen zwischen Höfen und Hecken attackieren vermag nicht einmal Murat," urteilte kühl und bedächtig ein im verbündeten Hauptquartier schlachtenbummelnder junger Brite, Neffe des Diplomaten Lord Cathcard...

Alle bis auf zwei der von ihnen eroberten Geschütze mußten die Geharnischten fahren lassen, dem kommandierenden Reitergeneral Latour-Maubourg riß früher Kanonenkugel die Hüfte fort. Brigadegeneral Bessières sank verwundet vom Roß.

Murat, der in seiner schädlichen Hast keine Reserve nahe zur Hand behielt, hätte die wütend nachsetzenden feindlichen Schwadronen nicht aufhalten können. Da übernahm Drouot dies Amt. Indem er die äußeren Enden seiner Batteriemasse zurückbog, bildete er eine Art Viereck aus Feuerschlünden, das undurchbrechlich blieb. Diese wunderbare Artillerie, mit den Schützenketten unaufhaltsam vorgegangen, stellte sich mit solcher ruhigen Ordnung im freien Felde hin und zielte mit so beharrlicher Schnelle, daß sie sofort jeder Verfolgung Einhalt tat. Drouot hatte, sobald er das Scheitern der Muratschen Attacke voraussah, in bedächtiger Vorsicht mit Kartätschen laden lassen, und das ungeheure betäubende Feuer, das seine sich selbst überlassenen Batterien in der Verzweiflung erhoben, verheerte die verbündeten Schlachtreihen nach wie vor...

„Aha, Letort regt sich wieder, niemand hat mehr wie der das heilige Feuer!" Während die Kürassiere von Nostiz und Levaschoff nach Abweisung der Attacke nicht mehr um die Vierecke Viktors herumkarakolierten, begann die polnische Reiterei wieder vorzugehen. Ein erbittertes Reitergefecht spann sich zwischen Markleeberg und Gröbern bis zur Dunkelheit fort ohne jede Entscheidung, gerade so wie bei Seyffartshayn. Dieses Handgemenge mit blanker Waffe, an dem sich nur gegenseitig Reiterei beteiligte, kostete an beiden Punkten verhältnismäßig noch größere Opfer, als Murats Sturmritt gegen alle drei Waffen. Übrigens brachte dieser außer eroberten Geschützen noch ein paar hundert Gefangene der russischen Garde heim, ebenso Letort dreihundert gefangene Russen und Österreicher. Auch die verbündete Reiterei im Zentrum litt furchtbar, zwei ihrer Regimenter blieben fast Mann für Mann auf der Walstatt liegen.

„Wollen Ew. Hoheit, mein Herr Vetter, gütigst das Kommando in Gossa übernehmen!" beauftragte der Zar persönlich den Prinzen Eugen. Dieser verneigte sich jedoch gemessen: „Ich muß diese Ehre ablehnen, Sire, da sich in Gossa bereits ein älterer General, Fürst A. Gortschakof, befindet." Wahrscheinlich hatte ihn Alexander, der ihn heimlich haßte, nur in Rangstreitigkeiten verwickeln wollen. Er beharrte nun pikiert: „Es ist mein ausdrücklicher Befehl, lieber Vetter, der Sie nach Gossa bescheidet. Ihre Truppen mögen vorerst in Reserve treten, sie haben genug getan. Erwarten Sie meine weiteren Weisungen!"

Als der Prinz, der so eigentlich schon um halbfünf Uhr außer Gefecht trat, nach Gossa gelangte, hielt dort gerade ein riesiger Offizier auf hohem Schlachtroß eine befeuernde Anrede: „Drauf, Brüder, wie rechtgläubige Christenmenschen für Gott und den Zaren!"

Es war der Kommandierende des Gardekorps, der anmaßende Stockrusse Yermolow, dessen Regimenter Leibgrenadiere und Finland unter General Udom soeben ins Dorf rückten. In dieser Schlachtpause schwieg die Kanonade auf verbündeter Seite fast völlig, fernher aus Norden aber klang jenseits Leipzig ein dumpfes Donnern und Rollen wie von schwerem Gewitter. Der Prinz horchte: „Blücher im Kampf?"

Die kaiserlichen Flügeladjutanten Kutusow, Branitzky, Trubetzkoy und General Barclay's Stabschef Fürst Wolkonsky, ein verschmitzter bornierter Moskowite, verbreiteten überall mit dilettantischen Ordres und Gegenordres Verwirrung. Immerhin holten sie auch das Gardejägerregiment des Generals Bistram herbei, das sich schon bei Kulm so vorteilhaft bemerkbar machte. Auch das Garderegiment Ismailow, an dessen Spitze bei Kulm General Krapowitzky und Oberst Martünow, von Bajonetten zusammengestochen, so brav in den Feind drangen, war wieder bereit, mit dem Franzmann anzubinden. General Baron Rosen und sein Brigadechef Potemkin brachten die Gardeartillerie in Stellung. Viel zu spät hatte man die Garden von Magdeborn herbeigeholt und auf die natürliche Reserveposition der Höhen hinter Gossa gebracht. An Stelle Rajewskys übernahm Fürst Trubetzkoy den Befehl übers Grenadierkorps.

Preußische Gardebrigade löste rechts von Auenhain ab, Grenadierdivision Tschoglikow verblutete schier. Maisons zweiten
Brigadegeneral Ambille streckte eine Haubitzkugel zu Boden.

Der unerschrockene Rajewsky nahm bei Sondierung seiner
zerfetzten Schulter die Kugel aus der Wunde, zeigte dem neben
ihm stehenden Dichter Butjuschkof das blutbefleckte Blei und
zitierte kaltblütig den französischen Vers:

„Ich habe es nicht mehr, was mir verlieh das Leben:
Mein Blut, fürs Vaterland ist es dahingegeben."

Neunzig russische Reservegeschütze unter General Suchosanet,
links vom Dorfe aufgefahren, donnerten dazu den Reim!

Der Kampf in Gossa ward durchs Eingreifen der russischen
Garden nur noch blutiger, doch gestaltete sich allmählich zu Un-
gunsten der Franzosen. Wiederholt flohen in der Dämmerung
aufgelöste Massen bis unter die Höhen von Liebertwolkwitz
zurück, verfolgt von preußischen Scharfschützen und russischen
Gardejägern, doch setzten sie sich bald wieder und erneuerten den
Vorstoß. Badische Batterie donnerte vom Kolmberg.

Auf der französischen Linken erlosch die Schlacht ohne er-
heblichen neuen Kraftaufwand gegen fünf Uhr. Mortier blieb
im Waldsaum, Macdonald bei Großpößna, in dessen Wäldchen
Charpentier biwakierte, während Marchand bis auf den Kolmberg nachrückte. In der Nacht lagerte Mortiers Hauptteil weiter
rückwärts im Holz von Liebertwolkwitz.

Auf der Rechten kam Curials Hauptmasse kaum noch zum
Schlagen, wie sein äußerst geringer Verlust beweist, sondern
nur noch dazu, etwa zweitausend Gefangene einzuheimsen. Mit
einer Rechtsschwenkung die Veliten von Turin und Toskana ins
Dölitzer Holz werfend, überschritt er mit den Gardefüsilieren
den Pleißearm der Insel und eroberte alle Wirtschaftsgebäude
in furiosem Sturmlauf. Bianchi ward durch kräftigen
Anlauf Augereaus wieder aus Markleeberg entfernt. Dubreton
hörte nicht auf, Schäferei Auenhayn gegen Division Weißenwolf
zu bewahren. Napoleon, aufs Schlachtfeld zurückgekehrt, erteilte
aufs neue Befehl, sich wieder in Sturmsäulen zu setzen, um einen
letzten äußersten Versuch zu machen. Deconz warf sich auf
Weißenwolf, Maison war beinahe Herr in Güldengossa. Sein
139. ligne tat das Beste dabei, auch das 140. rang schwer.
doch litt seine zweite Brigade überraschend weniger. Aber die

Preußen Pirchs erstürmten mit verzweifeltem Mute das ganze Dorf und trieben ihn hinaus, bis einem erneuten Versuch der Jungen Garde, es wieder zu betreten, tiefe Dunkelheit ein Ziel setzte. Ehe dies Dunkel die Kämpfenden trennte, ging es im Zentrum noch heiß her, bis fünf Uhr vor Cröbern.

Bianchis Oberst Dressery erwarb mit Regiment Simbschon und dem Grenadierbataillon Call, dessen Führer Hauptmann Steiner mit zerschmettertem Arme umsank, wirklich zuletzt den Hof Auenhayn. Weißenwolfs Grenadiere nötigten Oudinot, die dortige Hochebene ganz zu verlassen und in die Wachaustellung heimzukehren. Bianchi gewann Kirchhof Markkleeberg.

Oberst Staglieno vom 2. und Trupel vom 19. ligne bluteten schon, General Bronnikowski der Division Vial trug den Arm in der Binde. General d'Etko schlug sein Leben in die Schanze an der Spitze des 26. Leichten. Um so weniger strengten sich Gérards Brigadeführer Le Senecal (später Stabschef Grouchys bei Wavre) und Zuchi an, ihre Belgier des bewährten 112. ligne sahen müßig zu. Auch Brigadegeneral Simmer (Divisionär Lobaus bei Waterloo) der ganz aus Leichten Regimentern bestehenden Division Charpentier machte keine Miene, seinem Kollegen Meunier nachzustreben, sein 10. 22. Leichtes verhielten sich zuletzt ebenso teilnahmslos und lau wie Ledru's 11. 13. Provisorisches. Doch rettete nur rasche Umkehr des abziehenden Zieten vor jäher Überrumpelung von Pößna.

Um so erbitterter focht Lauriston bis zuletzt. Beim 135. tat sich Major Prévost, wegen Erstürmung des Eichbergs bei Weißig im Armeebefehl belobt und vom General Rochambeau als Muster eines Bataillonschefs dem Korpsgeneral persönlich vorgestellt, neuerdings hervor. Beim 149. trug Capitaine Cavalier mit besonderem Stolz das aus den Händen des Kaisers selbst empfangene Ehrenkreuz und ebenso Serganten de Gasselin und Chavigné vom 150. Das 139. 110. fochten so entschlossen in Division Maison wie früher bei Lützen im Korps Rey. Die beiden Obersten des 116. 117. hatten die Vernichtung der Division Puthod nicht überlebt: Falcon und Sibuet ertranken im Bober, und Oberst Eberl des 118. Nationalgarden der Bezirke Schelde und Jemappes lag schon bei Goldberg schwer verwundet neben dem braven mit Wunden bedeckten Major

Cartier vom 149. Hier eiferte nun der auf dem Schlachtfeld von Goldberg zum Oberst neuernannte Dereiz dem 150. vor, unterstützt vom bewährten Führer des dritten Bataillons, Major Duquesnoy und Hauptleuten Haw und Vignal. Ähnlich Major Patiz vom 152. und Grenadiercapitaine Hagre vom 155., während die Eroberer von Pliskowitz (Bautzen), Majore Sallier und Norget vom 151., mit ihren Bataillonen bei Haynau ausgemerzt. In dem erbitterten Schlußkampf bluteten jetzt nicht weniger als vier Obersten: Pignet vom 141., Dereiz 150., Raynaud 152., Genevay 139. Die gleiche Zahl verwundeter Obersten wies das Reiterkorps Latour-Maubourg auf: Rolland und Habert 2. 9. Kürassiere, Gualdi der Napoleonsdragoner, Berger der Zastrowkürassiere. Ein um fünf Uhr nochmals angesetzter Versuch zum Einhauen ward schon im Keim erstickt durch das Toben der fünfhundertachtunddreißig Geschütze Schwarzenbergs.

Auch flammte im Westen bei Lindenau zu gleicher Zeit das Gefecht noch einmal hitzig auf, da gegen fünf Uhr Bertrands 8. Leichtes mit Bravour vorging, während das 13. (2. Bataillon in Torgau gefangen) und 137. ligne ganz und das 23. fast ganz in Reserve blieben. Es kam also nur ein geringer Bruchteil Bertrands zum Schlagen, während die von Lefol hinzugebrachte provisorische Brigade, Morio de l'Isle, alleine den Hauptstrauß durchfocht, unterstützt vom IV. 132., II. 96., II. 103, und Kav. Quinette, indes Bataillon IV. 35. Leichtes in Leipzig blieb. Ebenso das badische Regiment Hochberg, während das 1. leichte badische Bataillon gleichfalls nach Lindenau ausmarschierte. Diese schwache deutsche Truppe verlor allein zwölf Offiziere und ward bei diesem Abendkampf fast völlig aufgerieben unter den Augen des tapferen jungen Markgrafen von Baden. Das eine Bataillon II. 103. ließ zwölf Offiziere bluten, das 8. Leichte aber gar allein 22 Offiziere, IV. 132. jedoch nur vier und II. 96. noch nicht 40 Mann. Es kamen also im ganzen nur etwa 8000 Franzosen hier zum Kampfe und imponierten einer dreifachen Übermacht genügend. Die Verluste der Marschbataillone Lefols und Margarons — bei Lindenau, Connewitz und in Division Maison fechtend — lassen sich leider nicht feststellen. Die Bertrand zugeteilte Brigade Lefols scheint später nach Connewitz zu Lefol abmarschiert zu sein. Wir nennen diese Truppen „Marschbataillone", um dem sonst und später giltigen Ausdruck zu entsprechen, doch heißt es richtiger „Provisorische", nämlich Bataillone verschiedener Regimenter, während als Marschtruppen nur zwei Kompagnien V. Depotbataillone dienten, welche frische Rekruten zu den andern Bataillonen brachten und dann wieder ins Depot zurückgingen.

.... Umsonst läuteten die Leipziger Glocken, ihren Klang erstickte Kanonengebrüll. Umsonst erscholl das Siegesgeschrei der Franzosen, Murat mußte zurück. Pajols Dragoner (Milhaud verlor Null) kamen kaum mehr zum Aufmarsch. Um so herber die Einbuße von Latours Kürassieren. Die sächsischen bluteten ganz besonders. Die furchtbare Kanonade hatte ihrer Brigade bis elf Uhr vormittags schon über ein Drittel außer Gefecht gesetzt, im ganzen ließen sie vierhundertfünfundzwanzig Pferde auf der Walstatt zurück! Nur zweihundert von ihren achthundertfünfundzwanzig Reisigen sammelten sich am Schluß der Leipziger Schlachten nachher noch um die Standarte!

Bianchi sprach ritterlich den Preußen fünf verlassene Geschütztrümmer als Trophäe zu. Rgt. Esterhazy wagte seitwärts Anfall auf Dölitz. Da trat ihm schon 6. Leichte von Neys soeben eintreffender Div. Brayer entgegen, nahm ihm den Oberst und hundertfünfzig Mann als Gefangene ab. Vor Nacht räumte Bianchi endlich Markkleeberg.

Oudinot strengte sich gar nicht an, der Hauptteil von Decouz ward zurückgehalten, Pacthod sparte sich völlig auf, nur seine 7. Voltigeurs sahen den Feind. Freilich kam stets Victors Fußvolk heran. Die Brigade Ferrière der Division Dubreton bestand nicht umsonst aus den altberühmten 19. Linie und 24. Leichten, der Brigadier fand selber in Leipziger Erde sein Grab. Roguet suchte im Verein mit Rochambeau noch Vorteile zu erlangen. Das tapfere 135. ligne litt in diesem Kampfe schwer und verlor einundzwanzig Offiziere, das 155. sogar dreiundzwanzig. Auch Sebastiani ersah die Gelegenheit zu nochmaligem Anlauf, und Macdonalds Division Ledru suchte auf der äußersten linken Flanke der französischen Schlachtordnung eine Umfassung durchzusetzen. Das 4. Leichte neapolitanische kam mit ins Feuer und verlor vier Offiziere. Allein, die Garden der Verbündeten stellten eine unübersteigliche Mauer entgegen, und in der Dämmerung erlosch das Gefecht ohne zwingende Entscheidung. Zwar blieben zwei Regimenter Vials, sowie das 46. und 72. Dufours (nur je ein Bataillon stark) intakt, Dufours 26. Leichte ließ aber allein sechsundzwanzig Offiziere bluten. Auch zwischen Markkleeberg und Gröbern erwies sich die Übermacht der Verbündeten zu stark für weitere Fortschritte der Franzosen. Kellermanns polnische Lanzenschwinger gegen ungarische Grenadiere mußten von ihren anfangs glückenden Attacken abstehen. Bei Dölitz

endete jedoch ein letzter Versuch Meerfeldts so kläglich, daß er
selber einem Chasseurbataillon Alter Garde Curials in die Arme
rannte und seinen Degen abgeben mußte, indes ganze Haufen
Weißröcke um ihn die Waffen streckten. Sechs Uhr.

Der General der Kavallerie Feldzeugmeister Maximilian
Meerfeldt geriet bei Connewitz in einen Wald hoher Eichen,
durchwachsen mit dichtem Gestrüpp und so sumpfig, daß man nur
eben noch auf der Waldstraße selber vormaschieren konnte. Geschütz aufzustellen ging nicht an. Überm regengeschwollenen
Fluß, wo alle Brücken abgebrochen, erhob sich jenseits ein hohes
Ufer, welches eine fortlaufende dichte Schwärmerkette garnierte
und umsichtig verteiltes Geschütz krönte. Hinter dem Rande und
an den Dörfern nahmen geschlossene polnische Abteilungen den
Raum der Flußwinkel ein. Am zweiten Arm der Pleiße vor
Connewitz ließ Poniatowski die Brücke nicht abbrechen, um
Möglichkeit eines Ausfalls zu behalten, bestrich aber den dorthin
führenden Damm mit verheerendem Feuer aus großem und
kleinem Gewehr, das seine Vollkraft äußerte und dem man aus
der Tiefe nach obenhin nicht beikommen konnte. Meerfeldt gab
es auf, bei Connewitz durchzudringen, und begnügte sich, das
Rittergut von Dölitz am linken Ufer und einige dort verstreute
Gehöfte von Markleeberg zu besetzen. Das am rechten Ufer ge-
legene Dorf Dölitz mit der Mühle sollte nun forciert werden, da
auch aufwärts bei Lösnig ein Übergang nicht tunlich schien.
Hoher Wasserstand, dichte Holzbewachsung, Feuchtigkeit der
Wiesen hinderten dort den Feldmarschallleutnant Lederer, mit
seiner Division eine Brücke zu schlagen. Gegen die Brücke von
Connewitz ließ er erneut den General Longueville mit Regiment
Bellegarde fruchtlos anlaufen, um wenigstens den Feind dort zu
beschäftigen. Auf zwölf Schritt Stürmer niedergeschossen, Longe-
ville tot. Bei der unverhältnismäßig geringen Zahl der Polen,
die auch noch gegen Kleists Preußen zu tun hatten, fiel hier die
Verteidigungsaufgabe ausschließlich den provisorischen Marschbataillonen des Generals Lefol zu. Es rückte auch Brigade
Quallenberg durch den Wald auf die Brücke zu und ihr Regiment Davidovich gewann etwas Boden. Prinz Aloys Liechtenstein versuchte nun alles Mögliche, seine Division bei Dölitz hin-
überzubringen. Das Schloß zu zerschießen, wollte den Polen nicht
gelingen. Ununterbrochenes Schützengefecht raste an beiden

Ufern entlang, wobei den Österreichern infolge ihrer äußerst un-
günstigen Gefechtslage viel Abbruch geschah. Der kurzsichtige
Meerfeldt hielt Curials polnische Gardejäger für Ungarn, Liech-
tenstein ertrank beinah, am Brettersteg durchbrechend. Obschon
Meerfeldt die Aussichtslosigkeit der Unternehmung erkannte,
machte er unsägliche Anstrengungen. Oberst Berger watete bei
Lösnig durch den ersten Pleißearm mit einem Bataillon des
Regiments Wenzel Colloredo der Division Liechtenstein. Berger
ward zweimal verwundet, das brave Bataillon blieb in einem
Sumpfe stecken. Bei Dölitz ging Oberst Reißenfels mit dem
Regiment Strauch durch eine schlammige Furth, wobei er den
Heldentod fand. Bataillon Majus floh, nachdem Major Majus
in den Schenkel geschossen, doch Major Wolny gelangte mit dem
anderen Bataillon wirklich ans rechte Ufer und durch ein Gehölz
auf freies Feld. Meerfeldt selber befand sich mit ritterlichem
Mute bei diesem verlorenen Vortrab. Sein Roß stürzte getroffen, er blutend in Gefangenschaft, von allen Seiten umringt.

Fürst Aloys zerstörte zwar die halbfertige Brücke bei Dölitz,
vereitelte um acht Uhr im Schloßhof (Füs. Chass.) Überfall des
Rittterguts, das Oberleutnant Schindler mit einer Kompagnie
Colloredo brav verteidigte, doch Mißerfolg mit großen Opfern
blieb das Gesamtergebnis der Unternehmung.

Ney's um halbzwölf von Mockau aufgebrochene und um ein Uhr
bei Kohlgarten stehende Division Brayer begegnete nach vier Uhr dem
Kaiser, als dieser von Ney aus Reudnitz zurückkam. Dieser redete
Souham an: „Die Schlacht ist gewonnen, Sie sollen den
Gnadenstoß führen." Er war anderen Sinnes geworden und
befahl, sich nicht um Marmont zu kümmern, sondern nach Dölitz zu
marschieren. Die Kolonne verdoppelte ihre Schritte, kam jedoch erst
nach fünf Uhr auf der Hügelkette an, die sich nach Kleeberg senkt.
Souham ließ gegen Dorf Raschwitz (bei Gautsch) tirailleren, der Feind
war jedoch schon jenseits und man säuberte nur noch das Gehölz, gegen
neun Uhr auf halbe Schußweite von der Pleiße lagernd.

Ney's 10. Husaren, zahlreichstes Reiterregiment der Armee, ursprünglich zwölfhundert Pferde stark, führte schon nachmittags ihr
berühmter Oberst Curély ins Gefechtsfeld der Polen.

Buschrand und Waldtiefe mit Toten besät und vollgestopft!
Den Schutt verbrannter Dachungen und Verhaue, den Mühl-
graben und Morast belegten Leichen so dicht, daß man über
Versunkene und Ertrunkene trockenen Fußes wegmarschierte!

Die Verlust-Angaben widersprechen sich so, daß sie den Stempel der Unglaubwürdigkeit an der Stirn tragen. Laut Prinz Württembergs Memoiren sei er mit nur 9800 Mann (in Wahrheit 10 000) ins Treffen gegangen. Davon zählte Klüx nach andrer genauer Angabe 4799 und verlor 2697 Mann, (offenbar zu niedrig, da II. 6 allein 420 von 489 Mann verlor und 7. Landwehr 1640), laut des Prinzen und sonstiger offizieller Angabe jedoch 106 Offiziere, 3218 Mann. Dies soll freilich für 18. Oktober mitgelten, wonach Klüx also nochmals 521 Mann verloren haben müßte, obschon er laut allen Angaben ganz in Reserve blieb! Der Prinz will an beiden Tagen russische 15 Stabs-, 125 Oberoffiziere, 3400 Mann verloren haben (im ganzen also 6864 Mann seiner Kolonne). Da er 5200 Russen bei Wachau hatte und sich bei Probstheida noch auf 2400 schätzt, hätte er also am 16. rund 2800 und am 18. nur noch 600 Mann verloren, obschon er, richtig gelesen, angibt: er habe „noch" 600 in den letzten Stunden durch Kanonade verloren, so daß er beim Dorfsturm selber nur Null verloren haben müßte! Dies scheint um so unwahrer, als sogar Klüx dort in Reserve so unverhältnismäßig verloren haben müßte. Es wird daher wohl wahr sein, daß Klüx' Gesamtverlust, wie man ihn offiziell angibt, fast nur am 16. erfolgte, ebenso aber auch der russische, wie von Eugen angegeben, und daß somit am 18. Eugens Verlust nochmals um mindestens 1500 stieg. Sehr ergötzlich ist nun zu lesen, wie in der preußischen Verlustliste Zieten mit — sage und schreibe — 15 Offizieren, 300 Mann figuriert, Pirch mit 43 Offizieren, 1054 Mann, Prinz August mit 55 Offizieren, 2810 Mann, Reservereiterei mit 25 Offizieren, 500 Mann. Letztere litt nur am 16. und Zietens spaßhafte Verlustangabe kann nur für den 16. gelten (natürlich auch hierfür viel zu niedrig), denn am 18. soll ja sein Kampf „sehr blutig" gewesen sein! Pirchs und Augusts Verlust entspricht im Vergleich zu Klüx durchaus ihren verschiedenen Verhältnissen am 16., lächerlich aber wäre es, dabei ihren „ungeheuren" Verlust bei Probstheida einschließen zu wollen, wo das 9. schlesische allein um 55 Prozent schmolz. Bedenkt man, daß 1. ostpreußisches bei Möckern 907 Mann verlor und aus 15 Landwehrbataillonen Yorks nachher nur 9 schwache gebildet werden konnten, bei Weißig das Leibregiment und Füsilierbataillon 1. ostpreuß. auf die Hälfte schmolzen, daß sogar bei Dennewitz 1. neum. Landwehr 34 Offiziere, 550 Mann

und Regiment Kolberg gar 26 Offiziere, 763 Mann, Zietens 1.
schlesisches bei Lützen 602, bei Bautzen 545, später bei Etoges 34 Offiziere, 1740 Mann, wovon nur 600 gefangen, ja daß dessen III.
Bataillon allein bei Dresden 714 Mann einbüßte, daß auch bei
Plancenoit das 1., 3. schlesische Landwehr= je 627 und 625, das 18.
Regiment aber gar 815 verlor, so liegt wohl klar auf der Hand, daß
die Verluste bei Probstheida unmöglich geringer gewesen sein können,
was für Divisionen Pirch und August also nochmals einen Durch-
schnittsverlust von mindestens 4000 ergibt. Obige Gesamtverlust-
daten beziehen sich also nur auf 16. Oktober und ergeben
somit 244 Offiziere, 7882 Mann, wobei wir die lächerlich geringe
Angabe für Zieten noch bestehen lassen. Für Klüx wären noch ein
paar hundert für den 18. abzuziehen, wo er (6. Res. angeblich 7 Off.
189) 25 Offiziere, 214 Mann verlor, was natürlich Unsinn, da
sonst stets bei den Preußen 25—30 Mann pro Offizier herauskommen.
Klüx wird also am 18. nur 6 Offiziere und am 16. nicht 81 oder 96,
sondern 100 Offiziere verloren haben, womit sich nun Kleists Verlust
nach eigener offizieller Angabe auf 238 Offiziere, 7668 Mann her-
ausstellt. Da die preußische Kavallerie bei Haynau 21 Offiziere, 229
Mann verlor, wo die Offiziere sich eben ganz besonders aussetzten, hingegen die schlesischen Küraffiere am 14. Oktober allein 180 Tote und
Verwundete, so erscheint 84 Verlust und Neumärker am 16. mit nur
5 Offizieren, 47 Mann zu niedrig bemessen. — Meerfeldt verlor laut
Aster 4000, Wittgenstein (dazu 6000 russische und österreichische
Reserven) 20 000, womit übrigens Bogdanowitsch übereinstimmt.

Durch die enorme Einbuße der Verbündeten am 16. erklärt sich
übrigens auch der innere Widerspruch ihrer Kombattantenziffern, die viel
zu niedrig, mal auf 301 000, mal (Aster) auf 306 000 geschätzt werden,
wobei auch die Ziffern für die Einzelarmeen lächerlich schwanken,
Aster z. B. die Nordarmee auf 58 000, Plotho auf 68 000, Aster dagegen Bennigsen auf 54 000 ansetzt, was viel zu hoch, Blücher auf
60 000, was immer noch zu hoch scheint (geschweige denn 64 000).
Indem die Verbündeten ihre Stärke am 18. auf 280 000 angeben,
sagten sie allerdings die Wahrheit, verschwiegen nur, sämtliche
Verluste des 14. und 16. hinzuzurechnen! Wenn Meerfeldt zu
Napoleon sagte: „Wir haben mehr als 350 000", müßte er ja viel
ärger gelogen haben als Napoleon, der sich nur rund 20 000 mehr gab,
als er wirklich hatte.

Das Korps Giulay hatte sich zwar verzweifelt bemüht, das
Brückendefilee bei Lindenau zu forcieren, ward aber mit Verlust von
2000 Mann gänzlich abgeschlagen. Das böhmische Heer erlitt daher
im ganzen einen Verlust von 32 000 Toten, Verwundeten, Vermißten,
Gefangenen. (Thiers sagt richtig, daß die Verbündeten allein bei
Wachau 30 000 Tote und Verwundete verloren, Napoleon 20 000,
letzteres übertrieben.) Der französische ergab sich als viel geringer.
Hierzu ist derjenige Lefols bei Lauriston, Augereau, Bertrand stets
inbegriffen. Bertrand hatte 500 (25 Offiziere), Augereau noch weniger

'(23 Offiziere) eingebüßt, die Garde vielleicht nahezu 1000. (Auf 47 Offiziere, wovon 19 auf Division Roguet kamen.) Ebensoviel Macdonald, wobei 29 Offiziere 600 Mann auf Charpentier. Pacthod kam fast gar nicht zum Kampfe, noch weniger Marchand und Gérard (Verlust Null), alte Garde (Friant verlor 6 Mann) und Gardekavallerie. Gardeartillerie verlor 12 Offiziere, etwa 150 Kanoniere, Linienartillerie 23, etwa 250. Pajol litt minimal: nur 13 Offiziere, 100 Mann. In Leipzig Margaron (Padua) zusammen vielleicht 600? Auch Maisons Verlust, von dem man Wunderdinge fabelt, war nicht bedeutend (38 Offiziere), dagegen der von Rochambeau nicht gering (62 Offiziere), da er die Hauptwucht des Kampfes bei Liebertwolkwitz bestand. Nächst ihm litt am meisten Dubreton. Überhaupt verlor Lauriston, dessen Chasseurs auch sechs Offiziere einbüßten, vielleicht fast 2500, Victor möglichenfalls 3000 (143 Offiziere) Mann. Verhältnismäßig am meisten (daß Lauriston zwei Drittel verloren habe, ist wahnsinnige Mythe) litt Latour Maubourg: 1000. 700 Pferde Sebastianis lagen erschossen, ihm bluteten auch etwa 600 Streiter (allein 40 Offiziere von Excelmans), das gleiche bedeutet aber gar bei Kellermanns schwachen Brigaden mehr als ein Drittel. Noch mehr bei Poniatowskis Polen, die bei ihrer schwachen Stärke wohl 2000 einbüßten. Die polnische Gesamtreiterei inkl. Krakusen verlor allein 730 Mann. Somit betrug Napoleons Gesamtverlust, nach denkbar höchster Schätzung, 14 500 Mann. Wahrscheinlich noch viel w e n i g e r , da Larrey von nur 2000 Toten 6500 Verwundeten spricht und nicht sonstigem 1 : 20 Offiziersmaßstab entspricht, wenn wir auf rund 430 Infanterieoffiziere Verlust sogar 11 000 rechnen, wie wir oben taten.

Während dieser großen Ereignisse und Massenkämpfe raste ein Treffen im Norden bei Möckern, dessen Furchtbarkeit, gemäß kleiner Kräfte auf engem Raume in Aufbietung verzweifelter beiderseitiger Anstrengungen, noch die Schlacht bei Wachau übertraf. Der Eisenfresser York hielt es mit Recht für seine Pflicht, Marmont zu fesseln, damit er nicht etwa zum Kaiser abmarschiere. — Daß schon um elf Uhr elf Geschütze Latours demontiert, zwanzig Off., hundertachtzig Reiter einer Kürassierbrigade durch Kanonade getroffen seien, obschon Latour damals sicher nicht im Vordertreffen stand, ist offenbar erfunden, um eine andere, auf einen Brief Bordesoulles gestützte Unwahrscheinlichkeit zu stützen: daß nämlich nur Div. Bordesoulle attackiert habe. Dagegen spricht der gleichmäßig auf seine vier Divisionen verteilte Verlust Latours, auch reden Pajols Memoiren ausdrücklich von zwölftausend Pferden. Die österreichische Reiterei verlor allein 1500, Kürassiere davon 800, Rgt. Sommariva 10 Off., 800 Mann! Daß 149. ligne stets in Reserve blieb und nur zuletzt in Leipzig 140 Mann verlor, sogar 139. nur 200, vorgestern 96, ist bezeichnend für die Mythe, daß Lauriston 5000 verlor!

Napoleons Unstern wollte, daß auch Ney, als er mit zwei Divisionen dem südlichen Schlachtfeld zustrebte, von Dombrowski einen Hilferuf erhielt. Denn diesem gegenüber zeigten sich Spitzen des russischen Korps Langeron. Ney machte in seiner bekannten unklaren Weise deshalb halt und hieß seine rückwärtige Division Delmas, die er eben an sich ziehen wollte, gegen Norden wieder frontschwenken. Es wurde jedoch spät Nachmittag, als die Russen den abziehenden Dombrowski bei Widderitsch ereilten.

Trotz ihrer riesigen Übermacht wollte es aber mit ihnen nicht fort, da die Polen sich anfangs wie Verzweifelte wehrten und ihnen sogar angriffsweise mit dem Bajonett zu Leibe gingen. Das 2., 4., 14. Regiment (besonders die beiden ersteren) der Weichsellegion bedeckten sich durchweg in den Leipziger Kämpfen mit Ruhm, heut vornehmlich die 2., 4. Ulanen färbten rüstig ihre Lanzen mit Moskowiterblut. Doch dies Mißverhältnis der Kräfte war zu ungeheuer. Umsonst suchte das sonst von Napoleons Schwager Arrighy befehligte Reiterkorps sowohl hier als bei Möckern auszuhelfen, umsonst überboten sich seine bekannten Divisionäre Defrance und Fournier in Kühnheit. Letzterer, dessen eine Schwadron 31. Chasseurs hier drei Offiziere einbüßte, sprengte bei Fuentes Onoro ein englisches Viereck, hier erwiesen sich die Vierecke der russischen Grünröcke fester als die Rotröcke. Die polnischen Ulanen vermochten ihrerseits nicht zu wehren, daß man Dombrowskis Fußvolk, das nach kurzem Gefecht den Rückzug antrat, Gefangene abnahm. Neuer Angriff trieb jedoch Kapzewitsch in die Flucht.

Dombrowski, der bei Friedland zu spät und im russischen Feldzug nur an der Beresina zum Schlagen kam, ein Veteran noch aus den Revolutionskriegen, wo er eine Polenlegion für

Frankreich warb, sah mit Schmerz sein Häuflein eiligst weichen, statt sich in unfruchtbarem Widerstande zu verzehren, all seine Geschütze verloren gehen, als Delmas erschien und die Russen vorübergehend wieder aus Widderitsch hinauswarf. Doch das dauerte nicht lange. Es dämmerte schon und Delmas unternahm den Angriff auch nur, um Park und Train des Armeekorps auf der großen Straße Taucha-Leipzig durchzubringen.

Die französische Artillerie, rechts von Widderitsch gut postiert, fügte dem Infanteriekorps Olsuwief, das einen Haken zur Dübener Straße hin formierte, großen Schaden zu. Das Kavalleriekorps Korff bewachte mit den reitenden Jägern von Livland, Dorpat und Pantschulidschew, den Twer- und Kinburn-Dragonern die äußerste linke Flanke. General Udom mit den 10., 88. Jägern besetzte das Wäldchen von Podelwitz. Infanteriekorps Kapzewitsch setzte sich gegen Klein-Widderitsch in Bewegung, wobei Langeron sich persönlich an die Spitze des Regiments Schlüsselburg (Division Urusow) setzte. General Rudsewitsch mit den 29., 45. Jägern drang ein, Fürst Urusow führte auch Regiment Archangel vor und so ward das Dorf genommen. Eine Flankendrohung links von Groß-Widderitsch seitens der Polen mußte aufgegeben werden, da General St. Priest mit den Regimentern Wilmanstrand und Jekaterinburg und einer Jägerbrigade nebst einer zwölfpfündigen Batterie von Lindenthal ankam. Die zwei Ukraine- und fünf Donischen Kosakenregimenter des Generals Grekow, das erste Schwarzenmeer-Regiment, die Kosaken von Kaisarow und die Stawropolkalmücken verfolgten die Polen auf Eutritsch, indes die Dragoner von Cherkow, Kiew, Mitau des Generals Emanuel zu spät sich aufmachten, um noch Trophäen einzusammeln. Daß Rgt. Rjask Fahne des 125. (soll heißen 145.) eroberte und Delmas sechs Geschütze verlor, ist russische Lüge.

Unbehelligt traten also Franzosen und Polen den Abmarsch an. Letztere bei Nacht auf Pfaffendorf, südöstlich von Gohlis. Auch Ney's andere Divisionen, mit Souham nach Wachau-Dölitz herumschwenkend, kamen der Kanonade so nahe, daß sie sechs Offiziere verloren, Delmas elf.

Im ganzen büßte aber dies Armeekorps, außer Gefangenen, nur 800 Mann ein, nahm also heut so gut wie gar keinen Anteil am Kampfe, in welchem es sowohl bei Wachau als bei Möckern hätte den Ausschlag geben können. Da Dombrowski, laut bestimmten Angaben für 18. und 19. Oktober, heute nur zehn (?) Offiziere verlor, so büßte er kaum 500 Mann ein, davon leider die Mehrzahl Gefangene.

Doch blieb dies alles nur schwache Nebenepisode neben dem grausen Gemetzel um Möckern, wo der elegante Fechter Marmont und der starrköpfige Haudegen York sich ineinander verbissen, wie ein Leopard mit einem lithauischen Wolfe.

Mit Meisterschaft sein Geschütz handhabend, stemmte der Marschall sich nach Kräften der Übermacht entgegen, die jedoch, schon an sich unerheblich, durch Vorteil seiner Stellung genugsam aufgewogen. Das 2. Marineregiment der Division Lagrange hielt das Dorf, Compans den Abhang daneben, weiter rechts und im Rückhalt stand Division Friederichs.

„Den Kerls werden wir eins auf den Pelz brennen!" wandte sich der verwegene Oberst Katzeler, dessen Brandenburgische Ulanen und Ostpreußische Nationalkavallerie den Vortrapp bildeten, zu seinem Adjutanten Meyer, einem früheren Unteroffizier und späteren General. Das Nationalkavallerieregiment hatte Blücher selber angefeuert: „Na, Kinder, heut haut mal auf gut preußisch ein. Wer heut nacht nicht tot oder wonnebuselig ist, der hat sich geschlagen wie ein Hundsfott!"

Katzeler fuhr seine beigegebenen zwei Batterieen auf, nachdem er feindliche Reiterposten aus dem Tannenwäldchen bei Lindenthal vertrieb, während Major Hiller mit der Avantgarde des Armeekorps gradeaus auf der Straße fortrückte. Der Feind wandte sich nach Möckern zurück, dem Stützpunkt seiner an die Elster gelehnten Linken. Unter dem Schutz der Katzelerschen Batterieen marschierte York in zwei Treffen auf, Divisionen Horn und Hünerbein voran, Divisionen Mecklenburg und Steinmetz dahinter. Wie York seine Marschrichtung, die über Breitenfeld südöstlich gehen sollte, südwestlich aus eigenem Antrieb umbog, veränderte auch Marmont seine Stellung, indem er in Brigaden ein Achtel links schwenkte. Da durchs Linksziehen Yorks ein bedeutender Zwischenraum zu Langeron entstand, ließ Blücher die Reiterei Wassiltschikof und später auch das russische Infanteriekorps St. Priest dort einrücken.

Der alte Held erschien selber auf den Höhen von Radefeld mit seiner bekannten Umgebung, unter der Major Rühle v. Lilienstern und Hauptmann Scharnhorst sowie Major v. Oppen, Leiter des Nachrichtenwesens, und Intendant Ribbentropp durch ihre geistige Begabung hervorragten. Gleichsam um zu veranschaulichen, daß hier alle Stände dem heiligen Kriege sich weihten, leisteten die berühmten Professoren Raumer und Steffens, Historiker und Philosoph, sowie Kammergerichtsrat Eichhorn und Oberregierungsrat Häckel im Stabe wertvolle Dienste.

Von solchen Zivilisten wollte freilich der erzmilitärische York nichts wissen, ein sauertöpfischer selbstsüchtiger Streber, durch jene Konvention von Tauroggen, die er mit Angst und Zagen und unter geheimer Verständigung mit dem Berliner Hofe aus angeblicher eigener Initiative schloß und dabei die Formen militärischer Ehrbegriffe seinem Vorgesetzten Macdonald gegenüber schonender hätte wahren müssen, zu unverdienter Berühmtheit gelangt. Sein galliger Neid und gekränkter Ehrgeiz machten besonders Gneisenau das Leben sauer. Im übrigen war er freilich ein altpreußischer Patriot junkerlichen Schlages, obschon selber von zweifelhafter Herkunft, und ein ausgezeichneter Soldat. Das kleine unansehnliche Männchen mit den scharfen Zügen und dem langen grauen Haar genoß in hohem Grade seiner Untergebenen Vertrauen, denen er seine eigene rücksichtslose Tatkraft einzuflößen verstand. Sein griesgrämiger Isegrimmhumor verschwand auf einen Schlag beim Wechseln der ersten Kanonenschüsse und nur die schneidige Spannkraft seiner kriegerischen Umsicht sprang in die Erscheinung. Nachdem die Seinen bei Wartenburg Wunderbares vollbracht, glaubte er an keine Stellung mehr, die für Preußen uneinnehmbar sei. Ärgerlich über Bülows Lorbeeren, freute er sich, heut mal ganz selbständig ein Treffen liefern zu können. Die aus Widderitsch bedrohte Linke versagend, packte er rechts den Stier bei den Hörnern.

Während die vier Batterieen der Divisionen Horn und Hünerbein gleich anfangs durch eine schwere der Reserve verstärkt werden mußten, schärfte York dem Oberstleutnant Schmidt ein, mit seinen sechzehn Zwölfpfündern den Major Hiller zu unterstützen, der soeben auf Möckern andrang. Das ostpreußische Jägerbataillon unter Major Klüx machte den Anfang, ihm folgten drei Kompagnien Freiwilliger Jäger des Landwehrbataillons Wedell und das brandenburgische Leibgrenadierbataillon, sämtlich von Division Steinmetz.

„Heut' wird Deutschlands Schicksal entschieden!" tönte Hillers Zuruf weithin und ohne Bedenken stürzten die Seinen über der Brüder Leichen vor. Zweimal drangen sie bis zum Herrenhaus, regelmäßig wieder hinausgeschlagen. Major Hiller erneuerte mit Schöns westpreußischem Grenadierbataillon IV 15 III 13 Landwehr Rekowski II 14 Thiele den Sturm gegen die wohlverwahrten verscharteten Häuser und trieb den Feind die Dorfgasse hinunter. Am Ausgang aber empfing ihn ein so entsetzliches Kartätschfeuer, daß er zurückprallte. „Kinder, rettet das Vaterland!" Wer sinkt dort sterbend nieder? Major Graf Wedell vor Neißer Landwehrmännern. Die Majore Klüx und Schon sanken ihm nach, bald auch Hiller selbst, die Bataillone werden dünne Häuflein. Und jetzt brach Marmont mit Brigade Jamin links vor und schleuderte aus fünfzig Geschützen Tod und Verderben. Freilich antwortete jetzt die gesamte Reserveartillerie des Oberstleutnant Schmidt aufs nachdrücklichste. Doch Division Mecklenburg ward schon zu spät eingesetzt, nachdem Hillers acht Bataillone und Jägerkompagnien, eine Blüte des Heerteils, fast aufgerieben. Zwar behaupteten sie sich, als I. Brand. II 12. R. am Straßenhohlweg draußen wichen, im Nordteil und Uferseite.. Aber Marmont machte Fortschritte im Gelände rechts vom brennenden Dorfe. Lagranges Marinetruppen, von der Anhöhe hinabsteigend, drängten im Handgemenge das Füsilierbataillon 1. Ostpreußischen Regiments (früher bei Weißig schon auf die Hälfte geschmolzen) nach Möckern hinein, das nun beiderseits von Fechtenden förmlich vollgestopft.

Prinz Karl von Mecklenburg-Strelitz, Bruder der Königin Louise, ein auffallend schöner hochgewachsener Mann, im äußeren Auftreten an den seligen Prinzen Louis Ferdinand erinnernd, Hochtory, aber Gentleman durch und durch, unterschied sich vom liberalen Prinz August von Preußen durch reaktionäre Grundsätze, glich ihm sonst an ritterlich humaner Gesinnung, imposantem Äußern, vornehmer Haltung, feiner literarischer Bildung und persönlichem Heldenmute. Nach dem unglücklichen Gefecht von Goldberg grüßte ihn der sonst wortkarge und mit Lob geizende York: „Bisher trugen Ew. Durchlaucht den schwarzen Adlerorden als Schwager des Königs, heute haben Sie ihn sich erkämpft." Hier aber mußte er schwer blutend seine bestürzten Truppen verlassen und dem Oberst v. Lobenthal zurufen: „Übernehmen Sie das Kommando!"

II. 1. warf die Marine eine Strecke zurück, II. 2. Ostpreuß. Rgts. schoß aus deckender Vertiefung die Bedienung der feindlichen Batterien nieder, zwischen welche das 1. Regt. mit Kolben und Bajonett eindrang unter den Augen des Marschalls selber. Dieser brachte den Oberst von Lobenthal erneut zum

Weichen, der nun gleichfalls verwundet stürzte. Bei I 6. Schlesische Landwehr blutete Major Fischer, ebenso Kommandeur 2. Oſtpr. „Ihr Brüder, Preußen ſiegt doch!" ſtammelte Klüx ſterbend. Majore Thiele, Rekowski, Schleuse fanden den Heldentod, überhaupt alle Stabsoffiziere bis auf einen lagen abends tot oder schwer verwundet, die Mannschaft fiel haufenweise. Auch bei Hünerbeins Brandenb. Rgt. Vorke.

Die Preußen fochten mit einem über jedes Lob erhabenen Heldenmut. Doch im Dorfe bemühten sich Brigade Mecklenburg und Avantgarde Hiller vergeblich, und als das 2. Marine wich, gelang es 4. Marine und 37. Leichten die Preußen zu werfen. Vom Windmühlenhügel östlich des Dorfes sprühte eine Massenbatterie, die jedes Verweilen in der längs bestrichenen Dorfgasse ausschloß.

Compans ging jetzt zum Angriff über, auf hundertfünfzig Schritt tobte mörderische Füsillade. Das 1. und 3. Marineregiment, Blaujacken mit dem Anker, machten ihrem gefürchteten Namen anfangs alle Ehre, das 32. Leichte, schon bei Lützen bemerkbar, stritt mit größter Entschlossenheit, ebenso das 20. und 25. Provisorische. Zwei standhaft rückzugdeckende Schmidtsche Batterien schon links überflügelt. General Compans leitete mit fester Umsicht. Ebenso schien der Marschall selber sich verdoppeln zu wollen. Sechsmal drangen die Angreifer ein, sechsmal wichen sie, zwei Stunden währte schon der Kampf. Drei Uhr vorüber.

Die Preußen türmten wahre Leichenmauern aus ihren Schlachthaufen, die nimmer wankten und wichen. Vorkes Füsilierbataillon Krosigk brach sich mit todesverachtendem Ingrimm in eine französische Masse Bahn, indem Krosigk selber wie ein Winkelried zuvorderst unter den Bajonetten fiel. Als die berserkerhaft fechtende Truppe aus dem Gewühl zurückkehrte, musterte sie noch ein Zehntel! Das erste Ostpreußische Grenadierregiment, schon im Frühjahr so ausgezeichnet, daß nach dem Treffen von Weißig allein vier Kreuze erster Klasse an Gemeine verteilt wurden, schmolz bis auf vierhundertachtzig Mann.

„Ihr seid meine Garde, seid das erste Regiment der Armee," nahm York nach dem Gefecht bei Goldberg vor diesen Ostpreußen die Mütze ab. Daran erinnerten sie sich hier.

York entschloß sich also, auch seine letzte Reserve dranzusetzen. Oberst Steinmetz hatte von seinen vier Grenadierbataillonen nur

oftpreußifche, fchlefifche, fowie die Landwehrbrigade Lofthin. Mit
diefen drang er füdöftlich von Möckern vor, das auf der Nord-
feite nicht zu umgehen war, weil die Elfter hart am Dorfrande vorüberfließt. Während die Oftpreußen vordem den Feind
von Haus zu Haus hinauftrieben, bis er fich nur noch in den
letzten Gehöften zur Höhe hin hielt, hatten die Franzofen jetzt
immer mehr Raum gewonnen und die Trümmer Hillers und
Mecklenburgs bewahrten nur noch den Eingang und die an-
ftoßende Umfaffung des Dorfes. Auch Steinmetz' entfchloffener
Angriff brachte nur kurzen Umfchwung. Keine Partei ermüdete
in ihrer Ausdauer, die zu kleinen Feftungen umgewandelten
Häufer am Ausgange und einzelne felbft in der Mitte der Dorf-
gaffe behielten die in diefer Gefechtsart fo gewandten Franzofen für fich. Hinter Mauervorfprüngen, Hecken, Lehmauf-
würfen, Gräben, Gärten fprühte ihr Feuer, und der feuer-
fpeiende Berg hinter'm Dorfe wollte nie verftummen. Es
gelang dem 13. Schlefifchen Landwehr-Regiment nicht, an die
Gefchütze heranzukommen, die aufs Neue ihre verheerende
Gewalt bewährten. Der Regimentskommandeur Major Gädeke
fank unter zwei Todeskugeln vom Roß, vierzehn Hauptleute und
Offiziere werden der erfchütterten Truppe entriffen, die zu
fchießen beginnt.

„Hol' euch der Teufel! Wat hilft das Gefchieße!" fchnauzt
der herbeieilende Steinmetz die Leute an. „Gegen Kartätfchen
giebts nur eins: Drauf und die Schwerenot!" Die Landwehr
folgte willig, bis Steinmetz felber verwundet ausfchied: „Lofthin,
ich übergebe Ihnen das Kommando! Verfuchen Sie, was Sie
können!" Die Oftpreußifchen Grenadiere und I. II. 5. Schlef.
Landwehr unterftützten erneuten Anlauf gegen die Höhe, doch
die Majore von Malzahn und Kofecky fielen fofort, Lofthin felber,
zweimal fchwer getroffen vorausfchreitend, reihenweife fanken die
Landwehrmänner. Auch Major von Seydlitz, der III. 5. nebft
I. 13. durch Möckern felber bis zum äußerften Ende hindurch-
führte, ward verwundet, I. 13. ward von Compans zurückgetrieben, hielt fich aber im Verein mit den fchlefifchen Grenadieren in der Mitte der Quergaffe. Im allgemeinen Kampf auf
der ganzen Linie wurden auch noch Oberft von Borke, Majore
Mumm, Leslie, Schütz, Blücher, Penzig, Wolzogen, Laurenz,
Pfindel, Goltz außer Gefecht gefetzt. Französifcherfeits ver-

ließen Oberst Jaquet vom 37. Leichten und Kommandeur Bocha-
ton 3. Marineregimentes sowie mehrere Majore der Provisorischen verwundet das Schlachtfeld.

Inzwischen fochten seitwärts vom Dorfe die Brigaden
(Divisionen) Horn und Hünerbein mit kaum geringerer Erbitterung gegen die nun vorrückende Division Friederichs, deren 15. de ligne so außerordentlich bei Friedland litt
und stritt. General Friederichs, einer der schönsten Männer der
Armee, von erstaunlich hohem Wuchse, brachte noch abends
Hünerbein zum Wanken, wo er durch sein Beispiel
anfeuerte. Drüben entflammte der tapfere Horn, neben dem
laut Yorks Ausspruch der legendäre „Bayard nur ein Lump"
war, die Seinen wie bei Wartenburg. „Lustig, Kameraden,
dem Feind die Bajonette der Preußen gezeigt! Ein Hundsfott, wer einen Schuß tut!"

Wohl schwankten Marmonts Reihen endlich ermattend,
als schlesische Grenadiere an Gräben und Ziegelhof, in der
Mitte I 4 Landwehr mit einer an Raserei grenzenden Todesverachtung allerseits vordrangen. Horns brandenburgisch Leibregiment, stolz auf Wartenburger Lorbeer, stritt heute nicht allen
voran. Doch Marschall Marmont führte nun persönlich nochmals den Hauptteil der Division Lagrange ins Feuer, deren
spanisches Fremdenbataillon ihn, linken Arm stets noch in
der Binde, an ungeheilte alte Arapilenwunde gemahnte:
Rest 4. 2. Seeregiments. Zwölf Geschütze schweren Kalibers
marschierten zwischen beiden Schlachthaufen vor, um in der Nähe
Kartätschen zu entladen. Diese Kerntruppen stellten das Gefecht
wieder her, in ganzen Massen fielen auch östlich 12. Brandenburger. Schon schien jede Hoffnung auf glücklichen Ausgang
geschwunden, als durch Explosion zweier auffliegender Pulver-
karren auf dem Windmühlenhügel eine plötzliche Unordnung
in den französischen Reihen einriß.

Durch ein seltsames Verhängnis geschah das Nämliche wie
bei Marmonts Niederlage von Salamanka: an Hand und
Schulter getroffen und leicht verletzt, als er sich eben bei einer
Batterie aufhielt, mußte der Marschall den Kampfplatz verlassen, wo schon drei seiner Adjutanten in ihrem Blute lagen.
Fast damit zusammenfallend ward auch der rührige Compans
erheblich verwundet.

Dies wäre noch ohne entscheidende Bedeutung gewesen, wenn nicht genau im gleichen Augenblick die brandenburgischen Husaren des kühnen Major von Sohr das augenscheinliche Stutzen und Schwanken eines Seebataillons am Batteriehügel zu rücksichtslosestem Sturmritt benutzt hätten. Die schwarzbraunen Husaren sprengten mit wilder Bravour ein Viereck, ritten eine Kolonne nieder und in die große Batterie hinein...

Bisher feierten Yorks dreitausend Reiter völlig. Die handvoll Mecklenburger Husaren und das Brandenburgische Husarenregiment deckten die Artillerie am rechten Flügel, während die Masse der Reservereiterei Jürgaß hinterm linken Flügel verblieb. Major von Sohr mit der ersten, zweiten und Freiwilligen Jägerschwadron der Brandenburger Husaren hielt sich weit vorn, abgesondert von der übrigen Reiterei, und barg seine Reiter in Zugkolonne in einem deckungbietenden Hohlweg. Immer zahlreicher schwirrten aber die feindlichen Geschosse heran und Sohr zog sich auf die linke Seite der Straße hinüber, wo er in Linie hinter dem verzweifelt ringenden Fußvolk stand. Da sprengte York in Person zu Sohr heran und rief ihm vor den Freiwilligen Jägern zu: „Wenn jetzt die Kavallerie nicht noch etwas tut, so ist alles verloren — lassen Sie einhauen!"

Der Major erwiderte gemessen: „Ich bin allein zu schwach. Mißlingt die Attacke, wer nimmt mich auf?"

„Bei Gott, da haben Sie recht! Jürgaß soll sein Vorrücken beschleunigen. Sie aber, Sohr, halten Sie mir wenigstens so lange die feindliche Infanterie auf. Hören Sie, ihre Trommeln schlagen schon wieder den Sturmmarsch." Damit ritt York davon, bald darauf erschien jedoch sein Adjutant wiederum mit dem Befehl zum unverzüglichen Einhauen. Sohr, unverwandt den Gang des Gefechtes beobachtend, lehnte leicht ab: „Werde schon machen. Der nächste Augenblick scheint noch nicht geeignet, die Unsern halten noch stand, soweit der dicke Pulverdampf Umschau gestattet."

Nicht lange währte es aber, und preußisches Fußvolk strömte in hellen Haufen zurück, französische Flintenkugeln sausten zwischen die Husarenreihen. Teile von Compans' Brigade Pelleport (32. Leichte und 1. Marine) brachen in der Mitte durch, indes weiter rechts auch das 11., 13., 16. Provisorische von Friedrichs Brigade Cochorn gegen Division Horn ausfielen.

Sohr hielt dafür, daß keine Sekunde zu verlieren sei, ließ die weichenden Grenadiere durch und schwang den Säbel: „Marsch marsch hurra!" Indem er zur Rechten den östlichen Dorfrand streifte, stürzte er jene zwei Bataillone übereinander, die gerade im Sturm anrückten, und die Batteriehöhe hinan. Oberst Katzeler ersah den entscheidenden Punkt und raste mit den Brandenburger Ulanen hinterdrein. Es folgten später die 1. westpreußischen Dragoner der Kavalleriebrigade Henckel-Donnersmark, dahinter auch deren Lithauer Dragoner.

Denn York, ohnehin gewillt, durch Massenattacke seiner Reiterei nötigenfalls den Rückzug zu decken, und daher persönlich an der Spitze seiner schwarzen Leibhusaren weilend, bemerkte nicht sobald den guten Fortgang der Attacke, als er allgemeinen Anlauf befahl.

„Ihr alten Lithauer, ihr habt dem Feind noch nie den Rücken gekehrt! Schlagt los!" feuerte er die Lithauer Dragoner an, die ihr Major, der tolle Platen, sofort losließ. Trompeten schmetterten, Hörner bliesen, alles, was preußischerseits noch Atem hatte, stürmte nochmals mit donnerndem Hurra vor, das Fußvolk mit gefälltem Bajonett erst neben, dann hinterdrein, den säbelschwingenden Geschwadern. Der verwegene Sohr und der tolle Platen, letzterer mit kurzer Tabakspfeife zwischen den Zähnen nach Seydlitzscher Tradition, zeigten mit blutigem Säbel die Fährte.

Es trat der Augenblick ein, wo der geringste Zufall die Schale sinken macht und bei beiderseits gleich arger Erschöpfung die moralische Erschütterung des einen Teils vollendet. Die Reiterdivision Lorge des Herzogs von Padua, hier Marmont beigegeben, ward von der Übermacht niedergeritten, wobei nur 10., 15., 22. Chasseurs ein Handgemenge wagten, und die württembergische Reiterbrigade Normann (Korpsreiterei Marmonts) floh im Verein mit 5., 13., 21. Chasseurs, ohne die Klingen zu kreuzen, förmlich entsetzt vor ihren racheschnaubenden deutschen Landsleuten. Nun säbelten die preußischen Reiter schon in der großen Batterie umher und brachen eine breite Lücke in das standhafte Fußvolk von Compans, durch dessen rechten Flügel sich jetzt der Strom preußischer Bajonette ergoß.

Feindliches Fußvolk warf sich nieder und Gewehre weg, pardonschreiend, sprang aber wieder auf und schoß den Westpreußen nach, die hierdurch in Verwirrung gerieten und nur matt an den Feind kamen. Doch die Lithauer stürzten nun über die verräterischen Feinde her und straften die Hinterlist durch grauenhaftes Blutbad. Indes die Brandenburger Husaren und Ulanen überall den Feind aus dem Felde schlugen, brachten die Adjutanten des Generals Jürgaß, Prinz Harry Reuß und Major von Paulsdorf, National-Leibhusaren- und 3., 5., 10. schlesische-, 1. Neumärker Landwehrreiterregiment herbei. Diese Masse schwenkte um Brigade Horn herum und rannte auf deren beiden Seiten in den Feind, indes die Sturmtrommeln aller Bataillone ertönten und alles in heller Begeisterung vordrang. Hünerbeins Brandenburger, Horns Halbbataillon Gardejäger und 4. (schlug Reiterattacke ab, Bat. Kottulinski schon bei Wartenburg so brav) 15. schlesische Landwehrregiment sowie 14., dem I. III. infolge der Katzbacher Regenbiwaks auf Fünfhundert schmolzen, im Kampf aber redlich ihre Pflicht taten, drangen in dichten Scharen an. Die Brandenburger Ulanen unter den Majoren Stutterheim, Schmettau und Schierstädt führte Katzeler immer tiefer in den Feind, Sohr stürmte voran. Unter dem Rufe „Vorwärts!" glitt Katzeler selbst getroffen aus dem Sattel. Stößels Leibhusaren (sogar im Jenafeldzug als Prittwitz-Husaren sich Achtung erzwingend) hinterdrein, bei ihnen der bekannte Leutnant Giese, Sohn eines gemeinen Soldaten, der als General sterben sollte: neben Reyher ein neuer Beweis, daß im preußischen Volksheer kein Standesvorurteil mehr gelte. — Diese Krise entschied die Schlacht. Die französische Linke behielt keine Zeit, sich wieder zu fassen, ward von Gohlis abgedrängt und rettete sich nach Eutritzsch hinüber, wo die Rechte sie aufnahm. Alle hundertvier Geschütze Yorks schleuderten Geschosse nach.

Die Marinetruppen (vierzehn Bataillone) leisteten jetzt auffallenderweise zum Teil keinen besonders heftigen Widerstand mehr, um so braveren die Linientruppen. Sie retteten auch viele gefährdete Geschütze, deren Bemannung und Bespannung niedergestochen, indem sie die Stücke an Schlepptauen mit ihren Armen fortschleiften. Das 4. Marineregiment wich bald, das 2. wehrte sich verzweifelt. Dagegen benahmen sich einige Abteilungen Marinekanoniere sich schwach. Das Gedränge im letzten Schlachtknäuel um den Windmühlenhügel ward so dick, daß Hornist Wellz der Oftpreußischen Grenadiere rechts und links mit seinem Horn Feinde auf den Kopf schlug, die seinen eingekeilten Offizier umdrängten, und dann mit Verbeugung seitwärts die offene Bahn zeigte: „Bitte gehorsamst, Herr Leutnant!" Da geschahen Taten berserkerhafter Kühnheit. Musketier Schwarz der zwölften Kompagnie dieses bevorzugten Regiments riß einen Adlerträger an den roten Wollepaulettes mitten aus seinem Gliede heraus und hielt ihn so lange fest, bis Mecklenburger Husaren jauchzend das Feldzeichen an sich brachten. (Ihr Kommandeur Bismarck fiel, auch Sohr und Major Unruh der westpreußischen Dragoner bluteten.) Ein Seebataillon vom 1. Regiment ging samt Offizieren und Adler gleichzeitig unter Säbel und Bajonetten unter.

Als auch noch Sackens Reiterei zum Schlusse erschien, entschied das Übergewicht an Reiterei, was in der Gohlisstellung, wo allein vernünftigerweise Marmont hätte fechten sollen, nicht möglich gewesen wäre.

Möckern, dreimal verloren und gewonnen, blieb den Preußen. Division Lagrange behauptete jedoch Gohlis und Eutritzsch rückwärts. Da es bereits düster dunkelte, was im unheimlichen Pulverdunst auch den Einbruch der Sohrschen Attacke begünstigt hatte, entflohen die Wälschen im Schutze der anbrechenden Nacht über das Partheflüßchen rückwärts nach Leipzig. Sie ließen dabei siebenundzwanzig Geschütze (die Verbündeten rechneten nachher vierzig, indem sie offenbar auch die Dombrowski und Fournier abgenommenen mitzählten und außerdem noch fünf am folgenden Tage, wodurch genau diese Ziffer herauskommt) mehrere Fahnen und angeblich zweitausend Gefangene zurück. Auch das Reiterkorps Arrighy ward in diese Flucht verwickelte, da von Widderitzsch her russische Reiterei in Masse zur Verfolgung aufbrach. Zuletzt begab sich hier alles auf die Reise, kein Franzmann weilte mehr nordwärts der Parthe.

An den nun auch verwundeten Sohr ritt York heran und drückte ihm die Hand: „Ihnen allein haben wir den Sieg zu danken, werd's Ihnen und Ihren braven Brandenburgern nie vergessen." Und zu seinem Stab gewendet, fügte er hinzu: „All meine Offiziere haben sich gut gehalten, soll ich aber einen besonders nennen, so ist es Sohr."

Die Preußen gaben später an, daß sie 173 oder 176 Offiziere
5508 oder 5568 (oder gar nur 5432) Gemeine verloren hätten, was
sich aber durch den ominösen Zusatz erweitert: ‚die Leichtverwundeten
nicht gerechnet‘. Schon After nimmt 7000 an. York war allerdings
am 19. bei Merseburg angeblich wieder 13 400 stark, jedenfalls
hatten alle Leichtverwundeten sich wieder eingestellt. Linie verlor
3940, Landwehr 2400, Reiterei 353, Artillerie 75? Von 697
Füsilieren des Krosigk waren am Abend noch 100 übrig!
Laut Geschichte des mecklenburger Husarenregiments muß man o h n e
Leichtverwundete 7698 verloren haben. Brigade Mecklenburg, die
schon bei Goldberg 28 Offiziere 1747 Mann einbüßte, verlor von
5400 2300 Mann! Steinmetz und Hiller sicher nicht weniger! Nach Brief
Oberst Zielinskis verlor man auch 280 Offiziere, was also nach gleichem
Maßstab, wie dem obigen auf 176 Offiziere, über 10 000 Mann ergibt.

Da 1. Ostpr. und Grenadierbataillone allein 1600, Rgt. Borke
und 12. R. rund 1500 Köpfe verloren, so wird 2. Ostpr. sicher nicht
bloß 8 Off. 314 eingebüßt haben und Leibrgt. gar nur 84, wo Halb=
bataillon Jäger allein 86 verlor! Leibhusaren allein 173 t. u. v.!

Arrighy verlor nur 20 Offiziere, also höchstens 200 Reiter, an
Blutenden, wobei Brigade Quinette inbegriffen. Marmonts württem=
bergische Reiter verloren nur 50 Mann. 184 Offiziere Marmonts
bluteten, (davon 95 der Marine, 33 allein vom 1. Rgt.!), somit
zwischen 3= und 4000 Mann. Da bei Brigade Pelleport nur z w ö l f
Mann auf e i n Offizier bluteten, wird jede übermäßige Abschätzung
verdächtig. Der Gesamtverlust der Napoleonischen im Norden belief
sich also inkl. Artillerie (acht Offiziere) auf höchstens 6= bis 7500
Mann, wobei 2= bis 3000 Gefangene. (Marmont gibt diese Gesamt=
ziffer scheinbar für sich allein, meint aber offenbar Dombrowski
und Delmas mit, da er tatsächlich über alle den Oberbefehl führte.)

Langerons Russen gaben an, daß sie 1500 (laut After 1800) ver=
loren hätten, und Yorks wirklicher Verlust läßt sich gar nicht feststellen.
Die Zahl der Leichtverletzten schloß sozusagen das halbe Korps ein.
Bei 1. Komp. 1. Ostpr. von 3 Off. 153 noch 33 übrig!

Division Friedrichs litt am wenigsten, indes Compans allein
die volle Hälfte des Verlustes (93 Offiziere) trug.

Da Sohr 6 Ulanen 9 (Leibhus. 7) Geschütze erbeuteten, können
sie nicht „28" erobert haben! Ähnlich phantasiert Horn, jeder Einzel=
teil sprach sich die Gesamttrophäen zu. Auch Bianchi prahlte von 13
eroberten Kanonen: Dann kann er sie erst demontiert aufgelesen
haben, denn es ist Lüge, daß er Markkleeberg behauptete, das noch
18. früh Augerau besetzt hielt. Kleist hatte übrigens am 18. nur 50
Geschütze, verlor also schon 62.

Der Kaiser sah bei seiner Rückkehr hinter Wachau mit Schmerz seine aufgelösten Geschwader an sich vorbeifluten. Das Schlachtfeld vor Gossa, wo sie zuletzt erlagen, bot erschütternde Bilder. An mehreren Stellen starben Mann und Roß gleichzeitig und so plötzlich, daß sie, mitsammen auf die Seite fallend, noch lebendig schienen: die Pferdebeine ausgestreckt wie in voller Bewegung, des Reiters Fuß im Bügel, die Hand am Zügel, das Schwert erhoben wie zum Schlagen. Der große Helm, unterm Kinn mit der Sturmkette festgeschnallt, gab den grimmigen, verzerrten Zügen einen übernatürlichen, schrecklichen Ausdruck.

Der unbezwingliche Murat, von mehreren Verfolgern angefallen, schlug einen aus dem Sattel und rettete sich mit erstaunlicher Anstrengung von anderen, die sich hauend an ihn von jeder Seite annestelten und eine ganze Strecke weit belästigten, bis Pistolenschüsse seiner Stallmeister und Adjutanten ihn endlich seiner Bedränger entledigten.

Der tapfere biedere Latour-Maubourg, einer der beliebtesten Erscheinungen des napoleonischen Heeres, später von Chateaubriand als wahres Muster eines loyalen Ritters gepriesen, auch bei den Rheinbündlern dankbar geschätzt, da er z. B. nach der Schlacht bei Medellin in Estremadura den Nassauern mit seinem ganzen Offizierkorps seine Aufwartung machte, „weil Sie durch Ihre prächtige Haltung meine Dragoner zum Siege begeisterten" — Latour-Maubourg ward zum Krüppel geschossen, verlor ein Bein. Des wackeren Invaliden letztes Schlachtfeld. . . .

„Mein Gott, Pajol! Das ist ein unersetzlicher Verlust. Sollte ich Sie nicht wiedersehen, so dank' ich Ihnen für all Ihren Eifer!" grüßte Napoleon schmerzlich bewegt, als der komman-

dierende Reitergeneral Pajol anscheinend sterbend an ihm vor-
beigetragen wurde. Mehrfach am ganzen Leibe getroffen, mit
gebrochenen Rippen, hatte Pajol die ganze Attacke über sich weg-
brausen lassen müssen und schien förmlich zu Brei zerstampft,
plattgedrückt, eine einzige Beule. Doch diese Eisenmänner, seit
früher Jugend an Wunden und jede Unbill von Schmerz und
Leiden gewöhnt, besaßen ein wahres Katzenleben. Kein halbes
Jahr verging und Pajol kommandierte wieder seine großartigste
Attacke bei Montereau, mit Rekruten, die kaum die Zügel halten
konnten, alles vor sich niederwerfend. Die Zukunft bleibt immer
geheimnisvoll. Hätten der klagende Napoleon und der anscheinend todverfallene Reiterführer in diesem Buch mit sieben
Siegeln lesen dürfen, was fanden sie da? Ein trüber Morgen
tagt über dem Arc de Triomphe und einem erregten Meer
zahlloser Menschenmassen, ganz Paris auf den Beinen, die ganze
Garnison in vollem Pomp spalierbildend — und durch die Tore
und Straßen seiner alten Hauptstadt kehrt der tote Kaiser heim
in ragendem Triumphatorwagen. Die Gebeine von St. Helena
geleitet zum Dom der Invaliden der greise Platzkommandant,
vor Erregung zitternd und bleich, sein braves altes Krieger-
antlitz von Tränen durchfurcht, der Marschall Pajol. O wunder-
lich Schicksal, unheimliche Verkettung seiner Fügungen!

———————————————————

Die Turmuhren Leipzigs schlugen die sechste Stunde, und
wie nach Übereinkunft fiel plötzlich der letzte Kanonenschuß. Auch
das kleine Gewehr verstummte nach und nach. Tausende von
Wachtfeuern flammten empor.

In düsterem Schweigen saß der Weltgebieter an einem der
ausgetrockneten Teiche an der Meusdorfer Ziegelscheune. Die
Garden lagerten rings um ihn her auf dem Schlachtfeld. „Die
Ergebnisse entsprechen bei weitem nicht den Erwartungen",
murrte er heiser wie mit ausgetrockneter Kehle. „Beiläufig,
senden Sie Poniatowski den Marschallstab. Ganz erfüllt von
der hingebenden Treue meiner Polen — —." Er wollte eine
Phrase vollenden, brach aber ab und starrte vor sich hin. Berthier räusperte sich leicht. Gleichsam um etwas zu sagen und
seinen Schwager zu trösten, versicherte Murat: „Nie haben wir
solche Schlächterei unter unseren Feinden angerichtet ... selbst
an der Moskwa sah es nicht so aus!" Napoleon zuckte finster

die Achseln. „Möglich! Doch es sind zu viele! Sie wachsen nach wie Hydraköpfe, und wie solchen Polypenarmen entkommen! Von allen Seiten ... doch halt' ich Bernadotte und Bennigsen zu weit entfernt, um morgen oder übermorgen einzutreffen. Nun, weiteres morgen!" ... Er befand sich in der Nacht in lebhafter Unruhe. Am Morgen trat er hastig aus dem Zelt und ließ Generalmarsch schlagen. Dann ging er in dumpfer, nachdenklicher Stimmung mit Murat auf dem Teichdamm hin und her, bis er zu Pferde stieg und mitten unter den Vorposten das Schlachtfeld beritt. Der Himmel sah düster und traurig herab, weinte Regentropfen. Die toten Preußen fand man überall die Stirn dem Feinde zugekehrt. „Bah, Schwarzenberg wird uns nicht wieder angreifen, zur Not ziehen wir in aller Ruhe ab!" Niemand antwortete ... Es wurde nachmittag. Plötzlich, von einem Gedanken ergriffen, befahl Napoleon, den vornehmen Gefangenen Meerfeldt, mehr Diplomat als Militär, vor ihn zu bringen. Es war zwei Uhr, als er ihn kommen ließ. Dieser hohe österreichische General, der so sehr zu rechter Zeit dem Hauptmann Plainesalve der Füs.-Chass. in die Finger lief, trat in etwas geknickter Haltung herzu und mit hofmännischem Gruß vor den Kaiser hin, der in einem kleinen Gebüsch auf einem Feldstuhl saß, Ellbogen an die Knie gestützt.

Ein frischer Luftzug strich durch das Gebüsch, sonst alles still, wie in einer Kirche.

Er begann: „Ich ließ Sie zu mir bitten, Graf Meerfeldt, weil Sie schon öfter in unserer Mitte weilten. Als Parlamentär nach Leoben und Austerlitz ... Sie sind ja ein alter Bekannter ... Das letzte Mal, irre ich nicht, als Gefangener des Marschalls Macdonald nach Kapitulation von Laibach? oder so ähnlich? Doch ich verwechsle. Dieser gute Macdonald hatte schon früher Gelegenheit, österreichische Generale persönlich kennen zu lernen, dort unten in Neapel, als er Mack hinauswarf. Nun, Mack stand ja später auch vor mir, wie Sie heut, nach der Affäre von Ulm. Auch Ihren General Graf Klenau, der heut wieder uns gegenüber ficht, kenne ich wohl. Er unterzeichnete vor mir als Wurmsers Stabschef die Kapitulation von Mantua. Verzeihen Sie, wenn ich solche Erinnerungen heraufbeschwöre! Ich beglückwünsche Sie zu Ihrem gestrigen tapferen Angriff, obschon er unglücklich ausfiel. Doch Sie sehen daraus, das Kriegsglück ist wandelbar, und wenn sich auch in letzter Zeit das Blatt gewendet hat, so werden Sie nicht vergessen, daß Ich noch immer der Gleiche bin, der Mann von Mantua und Ulm."

Meerfeldt verneigte sich tief. „Sire, geruhen Sie sich versichert zu halten, niemand in den verbündeten Heeren vergißt, daß wir dem größten Feldherrn der neueren und wohl aller Zeiten gegenüberstehen." — Napoleon wehrte mit flüchtigem Lächeln die Schmeichelei leicht ab. „Nun, im Kriege bildet die öffentliche Meinung die Hälfte des Erfolges, und diese steht augenblicklich auf Ihrer Seite, wer wollte es leugnen! Man hat Vertrauen zu Ihrer Sache, und das ist schon etwas wert. Doch wie leicht ändert diese buhlerische Dirne ihre Laune! Noch eine schwere Niederlage wie die bei Dresden, und Österreichs Völker werden murren, für das bloße Interesse fremder Kabinette zu bluten."

„Ew. Majestät wollen gestatten," warf Meerfeldt gemessen ein, „mein allergnädigster Herr vertritt im Interesse Europas auch das seiner Staaten. Das europäische Gleichgewicht ist gestört und —"

„Jaja, ich kenne die Phrasen," unterbrach Napoleon unwirsch. „Als ob in jedem Konzert nicht einer die erste Violine spielte! Mir scheint, dies berühmte Gleichgewicht ist gestört genug, wenn ganz Europa wider mich marschiert."

„Dann mag wohl die Ansicht obwalten," bemerkte jener fein, „ganz Europa sei eben stark genug, um Ihrer Obmacht, Sire, die Spitze zu bieten."

„O ja," griff Napoleon dies eilig auf, „unsere Hilfsquellen sind noch ungeheuer, täuschen Sie sich nicht darüber. Meine Völker von Frankreich, Italien, Deutschland folgen mit Eifer meinen Fahnen." Meerfeldt unterdrückte ein Lächeln, das Napoleons scharfem Auge nicht entging. Über sotanen Eifer hegten Unterrichtete eine nicht unbegründete Skepsis. „Spanien halte ich auch noch in der Hand — das heißt," verbesserte er sich, da der Gefangene unwillkürlich eine Gebärde der Verblüffung nicht unterdrückte, „der Herzog von Albufera besitzt noch die ganze Ostküste und der Herzog von Dalmatien die Grenze. Das ist ein echter Stratege, ich habe von ihm die tröstlichsten Nachrichten." Ach, wenn's doch wahr wäre! „Dieser zwei großen Führer aus meiner Schule wird der Lord Welling-

ton nicht Meister werden, für den das Glück mehr tat, als er
für das Glück. Auch hütet siegreich der Vizekönig meine italischen
Staaten. Und hier — nun ja, meine Nebenarmeen erlitten
erhebliche Schlappen, doch was gewannen Sie damit? Wie
erging es denn heute? An einem Haare hing's, und Ihnen
blühte zermalmende Niederlage. Auch so ging es schlecht
genug, sonst hätte ich ja nicht das Vergnügen dieser Unterredung," flocht er boshaft ein. „Nur Marmont trug einen
kleinen Echec davon, das ist alles. Ihre Truppen sind erschüttert,
Ihr Verlust muß kolossal gewesen sein, womit werden Sie
morgen fechten? Ich weiß, Sie erwarten Verstärkungen, z. B.
die Armee des Marschalls Bernadotte — pardon, des Kron-
prinzen von Schweden. Aber der wird nicht anlangen, dafür
möcht' ich bürgen, jedenfalls lass' ich's nicht dazu kommen, denn
ich greife schon morgen an. Ich werde Sie schlagen und Ihre
Monarchie kann darüber zum Teufel gehen. Wie denken Sie
darüber?"

„Es steht mir nicht zu, über Intentionen Ew. Majestät
nachzudenken," versetzte der Österreicher mit gelassener Würde
und nicht ohne versteckte Ironie. „Dann wird also das Schicksal
der Waffen entscheiden. Im verbündeten Lager schätzt man den
Stand unserer militärischen Angelegenheiten eben anders ab,
als Ew. Majestät belieben. Übrigens gestatten Sie, Sire, die
untertänigste Versicherung, daß die verbündeten Monarchien zu
fest begründet stehen, als daß ein Mißerfolg sie gefährden könnte.
Wenn Ew. Majestät nur deshalb die Gnade hatten, mich zu
berufen —"

„Nein, nein, durchaus nicht!" kam Napoleon haftig zur
Sache. „Sehen Sie, lieber Graf, ich will nur Frieden, wollte
ihn immer, freilich nur einen solchen, der Meiner würdig.
Warum entzweit sich Ihr Kaiser mit mir, seinem natürlichen
Freunde, ihm durch so nahe Blutsbande vereint? Um für Rußland die Kastanien aus dem Feuer zu holen? Verständige er
sich mit mir, und er wird gutwillig alles erlangen, was er
wünschen mag. Welches Interesse hätt' ich daran, Österreichs
legitimen Einfluß zu unterbinden? Österreich und die Türkei,
die alten Ostmächte, sind heut nicht mehr gefährlich für die Ruhe
Europas. Der große Feind heißt Rußland und ist auch Österreichs natürlicher Feind, im Balkan und anderswo. Denken

Sie an meine Worte, es würde eine Zeit kommen, wo Österreich bitter bereuen wird, Rußland gestärkt zu haben. Die Menschen erschrecken vor dem nahen kleineren Übel und übersehen die sichere größere Gefahr in der Ferne. Aufgeschoben — ist nicht aufgehoben! Vom Erhabenen bis zum Lächerlichen ist nur ein Schritt: heut träumen Sie erhaben von Wiederherstellung der alten Staatsgebilde, morgen werden Sie erwachen und begreifen, wohin die Welt steuert, wenn Ich nicht mehr bin. In 50 Jahren würde die Welt kosakisch oder republikanisch sein. Wohlan, trenne sich Kaiser Franz von solch unnatürlichem Bündnis! Auch Preußen ist ja sein Erbfeind. Und liegt ihm daran, das Erbteil seines Enkels, die Stellung seiner Tochter geschmälert zu sehen? Von verwandtschaftlicher Rücksicht auf mich, seinen Eidam, rede ich schon gar nicht. Werfe mein teurer Schwiegervater sich vertrauensvoll in meine Arme, die ihn liebevoll empfangen werden, und wir beide werden der Welt den Frieden diktieren, einen gediegenen, dauerhaften Frieden gemäß den natürlichen Bedingungen."

Der Gefangene amüsierte sich wieder heimlich. Denn bei den ‚natürlichen Bedingungen' fielen ihm die von Talleyrand erfundenen ‚natürlichen Grenzen' ein. Frankreich setzt sich wie der Ozean selber seine Grenzen, erkennt nur die Grenzen, welche die Natur selber gesetzt hat — etwa im Monde — das Große Reich erweitert seine Grenzen — Holland ist Anschwemmung der französischen Ströme Rhein und Schelde und die Nordseeküste eine Arrondierung solcher Anschwemmung — erst an der Elbe endete das Reich Charlemagnes, das völlig wieder herzustellen eine heilige Pflicht der Erben — Polen ist sozusagen eine natürliche Tochter Frankreichs und Dalmatien gehörte immer zum Italien des Imperium Romanum, das gleichfalls herzustellen eine heilige Pflicht des natürlichen Erben — und so weiter ins Unendliche, bis jede Annektion ein einfaches Naturrecht.

Meerfeldt begnügte sich jedoch, mit Festigkeit zu erwidern: „Ich würde Ihr gnädiges Vertrauen schlecht belohnen, Sire, wenn ich Sie darüber in Zweifel lassen wollte, daß mein erhabener Herr nie von seinen hohen Alliierten weichen wird. In diesem Punkte bin ich der allerhöchsten Entschließung sicher und würde ein solcher Vorschlag — falls ich ihn überbringen dürfte," setzte er etwas lauernd hinzu — „kaum einen Zweck haben. Die erhabenen Monarchen sind entschlossen, die Waffen nicht niederzulegen, ehe nicht der gemeinsame Zweck erreicht." „Was für ein Zweck!" fuhr Napoleon heftig auf. „Meine Demütigung, wo nicht gar meine Beseitigung? Was wollen die Leute eigentlich von mir? Den Rheinbund soll ich auflösen, Holland wollen sie haben, die Illyrischen Provinzen, Kärnthen, Krain, Tyrol — soll mir denn gar nichts mehr übrig bleiben?!"

Meerfeldt machte eine Bewegung des Staunens. „Aber, Sire, ich denke, Frankreich, Italien, Belgien wären doch noch etwas, ein ganz hübsches kleines Reich."

Napoleon biß sich auf die Lippen. „Ohne Deutschland? Man will mich hinausdrängen bis über den Rhein. Das ertrag' ich nicht. Was soll ich den Republikanern antworten, wenn sie das Ostufer des Rheins von mir verlangen, ihre rechtmäßige Eroberung von dazumal? O ja, es gibt auch Memmen und Schufte bei uns daheim, die solch ehrlose Nachgiebigkeit wünschen. Aber denen werde ich antworten: Pensioniert mich doch, ich bin zu groß für euch, doch so lang ich lebe, keinen Stein unserer Festungen Mainz und Wesel!" Müde, so lange auf den Busch zu klopfen, sprudelte er jetzt heraus: „Hören Sie! So übergroß ist meine Friedensliebe, daß ich trotzdem zuletzt darauf eingegangen wäre, hatte Caulaincort dahin beauftragt, doch da brach man die Prager Verhandlungen ab."

Meerfeldt zuckte leicht die Achseln. „Vielleicht glaubte Herr von Metternich, Ew. Majestät meinten es nicht ernst damit, wollten nur temporisieren... verzeihen Sie, Sire."

„Bah, das Nämliche meinte ich. Sehen Sie, vorig Jahr wollte England unter der Hand mit mir Frieden schließen — es ist so, ich verbürge es Ihnen auf Ehrenwort, mögen die Alliierten sich bei ihrem Freunde Talleyrand erkundigen, der weiß darum — aber eine unannehmbare Bedingung dabei: den König von Sardinien wieder einsetzen. Die kümmern sich also nicht um Deutschland, aber haben Italien auf dem Herzen, jeder 'was anderes, wie kann ich da alle befriedigen? Ich kenne doch meine Leute. Jeder Konzession meinerseits könnte eine neue Forderung folgen. Nun wohl, Meerfeldt, in Anerkennung Ihrer Verdienste und Ihrer alten Beziehung zu unserem Hauptquartier will ich Sie in Gnaden entlassen auf Offiziersparole, nicht fürder gegen mich in diesem Feldzug zu dienen. Aber," schnitt er kurz die Danksagung ab, „wir müssen uns verstehen. Ihr wolltet mir also Schlacht liefern und wußtet, daß Ich zur Stelle war?"

„Allerdings, Sire, ich wage untertänigst zu bemerken, daß wir entschlossen sind, dem langen Ringen endlich ein Ende zu machen."

„Doch ihr täuscht euch über Betrag meiner Streitkräfte. Wie viel Mann hab' ich, denken Sie?"

„Höchstens 120 000."

„Irrtum, mehr als 200 000. Unterschätze aber wohl auch euch. Wieviel habt ihr?"

„Mehr als 350 000."

„Dieser Krieg soll ewig währen? Wär' Zeit, ihm ein Ende zu machen."

„Diesen allgemeinen Wunsch zu gewähren stand beim Prager Kongreß in Ew. Majestät Hand."

„Man verfuhr dort nicht redlich, wand sich mit Finessen hin und her. Österreich verpaßte den rechten Augenblick, sich an die Spitze der europäischen Angelegenheiten zu schwingen. Wir hätten mitsammen den Frieden diktiert."

„Und diese gemeinsame Diktatur, so denken wir, verzeihen Sie, Sire, würde damit enden, daß Sie auch Österreich Gesetze diktieren."

„Es muß aber doch eine Macht für den Frieden wieder eintreten und das Wort nehmen. Hört nicht auf Rußland! Das steht unter Englands Einfluß und England will keinen Frieden. Ich bin ja zu allen Konzessionen bereit, doch gibt's natürlich Dinge, an denen meine Ehre hängt und deren ich mich zumal in meiner jetzigen Stellung nicht entäußern darf, z. B. das Protektorat über Deutschland. Gleichviel, sollten wir nicht lieber Frieden machen?"

„O der Himmel gebe, daß Ew. Majestät ihn wollen! Wir fechten ja nur dafür. Auch England will gerne."

„Meinen Sie? Gebe es meine Kolonien zurück, und ich gebe ihm gern Hannover. Auch die Hansastädte . . ."

„Sire, das ist nicht genug. Hollands Unabhängigkeit . . ."

„Ha! Damit es in Englands Hand ein Mittel zu maritimer Tyrannei wird! Gleichviel! Es floß viel Blut, wird noch mehr fließen. Ich mag nicht von Waffenstillstand sprechen, denn ihr

behauptet ja, daß dies zu meiner militärischen Taktik gehöre.
Doch wenn die Verbündeten sich bis zur Elbe und ich bis zur
Saale zurückzögen, würden wir das arme Sachsen ruhen
lassen, und aus solcher Entfernung könnten wir in aller Ruhe
verhandeln."

„Mögen Sie, Sire, sich keiner Täuschung hingeben! Die
hohen Verbündeten werden die Saale nicht als Demarkations-
linie gewähren, denn sie hoffen noch diesen Herbst bis zum Rhein
zu kommen."

„Bis zum Rhein!" Napoleon warf stolz sein Haupt in den
Nacken. „Dazu müßte ich erst eine Schlacht verloren haben, und
ich habe noch keine bisher verloren. Das könnte vorkommen,
ja, denn das Waffenglück wechselt, Sie wissen es am besten,
Herr von Meerfeldt. Aber noch traf dies Unglück nicht ein, und
ohne verlorene Schlacht werde ich euch Deutschland bis zum
Rhein nicht überlassen. Wenn Sie, von Meerfeldt, aus dem,
was ich mit Ihnen plaudere, verführt durch unsere alten Be-
ziehungen, einigen Nutzen ziehen können, um eine Waffenruhe
herbeizuführen, die noch einmal die Menschheit aufatmen läßt,
werden Sie mich geneigt finden, Ihre Vorschläge anzuhören.
— Opfer? Ich werde sie bringen. Ich will endlich Ruhe. Aber
hat man mir je Ruhe gelassen? Habe ich England den Krieg
erklärt? Hat Österreich mich nicht zweimal hinterrücks angegriffen? Hat Preußen mir nicht damals ein unverschämtes
Ultimatum geschickt? Und nachher schrieen sie über Vergewal-
tigung. Wehe den Anstiftern, die mich, den wahren Friedens-
fürsten, durch Attentate auf meine Ruhe zwangen, das Schwert
zu ziehen!" Meerfeldt schwindelte es. Denn so unwiderlegbar
richtig obige Feststellungen im Einzelnen waren, hatten in diesen
letzten Jahren die Zuhörer manchmal den Eindruck, als ob sie
zwischen Himmel und Erde, zwischen Pantheon und Irrenhaus
schwebten, wenn der furchtbare Eroberer in sentimentalen Ele-
gien über seine Friedfertigkeit schwelgte. „Nun, auch jetzt bin
ich zu jedem Opfer bereit, um der bedrängten Welt und besonders meinen armen Völkern so viel Opfer zu sparen. Gehen
Sie, Graf, ich schenke Ihnen die Freiheit, und wiederholen Sie
meinem erhabenen Bruder, dem Kaiser Franz, was ich Ihnen
einschärfte. Ich bin bereit, Deutschland zu räumen, Unabhängigkeit von Spanien und Holland anzuerkennen. Ich nehme die

Prager Bedingungen an. Das heißt" — verbesserte er eilig — „Ich will bis hinter die Saale zurückgehen und dort über die Friedensbasis unterhandeln. Auch mit Rußland will ich mich vertragen. Und Preußen soll natürlich Kompensationen erhalten, wie die Verbündeten es unter sich ausmachen mögen. Sachsen —". Er schob den Fall mit bedauernder Handbewegung auf die Seite. „Ich bin mir wohl bewußt, daß zu große Interessen auf dem Spiele stehen, als daß ich um Nebendinge markten dürfte. Man will mich klein machen. Doch ich verlange nichts weiter als unterm Schatten des Friedens zu ruhen und Frankreichs Glück nachzuhängen, nicht dem Ruhm. Bah, ihr fürchtet selbst den Schlaf des Löwen, glaubt ihm die Krallen ausreißen zu müssen und die Mähne abzuschneiden. Habt ihr ihn aber zu solch traurigem Zustand herabgebracht, bedenkt Ihr die Folgen? Euch quält die Gier, auf einen Schlag wiederzubekommen, was ihr in zwanzig Jahren verloret, habt nur den einen Gedanken und merkt nicht, daß während dieser zwanzig Jahre sich rund um euch her alles veränderte, auch eure eigenen Interessen. Auf Kosten Frankreichs gewinnen heißt für Österreich verlieren. Ein halbnomadisches Volk, das sich von hier bis China erstreckt, muß auf die Ufer der Weichsel beschränkt bleiben, das ist selbst Preußens Interesse. — Ich gebe Ihnen noch ein kurzes Handschreiben an Ihren Herrn mit. Ist auch unser politisches Bündnis zerrissen, so besteht zwischen ihm und mir doch eine andere unauflösliche Verbindung. Diese rufe ich an, denn ich habe Vertrauen zu seiner Gesinnung. Ich weiß wohl, ich kann nur enden mit Opfern und bin bereit dazu. Ich werde die Festungen bis zum Rhein räumen. Österreich soll vermitteln bezüglich Seefrieden mit England. Verfehle es diesmal nicht wie in Prag, aufrichtig zu sein! Ja, man hinterging mich arglistig. Nun, es muß einer das Wort führen, möge Ihr Herr es tun! Wie soll ich mit England paktieren, das mir auferlegen will, nicht mehr als dreißig Linienschiffe in meinen Häfen zu bauen? Was den Rheinbund betrifft — die meinen Schutz nicht wollen, gebe ich auf, sie werden es bereuen. Nun, wir wollen sehen! Nicht wahr, wir könnten uns einigen?" Und in jener einnehmenden Weise, die er, wenn er wollte, so gut beherrschte, flocht er weich und leise ein: „Wenn ich durch Sie den beiden Kaisern Waffenstillstand vorschlage, so wird diese Stimme, ich zweifele nicht daran, sehr beredt in Erinnerungen sein. Kann ich mich auf Sie verlassen?"

Meerfeldt erhob sich. „Ich werde wortgetreu berichten, was Sie, Sire, mir anzuvertrauen geruhten."

„Gehen Sie denn! Und Gott nehme Sie in Seinen heiligen Schutz!" Mit dieser üblichen Endfloskel aller amtlichen Schriftstücke des Empire entließ er den unfreiwilligen Abgesandten, der wie erlöst aufatmete. Daß der angebotene Waffenstillstand auch eine bloße Falle bedeuten könne, bloß um Napoleon Atem schöpfen zu lassen, sah er ein, und Ablehnung voraus ...

Es war darüber schon tiefe Nacht geworden. „Nun, hast du den Kaiserlich fortgeschickt?" meldete sich Murat. „Versprichst du dir etwas davon? Ich bin guter Hoffnung, daß du nicht umsonst an Schwiegerpapa appellierst."

„Möglich." Die Hände auf dem Rücken, schritt Napoleon zwischen Gebüsch und Teich auf und ab, Murat gestikulierend neben ihm her. Schwacher Mondschein lugte hervor, blitzte auf dem Goldgriff des Türkensäbels, den Murat an roter Schärpe nachschleppte. Der Kaiser hörte kaum auf das sinnlose, politische Geschwätz des Hohlkopfs. Ob er sich wirklich von seinen Sirenenliedern Erfolg erhoffte? Er wußte es selber nicht. Ein Versuch mehr oder weniger, was verschlugs! Umfassende Friedensvorschläge am Vorabend der Entscheidung, wenn die Chancen schlecht stehen? Das mußte ja fruchtlos bleiben.

———————————————————————

Bernhardis Behauptung, daß in Meerfeldts Bericht (Lord Burgersh Memoiren) das Wort „après-midi" ein Druckfehler für „après minuit" sei, fand natürlich, wie alle Scherze dieses tendenziösen Forschers, gläubiges Gehör, sie hält aber nicht besser Stich, wie all seine andern Fabeln. Wenn Napoleon sich nach übereinstimmendem Bericht am 16. abends frühzeitig ins Zelt „verkroch", wie konnte er dann um 2 Uhr nachts solcher Unterredung pflegen?· überhaupt eine passende Stunde dafür! übrigens zeigt Bernhardi seine Unkenntnis des Französischen, das Meerfeldt doch jedenfalls beherrschte: niemand verwechselt das geläufige „après-midi" mit der unfranzösischen Wendung „2 heures après minuit", was immer „2 heures matin" heißt. Daß laut Fain und Odeleben Napoleon schon am 16. frühabends 6 Uhr Meerfeldt kommen ließ, bestreitet Thiers durchaus, doch könnte dies möglich gewesen sein, als eine Art Präliminarien und erste Vorstellung, zumal jene offenlassen, daß auch am 17. eine Schlußunter redung stattfand. Meerfeld sagt aber nichts davon, und wir halten uns an s e i n Zeugniß. Daß er den Inhalt des Besprochenen nicht genau wiedergab, begreift sich hingegen nur zu wohl: Napoleons Warnungen vor Rußland, wie Fain sie andeutet, verschwieg der öster= reichische Diplomat natürlich, obschon sie in der Natur der Sache lagen. —

     ... Und Meerfeldt ging und keiner sah ihn wieder ...

Wäre Napoleon dabeigewesen, als die Kunde von Welling= tons Victoria bei Vittoria bei Koaser Franzl einlief, und hätte er mitangehört, wie sein sonst so wortkarger und wenig zu Witzen aufgelegter Schwiegerpapa schmunzelte: „Meinem Herrn Schwiegersohn bekommt die spanische Hitze so schlecht wie die russische Kälte, er kann nichts mehr vertragen!" — so möchte er sich vergebliche Mühe wohl erspart haben...

„Sehen Sie, lieber Fain," wandte er sich gelegentlich an diesen Sekretär und den Stabsgeographen Oberst d'Albe, die schläfrig umherstanden, „nur unsere Politik selber muß die Er= eignisse lenken, nicht die Ereignisse unsere Politik. Sich von jedem Zwischenfall fortreißen lassen, heißt überhaupt kein poli= tisches System haben."

Er stolzierte wieder energischer auf und ab, in murmelndem Selbstgespräch. „Törichte Menschen beschuldigen mich, Ver= brechen begangen zu haben. Männer meines Gepräges begehen keine Verbrechen. Nichts war einfacher als mein Emporkommen, ich ging stets mit den Ereignissen, aber nicht von ihnen fort= gerissen wie ein schwacher Schwimmer, sondern die Strömung benutzend wie ein Admiral. Andere sind mit ihrem Witz gar bald zu Ende, ich habe meine Freude daran, mich wie mit Tiger= sprüngen auf jedes Hindernis zu stürzen, ziehe mich aber nicht wie der Tiger gleich mürrisch ins Dickicht zurück, wenn der Sprung fehlgeht, ich komme immer wieder. Unsere Lage hier ist nicht besonders gut. Aber die können mir leid tun, die glauben, ich würde die Partie schon aufgeben. Ja, es geht um den höchsten Einsatz und ich habe nicht viel Trümpfe in der Hand. Meine besten Trümpfe ruhen aber in mir selber und keine Zu= flüsterung der Schwäche hat in mir Raum. Meine Stärke ist die wahre Stärke, denn sie schöpft aus sich selber. Doch das Beste muß zuletzt doch immer das Schicksal tun und Fortuna ist ein Weib, sie meistert man nicht mit feigem Zögern. Ich nehme den

Kampf mit dem Schicksal auf und will sehen, wer länger aushält: Das Schicksal mit seinem jetzigen Schmollen oder ich, sein
Lieblingskind." Aus solcher Selbstberuhigung, die er nur zum
Teil in Worte kleidete, sog er Erfrischung und neuen Antrieb zu
imperatorischem Starrsinn. Und er sann weiter vor sich hin:
„Soll etwa alles schwinden wie Pulverdampf meiner Geschütze
und nichts zurückbleiben als öder Dunst? ‚Es soll keine Alpen
geben‘, habe ich gesagt und meine Straßenstufen klommen über
jeden Abgrund, bis Turin und Mailand so frei und offen vor
Frankreich lagen wie Lyon und Marseille. So werd' ich nicht
ablassen, meine Straße des Weltreichs weiter empor zu bauen,
durch alle Abgründe hindurch. Diese flüchtige Laune des Glücks
wird schwinden, die Ungunst vorübergehen. Die Zeit ist ein
großer Meister. Mein Gebäude kann nicht zusammenstürzen,
denn sein Grundriß fußt auf Natur der Dinge, das Schicksal
selber hat bisher für mich gesprochen. Es kann nicht anders
sein, es ist beschlossen und entschieden, daß mein Werk nicht vergebens sei. Das wäre ja Unvernunft der Vorsehung und gegen
die Ordnung der Dinge. Der russische Schnee und jetzt der
deutsche Herbstregen, das sind nur Symbole für widrige
Hemmungen trotziger Elemente gegen den unbeirrbaren Weltenlauf. Sollten die erblichen Esel wieder ihr angestammtes Heu
kauen? Ich lasse mir nichts vormachen, und die Sterne rechnen
nicht genauer als ich in ihrer Planetenordnung. Schwebte ich
nicht oft dicht am Rande des Untergangs? Vor Mantua, vor
Austerlitz, vor Wagram, all meinen größten Erfolgen? Und entrann ich nicht an der Beresina kaum dem Untergang und wickelte
mich doch heraus? Und verschonte mein nicht neulich die Kugel,
die dicht neben mir Duroc wegriß? So wird das Schicksal mir
immer noch schützend zur Seite stehen. Unvorhergesehenes kann
eintreten und alles hier zum Guten führen. Übrigens, was
konnt' ich anders, als hier alles auf einen Würfel setzen? Mein
Plan in Düben, mit verkehrter Front mich auf Hamburg und
Holland zu stützen, eventuell durch schrägen Vorstoß die Oder-
und Weichselfestungen zu befreien und rasch die Besatzungen an
mich zu ziehen, war doch wohl zu gewagt. Basis wechseln ist die
Tat eines Genies, meist aber eines Verrückten. Und Rückzug
ohne Schlacht gestattet nicht das Prestige. Wo überhaupt anhalten? Die Saale ist keine gute Position, dann müßten wir

beffer gleich über den Rhein. Und Schlimmeres kann mir doch
nicht mal paffieren nach verlorener Schlacht. Das Defilee im
Rücken ist zwar hier peinlich, aber Leipzig bleibt ein zäher
Brückenkopf, und die Brücke machte ja Bertrand frei. Was fehlt
mir weiter?"

Aber es half nichts, es fehlte ihm genug, troß aller Selbst-
tröstung. Jede Medaille hat ihre Kehrseite, Relativ und Ab-
folut, Schein und Wirklichkeit, und wie die gelehrten Namen
alle lauten mögen. Wir werden damit nicht klüger. Er ent-
behrte weder des löwenhaften Wohlwollens, noch auch der gemütlichen Gutmütigkeit, wie sie nach einem Naturgeseß dem Starken
immer eigen. Auch paßte das von einem schottischen Psychologen
ergründete Geseß, daß Mitleid und Mitgefühl in genauem Verhältnis zur Tatkraft und Tätigkeit stehen, nicht schlecht auf ihn
felber. Selbst dauerndes Haffen war ihm unmöglich; fein
cholerischer Zorn verflog im Augenblick, nachdem er fich entlud.
Aber gewöhnt, fich nie und nirgendwo Zwang anzutun, wollte
und konnte er auch dem Rollen des Jagernautwagens nicht Einhalt gebieten, in welchem er als scheinbarer Moloch-Göße über
Völkerleichen dahinfuhr. Verräterische Blendung der Macht!

Wer die Nase immer nach den Sternen streckt, sieht nicht die
Leichen zu feinen Füßen. In einer Stunde wie der jeßigen, wo
gedankenvolle Weisheit wie in ruhigeren Mußestunden ihm fern-
lag, rang er gleichsam mit feinem Dämon, aus Menschen-
berachtung feine Selbstrechtfertigung ableitend. Die Toten reiten
schnell, und wer noch schneller ritt als Todesgott über fo viele
Tote, der hält fich nicht an fade Moralgebote, hochmütig fich
felber alleinig Leben und Tod.

„Da meint man, daß ich kein Herz habe," dachte er mit
finsterer Betrübnis, „doch ich bin am Ende ein ganz guter
Mensch. Nur mußte ich von Jugend an diese Saite zum
Schweigen bringen." In der Tat, er mußte, aber dies Müffen
rächte fich schwer. „Gewiß, ein Größerer denn ich ist über mir.
Die Gelehrten mögen reden, soviel fie wollen, aber ich frage noch
heut, wie in jener Sternennacht auf Deck im egyptischen Meere:
wer hat das alles gemacht? Leerer Wortschwall täuscht mich
nicht, macht meine Begier nach Wahrheit nur ungeduldig. Das
Leben bleibt eine Festung, von der niemand etwas weiß, und das
Geheimnis ihrer Citadelle kennt nur der unbekannte Gouverneur.

Ich weiß, daß es umsonst ist, dem Bereich dieser Festung Hemm-
nisse in den Weg zu legen, sie erhält und proviantiert sich aus
sich selber. Und die Belagerung ißt uns selber auf. Ebenso
wenig wie das Einzelleben, darf man sich zutrauen die Welt mit
Sturm zu nehmen. Möglich, daß ich mir daran den Schädel ein-
renne. Man kann die Welt, den glatten Proteus, nicht in ein
Hühnerhaus sperren. Zwar um Bedenklichkeiten, Einwände und
Klagen der Menschenbrut kümmere ich mich kein Jota, und ob
alle Phrasen der Ideologen in Reih und Glied aufmarschieren.
Näht nur den Republikanern ein paar Tressen auf den Rock, und
ihr habt sie alle in der Tasche! Furcht und Eigennutz, das ist
der ganze Kram, alles andere Kinderstühlchen und Spielzeug-
klappern, Liebe alberne Verblendung, Freundschaft hohler
Wahn. Seit Duroc tot, liebe ich niemanden mehr. Das war
ein ernster Mann nach meinem Herzen; ich glaube, er hat nie
eine Träne geweint. So gefällt's mir. Empfindsamkeit überlassen wir den Weibern. Wer sich mit der Kanaille zu schaffen
macht, soll festen Herzens und nicht von Skrupeln geplagt sein,
wie einst der arme Robespierre. Der kannte die Hebel nicht, die
allein die Welt regieren: blenden, verblüffen, einen großen Lärm
machen. Den hört man noch durch Jahrhunderte. Meine Gesetze, Straßen, Denkmäler mögen vergehen, aber der Lärm
meiner Kanonen hallt noch durch die Nachwelt. Bah, ich habe
die Menschen stets verachtet und sie stets behandelt, wie sie's verdienen! Ja, wahrlich, sie sind der zarten Gefühle würdig, die
sie mir einflößen, ihre Tugendstrenge ist nun gar zum Platzen.
Gewiß gibt's Ausnahmen, z. B. Drouot . . . aber selbst meine
sogenannten Größen, ich habe sie aus Dreck gemacht. Kenn' ich
nicht den seichten Tiefgang dieser moralisch lecken Fahrzeuge,
die keinen Sturm vertragen können? Guter Gott! wenn ich
denke, daß ich Ney bei Orscha das Kompliment machte: ‚ich gäbe
meinen ganzen Staatsschatz für den einen Braven!‘ Den Teufel
auch! Da sind mir meine Kassenschränke doch lieber! Unersättliche Eitelkeit, grenzenlose Selbstsucht, aus solchem Thon sind sie
alle geknetet. Wie selten sind doch Menschen! Unter fünfzig
Millionen findet man mit Mühe und Not ein Paar! Das glaub'
ich schon, daß sie ein großes Uff! aufatmen werden, wenn ich nicht
mehr bin, der ihre Trägheit herauspeitschte. Aber was verlangen sie noch? Vorwärtskommen, sich ausleben, stete Ver-

jüngung, Nachfrage nach frischen Talenten, dies große Waren-
haus habe ich für alle geöffnet, Schutzherr der wahren Demo-
kratie. Es ist zu putzig, wie sie nach Enghiens Erschießung mir
vom ,kostbaren Blut der Jahrhunderte' die Ohren vollfaselten —
ist m e i n Blut etwa Grabenwasser? Traun, wenn die Royalisten
in Europa wieder zu üppig werden, so will ich keinen anderen
Adel als den Pöbel der Vorstädte . . . Was verstehen die
Menschen überhaupt! Warnten nicht alle Autoren vor Alpen-
übergang im Winter, als unausführbar? Ich mußte kommen,
um in so einfacher Sache zum Rechten zu sehen, daß gerade der
Winter günstiger als das Frühjahr, weil Schnee dann fest,
Wetter beständig, trockene Kälte bei ruhiger Luft, und keine
Lawinengefahr. So geht's überall. Begreift und tut man das
Natürliche, ist's ihnen ein Wunder, und sie fürchten Lawinen, wo
keine sind. Ich aber, ich verlasse mich nur auf meine Vernunft,
und damit kam ich so weit!" . . . .

„Dies Stehenbleiben kann der verderblichste Entschluß
meines Lebens werden. Ich müßte entweder selbst angreifen,
um die Vereinigung der verbündeten Heere zu hindern, oder den
Rückzug antreten," äußerte er leichthin zu Murat, der tiefsinnig
nickte. Der Kaiser der Franzosen wanderte noch lange einsam
auf und ab.

„Sehn Sie," setzte er dem Generalintendanten Daru auseinander, „ich schwankte einige Zeit, ob ich nicht selber heut' angreifen solle. Aber was hülfe das! Neue Opfer ohne Ende,
und das Ende doch nur das gleiche. Wir müssen zurück. Doch
was wird aus St. Cyr in Dresden, aus Davout und Rapp, aus
meinen Garnisonen von Küstrin bis Torgau, wenn ich mich
immer weiter entferne! Es kommt mir hart an. Und Abzug
wäre Geständnis der Niederlage, während wir gestern doch alle
Vorteile hatten. So hingegen, wenn wir heut' stehenbleiben und
erst morgen unbehelligt abrücken, sieht's so aus, als ob wir selber
Schlacht angeboten und umsonst den Feind erwartet hätten.
Das hebt das Prestige. Übrigens heut' abziehen war ja unmöglich aus Rücksicht auf Rheynier, den wir nicht im Stiche lassen
durften. Außerdem braucht der Soldat Ruhe, Munitionsersatz
und Einrenkung der taktischen Einheiten."

„Aber Sire, dann könnte doch wenigstens heut' Nacht der
Abzug beginnen."

„Das sagen Sie so, mein Lieber; die Straße nach Lützen über Lindenau ist noch nicht frei"… Im Norden erhob sich lebhaftes Feuer: Blücher wollte schon heut angreifen, brach aber, da bei Schwarzenberg sich nichts rührte, das Gefecht ab. „Die Verbündeten erhalten augenscheinlich massenhafte Verstärkungen. Doch geschlagen muß werden, ob auch unter nachteiligen Verhältnissen. Ziehe ich ab, so ist das Resultat praktisch dasselbe, und die überlegenen, dann sicher vereinten Massen der Alliierten hätten mich wie in einer Zwickmühle über den Rhein zurückmanövriert. Es ist doch immer etwas anderes, ob wir Deutschland ohne oder nach einem Kampfe aufgeben, der meiner und meines Heeres würdig. Bernadotte und Bennigsen kommen vielleicht zu spät und ich habe dann also wenigstens nicht die vereinte Macht der Alliierten zu bekämpfen, die ich bisher auseinander hielt und deren Vereinigung ich sonst ohne Schwertstreich zugeben müßte."

———————————

Es ist sicher, daß Napoleon am sechzehnten Oktober hätten siegen können. Mochte auch der große Reitersturm scheitern, — nicht bei Wachau, sondern bei Liebertwolkwitz lag die Entscheidung. Wäre Ney den Befehlen des Empereurs gemäß dorthin durchmarschiert, so würde er fast im Rücken Klenaus angelangt sein, und die Überwältigung dieses rechten Flügels der böhmischen Armee wäre erfolgt, wodurch dieselbe von Bennigsen und der Nordarmee abgedrängt und dadurch der ganze Stand der Dinge verändert worden wäre.

Eine wunderbare Laune des Schicksals wollte, daß zwischen den Ursachen der beiden Katastrophen von Leipzig und Waterloo eine gewisse Übereinstimmung herrscht. Wie damals, am sechzehnten Juni, bei Ligny, das widersinnige Hin- und Hermarschieren des Erlonschen Korps, so hat das nutzlose Hin- und Hermarschieren Neys einen unersetzlichen Schaden gebracht. Freilich Napoleons erste Ordre von Kosaken abgefangen, zweite zu spät!

Was den Marschall Marmont betrifft, so hat dieser zwar die Schlacht bei Möckern musterhaft geleitet, aber er hätte seinem Imperator einen besseren Dienst erwiesen, wenn er die Schlacht gar nicht angenommen hätte. Man kann die beiden Marschälle nicht rechtfertigen, daß sie nicht ein Gefecht vermieden, dessen Gewinn keinen Vorteil, dessen Verlust große Nachteile nach sich zog. Ney hätte auf den ersten Kanonendonner bei Wachau den Abmarsch Marmonts, dessen Trains sich schon bei Mockau befanden, ernstlich pressieren und noch Division Ricard hinzufügen müssen. Delmas, Dombrowski, Reiterei genügten, Schritt für Schritt das Gelände bis Gohlis streitig zu machen, und alles wäre bei Wachau entschieden gewesen, ehe Blücher eingriff.

„Topp! If stelle mir unter sein Kommando! Dieser gewiegte
Federfuchser und Schwachmatikus soll mich keine Fuchs-
schwänze vormachen!" hatte der herrliche alte Knabe Blücher
mit hochherziger Selbstverleugnung Bernadottes unverschämtes
Ansinnen genehmigt: der ruhmreiche Marschall Vorwärts solle
mit Korps Langeron unter Direktive des schwedischen Gascogners
treten und dessen „bedrohte" Flanke decken, falls die Nordarmee über Taucha ins Feld rücke. Doch selbst solcher Tat
lauterster Vaterlandsliebe traute Bülow keine Frucht zu und
teilte daher Gneisenau kurzweg mit, daß er ohne auf Befehle
zu warten sich von dem elenden Chef losmachen und selbständig
zur Schlacht aufbrechen werde.

„If sage ja, auf Bülow den Schwerenöter kann man sich
verlassen, und fiele der Himmel ein. Herrgottsakrament, wird
das ein Plaisir!" sah sich der alte Recke veranlaßt beifällig zu
brummen. Der stattliche Gneisenau mit dem klassischen Im-
peratorkopf nickte still und lächelte fein.

Der Zwischentag verlief nicht ganz ungestört, denn Blüchers
russisches Korps Sacken, das jetzt an Stelle von York in erste Reihe
trat, beunruhigte vormittags am Partheufer das Reiterkorps Arrighy,
welches zur Deckung des sich sammelnden Marmont am Feinde blieb.
Vormittags erhob sich lebhaftes Feuer, denn Blücher wollte schon heute
angreifen und brach das Gefecht erst ab, weil Schwarzenberg sich ganz
ruhig verhielt. Ein glänzender Anlauf des kühnen Wassiltschikof, dessen
Husaren schon an der Katzbach sich löblich bewährt, warf die Franzosen
gänzlich über den Haufen, als diese zu weit vorprallten. Bis Pfaffendorf wagten sich die Verfolger. Auch Delmas (Verlust ein Offizier)
wurde in Mitleidenschaft gezogen, der sich auf Gohlis zurückzog. Das
Gefecht belebte sich hier.

Doch ist unmöglich, daß Delmas laut Foucart Sechshundert verlor, da nur ein Offizier verwundet. Man merke hieraus für später
vor, daß maßlose Verlustangaben für Korps Souham stets scharfer
Kontrolle bedürfen.

Arrighys Reiterei und ein Teil von Delmas echelonnierten noch vorwärts der Scharfrichterei bis rückwärts zum Gerbertor, rechts an die Parthe gelehnt, links ans Fußvolk angeschlossen, zu sehr rechtsab der eigentlichen Rückzugsrichtung entrückt. General Wassiltschikof, dem die Ukrainekosaken von Karpow nebst den 2. Baschkieren und 2. Kalmücken folgten, ritt mit der Husarenbrigade Lanskoi an, voran Regiment Achtyr, das an der Katzbach so wild einhieb. Dragoner von Kurland blieben als Rückhalt stehen. Als die Husaren in vollem Rennen sich in Galopp setzten, jagte Division Lorge, von schmählicher Furcht befallen, verhängten Zügels davon und Lanskoi zwischen Eutritzsch und Schönfeld ihr nach, ohne scharfe Kanonade aus Gohlis zu achten. Mit unglaublicher Kühnheit hinter Ney's Infanterie- und Artillerielinie vorbeistürmend, holten Husaren die Fliehenden vor dem Halleschen Tore ein und brachten als Beute fünf eroberte Geschütze und viel Gefangene, die sie triumphierend in die Mitte nahmen, wirklich über die Parthe zurück, trotzdem die feindliche Vorderlinie von rückwärts auf sie feuerte. Dagegen bildete Delmas' Fußvolk Vierecke gegen die gesamte Sackensche Reiterei mitten auf dem Felde und stand in ruhiger Fassung jeder Attacke. Man konnte ihm nichts anhaben und es zog längst ab, ehe Langeron Eutritzsch erreichte und Sacken mit den Brigaden Blajowjetschenki und Heidenreich endlich Gohlis wegnahm, das eine Nachhut aufs zäheste verteidigte. Die bekannten Regimenter Wladimir, Dniepr, Tambow, Kokroma hatten hier einen schweren Stand, ehe Marmont endlich Gohlis freigab.

... „Getrauen Sie sich, Graf, auf dem kürzesten Weg, d. h. zur Not die feindliche Linie passierend, zum General Blücher zu reiten?" wandte sich mittags Schwarzenberg an den Husarenmajor Graf Stefan Szécheny, der später als Staatsmann für Ungarn so bedeutungsvoll werden sollte: „Es handelt sich darum, ihm zu sagen, ich würde morgen mit Macht angreifen und erwarte von ihm dasselbe."

„Zu Befehl, Durchlaucht. Ich wag's"... Um drei Uhr empfing Schwarzenberg durch Blüchers Adjutanten Oberst Graf Goltz Kunde vom Sieg bei Möckern. Abends stand Széchenmy vor Blücher in Mockau und richtete die Botschaft aus, während nachmittags ein Kriegsrat Schwarzenbergs Zeit vertrödelte.

„An mich soll's nicht fehlen, auf mir kann sich der Herr Fürst verlassen. Aber den Racker und Hasenfuß, den Juden oder Zigeuner, Mußje Bernadotte, kriege der Deibel 'ran uff det Batalljefeld."

Um mittag war alles ruhig. Dombrowski ging in die nördliche Vorstadt und Pfaffendorf zurück. An ihn schlossen sich zwischen den Vorstädten und Dorf Schönefeld Marmont und dahinter Souham. Rechts davon, gegenüber Taucha, blieben nach ihrer Ankunft Reyniers Division Durutte vor Heiterblick und Sachsen bei Paunsdorf stehen nebst Marmonts württembergischer Reiterbrigade Normann. Dagegen verfügte Napoleon, daß Reyniers Division Guilleminot nebst acht Geschützen sogleich nach ihrer Ankunft nach Lindenau zu Bertrand weiterrückte. Um elf Uhr vormittags langte bei Schwarzenberg Korps Colloredo an.

„Ich halte für nötig, unter allen Umständen den Paß von Kösen zu sichern," äußerte sich der Kaiser nach längerer Überlegung, mit finster gerunzelter Stirn ins Leere starrend. „Der Rückzug über Saale und Unstrut wird wohl unvermeidlich werden und der Feind darf uns dort nicht zuvorkommen. Außerdem haben wir noch weiter westlich ein Tänzchen zu gewärtigen, wenn unser alter Freund Wrede Courage genug hat, sich uns am Main vorzulegen."

„Die Aussichten sind nicht tröstlich," bemerkte Berthier halblaut.

„Ohne Zweifel. Doch man muß nicht immer erraten wollen, was der Feind tun könnte: mein Plan bleibt immer derselbe. Wir müssen uns morgen schlagen, wenn der Feind angreift."

„Dies ,Wann' ist unnütz, Sire. Die Leute müßten ja toll sein, wenn sie die Gunst der Lage nicht begriffen. Wir schlagen mit einem schmalen Defilee im Rücken."

„Doch mit einem Brückenkopf davor, Leipzig genannt! Vergessen Sie das nicht! Ich besinne mich keinen Augenblick, die Stadt anzuzünden, um den Abmarsch zu decken, wenn die Sicherheit der Armee es fordert. Was liegt an solch einem deutschen Nest! Wär's noch Dresden! aber dies übelgesinnte Leipzig, immer uns feind und der deutschen Sache zugetan, brauchen wir nicht zu schonen. Jedenfalls erspare ich den Bürgern nicht die Schrecken eines Straßenkampfs, denn ich lasse die Stadt bis aufs äußerste verteidigen, falls morgen die Würfel gegen uns fallen."

„Und wären wir schon heute abgezogen? Der Kampf gestern hat uns doch Luft gemacht."

„Nicht genug, um unbelästigt auf und davon zu gehen. Bedenken Sie, daß im Norden Blücher jetzt dicht vor unserer Rückzugsflanke steht. Außerdem mußten wir warten, um Rheynier aufzunehmen. Auch war nicht sicher, ob Bernadotte wirklich morgen herankommt. Ist wohl auch jetzt nur unbestimmt. Ich kenne doch den Kerl. Der wird nichts tun, als auf-der-Stelle-treten, wie ein störriger Gaul, der nicht vorwärts will."

„Aber wir könnten uns doch täuschen!"

„Nun, dann kommt er jedenfalls erst spät am Tage. Bis dahin sind wir vielleicht schon fertig. Und wenn St. Cyr von Dresden käme, gemäß meinen Befehlen —." Er brach ab und starrte düster vor sich hin. Er teilte selber heimlich nicht die Hoffnung auf diese letzte mögliche Erfolgchance, hielt die Möglichkeit nur aufrecht, um seiner Umgebung Mut zu machen. „Also! Geben Sie die Ordres aus: Bertrand bricht nebst Guilleminot sogleich nach Kösen auf und besetzt den Saaleübergang. Seine Stelle bei Lindenau nimmt Marschall Mortier ein, der mit Barrois und Roguet nebst 48 Geschützen dorthin abgeht. Pacthod und Decouz haben wieder in Reserve an den Thonberg zurückzugehen, ich muß die Garde möglichst gesammelt in der Hand behalten. Rogniat und Belliard begleiten Bertrand."

... Nach Ablassung von Bertrands, Guilleminots und Mortiers Vierundzwanzigtausend nebst neunzig Geschützen besaß Napoleon noch Hundertdreißigtausend (Verlust am vierzehnten, sechzehnten, siebzehnten Oktober abgerechnet) mit etwa fünfhundertfünfzig Geschützen (verlorene und viele demolierte abgerechnet) für die Entscheidungsschlacht. Das Plus der Verbündeten (Giulay abgerechnet) mußte das Doppelte betragen. Freilich erst zuletzt, denn die Nordarmee langte noch lange nicht an, von der sogenannten polnischen Reservearmee Bennigsens war noch wenig zu sehen und füllte vorerst am nächsten Mittag die Lücke zwischen Blücher und Schwarzenberg nur die österreichische leichte Division Bubna, frisch angekommen. Kosakenpulks streiften übrigens so nahe, daß ein Artillerieregiment in Front Macdonalds beinahe sein Feldzeichen verlor und nur durch Zufall und Geistesgegenwart eines Marketenders vor Überrumpelung in seinem Lager behütet wurde...

An der Theklakirche bei Neutsch hielt ein breitschulteriger Rotkopf mit halbmondförmig geschnittenem rötlichem Backenbart. Seine Gegenwart brachte Leben und Tatkraft unter die dortigen Truppen. Die Konskribierten blickten scheu auf ihn und dachten: Ney ist bei uns, da kann's nicht schief gehen! — Er ordnete hier das Massieren einer großen Batterie an der Theklakirche, von wo man die Partheiübergänge bestreichen konnte. Stabschef Bocourt murmelte trüb: „Feindeslinie unabsehbar."

„Ich stelle Division Brayer ins erste Treffen," erläuterte Ney seinem Stellvertreter Souham, einem barschen Bramarbas und Trunkenbold, ausschweifend und Schuldenmacher, Kriecher und Leuteschinder, später bei Paris ein Mitschuldiger Marmonts. „Ich habe Rheynier in meinen Befehlskreis rechts übernommen, finde aber meine Rechte immer noch schwach, falls der Feind von Taucha debouchieren sollte. Links habe ich Division Friederichs, die gestern noch ziemlich intakt blieb. Schade, daß Marmonts schöne Marinekörper so elend zusammenschrumpften. Doch ich denke, wir können's wagen und werden uns halten. Das Nest da unten, Schönefeld oder wie's heißt, haben Sie doch ordentlich zur Verteidigung eingerichtet?"

„Nach Herrn Marschalls Ordre ließ ich die Sappeurs tüchtig schanzen. Ich denke, die verfluchten Preußen oder Reußen mögen sich daran die Zähne ausbeißen."

„Wollen's hoffen. An Geschütz fehlt's uns ja nicht, haben's im Überfluß und brauchen uns wohl schwerlich Verstärkung von der Gardereserve ausbitten. Beiläufig, geht's Marmont besser?"

„Der Herzog von Ragusa befindet sich noch immer leidend, wie ich höre, mein Fürst — ist aber gut verbunden und gedenkt morgen doch noch zu Pferde zu steigen und der Bataille beizuwohnen."

„Freut mich zu vernehmen. Ja, morgen, morgen..... Da wird sich's entscheiden, ob die Welt kosakisch werden soll. Wir fechten, verstehn Sie, für die Zivilisation, an deren Spitze der Kaiser und Frankreich marschieren."

Der Fürst v. d. Moskwa blies sich dabei pomphaft auf, indem er dies Stückchen einer Standrede wiederholte, die er zu Beginn der Kampagne in Weimar vom Stapel ließ. Souham lächelte boshaft. Kam vielleicht noch das große Wort, das Ney bei ähnlicher Gelegenheit gelassen aussprach? Und richtig murmelte der Naive, in welchem Held und Dummkopf, Lump und Narr sich seltsam mischten, vor sich hin:

„Ich bin nur ein Gewehr in der Hand des großen Mannes. Der Kaiser befiehlt und der Schuß kracht." Damit warf er sein Roß herum, grüßte gravitätisch mit der Hand, stülpte seinen Dreimaster auf und lenkte durch die Lagergassen ein, um seine Linien zu bereiten. Der starkknochige Renner mit dem wuchtigen Paßschritt und der stattliche Recke mit dem prunkhaften Hut im Straußfederflaum wirkten eindrucksvoll auf die Einbildungskraft des gemeinen Mannes. Wo die Soldaten seiner ansichtig wurden, raunten sie sich zu und zeigten ihn sich:

„Da reitet der Rote Löwe!" So hieß Michel Ney, der ehemalige Bäckerjunge und Kastelbinder, in der Armee. Mit Fug und Recht seit den unvergeßlichen Taten am blutgeschwollenen Bach, der Moskwa, am gefrorenen Dniepr und der leider ungefrorenen Beresina bis zu dem letzten Stand an den grämlich fließenden Wogen des Niemen, wo der Reichsmarschall und Fürst das letzte Gewehr der Großen Armee abbrannte und über die brennende Brücke hinab in den Fluß warf, eine sinnbildliche Opfergabe an die Grenze von Kultur und Barbarei. Wen jene unwirtliche Eissteppe nicht verschlang, der hatte das Gruseln verlernt und so focht denn Ney schon wieder bei Lützen und Bautzen mit dem ganzen stolzen Trotz der Unüberwindlichkeit, dem vollen Hochmut des neuen Rom im funkelnden Auge.

Erst der preußische Herrgott von Dennewitz setzte ihm einen empfindlichen Dämpfer auf, und es sah ihm ähnlich, daß er seine Niederlage öffentlich dem ‚Ausreißen' der Sachsen zuschrieb, die mit nur zu bedauerlichem brudermörderischem Gemetzel sich bis aufs äußerste verzehrt hatten. Erst als der tödlich beleidigte Korpschef Rheynier ihn forderte, um für die Ehre seiner ihm unterstellten Deutschen als chevaleresker Franzose einzutreten, ließ sich der hochmögende Herr zu einer gewundenen Abbitte herab, wie er denn überhaupt im äußeren Auftreten sich der Höflichkeit zu befleißigen strebte, um keine Erinnerung an seine niedere Herkunft und allgemeine Unbildung aufkommen zu lassen.

Doch der Pfeil saß zu tief im namenlos erbitterten Gemüte der Sachsen. Ihre vom übrigen sächsischen Kontingent abgesonderte Kürassierbrigade bewährte ja noch bei Dresden unter

Murat den hohen Ruf, den sie sich bei Borodino erwarb, obschon auch hier die 5. französischen Kürassiere für sich jene berühmte Waffentat — Eroberung der Kurganschanze durch Kavallerie — mit Beschlag belegten. Denn kein französischer Bericht nennt die Sachsen, neben denen damals auch die westfälische Reiterei so blutige Opfer brachte. Der damalige Chef der Kürassierbrigade, der kühne Thielmann, stand jetzt in den Reihen der deutschen Brüder, und man hatte seine Reiterkünste kürzlich genugsam auf den Gefilden um Leipzig kennen gelernt, wo sein Streifkorps den Etappenlinien so vielen Schaden tat...

„Mein teurer Delmas," hielt Ney bei diesem alten Republikaner, der in der Not sich dem Kaiser zur Verfügung stellte, seine Rundfahrt an, „ich halte Sie im Hintertreffen, so lange es geht. Aber ich erwarte von Ihnen das Möglichste mit geschonten Kräften, wenn ich zuletzt die Offensive ergreife. Denn ich werde mich wohl lange auf die Defensive beschränken müssen. — Haltet eure Adler hoch!" rief er den Soldaten zu, die sich in Haufen herandrängten und „Es lebe der Marschall!" antworteten diese mit beherzter Zuversicht.

Mehrfach flogen die Tschakos auf die Bajonette, wie der Franzose es als Zeichen der Begeisterung liebte. Trotz aller Niederlagen und Strapazen bei elender Ernährung schienen diese Rekrutenmassen noch guten Mutes voll und bereit, ihr bischen Kraft bis zum letzten Rest für Frankreichs Glorie auszupumpen. Man grollte wohl dem Kaiser wegen der ewigen Kriege, aber seine Weltherrschaft und Frankreichs Stellung zu behaupten, däuchte dem heißblütig eiteln Völkchen, das sich als den Nabel der Schöpfung betrachtete, heilige Pflicht. Und wenn die Rekruten mal den kleinen Imperator auf weißem Rößlein leibhaftig erblickten und er einige Worte an sie richtete, vergaßen sie alles frühere heimliche Murren, in einen Zauber geschlagen wie hypnotisiert.

Das neuerrichtete 138. de ligne dieses Armeekorps hat nach der Schlacht von Bautzen, wo es unter Kommandant Deswals alle Attacken der preußischen Reiterei abschlug und zuletzt Preititz den preußischen Garderiesen entriß, freilich mit Verlust von 850 Mann, vom Kaiser nicht weniger als 52 Ehrenkreuze erhalten, während früher sogar das altberühmte 12. bei Valutina Gora in Rußland nur 30 erhielt. Durch solche besonderen Auszeichnungen und Verleihung neuer Adler fesselte Napoleon die jungen Regimenter an sich.

Gewiß, die Bravour französischer Truppen war überall die gleiche
Wenn bei Auerstädt der Korporal Boutloup von 21. ligne ein erobertes
preußisches Geschütz sofort gegen den Feind kehrte, so tat Unterleunant
Dubahle vom 86. bei Amaranthe das nämliche mit einer spanischen
Kanone. Und wenn bei Eylau der fiebernde und verwundete Marschall
Augereau sich auf dem Pferd festbinden ließ, so ließ bei Oporto sich
Oberst Corsin vom 4. Leichten verwundet von seinen Sappeurs vor
die Front tragen und kommandierte weiter.

Unter den Augen ihres Imperators selber leisteten Offiziere und Soldaten insgemein das denkbar höchste, als ob
das Gefühl seiner Anwesenheit ihre Willenskraft verdoppele.
Dies machte sich regelmäßig bemerkbar, wenn Blücher die Marschälle vor sich hertrieb und fröhlich lebhafte Bewegung bei den
Vorposten unvermutete Ankunft Napoleons verriet. In einem
Augenblick ward alles anders. Wie durch Zauberschlag wechselten Verfolger und Verfolgte. Blücher entwich eiligst, oft mit
ungemeinem Verlust (Goldberg) und die Franzosen wie um-
getauscht drängten in Siegesmut, als sei Vive l'Empereur ein
Talisman.

Auch die höchsten Chargen hatten gestern ihr Leben rücksichtslos drangesetzt. „He, Parquin," lächelte Napoleon, um
sein peinliches Sinnen auf etwas Erfreuliches abzulenken, und
kniff Rittmeister Parquin seiner Guidenschwadron von den
Kaiserjägern-zu-Pferd ins Ohrläppchen, „du hast mir also den
Herzog von Reggio erhalten? Habe vernommen. Hat dir der
Marschall danken lassen?"

„Jawohl, Sire, Herr Marschall Oudinot ließen mir soeben
ins Biwak durch Herrn Marschalls Sohn persönlich seine Er-
kenntlichkeit ausdrücken."

„Wie war es denn? Erzähle!"

„Herr Marschall befanden sich beim Herzog von Castiglione.
Und als unser General Letort anritt, schloß sich Herr Marschall
der Attacke an. Wir wurden von den Kaiserliks zuletzt zurück-
getrieben, und dabei geriet der Herzog von Reggio in solche
Gefahr, daß ich ihn nur mit knapper Not in ein Viereck rettete.
Der Marschall mußte selbst durch Pistolenschüsse sich wehren.'

„Sieht ihm ähnlich," brummte der Kaiser achselzuckend,
„treibt sich als Pistolenschütze herum, statt — Gleichviel, Oudinot
hat dich zum Ehrenkreuz vorgeschlagen, Monsieur Parquin, und
du sollst es kriegen! Wenigstens hast du einen Schnurrbart!"

Der hochbeglückte Rittmeister verneigte sich schmunzelnd. Er kannte den Witz, worauf Napoleon anspielte. Oudinot hatte nach dem furchtbaren Treffen von Ebelsberg einen blutjungen Leutnant der Artillerie doppelt zur Beförderung und Dekoration empfohlen und Napoleon schnauzte diesen mißvergnügt an: „Du, hast ja noch nicht mal einen Bart!", worauf der Jüngling schlagfertig: „Es war nicht der Bart, Sire, was gestern kommandierte." Napoleon lachte, verlieh ihm das Kreuz und erhob ihn zum Hauptmann ...

Auf Kanonenschußweite getrennt, verharrten beide Parteien in Waffenruhe und rüsteten ihre Vorbereitungen für blutige morgige Arbeit zu. Wohl fiel kein Schuß, dagegen vernahmen die Franzosen vielfaches Freudengeschrei, welches neu ankommende Verstärkungen der Verbündeten begrüßte. Im Kavallerielager Sebastianis unterhielten sich zwei Obersten angelegentlich, die mitsammen im vorigen Jahr die schwere Düna-Kampagne mitmachten, daher sich trotz sehr verschiedener Gesinnungen kameradschaftlich genähert hatten, um so mehr, als beide eine Ausnahmestellung einnahmen. Der eine, Chevalier Marbot, Sohn des einstigen Divisionärs der Republik, bei Belagerung von Genua gestorben, genoß besondere Huld des Kaisers, zumal nachdem er bei Eylau als Adjutant Augereaus den Adler des 14. Linienregiments gerettet. Der andere, Graf St. Chamans, kein neugebackener Reichsgraf, sondern von altem Adel, hatte als erster Adjutant Soults, des anerkannt bedeutendsten Marschalls, sämtliche Feldzüge, auch bis zuletzt in Spanien, mitgemacht, und es fehlte ihm daher nicht an dem Ansehen, das solches Miterleben und Mitwissen großer Dinge an einflußreicher Stelle verleiht. Beide Obersten, der 23. und 7. Chasseurs-a-Cheval, besprachen den Zustand der Reiterei.

„Ein Glück noch, daß der Kaiser wenigstens die meisten Dragoner aus Spanien wegzog, wo doch nicht mehr viel zu retten ist," warf St. Chamans bitter hin. „Der Herzog von Dalmatien, mein alter Chef, hat wirklich nur noch die 5., 12., 16., 21. dieser Waffe." „Nun, damit kann er sich sehen lassen!" fiel Marbot ein. „Die 21. machten sich bei Oeanna bemerkbar neben den 12. Deren Oberst Merlhes soll von Sebastiani dort besonders gelobt worden sein?"

„Bei Tormes, wo bloß Reiterei ein Heer in die Flucht schlug, erbeuteten Unteroffiziere Camzon und Simon der 3. Dragoner je eine Fahne, und hier, wie bei Tomames, wieder die 3. Husaren, ihr Rittmeister Coster tat·desgleichen. Nicht minder Rittmeister Tabary und Wachtmeister Chepon von den 15. Chasseurs. Die taten überhaupt das Beste neben den 25. Dragonern."

„Haben wir letztere hier in Milhauds Division?"

„Ei freilich und auch die 19. Dragoner fehlen nicht, die bei Arzobispo wie das Wetter über Wellingtons Nachhut herfielen. Noch seh' ich dort ihre Elitekompagnie unter Capitaine Pillon. Und ihr Oberst St. Genés — Sie wissen, heut General, in Rußland gefangen unter Sebastiani dem Pechvogel — ‚bedeckte sich mit Ruhm‘, wie mein hoher Chef an Se. Majestät berichtete."

„Bei Fuentes d'Onoro soll auch noch Schönes gelungen sein? Ihr —" Marbot wollte sagen „Gesinnungsgenosse", verschluckte es aber — „Bekannter, der tolle Fournier, war ja dabei."

„Brillante Attacke mit den 20. Chasseurs. Es hieß, sie sollen dafür die Fahneninschrift bekommen neben dem 66. Infanterie, das leider nachher bei Salamanka zu Grunde ging. Ich lese in meinen Notizen: Elitekompagnie der 10. Dragoner unter Leutnant Vesuty sprengt ein englisches Viereck. Dragonerdivision Montbrun — Gott hab' ihn selig! — litt da nicht wenig: 403 Mann, notierte ich. Viel mehr verlor wohl gestern nicht unser ganzes Reiterkorps. Am meisten damals 15., 25. Dragoner. Die 15. attackierten noch brav bei Vittoria neben Brigade Fririon, Reilles Abzug deckend, ebenso die 3. Husaren."

„Die 25. haben wir ja hier. Ihr Oberst de Montigny ist ein Braver."

„Jawohl, als Major der 19. Dragoner — Sie wissen, die bei Mohrungen sich bekannt machten — ließ er bei Corunna Zweihundert absitzen und erstürmte Dorf Morentase."

„Sie sind wirklich ein vereidigter Herold unserer Ruhmestaten," konnte Marbot sich nicht enthalten, etwas ironisch einzuflechten. „Hätte nicht so viel Eifer für den Dienst des Kaisers bei Ihnen vorausgesetzt," fügte er halblaut hinzu. St. Chamans schwieg, da er den nur zu verständlichen Wink kameradschaftlichen Freimuts wohl oder übel ignorieren mußte. Seine unverändert royaliftifche Gefinnung und feine Widerborftigkeit wären längft geahndet worden, aber Napoleons ftets rein fach-liche Gerechtigkeitsliebe erhielten ihn und den gleichgefinnten General Fournier in der Armee wegen ihrer glänzenden mili-tärifchen Eigenfchaften ....

„Wir werden uns morgen fchlagen wie Franzofen," brach St. Chamans trocken ab, „und für Frankreich" ...

Mittlerweile feßte fich das Jllyrifche Bataillon der Divifion Guilleminot in Lauffchritt, fowohl an den Badenfer Hufaren Neys als den Piemontefer Dragonern von Defrance vorüber. Duruttes Würzburger Bataillon machte hingegen halt. Denn Guilleminot eilte nach Lindenau ab, indes Divifion Durutte hinter Taucha neben der Kavallerie Defrance bei Paunsdorf frontfchwenkte und feitwärts Neutfch beobachtete, wo links davon vor Mockau Divifion Friederichs die Furt überwachte, indes Lagrange Schönfeld felber befeßt hielt. Durutte hatte I 132. IV. 35. Leichte an Margaron nach Leipzig abgegeben, das andere Würzburger Bataillon warf fich nach Torgau, fo daß nur das 131. und 132. ligne noch vollzählig in drei Bataillonen, wäh-rend das 133. fowie 36. Leichte nur zwei Bataillone hier zur Stelle hatten. Diefe „Refractaire" (Fahnenflüchtigen) und Sträflinge löften bei Wittftock, Großbeeren, Dennewitz und fchon in Rußland ihr gegebenes Wort ein, fich Verzeihung durch Bravour zu erwirken. Die fpäter anlangenden Sachfen, jeßt Rheyniers Hauptmacht, ftellten fich davor ins erfte Treffen, als ob ihr Rautenbanner den Vortritt vor der Trikolore beanfpruche.

Auch das fonftige Durcheinander, das kreuz und quer das Gefild überftrömte, indem alle Abteilungen ihre neue Auf-ftellung fuchten, glättete fich nach und nach. Die dreizehn Tirailleur und Voltigeurregimenter von Barrois und Roguet befanden fich in vollem Aufbruch nach Lindenau, indes die Flanqueurgrenadiere Pacthods fich vorm 2., 6., 7. Tirailleur-, 2., 6. Voltigeurregiment hinter Döfen aufftellten. Daneben die Regimenter Decouz, die geftern fchon zehn Offiziere verloren.

Divifion Brayer richtete je ein Bataillon 6., 16., 28. Leichte hinterm Partheufer ein, indes das 22. ligne fich hinter Dorf Schönfeld feßte. Neun Proviforifche Bataillone im weitern Rückhalt neben Kavallerie Fournier. Die vom 58., 59. hatten fich bei Ocanna und Albuera, das 59. fchon bei Elchingen

Ruhm geholt, wo es Ney seinen Herzogstitel erwerben half. Weiter zurück bei Straßenhausen wehten die Fahnen des 142., 144. ligne, die im Frühjahr so schwere Opfer brachten, des erprobten 9. Leichten, 50. Linie, 17. Provisorischen: Division Ricard. Ganz im Rückhalt bei Sellershausen lagerten Delmas' 136., 138., dahinter: 145., 29. Leichte. Die beigegebenen Einzelbataillone vom 2., 4. Leichten voltigierten mehr nach vorn gegen die Parthe. Die leichte Gardereiterei Lefevre Desnouettes verband sich mit Delmas, gleichzeitig beauftragt, auf Bertrand ihr Auge zu halten.

Die Moral der Truppen war im allgemeinen noch zufrieden-stellend. Doch die ewigen Entbehrungen infolge elender Ver-pflegung — die Soldaten lebten oft nur von ausgebuddelten halbrohen Kartoffeln! — zwangen förmlich zum Marodieren und lockerten doch gar sehr die Disziplin, weit mehr als einst bei den beispiellosen, nie überbotenen, im Durchschnitt nie er-reichten Gewaltmärschen von Jena nach Lübeck und Prenzlau. Die scharfen Maßregeln, welche Soult damals Plünderern androhte — auch die Exzesse in Lübeck hat die Fama arg über-trieben — und die Davout noch beim Vormarsch in Rußland durchführte — dreizehn Küraffiere in Minsk, ja die Hälfte von hundertdreiunddreißig Spaniern in Wilna mußten auf den Sandhaufen wegen solcher Vergehen —, ließen sich diesmal nur lax vollziehen, um die verbissene verärgerte Mannschaft nicht noch mehr zu erbittern. Nur Davout in Hamburg handhabe noch eisern die Manneszucht. Daß sie sonst fast durchweg vor-züglich war und selbst in Ostpreußen und Rußland eine gewisse Gutmütigkeit der Franzosen vorteilhaft von der Roheit ihrer „Bundesgenossen" abstach, dafür liegen genug Zeugnisse vor, um die lügnerische Legende des Gegenteils zu entkräften. Selbst in Spanien, wo Sitten des dreißigjährigen Krieges einrissen und zivilisierte Kriegführung beim Gegner reißend abnahm, beschämten Napoleons Legionen Briten und Spanier durch ritterliche Menschlichkeit . . . Ja, Frankreich oder Napoleon, was hier das Nämliche war, sie forderten gestern neue Opfer. Freilich, der tapfere Roguet, dessen schwache Division bei Krasnoi allein achthundert Tote, fünfzehnhundert Verwundete liegen ließ, hatte schon schwereres durchgemacht wie gestern. Und beim 4. und 8. ligne Victors erinnerten sich die alten „Stämme" finster daran, was sie im Korps Ney in Rußland gelitten, wo ersteres zweitausendsechshundert T o t e , letzteres einundachtzig von dreiundachtzig Offizieren verlor. Was konnte die paar ‚Alten‘ vom 106. ligne noch schrecken, nachdem von ihren zweitausend- sechshundert Franko-Italikern nur sechsundzwanzig Offiziere mit v i e r Bewaffneten und sechzig ‚Simpeln‘, denen Hände oder Gesicht halb erfroren, sich bis Posen schleppten! Was Curial's Füsilier-Grenadiere, die bei Krasnoi nur elf Offiziere, dreißig Mann übrig behielten! So viele rächende Donner krachten den weichenden Eroberern von Wolga bis Elbe hinterdrein, daß sie sich an Dinge gewöhnten, die sonst ins Reich der Phantasie ver- bannt scheinen. Selbst Napoleon schien etwas müde und abge- stumpft. Er zeigte gestern weder die traurige Ergebenheit bei Borodino, wenn man ihm Verluste meldete, wie Ségur ihn sah, noch die heftige Bewegung, wie ihn dort Neys württember- gische Ordonnanz, Leutnant von Sukow, später erblickte, mit der Reitpeitsche in wilder Ungeduld die Luft durchschneidend. Er hielt sich abends meist fern der Schlacht, die er kaum überblickte, saß auf dem Boden oder ging langsam umher. Auch die Tränen, welche der junge Pole Soltyk so oft des Kaisers Augen bei Be- sichtigung der Borodiner Walstatt am andern Frühmorgen füllen sah, traten heut nicht mehr über die Wimper . . .

Kämmerer Graf Turenne — der nämliche, der sechs Milli- onen Francs des kaiserlichen Privatschatzes am Schluß des Rückzugs über den Niemen unter die Alte Garde verteilte, weil kein Wagen mehr fortkonnte, was pünktlich ohne kleinste Unter- schlagung in Danzig abgeliefert ward — kam sorgenvoll vor- über und meldete an Berthiers Flügeladjutanten, Oberst Lejeune: „Der große Park und Genietrain der Garde mit allen Brückenequipagen kam nicht mehr durch. Schon vor sieben Tagen nach Eilenburg dirigiert, hat er sich jetzt nach Torgau geworfen. Viele Chargen des Großen Hauptquartiers sind dabei und die Bedeckung geht uns nun auch verloren.“

„Verloren, wieso? Torgau ist in gutem Stande!“

„Ganz recht, aber wird die Festung sich halten, wenn die Armee weiter zurück muß?“

„Warum zurück? Es geht ja alles gut. Woraus besteht übrigens die Bedeckung?“

„Aus den Reſten der Bayern und zwei Bataillonen 1. Ma-
rineregiments, eins 2. Sie haben geſtern Marmont gewiß
bitter gefehlt."

Lejeune zuckte die Achſeln. Als bewährter Schlachten-
maler,, deſſen Aquarell über die Pyramidenſchlacht ihm Ruf
erwarb, betrachtete er alles mehr aus der Vogelperſpektive,
obſchon ſein eigener Rapport über Soults Belagerung von
Cadix, wohin er als Generalſtabskommiſſar entſandt, nichts an
Genauigkeit zu wünſchen übrig ließ.

Diviſion Ricard brach heut halbſieben Uhr früh auf, ebenſo der
Korpsſtab Neys von Probſtheida, wo er biwakierte, ſtellte ſich bei den
Amtshäuſern auf und entſandte ein Bataillon zu Dombrowski. Brayer
lagerte bei Kohlgarten, Delmas, deſſen 145. und 2. Proviſoriſches
Leichtes heut allein im Kampf geweſen waren, bei Crottendorf am
linken Flügel. Neys Hauptquartier lag dieſe Nacht in Stötteritz, ſeine
Reiterei bei Paunsdorf. Das 16. Leichte beſetzte Kohlgarten.

Die proviſoriſchen Bataillone waren übrigens ſo ſchwach, daß
II. 75. nur 185 Mann zählte, Marmonts II. 82. am 1. Oktober nur
276, III., IV., 15. gar im Auguſt nur 900. Bei ſolcher Schwäche
kein Wunder, daß III., 86. nachher auf 130, 70. auf 180 ſchmolz.
Wenn St. Hilaire „Geſchichte der Garde", Napoleon irrig auf 210 000
ſchätzt, ſo rechnet auch der „genaue" Rouſſet oft falſch, bei Victor 4
Bataillone, die in Torgau waren! Kellermann auf 2100 ſchätzen, geht
nur an, wenn man Uminski aufrechnet. Junge Garde ſtets zu hoch
veranſchlagt, da ihre Bataillone nur à 400 ausrückten und ſchon bei
Dresden ſehr litten. Nach Mazas focht übrigens Barrois' 2. Gardetirailleurs bei Cröbern, verlor Oberſt und Hälfte der Offiziere, doch
Martinien nennt nur ſechs. —

Die Verteilung der Reiterkorps läßt ſich nicht beſtimmt angeben.
Milhaud (an Stelle Pajols) weſtlich Probſtheida, attackierte aber
ſpäter nach Mölkau. Doumerc (an Stelle Latours) zwiſchen Stötteritz
und Zweinaundorf, doch 2., 11. Kür. ſogar links von Sebaſtiani vorgeſchoben, der vor Baalsdorf ſtand, doch ſeine Karabinierbrigade
(Hiſtorique) nach Döſen entſandte. —

Der achtzehnte Oktober brach an. In fahler Dämmerung ward es um das Zelt lebendig, in das sich der
Kaiser der Franzosen gleichsam vor allen sorgenvollen Blicken
verkroch, um wenig Schlaf zu finden. Es war erst zwei Stunden
nach Mitternacht, als er schon heraustrat, gestiefelt und gespornt,
und nach Reudnitz fuhr. Da seine Macht nicht entfernt aus-
reichte, einen so weiten Raum zu verteidigen, so bewies er seine
Meisterschaft, indem er im Angesicht des Feindes seinen Halb-
zirkel enger um Leipzig zusammenzog, wobei die bis dahin in
der Luft schwebenden Haken beider Halbbogen, die das Hauptheer und Neys Heer bildeten, bei Paunsdorf zusammenstießen.
Um drei Uhr nachts war alles in Bewegung, Parks und Trains
sollten sofort über Lindenau defilieren, General Rogniat vor-
ausgehen, um bei Weißenfels neue Brücken über die Saale zu
werfen. Eine Linie von geleerten Wagen wurde bei Probstheida
angesteckt und dieser Feuergürtel erhellte den zurückmarschieren-
den Massen den dunkeln Weg.

„Holla, Vetter, auf!" Marschall Ney lag noch in tiefem
Schlafe, als der Herrscher-Dämon an seiner Lagerstätte erschien.
Der Erstürmer von Semenofskoi schnarchte laut — wie er in
jener Nacht, als man ihm sein bourbonisches Todesurteil vorlas,
gleichgültig weiterschnarchen sollte. Seine groben Züge, die
neben der Plumpheit und verlegenen Servilität seiner Manieren
den früheren Bäckerjungen verrieten, sein rotes borstiges Haar
und die muskulöse Metzger-Statur des ruhmreichen Marschalls
harmonierten doch ganz gut mit dem Ausdruck kalter Entschlossenheit, der auch im Schlafe deutlich hervortrat. Napoleon
betrachtete ihn mit Wohlwollen: er liebte solch lebendige
Maschinen.

Aufgerüttelt, erhob sich Ney sofort, warf die Decke ab und
war zu den Befehlen Sr. Majestät. Eine volle Stunde sprach der
Meister die Situation im Norden mit ihm durch; dann fuhr er
nach Lindenau zum General Bertrand. Nachdem er sich mit
jenem eigentümlichen Sumpfdefilee vertraut gemacht und Befehle gegeben hatte, mehrere Brücken zu schlagen, befahl er nochmals diesem General persönlich, nach Weißenfels vorauszu-
marschieren und die Saale zu sichern. „Orientieren Sie den
Herzog von Treviso über die Örtlichkeit, sobald er eintrifft. Er
wird Ihren Spuren folgen und den Unverschämten drüben auf
die Finger klopfen. Ich sollte meinen Mortier doch kennen! Auch
Sie, Bertrand, machten Ihre Sache gut, besser als bei Wartenburg.“

„Ist denn der Rückzug unvermeidlich, Sire?“

„Das weiß ich so wenig wie Sie, mein Lieber. Doch man
muß auf alles gefaßt sein.“...

Es war acht Uhr, als der Kaiser über den Thonberg nach
Stötteritz gelangte, wo seine Garde von Probstheida her angelangt war. Indem er sich zum Frühstück niederließ, dröhnten
von Dösen her die ersten Kanonenschüsse. Und kaum hatte er
sein Kotelett, seine Flasche Burgunder und seine gewohnten
Tassen stärksten türkischen Kaffees halb zu sich genommen — als
der entsetzlichste Kanonendonner, wie kein Veteran ihn je gehört
zu haben versicherte, seiner kurzen Ruhe ein Ende machte. Messer
und Gabel hinwerfend, sein unvollständiges Dejeuner unbeendet
im Stiche lassend, eilte der Imperator spornstreichs nach rechts
den Abhang hinauf, wo eine Tabaksmühle sich erhob.

Die Korpsführer, die seine letzten Befehle eingeholt hatten,
braußten hinter ihm drein. Diese mächtigen goldbortierten
Dreimaster mit weißem Federbesatz, diese strahlenden Orden und
goldenen Eichenlaub-Stickereien, diese prächtigen Renner, die wie
Hirsche ausgriffen, diese stolzen und ernsten Züge machten einen
imponierenden Eindruck.

Das hochmütig geistreiche Gesicht Marmonts wie das gallig
verdrießliche Rhejniers vermißte man in dieser Gruppe. Auch
das biedermännisch sauertöpfische des strammen Mortier. Der
Gardemarschall befand sich bereits in vollem Marsch nach
Lindenau, wo er den Weißröcken gehörig zu schaffen machte.
Dafür traten der dicke Augereau, der stattliche Victor, der schöne

Lauriston (der als Petersburger Ambassadeur den höchsten Glanz des Empire entfaltet hatte), der hochgewachsene, magere Poniatowski mit bleichem melancholischen Antlitz von echt sarmatischem Typus, der bizarr häßliche Oudinot, der grämliche, aber vornehm würdevolle Macdonald, in der Suite hervor. Murat, in der ganzen parfümierten Eleganz seiner Kellnerschönheit strahlend, vervollständigte noch seine Toilette, indem er auf seinem mit Macassaröl gesalbten Königshaupte die schwarzen krausen Locken in Boulevard-Tournüre brachte und weißgewaschene frische Stulphandschuhe über die beringten Finger streifte. Ging es doch wieder auf die Freite der alten Braut, der Siegesgöttin! Und nach napoleonischer Tradition hatte jeder Soldat am Schlachttage womöglich Paradeanzug anzulegen.

Nach kurzen Bemerkungen, die der Kaiser an jeden der Feldherren richtete, schossen sie alle wie der Blitz zu ihren Truppen davon.

Die Nacht durch regnete es wieder stark, doch die Nebelschwaden wichen vor der Sonne, die sich dies riesige reisige Ringen mit ansehen wollte. Der zufällig in der Nähe befindliche Intendanturrat Odier, Unterintendant der Kaisergarde, hörte deutlich am Morgen beim Vortrage, als die Abteilungschefs der verschiedenen Dienstzweige des Generalstabs dem Kaiser Meldung erstatteten, wie Napoleon flüchtig und zerstreut den Souschef Berthiers, General Bailli de Monthyon, frug: „Sie haben doch das Schlagen hinreichender geräumiger Brücken im Auge behalten?" Da er eine undeutliche Bejahung zur Antwort erhielt, beachtete Napoleon die Sache nicht weiter, da er als selbstverständlich annahm, man werde seinen Wink buchstäblich befolgen. Auch der kaiserliche Sekretär Herr Fain vernahm, wie der Kaiser noch ausdrücklich zufügte: „Es gibt da ein Netz von Wassergräben und lange Sumpfstrecken, man muß also noch ein paar neue Übergänge herstellen."

Die Guidenschwadron unter Rittmeister Klein von Kleinenberg (Fahneneroberer bei Waterloo) trat ihr Amt an. Zweiundzwanzig Chasseurs, ein Leutnant, Stabstrompeter und Wachtmeister bildeten Spezialeskorte hinter und neben dem Kaiser. Ein Wachtmeister mit vier Chasseurs trabte vor ihm her. Einer trug das Portefeuille, ein anderer das große Fernrohr, während Napoleon selber nur ein kleines Opernglas im Überzieher bei sich führte. Diese Leute trugen meist die Ehrenlegion, oft auch die Eiserne Krone der Lombarden auf der Brust. In jeder Schwadron der Kaiserjäger befanden sich vier Veteranen mit besonderen Dotationen. Bisher hatte das Regiment gar keine Verluste, nur bei dem Verfolgungsgefecht von Reichenbach, wo so viele Rote Lanciers ihr Scharlachkolett mit eigenem Blute färbten, war Leutnant Lantidy verwundet worden. Diesmal aber währte es nicht lange und Leutnant Helson glitt aus dem Sattel, in die Brust getroffen.

„Wie kommst denn du wieder her?" empfing Eskadronschef Parquin einen seiner Chasseurs, der stillschweigend wieder einrückte. „Ich denke, dein Pferd ward vorgestern getötet?"

„Zu Befehl, mein Kommandant. Ich ruhte nicht, bis ich das Pferd eines verwundeten Linienoffiziers fand, das ich ihm von meinem eigenen Gelde abkaufte. Wozu hat man denn Renten durch Gnade des Kaisers, als um immer schmuck im Dienste zu sein!" Solch ein Geist lebte in dieser Mustertruppe.

Ein Gardechasseur rapportierte soeben etwas an Berthier, der mißmutig mitteilte: „Natürlich an den Vorposten abgewiesen! Der Einfall war doch so gut! Der Elsässer hier spricht deutsch und sollte als Parlamentär den feindlichen Vedetten einen Gruß von mir an Feldzeugmeister Colloredo übermitteln, wie Sie, Sire, auf meinen Vorschlag genehmigten. Umsonst, die Leute sind zu unhöflich!"

Der Kaiser lachte leicht auf. „War vorherzusehen. So dumm sind sie doch nicht, um so plumpe Kriegslist nicht zu durchschauen, daß wir bloß wissen wollten, ob Korps Colloredo uns heut mit auf dem Halse sei. Bah, ein Korps mehr oder weniger! Wie, was meinen Sie, Gros?" fragte er leutselig den Kommandeur der Gardejäger, von seiner Bajonettwunde, als er bei Dresden zuerst über die Palisaden sprang, schon völlig genesen.

„Ich sage, Sire: je mehr, desto besser!"

„Das heiß' ich antworten!" Indem Napoleon langsam vorüberritt, warf er hin: „Man sagt, Gros könne nicht orthographisch schreiben. Nun, ich bemerkte nie, daß er auf dem Schlachtfeld Fehler im Französischen macht!"

Sein Flügeladjutant General Corbineau, der bekannteste jener drei Brüder, deren Ältester auch als Flügeladjutant bei Eylau fiel, sprengte bereits mit einer Ordre nach Holzhausen, wo Marquis de Lavoestine, Sebastianis erster Adjutant, ihm auf halbem Wege entgegenkam. Seit des Kaisers persönlichem Ordonnanzoffizier, dem jungen Bérenger, bei Dresden die Beine zerschmettert, war man auf ähnliches Los gefaßt. Die Ordonnanzen grüßten daher einander stumm, indem sie sich jetzt als Befehlsträger nach rechts und links über die Ebene verstreuten.

Der Sonnenball stieg langsam in die Höhe, verdrossen und matt — nicht die Sonne von Austerlitz. Die Regimentsmusiken der Garde setzten ein und die Trommeln und Flöten der in die erste Schlachtlinie vorrückenden Heerhaufen nahmen das Spiel auf. In Pausen und wie der Wind es wollte, tönten die Takte des Grenadiermarsches vom Thonberg her ermunternd durch das Feld, wo sich die feuerroten Federbüsche, über die riesigen Bärenmützen wegragend, wie ein langer Blutstreif durch den Morgennebel hinzogen und aus den dunkeln Vierecken der Alten Garde die weißen Kreuzbandeliere, gelben Westen und Gamaschen aufleuchteten. Gewehr im Arm, standen ihre vordersten Bataillone regungslos in tadelloser Haltung, während im Hintertreffen die Gewehrpyramiden noch ruhig bei einander standen und die Grognards ihre Thonpfeifchen schmauchten oder, ihre Zöpfe schüttelnd, tiefsinnige kriegswissenschaftliche Bemerkungen über die heutigen Pläne Vater Veilchens, des Kleinen Korporals, austauschten.

Aber bald schlugen Eisenballen, flammenausberstend, auch schon bis hier in den feuchten klebrigen Boden. Das Spiel der Musikchöre wurde nur noch in der Nähe hörbar. Denn das furchtbare Orgeln, Summen und Brummen der großen Schlachtmusik schwoll immer höher an, bis eine einzige Riesenglocke, vom Sturm geläutet, die Welt willenlos zu betäuben schien, bis all die tausend Stimmen der Bellona zu einem ohrzerreißenden Donnergebrüll verschmolzen. Die Völkerschlacht hatte begonnen.

Die endlosen Reiterlinien hinter Probstheida zitterten vor Erregung. Grauenvolles Wiehern der Hengste erhob sich. Denn hier wie gegenüber der Rajefski-Schanze bei Borodino als Geschützdeckung haltend, hatte die französische Reiterei die schwere Aufgabe, wehrlos unter dem Hagel der Geschosse ruhig wie erzgegossen zu halten ...

„Sie greifen schon wieder einzeln an,“ lachte der Schlachtenmeister berächtlich und' hämisch auf.   „Diese Viehcher lernen nie
etwas.“

In der Tat war nicht das Geringste von einem Vorrücken
gegen Probstheida und Holzhausen zu merken, während schon
der heißeste Kampf seit Stunden um Dösen tobte.

Im Norden und Nordosten war alles still.   Napoleon setzte
sich eine zeitlang auf den Rasen nieder.   Zerstreut betrachtete
er die diensttuende Schwadron der Gardejäger.

„Ach,“ dachte er unwillkürlich, „säh’ ich doch heute unter
euch den goldenen Hosenstreif und die Reiherfeder!“ (Hierdurch
unterschied sich nämlich der Generaloberst der Chasseurs-à-Cheval, des Kaisers Stiefsohn, Vicekönig von Italien, von der
Truppe, wenn er sein Leibregiment als Chef dem obersten
Kriegsherrn vorführte.)

Dann ließ er plötzlich einen dekorierten Gardechasseur mit
drei Chevrons (zwanzigjährige Dienstzeit) antreten und legte
auf dessen breite Schulter sein langes Fernrohr an.   Stolz auf
diese Auszeichnung, stand der Krieger starr wie ein Steinbild
mit präsentiertem Karabiner, während der kleine Mann —
die feinen Nüstern vor düsterer Erregung gebläht, eine wirre
Locke des dunkeln Haares über die prachtvoll gebaute Stirn
heruntergeschüttelt, die kühn geschwungenen Augenbrauen über
den stahlgrauen Augen, deren tiefer, kalter Blick so unheimliche
Magie besaß, zusammengezogen — die Linie des Feindes an-
starrte, nach einer Blöße spähend, um ihn zu packen.

Plötzlich warf er das Fernrohr fort und sich selbst zu Boden,
welche Stellung er, dem Schlachtfeld den Rücken zukehrend, Arme
und Beine von sich streckend, platt auf dem Bauche liegend,
einige Zeit beibehielt.   Wollte er auf die Richtung der Kanonen-
schläge lauschen oder seine Gedanken sammeln — oder bekam er
einen Krankheitsanfall, was bei seinem Leiden an Magen-
krampf und Unterleibsbeschwerden leicht möglich wäre?   Niemand hat es erfahren.

Jählings aber brauste Murat heran und brachte ihn sofort
auf die Beine.   Er war so eilig und aufgeregt, daß er, kaum
abgesprungen, sein Roß ledig laufen ließ, so daß man es ein-
fangen mußte, indem er heftig gestikulierend dem Kaiser zurief:
„Sire, der Feind ist schon über Wachau und Liebertwolkwitz

hinaus. Unsere Vortruppen ziehen sich in Unordnung über Holzhausen zurück, die feindliche Kavallerie will einhauen."

„Flankenfeuer von Stötteritz her!" brummte der Kaiser gleichgiltig und wie traumverloren. Ein Adjutant kam eilends herbei:

„Sire, Meldung vom Marschall Augereau: Der stürmische Andrang der Österreicher ist nicht mehr zu bändigen. Und..."

„Sehen Sie!" schrie der König von Neapel dazwischen. In der Tat flogen Kanonenkugeln schon von der rechten Flanke her über die Tabaksmühle hin. Der Feind war nah an Connewitz und an den Standort des Kaisers herangelangt.

„Berthier, Ordre: Der Marschall Oudinot (damit der Mann doch etwas zu tun bekommt!) soll sofort mit zwei Divisionen der Jungen Garde das Treffen herstellen," befahl der Kaiser mit derselben geistesabwesenden, maschinenmäßigen Ruhe.

„Sämtliche Batterien von Probstheida ihr Feuer auf Dösen richten."

„Aber der Feind rückt auf Probstheida los," fiel Murat ein, der sich noch nicht beruhigen konnte, und, ein Held im Handgemenge, als Feldherr stets ein ängstlicher Faselhans blieb.

„Das haben Sie schon mehrmals gemeldet. Ist der Feind gegenüber Holzhausen in Bataille aufgerückt?"

„Noch nicht."

„Also! Der Fabius Cunctator da drüben will warten, bis seine dritte Heersäule in gleicher Höhe angekommen ist, um nicht rechts überflügelt zu werden. Das errät ja ein Kind. Melden Sie mir, wann man sich Macdonald gegenüber formiert: Eher wird auch hier der Sturm nicht erfolgen. O ich kenne sie, diese Tüftler! Dort zu hastig und hier zu langsam — alles schief und quer, faul in der Vorbereitung, verwirrt in der Ausführung."

„Aber ...."

„Ich ersuche Ew. Majestät, mich in Ruhe zu lassen! Machen Sie eine Charge, damit Sie etwas zu tun bekommen. Was gibt's?"

„Sire," meldete ein Kavallerie-Stabschef, „die feindliche Kavallerie, die zwischen Zuckelhausen und Stötteritz durchbrechen wollte, ist von Probstheida und Stötteritz her durch Flankenfeuer so erschüttert, daß — "

„Ich sagte es ja. Attackieren!" Murat war schon davongebrauſt....

„Laut optiſchem Telegraph werden heut Kanonen des Invalidendomes den ‚Sieg‘ von Wachau verkünden," dachte der Empereur. „Ja, wann werd’ ich Paris wiederſehen, dies ewig unzufriedene Neſt, das immer nur Siege will? Ja, wann? Ob Marie-Luiſe wohl bis dahin gelernt hat, Omeletten zu backen?" Ach ja, Napoleon pflegte ſie in Momenten familiärer Ehezärtlichkeit wahrhaftig im Omelettenmachen zu unterrichten. Doch die edle Dame buk ihm noch einen ehelichen Eierkuchen mit Neipperg-Konfitüre, der ihm im Halſe ſtecken blieb. Ehe denn der galliſche Hahn dem ſcheidenden Adler zum Abſchied krähte, hatte dieſe hochgeborene Krähe ihn dreimal verraten, eine würdige ‚Tochter der Cäſaren‘!...

Er warf einen langen Blick in die Runde.

Links vor ihm lag das waffenſtarrende Probſtheida, einer Zitadelle mit Baſtionen, Wällen und Gräben ähnlich, mit Kanonen faſt überladen, deren dunkle Mündungen nach jeder Himmelsgegend hin aus Schießſcharten, Sandaufwürfen und Straßenöffnungen verderbendrohend gähnten. Das quadratiſch angelegte Dorf, von zwei Gaſſen durchſchnitten und ſo nach vier Richtungen hin Eingänge bietend, ſchien von Fußvolk faſt überfüllt, ſo daß dichte Maſſen ſich auf der Straße ſtauten. Zu beiden Seiten waren zahlreiche Batterien aufgefahren, dahinter lauerten zwei ganze Korps in Schlachtbereitſchaft, Victor gegen den Thonberg zu, Lauriſton mehr links in ſchräger Linie bis Stötteritz. Hier hielten auch zwei Kavalleriekorps, an den ſüdlichen Eingang von Probſtheida mit dem rechten Flügel gelehnt.

Bei dem langhingedehnten Dorfe Stötteritz war die Reſerveartillerie verſammelt und die Gardereiterei zu ihrer Deckung aufgeſtellt. Von Stötteritz aber den Abhang hinauf bis zum Thonberg und bis zur Tabaksmühle ſtanden die Garden in Bataillonskolonnen, die Polen Kellermanns rechts davon gegen Connewitz zu aufgeritten.

Rechts von der Tabaksmühle zog ſich am Horizont in krummem Bogen die Pleiße hin, auf deren rechtes Ufer ſich die franzöſiſche Stellung an den Übergangsorten Dölitz, Döſen, Lößnig, Connewitz ſtützte. Letzterer Ort lag ſchon hinter dem rechten Flügel der Franzoſen und hinter der Tabakmühle, und hätte ein Flankenangriff hier verderbliche Folgen haben müssen, wenn die Terrainschwierigkeiten nicht den Übergang über die Pleiße unmöglich gemacht hätten. Hier in den Ufergehölzen des Flusses hatte das polnische Korps des neuen Marschalls von Frankreich Posto gefaßt. Links daneben auf der Dösener Hochebene, gegen Probstheida hin, formierte sich Augereau.

Ihm gegenüber, wo der Angriff von Markleeberg her erfolgen mußte, vermochte man vom Feinde nichts zu bemerken, da das wellenförmige Terrain hier abfiel und Markleeberg, das noch von den Vortruppen Augereaus besetzt war, ganz in der Tiefe lag. Auch von Wachau, von wo der Vorstoß gegen Probstheida beginnen mußte, tauchte nichts als der schlanke Kirchturm über die hohle Wölbung des dortigen Terrains empor.

Die französische Gefechtslinie lief demnach überall den sanft überragenden Abhang der flachen Bodenerhöhungen entlang, so daß die Wirkung der Artillerie besonders begünstigt wurde. Die Stellung war taktisch mit gewohnter Umsicht gewählt und man konnte hoffen, selbst einen weit überlegenen Feind lange aufzuhalten.

In alle Verhältnisse jenseits Stötteritz nach dem Zentrum zu war von der Tabaksmühle aus nicht der geringste Einblick geboten. Weder Macdonald bei den nah aneinanderliegenden Dörfern Holzhausen und Zuckelhausen, noch Rheynier bei Paunsdorf waren am Horizont zu entdecken. Noch weniger sah man von dem hackenförmigen Bogen des linken Flügels, der sich an der Parthe hinzog.

Erst mittags stieg Napoleon zu Pferde und begab sich vorn zu Gardebatterien, hinter welche er Curial heranzog. An brennendem Hause traf er Murat: „Habe schon um elf Uhr diplomatisches Korps, Bagage, transportable Verwundete nach Lindenau abgeschoben. Gegen vier Uhr wird Ihre Kavallerie allmählich dorthin abrücken, wenn die Lage sich nicht wesentlich ändert. Dies unter uns!" Murat verneigte sich betreten . . . Drüben ermunterte gerade der Zar vorrückende Westpreußen: „Heut vor einem Jahre jagten wir sie aus Moskau!"

Seit Dreimaster mit Kokarde und rotem Federstutz und am
Rückteil gehöhlte Karabinierpelzmützen der Republikaner den
runden Raupenhelm des königlichen weißuniformierten Fußvolks ersetzten, hatte das französische Heer unterm Kaiserreich
sich ja farbig belebt in mannigfaltigeren Formen. Der metall-
beschlagene Tschako mit Pompon und Blechstern gab jetzt den
Ton an, nicht nur bei Fußvolk und Artillerie, sondern auch bei
den Chasseurs-à-Cheval, die unter der Republik noch den Rund-
helm trugen, und sogar bei den wenig zahlreichen Husarenregi-
mentern. Nur die sogenannten Elitekompagnien und Musikkorps der leichten Reiterei fielen durch stattliche Pelzmützen auf,
ähnlich wie die Gardejäger-zu-Pferd und reitende Gardeartillerie
sie besaßen. Von letzterer in tiefblauem, überaus reich und breit
über die ganze Brust weg mit dicken roten Schnüren und Metall-
knöpfen geziertem Husarendolman unterschied sich die sonst
gleich uniformierte Reitende Artillerie der Linie nur durch
eleganten Tschako mit sehr hoher roter Feder und rotem Quer-
behang. Die Jäger-zu-Pferd hatten die rotgestreifte Unterweste
wie unter der Republik nicht mehr, ihre kleidsame Tracht bot nur
einförmig schlichtes Grün mit verschiedenfarbigen Kragen: hellblau, rot, rosa, gelb. Dagegen wechselte die Uniformfarbe jedes
Husarenregiments, nur die dicke gelbe Verschnürung und der
rotgelbe Leibgurt waren allen gemein. Unter den übrigen bekannten Uniformen der grünröckigen Dragoner, weißen Karabiniers, blauen Kürassiere, grünen Lanciers fielen die Eclaireurs
der Jungen Garde auf: grün mit hohen roten Mützen.

Doch wechselvoller und verschiedenartiger stellte sich das
Aussehen der verbündeten Heere dar. Die häßlichen Dreimaster,
bei der Reiterei mit wulstig dickem weißem Federstutz gekrönt,
der Preußen von Jena und Auerstädt wichen durchweg dem
Tschako, auch bei freiwilligen Jägern und Husaren, Dragonern,
Ulanen. Nur die Kürassiere — blau mit hellblauen Aufschlägen
und hellblauer Schabracke — trugen Helm mit Raupenkamm
und die Landwehr die schlichte Feldmütze mit dem Kreuz. Auch
deren weiße Drillchhosen hoben sich von den grauen Beinkleidern
der Linientruppen ab. Der preußische Tschako tat sich durch
besondere Häßlichkeit der Form und schlechte Beschaffenheit des
Stoffs hervor, völlig schmucklos ohne Feder, Behang und Be-

schlag — und versinnbildlichte gleichsam die Armut und Eckigkeit des damaligen Preußenstaats in Notlage und Bedrängnis. Aber die Gesichter unter dem Tschako blickten kühn und kräftig drein und das Ganze nahm sich kriegerisch genug aus: durch die unschöne Außenseite leuchtete die Heldenseele des Volksheeres.

Der Tschako des russischen Fußvolks ähnelte etwas mehr dem französischen, mit weißem Schuppenbehang und langer schwarzer Feder, doch sehr davon verschiedener, nach innen ausgehöhlter Form. Nur die Jäger trugen eine Art Pelzhelm, hellbraun mit hellblauem Kolpak. Ihre grauen Beinkleider stachen von den grellen weißen Lederhosen der Infanterie ab, das eintönige Grün ihres Rockes ebenso von den breiten roten Kragen der grünen Infanteriefracks. Auch die Dragoner grün mit roten Aufschlägen, die Küraffiere weiß mit blauen Kragen und schwarzen Panzern, gelbblauen Schabracken; beide mit Raupenhelmen wie die preußischen Küraffiere. Die regulären Kosaken grau von der Spitzmütze bis zum Stiefel, nur einen roten Streifen am Beinkleid und um den Mützenrand, brachten etwas Eigenartiges hinzu.

Bei den Österreichern hatte der Tschako wieder ein etwas anderes Gepräge, sah mehr wie ein hoher Hut aus, mit kurzem dickem gelbrotem Federstutz. Das Fußvolk bewahrte immer noch das beliebte Weiß, bei der Infanterie mit blauen Aufschlägen, bei den Grenadieren mit roten, welch letztere sich außerdem durch hellblaue Schnürhosen von den weißen der Linie unterschieden. Ihre Bärenmützen hatten ihre Form vom Siebenjährigen Krieg etwas verbreitert. Nur die Artillerie — hellbraun mit roten Kragen — trug noch den alten schlappkrempigen Dreimaster, dagegen Küraffiere — weiß mit schwarzem Brustharnisch — und Chevauxlegers — grün — einen Helm mit schwarzer Raupe, dessen Kamm etwas niedriger und massiger, als bei den russischen und preußischen schweren Reitern. Die Ulanen grün mit breitem rotem Brustbesatz und Aufschlag und knallroter Tschapka mit schwarzgelber Feder, die Husaren hellblau mit hellgrünem Brustaufschlag und weißen Schnüren, hellgrünem Tschako mit schwarzgelber Feder.

Die unwegsame Pleißeniederung, zu deren Forcierung der schlechte Rat des Sachsen v. Langenau, den Schwarzenberg vorgestern bewogen hatte, ward heut ganz links gelassen und Frontalstoß auf Dösen und Dölitz geführt, das neulich vier- mal verlorene und gewonnene Markleeberg durchschreitend. Napoleons Standort an der Quandt'schen Tabaksmühle brachte ihn übrigens in bedenkliche Nähe der österreichischen Kanonade. Prinz Hessen-Homburg, der nach Meerfeldts Gefangennahme sämtliche Österreicher außer Klenau befehligte, war auch noch durch Colloredo's angelangten Heerteil verstärkt worden und über Fünfzigtausend stark. Es ließ sich daher vorhersehen, daß Dölitz und Dösen wenigstens anfangs den Polen entrissen werden würden, wie auch geschah, nicht aber das feste Connewitz, das Lefol niemals fahren ließ. —

Als der Kampf längs der Pleiße mit steigender Heftigkeit längere Zeit raste, stürzte der tapfere Prinz von Hessen-Homburg schwerverwundet vom Roß. Er hatte in der Wagram-Schlacht Dorf und Turm von Markgraf-Neusiedel mit besonderer Stand- haftigkeit verteidigt, aber hier fand er ebenso hartnäckige Ver- teidiger, die durchaus nicht weichen wollten. Graf Colloredo übernahm das Kommando, ein Generalstäbler aus Schule Erz- herzog Karls, doch auch ihm gelang kein Fortschreiten. Man hatte nicht mehr Glück als neulich, übermacht kam heut noch minder zur Geltung. In den nachfolgenden Kampfstunden mußten manche höheren Führer beider Parteien den Verband- platz aufsuchen, so Reiterheld Nostitz.

Die leichte Reiterdivision Graf Ignaz Hardegg begann ein Vorhutgefecht, indem zwei Schwadronen Hessen-Homburg-Hu- saren unter Oberstleutnant Szymony bei Dölitz attackierten. Dies Regiment hatte sich bei Wagram unterm unmittelbaren Befehl des damaligen Obersten Graf Hardegg, des jetzigen Divi- sionärs, namhaft gemacht, ebenso die nachfolgenden Riesch- Dragoner. Es wollte ihnen sowie den Kienmayer-Husaren jedoch nicht glücken, festen Fuß zu fassen, und erst Bianchis Ankunft entriß den selber schon verwundeten Hardegg einer übeln Lage. Das Fußvolk focht mit ausnehmender Tapferkeit. Es schien, als wollten die Deutsch-Österreicher Gewicht darauf legen, daß s i e Deutschlands Befreiung als eigene Nationalsache betrieben. Dölitz wurde wirklich mit Sturm genommen und Feldzeugmeister Hieronymus Colloredo ließ seine Division Wimpfen entschlossen

auf Meusdorf vorgehen, indes Dösen schon Hardeggs Deutsch-
banater Grenzer besetzten. Brigade Griffing nahm die Spitze.
Geworfen! Doch Bianchis Brigade Haugwitz und Division
Liechtenstein stürmten links, Rgt. Homburg an Holz und Hohlweg nordöstlich Dösen, weiter links Kampf um die mit hoch-
stämmigen Bäumen bewachsenen Teiche. Besonders Liechtensteins Regiment Reuß-Greiz führte Oberst Georgi hier zu
rühmlichen Taten, doch widerstanden die Polen grimmig der
Übermacht. Die Teiche bedeckten sich wie mit schwimmenden
Wasserlilien mit weißröckigen Leichen.

Die österreichischen Batterien fuhren zwischen Dölitz und der
Meusdorfer Schäferei auf, die französischen antworteten hinter dem
dünnen Wasserlauf zwischen Probstheida und Connewitz. Batterie
Teledy, zu weit vorgegangen, mußte von einer preußischen Reiter-
abteilung unter Rittmeister Schüler vor heransprengenden Lanciers
gerettet werden. Die Regimenter Erbach, schönen Angedenkens von
Wagram her, Froon und Argenteau erzwangen Besitz der Höhen von
Dösen, woselbst Feldmarschalleutnant Wimpfen sich auch dann noch
hielt, als bereits Oudinots Junge Garde anrückte. Auch Division Greth
Colloredos kam ins Feuer, Lederers Erzherzog-Johann Dragoner unter
General Sorbenburg deckten die Flanke. Die Polen behaupteten noch
einen Teil des Weilers Lösnig, der sich in großer Länge hindehnt.
Nunmehr nahm Poniatowski alle Kräfte zusammen und trieb die
Brigade Beck Bianchis in einem einzigen Anlauf ganz aus Lösnig und
Brigade Quallenberg Bianchis sogar aus Dölitz hinaus. Erst die Gre-
nadierbataillone Call und Fischer stellten das Gleichgewicht einiger-
maßen wieder her, wobei Oberstleut. Call sich einer plötzlichen Attacke
polnischer Kürassiere durch Gewehrsalve auf wenige Schritte erwehrte. Das Grenadierbataillon Portner und die später nachrückenden
Teile der Grenadierdivision Weißenwolf errangen zwar wieder einen
Teil von Dölitz. Doch unablässige Bemühung der Polen, Dölitz
bleibend in ihren Besitz zu bringen, ließ nie zu Atem kommen. Ihre
Lanciers Nr. drei, deren Chef Oberski nicht vom Pferde geschossen,
tummelten sich brav. Division Lederer am linken Ufer der Pleiße beunruhigte zwar Poniatowskis Flanke und Schwarzenberg ließ sogar
Giulays bisher abwesende und erst jetzt anrückende Division Crenneville
halt machen bei Gautsch, um hier tätig zu sein: lauter Grenzer, Gradis-
kaner, Warasdiner, Walachen. Es half alles nichts. So ausgezeichnet
die Österreicher sich schlugen, mußten sie an den Lösniger Teichen dem
polnischen Andrang Raum geben, bei Connewitz brachen sie vor Lefol
und Augerau zusammen und Dösen, obschon Wimpfens Regiment
Debeaux mit glänzender Bravour das schon verlorene Dorf nochmals
zurückeroberte und sogar bis auf die Höhe jenseit Dösen sich vorwagte,
mußte man vor Oudinot fahren lassen. Zahllose Leichen, darunter
General Griffing, bedeckten den Abhang der Hochfläche. Poniatowski

beſaß keinen Stab mehr: fünfzehn Offiziere ſeiner Suite an beiden Tagen tot und verwundet. Sein Adjutantgeneral Kaminiezki geriet ſchon früher in Gefangenſchaft. Generale Sierakowski und Tulinski vergoſſen ihr Blut. Oberſt Malcewski der Weichſellegion fiel.

„Dort nicht alles in Ordnung ſein, muß Hilfe geſchafft werden!“ Beim Vorrücken der Preußen und Ruſſen auf Probſt-heida gegen Mittag horchte Friedrich Wilhelm hoch auf, als der Schlachtlärm von Döſen immer lauter herüberſchwoll und der feindliche Andrang anſcheinend ärger wurde. „Möchten Sie, mein Herr Bruder,“ wandte er ſich an den Zaren, „den kaiſerlich öſter-reichiſchen Truppen nicht einige Unterſtützung aus Ew. Majeſtät Reſerve gewähren?“ Stets tätig-einſichig wie bei Kulm!

Alexander, nur zu froh, den Feldherrn ſpielen zu können, beſtätigte haſtig: „Gewiß, ganz wie Sie wünſchen. Fürſt Wol-konski, beſorgen Sie das! Se. Majeſtät der König wollen ge-ruhen, in höchſteigener Perſon ein Soutien dorthin zu führen. Alſo Küraſſiere von Duca und Gardedivision Roſen, wenn ich bitten darf! Aber,“ fügte er leiſe hinzu, „man ſoll Meine Garden ſchonen. Es floß ſchon genug von ihrem Blut, wir wollen nicht allzu verſchwenderiſch ſein.“ Der König von Preußen, ein auffallend ſtattlicher Mann, ritt alſo auf ſeinem Apfelſchimmel perſönlich zum linken Flügel, wie gewöhnlich der Gefahr nicht achtend. Doch zeigte ſich bald, daß die zu Hilfe marſchierenden ruſſiſchen Küraſſiere und Garden bei der über-füllung des Geländes mit Truppen und der ungünſtigen Enge des Raums gar keine Verwendung finden konnten. Sie kehrten daher nachmittags wieder in ihr voriges Verhältnis zurück. Der kriegskundige König begab ſich wieder zur großen Heerreſerve, wo Großfürſt Konſtantin und Miloradowitſch den Zaren und den Generaliſſimus Schwarzenberg ſelber zu Gaſte hatten. Immer-hin näherten ſich die Reſerven dem Schauplatz ſo ſehr, daß feind-liche Kanonenkugeln unter ihnen reichliche Ernte hielten.

Auf den linken Flügel der Angriffsfront zweiter Hauptkolonne ſetzte ſich die preußiſche Reſervereiterei, auf den rechten die von Platen, verſtärkt um die Küraſſierdiviſion Depreradowitſch. Die verbündete Artillerie feuerte bald fürchterlich drauf los, vermochte gleichwohl trotz ihrer weit überlegenen Zahl gegen die überlegene Leitung der fran-zöſiſchen nicht recht aufzukommen. Doch vertrieb ſie eine Nachhut Lauriſtons auf der Bodenwelle weſtlich von Liebertwolkwitz, die ſich dann nochmals auf der zweiten Erhöhung an der Meusdorfer Ziegel-ſcheune zum Widerſtand anſchickte. Gortſchakofs anrückendes Fußvolk folgte im Geschwindschritt der reitenden Artillerie und Pahlen trabte zwischen Stötteritz und Zuckelhausen vor. Letzteres Dorf fiel nämlich Zieten soeben an und man sah einen langen Kriegszug auf Holzhausen zurückschwenken: Macdonald, dem Pahlen so in die Flanke fallen sollte. Kaum setzte er sich jedoch in Bewegung, als ihn ein gräßliches Kreuz= feuer die Hochebene entlang empfing und seine linke Flanke derart bearbeitete, daß er sofort davon abstand. Nur die Husaren von Grodno und Sumzi, weil sie sich mehr rechts nach Holzhausen hielten, mar= schierten zwischen den Dörfern durch, zwei Schwadronen der ersteren nahmen ein paar abziehende Geschütze in raschem Anlauf weg. Die Küraffiere und ein Halbregiment Lubny=Husaren setzten sich hinter Wittgensteins Infanterie, die haltmachte, damit die Preußen auf gleiche Höhe herankämen.

Die feindliche Nachhut verschwand von der Ziegelei nach Probstheida hinein, Drouots Eisenboten machten aber bereits den Hintertreffen unliebsamen Besuch. Als Plänkler Klenaus und Ziethens sich über Zuckelhausen zu weit vorwagten, fuhr eine Muratsche Kürassierlinie, die sich links an Stötteritz lehnte, über sie her und nur Pahlens beherztes Auftreten verhinderte schlimme Folgen. Der tapfre Reiterführer scheuchte den Feind mit der gesamten russischen Reiterei bis unter die Mündung seiner Feuerschlünde zurück, was dieser aber nur bezweckt zu haben schien, indem er die Verfolger sich nachlockte. Denn ein Feuerstrom Drouots ergoß sich über sie, Pahlen selber stürzte zweimal mit erschossenem Pferd und kam noch eben mit zwei schweren Quetschungen davon.

Inzwischen fuhren fünfzig Geschütze Kleists vor seiner Front her und trieben im Verein mit den Plänklern Pirchs die schwachen Nachhut= posten Victors ins Freie. Das 7. Reserveregiment besetzte Wachau. Eine halbe Stunde nordöstlich davon fand man jedoch die Meusdorfer Schäferei von zwei Bataillonen und zwei Schwadronen besetzt, die bisher hinter dem Gebäude versteckt standen und nun rechts heraus marschierten. Major v. Hundt umging mit dem Füsilierbataillon 2. westpr. Regiments, während Tschugujew=Ulanen (bei Kunersdorf den preußischen Leibkürassieren gefährlich) den Feind in der Front beschäftigen wollten, was letzterer rechtzeitig erriet und der gefährlichen Bewegung auswich. Die Füsiliere beschossen seinen Abzug und nun rückte links davon auch Prinz August auf Kanonenschußweite gegen Probstheida vor, indes Kilüz bei Wachau ablöste und dort als Rückhalt stehen blieb. Rechts von der Meusdorfer Ziegelscheune formierten sich die Heerreserven, hinter welchen auf dem sogenannten Monarchenhügel die verbündeten Souveräne ihren Standort nahmen.

„Die Bravour der Preußen übertrifft ja noch alles, was man billig erwarten konnte," urteilte Eugen Württemberg, wahrlich) ein Sachverständiger in allem, was Heldensinn betraf. „So sagt' ich schon bei Lützen, aber diesmal übertreffen sie sich selber." Sein Vater, der Herzog von Württemberg, hatte als preußischer General bei Halle jene Niederlage erlitten, die auch wenig rühmlich für die preußischen Truppen: um so hochgemuter sah sein großdeutsch gesinnter Heldensohn diese Neubewährung germanischer Tapferkeit, bisher in Vorurteilen russischen Milieus befangen. Seine bei Wachau so fürchterlich zugerichteten Brigaden Puschnitzky, Wolff und Feodorof blieben auch heut nicht im Rückhalt, gingen sofort östlich von Probstheida ins Feuer; an seiner Stelle strengte erst später Fürst Gortschakow, der bei Friedland so schlecht abschnitt, sich an. Zur Linken boten Divisionen Prinz August und Pirch, nicht gefolgt von der auf fast ein Drittel geschmolzenen Brigade Klüx, ihre ganze Hingebung auf.

So flatterte Preußens Aar entlang den deutschen Reihen, in erhebendem Stolz, daß er hier allein über Alldeutschland die Schwingen breite, als Vertreter des ganzen Vaterlands in den Höhen wahrer Begeisterung schwebend. „Vater, ich rufe dich!" röchelte ein freiwilliger Jäger, der zuerst den Fuß auf Probstheidas Mauer setzte, sterbend Körners Schlachtgebet . . .

Ein Uhr!

„Sire, Sire!"

„Sie wünschen, Marschall?" Der dicke Augereau, dessen breite schwammige Krummnase, wulstige hängende Unterlippe, blutunterlaufene vorquellende Augen und ungehobelte bäurische Manieren, seiner goldgestickten Uniform zum Trotz, ihm das Air eines Fleischerknechts verliehen, hielt atemlos am Fuße der Anhöhe. Sein Hut war von Kugeln durchlöchert, sein Kragen hing zerrissen über die breite Battistbinde herab.

„Der Feind dringt unaufhaltsam vor. Dösen ist wieder genommen."

„Meine schlechtesten Truppen das, die sich's nehmen ließen," knurrte der Empereur unmutig.

„Die Kaiserliks fechten wie die Teufel!" entschuldigte sich Augereau eifrig. — „Ich sage Dir . . . ."

Ein strenger Blick des Empereurs strafte die unpassende Vertraulichkeit, die der alte Zeltkamerad des Generals Bonaparte sich gegen den Kaiser Napoleon oft herauszunehmen wagte.

„Schon gut. Wird wohl an der Führung gelegen haben. Der wackere Pole hält sich ja noch in Dölitz." Er richtete sein Fernrohr rasch dorthin.

„Nicht mehr lange," brummte der Gescholtene. „Hat auch mal ein Ende. Die Übermacht ist zu kolossal."

„Sie werden sich Ihres jüngeren Kollegen würdig zeigen," schnarrte der Empereur ihn an. „Ich gedenke sonst den älteren Marschall durch den jüngsten Marschall von Frankreich zu ersetzen. Verstanden? Sie werden sich auf gleicher Höhe mit dem achten Korps zu halten wissen, mein Bester. Übrigens wird die Division Curial von der Garde Sie unterstützen. — Adjutant!" Ein Offizier des Großen Generalstabs salutierte, wie grade in der numerierten Kette der Befehlsträger, nacheinander sich ablösend, an ihn die Reihe kam. „2. Division der Alten Garde mit halbrechts auf Dösen!... Adjutant! An den Marschall Oudinot: Er soll die letzten Kräfte der Jungen Garde heranziehen und die Lößniger Teiche forcieren. — Fort!.... He?"

„Sire, der Marschall Victor läßt melden, daß der Sturm auf Probstheida beginnt."

„Schön. Wer kommandiert im Dorfe?"

„General Vial."

„Ist gut. Tüchtiger Mann... Adjutant! An den General Dulauloy: Die Gardeartillerie hat ihr ganzes Feuer auf die Wachauer Ebene hin zu richten. Batterieweise durchfeuern!... Adjutant! An den General Lauriston: Das 5. Korps schiebt sich zur Verteidigung Probstheidas mehr südöstlich.... Horch! Aha, der Angriff da drüben hat begonnen!"....

... Die Schildwachen hatten sich bei Nacht so nahe gelegen, als ob jede das heimliche Wispern der Taschenuhren da drüben wechselseitig vernehmen wolle. Der Aufmarsch der verbündeten Angriffssäulen erfolgte daher schon in großer Nähe. Die Vorhutreiterei Pahlens und Röders ging zwischen den Dörfern Wachau und Liebertwolkwitz durch, ward aber von Murat alsbald verscheucht und ein immer verstärktes Flankenfeuer von Stötteritz her stieß sie vollends zurück. Infolgedessen mußte erst die gesamte Artillerie in Stellung gehen, um den Vormarsch zu decken. So erhob sich denn alsbald der ungeheure Geschützkampf, dessen weithin vibrierender und mit seinem Echo viele Meilen

im Umkreis erschreckender Donner sogar die trüben Wolken am
Firmamente sprengte, bis die Sonne ihre Strahlen vergnügt
und heiter auf das Blutbad ergoß. Zweitausend Feuerschlünde
sollten heut wild und stürmisch zum Schlachtorchester einsetzen
unter gegenseitiger Beschießung von solch rastloser Wut, daß
zuletzt beim Entladen die Flamme aus den halbplatzenden erwei-
terten Zündlöchern geradeso grell herauszüngelte wie aus der
Mündung, daß oft genug die ehernen Mündungen selber ab-
geschossen herunterklafften. Das Schauspiel war seltsam und
großartig, als die Kolonnenspitzen der drei großen Heersäulen
der Verbündeten, nach rechts überflügelnd, den Marsch nach
gemeinsamem Ziel längs der feindlichen Front vollzogen, ehe
sie unmittelbar nach vorne einschwenkten. Anfangs so dicht
nebeneinander streifend, daß die Offiziere auf den Flanken der
verschiedenen Angriffsmassen einander mit Degen und Hand
zuwinkten oder in militärischem Salut ihre Hüte berührten,
dann aber fächerweise auseinander. Je mehr die wachsende
Kanonade unter schrecklichem Getöse ihr zunehmendes Gewölk
über die Flur erstreckte, desto überraschender gestaltete sich das
Schlachtbild zu eigentümlicher Schönheit. Denn die ersten
leichteren Dampfnebel formten einen glitzernden vielfarbigen
Dom, zu phantastisch luftigen Pfeilern gekräuselt, im Prisma
der strahlenden Sonne. Wo aber der Rauch durchs schnellere
Spielen der Geschütze sich verdickte, verloren sich die Bewegungen
des Angriffsheeres oft in diesem Schleier, während die Land-
zungen der schwachen Bodenwellen, auf denen die Batterien
standen und sich ins Feuer setzten, durch optische Täuschung in
diesem glühenden Sonnennebel nahe zur Hand entgegenzurücken
schienen, zum Umfang massiger Hügel erweitert, von deren Rand
gigantische Schatten unaufhörlich ins Licht hinabglitten, wo-
immer die Fußvölker hinter den Hügeln und Dörfern an den
Geschützen vorbei zu Tal stiegen.

Wie zwei Habichte in Lüften kreisend ihre luftigen Kurven
ziehen oder zwei Duellanten mit Ausfall und Parade ihrer
flimmernden Klingen sich auf den Leib gehen, so begannen die
beiden großen Heere sich tastend zu fassen.

Wie ein Admiral sein Signalbuch auf der Kommandobrücke
schließt und zuklappt, um zur Aktion klar zu machen, so erachtete
Napoleon hier auf hoher Warte seines geistigen Rundblicks sein

Tagewerk getan, sah mit Ruhe der fertigen Ausführung seiner
Bestimmungen entgegen.

Und nochmals scholl Maisons Mahnung: „Meine Kinder,
heut ist Frankreichs schwerster Tag, heut müssen wir alle sterben!"
Ähnlich Rochambeau vor der Front des 135., seiner Lieblings-
truppe, die bei Blüchers Niederlage zu Beginn der Augusttage
den Wolfertsberg erstürmt....

Das Blau und Grün preußischer und russischer Uniformen
nahm durch seine tiefe Massigkeit fürs Auge eine fast schwarze
Färbung an, was den Eindruck ihrer drohenden Wucht erhöhte,
als zum Klang der Hörner die ganze Gewalt dieser tausende und
abertausende streitbarer Männer von den jenseitigen Bodenwellen hinab und durchs ebene Tal auf Probstheida emporstieg. Weiter rückwärts erfüllten, die Luftlinie unterbrechend,
trabende Schwadronen die Taltiefe, als die verbündete Reiterei
sich in Bewegung setzte, ein wahres Ackergeviert von glimmernden
Helmen und dunkeln Tschakos, deren Glanzlederüberzug matt
in der Sonne flimmerte, während hinter der Artillerie die
Kuppen sich mit starrenden Kosaken-Lanzen spickten.

Schon stob der Qualm feuernder Batterien in Wolken empor,
die sich zu wahren Wänden ballten. Der Zwischenraum zwischen
den Völkerheeren schien ein steil gähnender Abgrund, in dessen
Hexenkessel Myriaden versinken sollten. Hunderte von Feuer-
strömen rollten herab auf Preußen und Russen, zur Bresche
Probstheidas hinabhastend, wo preußische Geschütze die französischen Brüstungen mit einem Feuerbesen abfegten. Indes
schon zahllose Leichen unter den Füßen ihrer Kameraden die
Bresche stopften, berührten Verwegene, selbst mit strömenden
Wunden sich heranschleppend, den Pallisadenverhau am Eingang
und schwangen sich hinüber. Ob auch Hunderte von der kaum
erklommenen Mauerhöhe den Steilfall bis zur Tiefe als kopflose
Rümpfe hinabrollten und verstümmelte Gliedmaßen dicht den
Boden besäten, verbogene Bajonette und abgebrochene Kolben
dicht den Eingang bestreuten, unaufhaltsam rauschte der Anlauf
von oben nach unten die Dorfgasse hinab.

Nach zwei Uhr drang Prinz August durch den südlichen
Eingang von Probstheida und Pirchs Plänkler überkletterten
westlich davon die Lehmmauern. Doch mußten alle, nach schrecklichem Ringen in nächster Nähe, aus dem Ostteil des Dorfes

wieder hinaus. Prinz August setzte alles daran, seine Leute sogleich wieder zum Stehen zu bringen, und bildete am Fuß der äußersten Mauern des Dorfrands sofort wieder Sturmsäulen. Auch Pirch kehrte um und seine Schützen überstiegen aufs neue die Gartenzäune. Vom westlichen Dorfrande drang eine französische Kolonne in ihre linke Flanke, doch wohlgezielte Kartätschen einer Batterie und die Bajonette von II. 2. Westpreußen, das unter Major Vandemer rechtzeitige Linksschwenkung vollzog, wiesen den Versuch ab. Nachdem der eine Brigadier Dubretons, Prinz Reuß, bei Kulm fiel, folgte jetzt der andere seinem Beispiel: General d'Etzko, Pole von Geburt, ward sterbend weggetragen. III. 2. Schl. III. 11. R. machten Fortschritte im Dorf, wo jedes Haus und jeder Hof Verderben spie, aber sahen sich bald in die Notwendigkeit versetzt, sich nur selber vor Vernichtung zu wahren. Sie mußten sich dem Drucke fügen, stellten sich gleichwohl hundert Schritt von der langen Gartenmauer sogleich wieder in Sturmbereitschaft. Um sie verschnaufen zu lassen und ihnen Gelegenheit zu frischem Ordnen zu geben, stürmten nun die Russen das Dorf auf der Ost- und Südseite. Dem Prinzen von Württemberg, dessen Korps auf ein Häuflein von zweitausendvierhundert Gewehren herabgesunken, gelang es mit dem Ostteil, neben welchem er sogar eine Strecke weit über Probstheida hinaus ins Freie drang. Natürlich konnte er aber den Punkt nicht halten, was er auch gar nicht beabsichtigte, sondern nur Zeitgewinn erhoffte, um die Heerreserven zum Eingreifen zu veranlassen. Diese zauderten jedoch unverantwortlicherweise und der Großfürst Konstantin sprach sogar Unwillen aus, daß der Prinz als Deutscher zu viel Russenblut opfere. Was ging es ihn an, ob die Preußen in Bedrängnis schwebten!

Mehrere Stunden hielten die Bundesgenossen in dieser Hölle aus, wobei Gortschakofs Fußvolk sich ziemlich lau benahm. Das 56. ligne im Innern des Dorfes stand wie eine Mauer. Oberst Materre vom 4. und Sausset vom 18. gingen sich verbinden. Als Prinz Eugen mit seinem Häuflein das eigentliche Gefecht einstellte und ins zweite Treffen zurückging, verlor er selbst jetzt noch sechshundert Mann durch bloße Kanonade, sozusagen die Letzten, sein ‚Korps‘ hörte überhaupt auf zu sein. Pirchs 9. schlesische Landwehr, nur mit neunhundertfünfzig heut ins Treffen gegangen, verlor fünfhundert und fünfzehn Offiziere. Übrigens bedrohten Vorstöße Victors derart die russische Geschützlinie, daß sie zurückgenommen werden mußte. Da auch Vials Brigade

general Valory und Dufours Brun sowie Artilleriechef Montgenet verwundet, hatte Korps Victor keine Brigadegenerale mehr! Nicht minder
blutete Lauristons Artilleriegeneral Camas, Maisons Brigadegeneral
Baillot fiel. Ebenso von Drouots Stab Oberst Chauveau, Oberst
Paris vom Großen Generalstab verwundet. Überhaupt nicht weniger
als dreizehn Adjutantkommandanten, Adjutantgenerale Tancra-
ville und Montjadet, einundvierzig Stabsadjutanten, einundsechzig
gewöhnliche Adjutanten tot und verwundet in den Leipziger Tagen.

Brav flatterte im Wind Preußens entfaltete Fahne. Seiner
Geschütze tiefe Stimmen antworteten sich von Ecke zu Ecke der
Schlachtordnung. Eine eherne Antwort gab Preußen der Welt,
denn es sprach mit Kanonenmund. Sein oder Nichtsein, aus-
gestrichen sollte es werden, das Reich der Hohenzollern, wenn
der Zwingherr wieder zu Kräften kam: dazu schrie der Hohenfriedberger Marsch ein zorniges Nein, wie einst bei Roßbach und
Leuthen.

In trotzigem Dünkel taten die Andern ihr Werk, die hier
Befreiungskriege mit Baschkieren und Panduren losließen.
Deutschlands Befreiung? Nichts gleichgiltiger als das für die
Untertanen des weißen Zaren und Königs von Ungarn und
Böhmen im weißen Kaiserrock. Viele Mongolenschädel wiesen
hartköpfig die Berechtigung ab, daß hier das heilige Rußland
sein Blut umsonst verspritze. Umsonst? Da kannten sie den
ritterlichen Zaren schlecht, den holden Friedensengel von Reak-
tion und Aufklärung, Humanität und Absolutismus. Dieser
reizvolle Idealist wird sich schon bezahlt machen, keine Bange,
wie einst bei Tilsit, wo er auf Kosten seines treuen Bundesgenossen ein Trinkgeld von Napoleon einsackte und sich dessen
zärtlichen Judaskuß gefallen ließ, um ihn mit gleicher Münze
zu vergelten. Deutsche Einheit, wovon diese demokratischen
Jakobiner des preußischen Volksheeres faseln? Prost Mahlzeit!

Das Dessert werdet ihr erleben, wenn die fetten Bezahler so
vieler Kouverts der erlauchten monarchischen Tafelrunde, die
britischen Handelsleute, sich mit der blutigen Serviette den Mund
wischen. Alles haben sie unterweilen aufgefressen, was ihr
Herz begehrte, Kolonien und Flotten der ganzen übrigen Welt,
indes die dummen Kontinentalen sich die Hälse brachen. Und
da bleiben nachher, wenn sie sich gesättigt erheben, nur Brosamen
und leere Knackmandelschalen für die armen Schlucker übrig.

Die Deutschen bezahlen die Zeche und der erhabene Protektor,
dessen brennendes Moskau als ein Fanal barbarischer Weltherr-

schaft nach Westeuropa hinüberglotzte, streckt das Szepter seiner Gnade fortan übers demütig untertänige Preußen. Die beiden Kaiser von Halbasien wissen am besten, was Europa frommt, wenn der Parvenü aus Alt-Rom ins Gras biß. Auch gibt's noch einen gewissen Metternich dafür, daß die deutschen Freiheitsbäume nicht in den Himmel wachsen. Er und der gute Kaiser Franzl werden schon väterlich darüber wachen, daß großdeutsche Träume nicht Michels Zipfelmütze umgaukeln. Europa braucht keinen deutschen Kaiser, sondern nur einen Kaiser der Wiener Hofburg. Diese Gneisenau und Bülow und York sind schon lange verdächtig, auch dieser alte Knote Blücher, von dem das scheußliche Wort umlief: „Wenn die Fürsten nicht mitthun wollen, müssen sie alle mit dem Bonaparte hinausgejagt werden!" und der in Dresden die berüchtigte Proklamation erließ: „Wohlauf für Freiheit und Vaterland!" Da erkennt man so recht den jakobinischen Geist. Vaterland? Ein geographischer Begriff! Also mit Gott für die ganze alte Metternichtigkeit! Zum Kreuzzug wider den Gleichheitsdespoten der Revolution, ihren wahren Vollender!

.... „Was bringen Sie, mein Herr?"

Der König von Neapel kam stürmisch herangesaust: „Zuckelhausen und Holzhausen sind angegriffen. Der Feind ist sehr stark. Der Marschall Macdonald bittet um..."

„Verstärkung, nicht wahr? Woher soll ich sie nehmen? Kann ich sie machen? Bemerken Sie dem Herzog von Tarent, er möge sich nur schlagen wie bei Wagram und seine Katzbach-Phantasien zum Teufel jagen. Dann wird schon alles gehen... Was haben Sie denn noch, mein Bester?"

Murat war nahe an den Kaiser herangeritten.

„Sire, ich muß mitteilen," raunte er halblaut, „daß die Angreifer von Zuckelhausen, Holzhausen und Baalsdorf unläugbar die polnische Reservearmee von Bennigsen vorstellen. Wir haben also Dresdens bisherige Belagerer auf dem Halse."

Einen Augenblick biß Napoleon die Lippen zusammen. „St. Cyr und Lobau haben sich offenbar dupieren lassen. Ein dummer Streich. Wieder zehn Chancen verloren!"

„Ja, aber das ist noch nicht alles!" Murat beugte sich tiefer über die Mähne seines Renners: „Von Paunsdorf aus

sieht man auf dem Breitenfelder Plateau enorme Massen anrücken, die man als die Nordarmee Bernadottes erkennen muß."

Sie machte beiläufig einen Umweg von vielen Meilen, um
von Breitenfeld her Taucha zu erreichen und dort die Parthe zu
überschreiten. Kleine Scharmützel dienten dem Gascogner als
Vorwand, um auch bei Taucha noch Aufenthalt zu schaffen.
Blücher verließ sich so wenig auf diese Mithilfe, daß er allein
schon nach elf Uhr vorrückte und gegen Mittag mit Langeron die
Furt unterhalb Mockau erreichte. Sechsunddreißig Zwölfpfünder brachten allmählich die dort postierte Batterie Marmonts zum Schweigen, Lagrange wich langsam auf Abtnaundorf. Ebenso langsam durchwateten die Russen den Fluß, bis
zum Gürtel im Wasser, und entwickelten sich bedächtig vor Neutsch
angesichts Marmont.

„Sacré tonnerre!" Heiser klang der dumpfe Ausruf
zwischen den zusammengepreßten Zähnen des Empereurs hervor.
Dann trat eine schwere Pause ein. Endlich aber warf er mit
einem stolzen Aufblitzen der stahlgrauen Augen den Kopf in den
Nacken und nickte kurz: „Gut denn! ... Adjutant! Sagen Sie
zum General Rheynier, sagen Sie ihm — halt! wo sind die Vortruppen der Nordarmee sichtbar geworden?"

„Sie nähern sich dem Vorwerk ‚Der heitre Blick'."

„Bah, so ist noch nichts verloren. Vor vier Uhr greifen
d i e nicht in die Aktion ein. Das 7. Korps soll sich bei Paunsdorf konzentrieren und mit dem Korps Ney Fühlung suchen.
Und.... und" flüsterte er halblaut dem Adjutanten zu, „man
soll auf die Sachsen Acht geben." — — — — — — —

„He! Wer sind Sie?" warf Napoleon über die Achsel hin,
ohne sich umzusehen.

„Chef des Generalstabs 11. Korps, General Dumoustier."

„Nun ja! Und was suchen Sie hier? Ist's denn so wichtig,
daß Sie selbst —"

„Holzhausen ist genommen, Sire. 2½ Uhr!"

„Bah!" ... Der Kaiser lauschte einen Augenblick nach
links hinüber, wo sich jenseits Stötteritz über die verdeckenden
Bodenwellen undurchdringliche Dampfwolken kräuselten. Aber
das entsetzliche Donnergebrüll, das sich vorn um Probstheida her
erhob, ließ von dem dortigen Feuer schlechterdings nichts vernehmen.

„Wie hält sich Zuckelhausen?"

„Die Preußen sind eingedrungen. Doch die Division Marchand behauptet sich wacker."

„Ah so, die Hessen und Badenser!" Ein unheimlich tückisches Lächeln kräuselte die schmalen Lippen des Empereurs. „Brave Truppe das! . . . Wie steht's hinter Holzhausen?"

„Marschall Macdonald hält die Österreicher vom Steinberg ab."

„Will ich ihm auch raten. Macht der Sebastiani Attacken?"

„Zu Befehl, Sire."

„Schön, man soll sich halten. Verstärkungen gibt's nicht. Alles kommt darauf an, ob Probstheida fällt oder nicht. Und es wird nicht fallen. — Halt! Baalsdorf wird aufgegeben, weil nur Vorbastion unserer Stellung."

„Doch, Sire . . . und —"

„Was wünschen Sie noch?"

„Verbindung mit General Rheynier bei Paunsdorf! Das 7. Korps ist viel zu schwach, um als Zentrum zwischen dem Korps Ney und dem Korps Macdonald die lange Front zwischen den beiden Bögen unserer Flügel zu füllen."

„Geht Sie nichts an, mein Herr. — Noch ist die Nordarmee nicht angekommen. Wird sie anlangen und Sie jenseits Baalsdorf umgehen, so werden wir weiter sehen. Bis dahin heißt es festhalten. Kümmern Sie sich nicht um Ihre Flanke, sondern Ihre Front. Die alte Ängstlichkeit dieses guten Macdonald ist heute nicht am Platze."

„Aber, Sire . . . ."

„Mein Herr, glauben Sie, ich habe meine Zeit gestohlen? Handeln Sie, wie die Umstände es bedingen . . . Jawohl, General Drouot, Sie mögen die Reserveartillerie zum Vorrücken sammeln . . . Adjutant! Der General Lauriston soll mit zwei Brigaden von Stötteritz her Probstheida in die Flanke fassen und die Preußen zum zweiten Male hinauswerfen. Eilen Sie! . . . . Was ist schon wieder?"

„Sire, Meldung vom Marschall Ney: Blücher hat gegenüber der Theklakirche von Neutsch den Übergang über die Parthe erzwungen und rückt auf Schönfeld."

Ein Blick auf die Karte genügte. — „Frontveränderung nach Osten. Zwischen Schönfeld und Paunsdorf. Schönfeld von maßgebender Wichtigkeit. Marmont soll mir dort kein zweites Möckern leisten. Grüßen Sie den Fürsten von der Moskwa, hier ginge alles gut... Adieu."

... Probstheida, anfangs gleichsam in eine französische und preußische Hälfte geteilt, mußten die Bestürmer längst wieder verlassen. Victors tötliches Feuer herrschte ungeschwächt, der Rauch flog vorbei, und das obere Ende der Bresche trug keinen Lebenden mehr. Schwer lag Dampf über den Dächern, durch quirlenden Qualm zuckten rote Geschützblitze, gespenstisch auftauchend und verschwindend. Über die Streiter weg rollte unaufhörlich der dumpfe drohende Donner der Feuerschlünde und über die Bodenwelle, an welche sich die schwankenden Reihen der Grünröcke klammerten, stürzte das Geprassel des Geschoßorkans rastlos dahin.

Als das gesamte russische Fußvolk· von dannen wich, drängten die Preußen aufs neue sich vor.

Der scharfe Klang sich begegnenden Stahls, das Rasseln auf- und abfahrender Geschütze bot oft allein im dichten Rauchgetümmel dem Gehör einen Anhalt, wie und wo der Strauß am heftigsten tobte, da mehrfach das Schießen ganz aufhörte und die blanke Waffe regierte. Nur abgemessener Tritt disziplinierter Sturmsäulen und unbestimmbares Summen zahlloser Stimmen verriet den Franzosen durch den Dampfschleier das Aufwärtsdringen der Stürmer. Ihre wutverzerrten pulvergeschwärzten Gesichter tauchten über den Lehmmauern und Zäunen immer wieder empor. Wie ein vielgliederiges Reptil kroch und schob sich in mannigfachen Windungen die verbündete Streitmacht immer näher, fraß fünfzehn Feuerschlünden Victors Bemannung weg.

Die vordersten preußischen Offiziere, die über niedrigen Steinwall todesverachtend in den Feind heruntersprangen, sozusagen kopfüber auf die französischen Bajonette, lagen zwar bald erschossen und gespießt am Boden, doch eine rasselnde Hecke vorwärtsbewegter gesenkter Stahlspitzen kam schnell auf die Verteidiger herabgerollt, über alle Leichen weg und nicht achtend die in Flammen ausbrechenden Musketen. Hier und da im Nebel huschte schattenhaft ein Reiter, das nackte Schwert in der Rechten, und diese berittenen höheren Offiziere dünkten der erregten Einbildungskraft die Leiter eines drohenden Reitersturmes. Zu beiden Seiten des Dorfes erzitterten die tiefen französischen Massen und schraken zurück, als die Stoßlinie vorgehaltenen grimmen Stahls sie traf. Aber durch pulvergeschwängerte Lüfte tauchten neue Adler auf.

„En avant, Français!“ schrien die Führer sich heiser, ihr Degen glänzte hoch in der Luft.

Marschall Victor ritt hin und her, geräuschvoll und kampflustig. Seine heftigen Gebärden und irgend ein Lieblingsfluch verrieten seine Gegenwart im Gewühl den Mannschaften, auch wo sie ihn im Schlachtenrauch nicht sehen konnten, dessen Dicke am Feldrain entlangbrütete, gerötet vom Entladen der Geschütze und Glitzern der Flintensalven.

Der Kampfstrudel riß aufs neue die Preußen rückwärts, so mannhaft sie sich stemmten. Der Boden selber schien unter den Kämpfenden zu zittern vom unaufhörlichen Rollen der Kanonade. Wie tiefstimmiges Brüllen der Brandung an Felsenküste tönte sie wechselseitig von Stötteritz und Wachau herüber hinüber.

Da geschahen Taten berserkerhaften Borussenzorns. Toll von Schlachtenfurie, tauchten kleine Häuflein tief in die feindlichen Sturmsäulen unter, als wollten sie deren Rückgrat brechen, und kamen alle um, ihr Leben teuer verkaufend. Ein schlesisches Landwehrregiment, schon neulich furchtbar geschmolzen, ließ hier die Hälfte seiner braven Vaterlandsrächer liegen. Brigade Prinz August leuchtete voran. Der heldenhafte Prinz von Preußen, schon bei Auerstädt und später auf dem Rückzuge eine Ausnahmeerscheinung besonnener Entschlossenheit, bereitete sich hier auf sein Meisterstück bei Etoges vor, wo der englische Kommissar Hudson Lowe, unglaublich für einen Briten, in das Bekenntnis ausbrach: „Preußische Infanterie beste der Welt!“

Doch die flachen breiten Tschakos der Preußen schienen abwärts zu rollen, kaum daß sie bis zur Mitte Probstheidas, allein über dem hängenden Dunste sichtbar, hindurchgetragen.

„Gebt ihnen eine Lektion im Französischen!“ Der stattliche Lauriston sprengte vor dem 141. ligne der Division Rochambeau entlang, verzückt von kriegerischer Leidenschaft. Prachtliebender Ambassadeur in Petersburg, wollte er heut den Horden des Zaren ein Botschafter des Todes sein.

Artilleur von Beruf, wie er denn bei Wagram die weltberühmte Hundertbatterie im Galopp über Stock und Stein an

die schwarzgelben Fahnen herangeführt, überwachte er heut sorg-
sam genug auch die Batterieen bei Stötteritz, welche Drouot dort
aufgestapelt. Jetzt nun brach er hervor und aus seinen Legionen
erhob sich tausendfältiges Feldgeschrei, in verschiedener Modu-
lierung von einem Bataillon nach dem anderen aufgenommen.
Es klang wie religiöse Hymne fanatischer Glaubensstreiter, dies
trotzig machtbewußte Vive l'Empereur.

Doch der Eisenwall der verbündeten Artillerie sprach ein
donnerndes Halt, als die Trikoloren, glorreich anzusehen, sich
über das Gefilde breiteten. Victors Siegername half ihm so
wenig wie Lauristons Freudigkeit, beide Heerteile wankten wieder
rückwärts, notdürftige Deckung der Dörfer und Büsche auf-
suchend. Umsonst streckte der Hauptrumpf ihrer Angriffsmasse,
mit dichten Fransen und Schleiern von Tirailleurschwärmen umgeben, rechts und links Umgehungsteile aus, wie ein Ungeheuer
seine Krallen. Als die Luft sich klärte, fegte es durch sie hindurch, ganze Glieder wegreißend, wo die verbündete Artillerie
ihre Eisenlippen öffnete. Und wo eben noch die roten Pompons der französischen Tschakos glänzten, brach erneut die
Sturmwoge des verbündeten Fußvolkes über Probstheida herein,
das Plateau überschwemmend. Doch ein Zittern und Murren
rann durch die Glieder der Russen, ehe sie sich entwickeln konnten,
ihre Spitze schrumpfte ein. Da warfen die Preußen aufs neue
ihr Gewicht in die Wagschale.

„Werde doch wieder auf meine Kavallerie zurückgreifen."
Der Kaiser spazierte, Hände auf dem Rücken, gleichmütig hin und
her. „Parquin, nicht immer in die Luft gucken! Gib acht auf
mein gutes Tier!" mahnte er den Guidenrittmeister, der des
Kaisers Stute am Zügel hielt. Denn eine verirrte Kugel sauste
wieder vorüber und das Pferd scheute. „Mein armer Pajol, der
arme Latour! Wer soll die heut' ersetzen? Ach, das verreckt wie
die Fliegen! Hätte ich Montbrun noch hier! Kellermann — nun
ja, Marengo, Alba de Tormes, doch sonst nur sein bißchen Austerlitz. Wollen sehn, was er kann."

In Probstheida ging's wieder toll her. Der Lauf der
Musketen erhitzte sich schon so vom unablässigen Schießen, daß
die Leute nur das Holz unterhalb des Eisens beim Abdrücken
des Hahns berührten. Man kam sich so nah, daß die Flamme
der Musketen die Blauröcke versengte. Schon fochten die

Franzosen nicht mehr mit ihrem eigentümlichen Elan, sondern mit kalter verbissener Wut. Veteranen mit dem Ehrenkreuz schauten kummervoll drein, wie Tapfere, denen das Herz bricht, weil alle ihre Tapferkeit vergeblich. Doch den Preußen in all ihrer Begeisterung erging es kaum anders. Ein hoher Offizier, dessen ragende Gestalt sich vor Schmerz auf der Schulter seines Pferdes angelehnt krümmte, aus dem Gefecht eilend mit zer- schmettertem Arm, sah wie ein Sterbender aus, der in Ver- zweiflung stirbt. „Alles vergebens, wir dringen nicht durch!"

Einen Major, der auf einer Bahre vorübergetragen ward, so bleich und hohlwangig wie ein toter Mann, fragte Kleist teil- nehmend: „Sind Sie schwer getroffen?" — „Weiß nicht, Exzellenz, kümmert mich auch nicht. Aber meine armen Kerle sind alle zerschossen, so viel weiß ich." — — — — — — —

Der schöne große Flecken Schönfeld mit Landhäusern und Fabriken eignete sich vorzüglich zur Verteidigung. Nachdem die russischen Jäger gegen Abtnaundorf scharf geplänkelt und von Bülows Anmarsch sichere Kunde kam, säumte Blücher nicht, sieben Bataillone von Kapzewitsch nach Schönfeld vorzuschieben. Gleichzeitig erhielt Sacken Befehl, da auch Marmonts Linke dorthin abmarschieren wollte, sie durch vermehrte Bedrohung der Halleschen Vorstadt besorgt zu machen. Division Brayer hielt daher zweifelnd inne, als lauterer Schlachtlärm aus dem Gefechtsfeld Dombrowskis herübertönte, Brigade Albe kehrte nach Leipzig um. Um zwei Uhr drang Division Rudsewitsch von Norden her ein, während General Udom Apcheron-Regi- ment Olsubiefs erst um vier Uhr, seine Jäger und Regi- ment Jakutsk in den Ostteil führte. Letztere drangen durch und trieben die Franzosen stürmisch durch den ganzen Ort vor sich her. Ein Jägerbataillon setzte seitwärts über die Parthe auf deren beiden Ufern Blüchers Artillerie im Halbkreis feuerte, und richtete sich im Rittergutsgebäude ein. Doch aus der anstoßen- den Lindenallee brachen Marinetruppen Compans' in reichlicher Zahl vor, nahmen jene Jäger gefangen und stießen Rudsewitsch überall hinaus. Fürst Tortschaninow erneuerte den Sturm, das ganze Fußvolk von Kapzewitsch reichte nicht aus, frontal, allmählich mußte südlich ganzes Infanteriekorps St. Priest ins Gefecht. In dichtgedrängten Scharen rückten die Mosko- witer an, doch stockten sie bald. Das standhafte Geschütz Marmonts wütete in ihren Massen und riß sie auseinander, verheerend schlug Flintenfeuer in ihre Reihen, Pulverwagen flogen im Gedränge auf, wo eine russische Batterie sich zu nahe herangewagt. Die Genuesen vom 32. Leichten fochten nicht minder brav wie die vom 15. Provisorischen, die bei Dresden schon ins Feuer kamen. General Pelleport, Choisy, Maury erhielten ehrenvolle Wunden, Compans eine neue, Friederichs tödliche.

. . . „Himmelherrgottsakrament! Wird's denn nie nich alle werden mit den verflixten Wälschen?" fluchte der Marschall Vorwärts, dem fürs erste an der Parthe nur wiederholtes Rückwärts erblühte. Denn der Tapferste der Tapfern pflegte das Vorwärts ja auch als berechtigte Eigentümlichkeit. Die Moskowiter rangen, röchelten wie Ertrinkende in der schrecklichen Enge des Dorfkampfes. Hundertfünfzig Feuerschlünde donnerten auf Division Lagrange herein, doch dieser grimme Zuspruch Blüchers verfehlte seine Wirkung. In Schönfeld stürzten die Kaminschlöte und Schornsteine um und begruben drunterweg Stürmende lebendig in ihrem Fall. Doch nie betrugen sich Truppen besser, als diese französischen. Sie zählten ihre Angreifer nicht, rechneten ihre Überzahl für nichts. Die Parthe ging hoch mit Blut. Während sich in ihre Weichen ein beißendes Flankenfeuer ergoß, bohrten sich französische Bajonette in die Eingeweide der mächtigen Sturmhaufen.

„Paschol! Olle Moskowiter!" feuerte der weißhaarige Jüngling Blücher, die schlichte Feldmütze auf den kahlen Schädel gestülpt, den Radmantel umgeknöpft, diese Barbaren an, die in ihm Väterchen Suworow wiedererstanden glaubten. Doch Lagrange und später Teile der Division Brayer, sowie einige abgezweigte Bataillone der Division Friederichs, die seitwärts in der Partheebene in der gräßlichsten Kanonade keinen Schritt breit wich, im Dorfe widerstanden aufs wütigste den wüstesten Bajonettstürmen der Reußen. Das 2. Marine, bei Möckern arg gelichtet, opferte sich auf und fünf seiner Stabsoffiziere sanken vor der Front ihrer Seeleute. Auch das 4., neulich minder befriedigend, focht heut mit gleichen Opfern.

Es wiederholte sich, was einst in Preußisch-Eylau geschah, wo das scheußliche Schlachtgeheul der Mongolen markerschütternd das Schneegestöber durchgellte, wo lebende Leiber aus den Fenstern Gestürzter umherflogen und unten in der Gasse

Fechtende erschlugen, wo sich Teile der sibirischen Regimenter Tobolsk und Irkutsk in flackernden Mühlen verbrennen ließen. Der Zusamenschluß der Gegner war so eng, daß beiderseits die Offiziere selber sich in die Glieder eingeklemmt sahen. Mit reiner Körperkraft, mit Faustschlägen und Halswürgen, schafften die Vordersten sich Raum, da man das Bajonett kaum gebrauchen konnte. Regiment Staroskol bis zum letzten Mann erwürgt!

Die dicht aufeinandergepackten Menschenklumpen der Barbaren hauchten einen üblen Geruch von Schweiß, Gestank und schmutzigem Leder aus. Ein fader Blutduft rann wie ein roter Faden durch diese angenehme Verknotung, dies Potpourri von Höllenbrodem.

Die nach innen eingebogenen Tschakos der grünröckigen Linientruppen und ihre spitzen blechbeschlagenen Grenadiermützen kollerten haufenweise an abschüssiger Uferböschung in die Parthe hinein, schnell und dicht fielen die Scharen, dicht und schnell flogen die Kanonenkugeln gegens frische Korps Olsuwief.

Neys Batterien donnerten „Rundschüsse" über die Köpfe weg. In einen Halbkreis von Feuer packte der allwärts ordnende Marmont, der berühmte Artilleur von Marengo, den eingedrückten Gegner zusammen und nichts hielt Vergleich aus mit Neys plötzlicher Schnelligkeit, sobald Fürst Urusow ins Schwanken geriet. Fünf Uhr, Division Kornilew wich.

Brigade Bony der Division Brayer holte zum Gegenstoß aus, ihre Obersten Forgeot und Maigrot fielen sofort.

Im Handumdrehen rannten Trommler und Bläser tapfer heraus vor die Front und stimmten den Pas de Charge an, mit Gedankenschnelle griffen die Franzosen zum Bajonett. Ohnmächtig erstarrte das Haupt der russischen Sturmsäulen, all ihre Schlachtenglut gefror gleichsam vor diesem eisigen Windstoß rüstigen Stahls.

Über wahre Leichenwälle mußten sie den Rückweg suchen. Manche hielten die Arme noch emporgestreckt in der Lage zum Zielen. Andere lagen ineinandergekrümmt, wie innerlich eingeschrumpft, und hoch über den Leichen tönte hellstimmiger Schrei sieghafter Verachtung den Fliehenden nach — der alte schaurigsüße Liebesruf der Gloire, das sieggefeite Vive "Empereur. —

Indes so Blücher mit Langerons Heerteil lange vergeblich sich abmühte, bestrebte sich auf der äußeren Flanke der energische Sacken, die nördliche Vorstadt zu erreichen und dort Einbruch in Leipzig zu erzwingen. Doch Dombrowskis Polen bei Pfaffendorf wiesen dem miskowitischen Erbfeind bissig genug die Zähne, Brayers Brigade d'Albe tat das Menschenmögliche, so daß Sacken nach schwersten Verlusten auf seinen Vorsatz verzichten mußte. Die hier entgegenstanden, schlugen jeden Angriff ab. Allmählich nach und nach drängte sich dem Schlesischen Heer die Unmöglichkeit auf, weiter vorzukommen und die Partheufer völlig zu gewinnen, so lange nicht die Nordarmee das Feld betrat.

„Ist der verfluchtige Jude oder Zigeuner noch nich angetreten?" wetterte Blücher in Berserkerzorn. Aber der englische Kriegskommissar Sir Charles Steward beschwichtigte ihn lächelnd:

„Ich bürge Ew. Exzellenz dafür, Se. Hoheit der Kronprinz von Schweden w e r d e n erscheinen." Er wußte warum. Hatte er doch dem elenden Bernadotte, als dieser immer noch Ausflüchte machte, eine Epistel an den Kopf geschleudert, die gleichsam das Gewicht der englischen Subsidienpfunde belastete: ‚Dies heißt als Freund sprechen. Jetzt spreche ich als Soldat und nur bereuen könnten es Ew. Hoheit, wenn Sie nicht augenblicklich meinem Ersuchen folgeleisten.' So vermochte zu einem gekrönten Haupt damals nur ein Brite zu sprechen, gegürtet mit dem ganzen Stolze seines perfiden Albion, für dessen Weltherrschaft und die Obmacht Halbasiens die Völker Europas hier ihren ‚Befreiungskrieg' schlugen. Die Weltgeschichte hat boshafte Launen und macht grausame Witze. . . .

Die Reservearmee Bennigsen hatte nun richtig in dem Halbmond der verbündeten Heere ihre verheißende Ankunft durchgesetzt und vorbestimmten Posten eingenommen. General Paskewitsch, später Eroberer von Erzerum und schon an Rajefskischanze von Borodino wie in ‚Neys Schlacht der Helden' an der Losmina erfolgreich tätig, schritt kaltblütig mit seiner Division zum Sturm auf Baalsdorf und Holzhausen. Gleichzeitig wandten preußische Geschütze ihre Räder dorthin und Brigade (Division) Zieten stürmte gegen Judelhausen. Aber Macdonald, der französische Schotte und schottische Franzose, den besonnenen

Ernst der einen mit dem Feuereifer der anderen Raſſe ver-
bindend, wollte nicht wieder wie nach der Katzbachniederlage
ſeinen Truppen mit hochherzigem Freimut bekennen müſſen:
„Ich allein trage die Schuld." Er wehrte ſich mit entſchloſſener
Umſicht, unterſtützt von ſeinem begabteren Unterführer, dem
rührigen Gérard, dem jüngſten Diviſionär der Armee, erſt
durch Gudins Tod im vorigen Jahre zum Kommando einer
Diviſion berufen und bereits wieder auf der Mai-Verfolgung
nach der Bautzener Schlacht ſo ſchwer am Kopf verwundet, daß
Trepanierung der Kopfhaut nötig. Auch von leichter Wunde
vorgeſtern merkte man nichts, mit geſunder Geiſtesgegenwart
warf er ſeine Diviſion in den Kampf. Aus ſeinen klaren Augen
leuchtete die glänzende Zukunft, die ihm bevorſtand. Doch
traf ihn bald eine neue Kugel bei Baalsdorf. Heftiges
Vorbrechen von Lauriſtons Chaſſeurs ſeitwärts Holzhauſen
leitete hier das Schlachtgetümmel ein.

Da ſich Macdonald urſprünglich eine Strecke weiter vor
befand, ſo ſollte er ſich langſam auf gleiche Höhe mit Rheynier
zurückziehen. Seine vorgeſchobene Spitze bei Baalsdorf verfolgte den Zweck, Bennigſen möglichſt lange fernzuhalten. Die
rückwärtige Bewegung konnte jedoch nicht ohne beträchtliche Ver-
luſte vollzogen werden, da auch Schwarzenbergs Artillerie von
Liebertwolkwitz her verderblich ſeine Flanke beſtrich.

„Das rollt ja ununterbrochen wie Infanteriefeuer!" rief
der Marſchall dem General Aubry zu, Kommandeur ſeiner Korpsartillerie, die mit Nachdruck das Feuer ſolcher Übermacht zu
dämpfen ſuchte. „Sie waren ja auch bei Wagram in Maſſenas
Korps, aber haben Sie ſolche Kanonade erlebt wie die von heute
und vorgeſtern?" Aubry ſchüttelte ſtumm verneinend den Kopf,
im ſelben Augenblick zerriß ihn eine Granate!

Auch als Macdonald ſein Korps enger um Holzhauſen zu-
ſammenzog, hatte ſeine Artillerie einen ſo ſchweren Stand, daß
der größte Teil ihrer Beſpannung fiel und ein Geſchütz nach
dem andern das Feuer einſtellte.

„Die Munition geht aus, Monſeigneur, wir können kaum
mehr ſchießen." Macdonald ſeufzte, er kannte die Ruſſen vom
einſtigen Gemetzel im ausgedörrten Strombett der Trebbia, wo
gleichfalls ein ungeheurer Munitionsverbrauch (ſiebenhundert-
fünfzigtauſend Patronen) ſtattfand und die Republikaner

dennoch zuletzt sich behaupteten. Wie damals seine Reiterei ihn trotz Prinz Liechtensteins glänzender Attacke vorm Untergang rettete, so hoffte er es auch diesmal von Sebastianis Braven. Seinem Fußvolk blieb aber schließlich nichts übrig, als sich hinter Bodensenkungen zu verstecken und so dem Blick des Feindes zu entziehen. Diesem drängte sich drum bald der Glaube auf, Holzhausen kampflos besetzen zu dürfen.

„Stellen Sie dem Kaiser vor, daß er unsere Artillerie ersetzen muß,“ entsandte der Marschall seinen Adjutanten Beurnonville. „Ich bin zur Untätigkeit verdammt, wenn ich das feindliche Feuer nicht erwidern darf.“ So verstrichen mehrere Stunden, in welchen die Franzosen und neapolitanischen Elitegrenadiere zwar ausharrten, während Gérards Italiener ganz unverwendet flohen und nur dessen Franzosen fochten, auch Hessen und Badenser in Zuckelhausen mit den preußischen Landsleuten scharf aneinandergerieten. Doch die Menge der Toten und Verwundeten häufte sich immer mehr, Divisionsgeneral Ledru blutete selber und Russendivisionär Lindfors.

„Sehn Sie diese Leichen und diese Kugeln!“ wandte sich Macdonald an den Oberst Bongars. „Ich wollte, ich läge darunter und ich würde weggerafft, um nicht das Ende des Trauerspiels mit anzusehen!“ „Halten Herr Marschall unsere Angelegenheiten für aussichtslos?“ „Vollkommen, gegenüber so riesiger Übermacht. Ah, da kommt etwas vom Kaiser!“ In der Tat langten mehrere Gardebatterien aus der Reserve an und fuhren sogleich auf. „Hilfe in der Not! Denn soeben rückt der Feind zum Sturme!“ Er setzte sein Fernrohr ab und befahl, die Russen nahe heranzulassen, deren Linien und Kolonnen sorglos heranspazierten, weil das Feuer drüben so lange schwieg. Überraschend auf einmal von Kartätschen und Salven überschüttet, wichen sie gelichtet zurück . . .

Macdonald und Sebastiani hatten eine schier fünffache Übermacht gegen sich, und daß sie sich noch leidlich aus der verfahrenen Lage zogen, verdankten sie teils Drouots Meisterkunst, die von Stötteritz her unaufhörlich jedes Vordringen lähmte, teils dem mangelhaften Ineinandergreifen der vier Heersäulen Bennigsens. Die erste, Zieten, ließ Liebertwolkwitz links liegen. Diese preußische Division litt neulich im Gegensatz zu ihren Schwesterndivisionen nur äußerst wenig, obschon bei Dresden ihr fast bis zum letzten Mann vernichtetes III. Bataillon 1. schlesischen Regiments und 10. Reserve zur Genüge zeigten, was sie leisten konnten, und daß es ihnen an Opfermut wahrlich nicht gebrach. Sie warf sich nun, ihre zwei Kompagnien schlesischer Schützen vorauf, mit Macht auf Zuckelhausen. Doch erst als auch das österreichische Regiment Aloys Liechtenstein der Division Mayer sich am Sturm beteiligte, bemeisterte man die Rheinbündler, wobei die Leibgarde des Großherzogs von Hessen unter Oberst v. Stosch genug deutsche Landsleute umbrachte. Jeder Versuch, auf Stötteritz nachzustoßen, scheiterte und die Fußbatterie Zietens begnügte sich mit lebhafter Erwiderung des heißen Grußes. Sein Fußvolk wich nach Zuckelhausen wieder hinein. Major Wessel mit Plänklern beschoß Probstheida.

Indessen trieb Klenau die Tirailleure Charpentiers aus dem sogenannten Vorholz von Seiffartshayn, das den seltsamen Namen ‚Zauche' führte, und gelangte allmählich bis vor Holzhausen. Brigadegeneral de Best führte das Regiment Württemberg vor, dem Fürst Hohenlohe andere Teile seiner Division folgen ließ, und gleichzeitig ließ Feldmarschalleutnant Mohr das Regiment Kerpen los. Dessen kühner Oberst O'Brien, ein heißblütiger Ire, verbot zu feuern und erstürmte mit dem Bajonett die ersten Häuser, doch sogleich traf ihn eine Kugel in den Kinnbacken und warf ihn vom Pferde, alle seine Offiziere lagen tot und verwundet. Doch vier Reservekompagnien des Regiments unter Hauptmann Wattek drangen von der Nordostseite, das sogenannte wallachisch-illyrische Bataillon von der Nordwestseite über Zuckelhausen in den hinteren Teil des Dorfes. Gleichzeitig drückten nun die russischen Divisionen Chowanski und Paskewitsch in Richtung auf Stötteritz, letztere bedrohte die linke Flanke Charpentiers und geriet mit Ledru aneinander, gegen dessen Front sich auch die Division Iwanoff wendete. Diese Truppen, unterm Oberbefehl des Generals Dochturow, des Schlägers von Smolensk und Malojaroslawetz, suchten nun über Zwehnaundorf auf Stötteritz anzudringen. Fürst Chowansky ward Herr in Holzhausen, wobei die russische schwere Artillerie, insbesondere die Zwölfpfünder Nr. fünfundvierzig des Oberst Pekunof, eine entscheidende Tätigkeit entfaltete. Es kostete harten zweistündigen Kampf, um den Feind zur jenseitigen Höhe hinter dem Dorfe, sie heißt der Steinberg, hinaufzudrängen, und brach schon die Dunkelheit herein. Auch erhob sich ein grausames Feuer aus Stötteritz. Nur Ledrus Westfalen kniffen bis hinter Probstheida aus, ihr Gardebataillon bei Curial und das sächsische versagten gleichfalls.

Inzwischen hatte die Vorhutdivision Stroganof weiter östlich Baalsdorf in Besitz genommen und im Verein mit den Reiterkorps von Kreutz und Tschaplitz Zwehnaundorf zu Anfang der Division Gérard entrissen. Diese schien jedoch nicht willens, so leichten Kaufes die Stellung fahren zu lassen. Im Park von Oberzwehnaundorf kam es zu hartnäckigem Gefecht und die Jägerbrigade Glebow behauptete sich mit Mühe. Baalsdorf mußte sogar eine Zeitlang aufgegeben werden, und die Wiedereroberung gestaltete sich schwierig. Erst am Abend setzten die Russen sich endgültig in beiden Orten fest, sodaß Macdonald lebhafte Besorgnis für seine Verbindung mit Rheynier empfand.

Schon gegen zehn Uhr vormittags marschierte die österreichische leichte Division Bubna, die mit Bennigsens Russen seit lange Wohl und Wehe teilte, auf Möllau und Paunsdorf. Ihre zwei Kavalleriebatterien wirkten so vortrefflich, daß sieben Geschütze der reitenden und zwölf= pfündigen Sachsenbatterie auf der Windmühlenhöhe unbrauchbar ge= schossen wurden, und General Zechmeister jagte mit dem 5. Jäger= bataillon die schwache französisch=sächsische Besatzung aus Paunsdorf. Die schwache sächsische Brigade Ryssel verlor hier viele Leute. General Durutte ließ jedoch den Ort durch Haubitzgranaten in Brand schießen und benutzte seinerseits den Rauch, um die Eindringlinge zu über= rumpeln. Sobald Zechmeister zum Verlassen der brennenden Ort= schaft genötigt, befahl Graf Bubna dem Major Saborsky, sein 6. Jägerbataillon vorzuschicken, worauf auch Major Graf Brankowich mit dem Peterwardeiner Schützenbataillon sich anschloß. Die tapferen Jäger warfen wiederum den Feind hinaus. Da aber Paunsdorf schon im Rücken des im Dreieckwinkel vorgebogenen linken Flügels der Franzosen lag, so durfte sein Verlust nicht geduldet werden und Rheynier traf im Verein mit Ney rasch Anstalten, es zurückzugewinnen. Nur mit Mühe behauptete Bubna ein paar vordere Häuser, während er den General Graf Neipperg mit den Kaiser= und Blankenstein= husaren, welch letztere ihre Lorbeeren von Aspern hier nicht auffrischten, zur Deckung rechts schob, um nicht überflügelt zu werden. Da jedoch um ein Uhr der Hetman Platof hier die Verbindung mit der Nord= armee herstellte und diese selbst um drei Uhr anrückte, überließ Bubna letzterer den weiteren Kampf und zog sich auf Sommerfeld zurück.

Um drei Uhr erschien Bennigsen hier selber, um weiteres mit Bernadotte zu verabreden. Bülows späteren Stoß auf Sellershausen erleichterte er durch Kanonade und Reiteransammlungen in der Flanke, am Abend ging General Paskewitsch sogar bis zum Windmühlenberg in der linken Flanke von Stötteritz vor, nachdem Macdonalds erneute Besitzergreifung von Holzhausen mit seiner erneuten Zurückwerfung endete. Darüber brach die Nacht herein. Doch gingen noch sehr be= deutende Reiterangriffe Sebastianis vorher.

Längere Zeit beobachtete der Kaiser schweigend das Ge= fechtspanorama um ihn her. Auf dem rechten Flügel an der Pleiße knatterte und rollte das Gewehrfeuer ununterbrochen. Doch tönte das alles nur wie das Summen einer Hornisse in einem Orkan, gegenüber dem entsetzlichen Schlachtgewitter bei Probstheida, wo beiderseits dreihundert Kanonen wider ein= ander brüllten. —

Ein verwundeter Offizier der Garde geleitete eben einen Gefangenentransport vorüber; die roten Pantalons, weißen Waffenröcke und Bärenmützen zeigten ungarische Grenadiere. — „Nun, geht es gut?"

„Die Polen tun Wunder, Sire. Die Alte Garde drängt den Feind überall mit Wut und Nachdruck zurück. Der Feind hat seine großen Reserven umsonst ins Treffen geführt. Er gewinnt keinen Fußbreit Bodens."

„Bravo, ich bin mit Euch zufrieden. — He?"

„Probstheida ist zum fünften Mal halb genommen. Die Preußen fechten wie Rasende."

„So legt ihnen Zwangsjacken an!" warf Napoleon mit der ihm eigenen Ruhe trocken hin. „Der Marschall Victor soll den Rest des Korps daransetzen, der General Lauriston desgleichen. General Flahaut, Sie werden dem König von Neapel diese Disposition überbringen. — Was gibt's?"

„Der Marschall Macdonald —"

„Schon wieder! Der Mann läßt mir keine Ruhe!"

„Zweinaundorf ist uns entrissen und —"

„Dacht ich's doch! Strengster Befehl: Holzhausen wird um jeden Preis zurückerobert. Der General Sebastiani soll durch gewichtige Reiterangriffe den Feind beschäftigen. Er erhält die leichte Gardereiterei als Unterstützung. (Berthier, rasch die Ordre ausfertigen!) ... Was stehen Sie noch?"

„Und Zuckelhausen?"

„Wird aufgegeben. Ist für den Feind doch unhaltbar, weil er von Probstheida her in der Flanke bestrichen wird ... General Sorbier, Sie werden in Person dies Flankenfeuer leiten. General Dulauloy, Sie nehmen von Stötteritz aus das Dorf unter konzentrisches Feuer. Sie sollen nur wagen, aus Zuckelhausen vorzubrechen! ... Wieviel Uhr, Berthier?"

„Halb drei."

„Um sechs Uhr wird's dunkel. Wir bestehen den Andrang."

Der ganze Horizont vor Probstheida schien von Truppen verdunkelt. Unabsehbar, unablässig tauchten neue blau-grüne preußisch-russische Massen über der Bodenwelle bei Wachau auf und gingen in tiefen Kolonnen zum Sturm vor. Durch den Kanonendonner hörte man das Hurrajauchzen und Feldgeschrei der mit klingendem Spiel vorgehenden Gewalthaufen. Aber deutlich konnte man ganze Sturmsäulen vom Erdboden gleichsam verschwinden sehen, wenn die lange Feuerlinie der französischen Batterien ihre Generalsalven entlud. Diese ganze ungeheure Geschützfront war von Dampfgewölk umhüllt, aus dem man nur hier und da die metallenen Rohre wie Lichtpunkte aufblitzen und die Kanoniere wie Schatten hin- und her- huschen sah.

Die Bodenwellen zu jeder Seite brachen in Flammen aus. Weißer Dunst floß über die Walstatt dichter und dichter, und hinter solchem Wall wogender Dünste verschwanden in unbe- stimmten Umrissen die tapfern Harste der Verbündeten. Ihre rückwärtige Spur bezeichneten in Menge verstümmelte Leiber und reglose Leichen, sie schleppten wie einen Schweif ganze Bataillone Verwundeter hinter sich, zerschossene Geschütze und Waffentrümmer bildeten eine Zone der Verwüstung um sie her. Unter den Pulverwolken fochten und starben Deutschlands und Frankreichs Söhne, die Horden der russischen Steppe und die Kinder der ungarischen Pußta. Was an Elbe und Oder, Donau und Wolga, Loire und Rhone geboren, sank in gemeinsames Völkergrab am schmalen Bett der Pleiße und Parthe.

Mann auf Mann schoß Geschützmeister Drouot, der wahre Oberfeuerwerker der Weltartillerie, mit seinen schweren Kugeln die jenseitige Höhenfront nieder. Von Baalsdorf bis Dölitz blitzte die lange Linie auf, ein rasender Wirbel von todes- schwangerem Gewölk bedeckte den Abhang und zerriß immer wieder durch Flammenzungen neuer Entladungen. Lautbellende Feldhaubitzen trugen ihre Tonwelle über die niederen Hügel, die wie Maulwurfshaufen aus dem sanften Graswuchs der Ebene aufragten, elastisch für den Einschlag galoppierender Hufe.

Noch rangen Kleists Preußen um den Sieg mit unbeschreib- licher Begeisterung. Ihre Erbitterung wuchs nur im Feuer- hagel dieser eisernen Mäuler, die ihnen verderbenspeiend ent- gegenfauchten. Aufwärts ging's wieder durch Rauch und Flammen. Indes Drouots Donnerstimmen ihre weitreichenden Grüße bis zum Monarchenhügel hinübersandten und auf die lange Reihe nickender Federn und blitzender Schwerter schleu- derten, wo sich verbündete Reiterei verschiedener Nationen blau und grün und weiß mit schillernden Geschützketten verwob, rannten die preußischen Plänkler wieder gegen Probstheida vorwärts, Kolonnen hintennach. In vollem Lauf jählings dies- seitigen Hang hinunter, wogten sie hinauf, wo vor ihnen her ihre Kanonenkugeln den Boden aufrissen. Mit einem einzigen

elektrischen Impuls senkten sich die schimmernden Bajonette
schnurgerade, stießen in hoffnungslose Flucht zurück, was
draußen vor dem Dorfe das freie Feld hielt, und preßten sich
auf den Feind wieder mitten ins Dorf hinein. Ihr überwäl-
tigendes Hurragebrüll erschütterte den Feind ärger als dröh-
nende Salve. Wie entfesselte Schleuse brausten sie herein und
man hörte förmlich das Rasseln von Bandelieren und Messing-
zeug, wo die Franzosen um ihr Leben davonrannten. Die
düstre Dampfwolke hing so schlaff, daß Dunst sich sogar an die
Kleider heftete und die Schützen manchmal nichts sahen, als das
rote Ausstrahlen der eigenen Büchse, und sich den beizenden
Rauch aus den Augen wischten. In der Tat, ein wahrer
Oktobernebel, wie einst am Unglückstag von Jena, strich über
die ganze Landschaft, nur diesmal ein künstlicher Nebel. Und
wo er zerriß, besprenkelte klare Sonne mit Gold die blinkenden
Waffen und dunkeln Donnerrohre, die einen wahren Kugel-
schauer vor sich hertrieben, als wollten sie alles Lebende mit
Stumpf und Stiel vom Erdboden vertilgen.

Und nun rückte auch die große Heerreserve der russisch-
preußischen Garden heran. Ohne einen Schuß zu tun und ohne
je zu halten oder aus dem disziplinierten Schritt zu fallen,
dessen Festigkeit den Boden unter ihnen erbeben machte. Aber
nun kamen Kleists schrecklich gelichtete schlesische und
westpreußische Schlachthaufen auch schon wieder aus dem Dorfe
heraus, ihnen entgegen. Nicht mehr jagten zerschmetternde
Salven den Franzos von Posten zu Posten vor sich her, wo
preußische Raschheit so entschlossen marschierte und jählings
feuerte, daß sie, statt zwischen lebende Feinde zu geraten, beim
Vordringen nur deren Totenmenge im nächsten Augenblick neben
sich fand. Schon lange stockte der Stoß in Mitte des unheil-
vollen Dorfes, festgebannt am gleichen Fleck. Und nun stieß
gemeinsames Andrängen von Vial und Rochambeau in und
neben dem Dorfe sie wieder matt und wund ins freie Feld
hinaus. Vial setzte seine gestern geschonten 2., 18. ligne energisch ein, während auch heut Dubreton zuvorderst focht, sein 37.
auch heut wieder dreizehn (gestern vierundzwanzig) Offiziere
opferte.

Mit dem Stolz bevorzugter Leibwächter nahten die Garden
und die Preußen nahmen den Kampf wieder auf. Bis auf sechzig

Schritt heran im weißen Rauch und gelblichen Branst, wo
Pulverdampf und Feuersbrunst sich verschlangen, erstiegen sie
die Bodenwelle von Probstheida. Victors Fußvolk eröffnete
auf beiden Flanken ein scharf verheerendes Feuer und ein wahres
Schlackergestöber eisernen Hagels durch Kartätschlagen brach
über sie herein. Sorbier, Desvaux und der Munitionschef
Dulauloy vereinten ihre Anstrengung, die Stellung zu halten.
Wohl fielen unter ihren Granaten schon im Rückhalt taurische
und finnische Grenadiere, doch nichts hielt Preußens steigende
Flut mehr auf. Was noch eben als feste Front entgegenstand,
ward eine Masse gebrochener fluchender rennender Menschen, ein
wirrer Haufe fassungslos Davonstürzender, ein toller Tumult.

Mit Mühe kamen die Franzmänner im freien Feld wieder
zum Stehen.

„Ist das die Große Nation? Ich schäme mich!" schrie der
derbe Duc de Belluno Fliehende an und spuckte aus. „Der Teufel
hol' mich, wenn meine Deutschen und Polen an der Beresina
nicht besser standen als ihr!" Das stimmte nicht ganz, denn
auch Victors Franzosen unterm alten General Partonnaux,
der schon bei Novi gegen Suworows Moskowiter stritt, gingen
dort ruhmvoll unter. Doch solch Scheltwort verfehlte seine
Wirkung nicht. „Was, tapfrer als Franzosen? So was gibt's
ja gar nicht! Denen wollen wir's versalzen!" Und das Würgen
begann wieder lustig, Brust an Brust, in verschlungenem
Schlangenknäuel.

„Kinder, man schlägt die Mutter!" beschwor Maison herz-
beweglich die Seinen. „Das Vaterland ist in Gefahr, es ruft:
helft, meine Kinder!" Das zündete. Mit lauthallendem Feldgeschrei und erneutem Ungestüm drangen sie von Stötteritz her
an . . . .

Auf dem Feldweg hinter Paunsdorf ritt der kommandierende General Rheynier ungeduldig hin und her. Eine ehrliche Haut, dessen Rechtlichkeit nur in mißliebige Rechthaberei
ausartete, was ihn lange im Avanzement drückte, obgleich er
schon in Ägypten eine Division befehligt. In Portugals
Sierren raufte er mit den britischen Rotröcken, an den Pripet-
sümpfen mit den Russen, doch die Preußen von Großbeeren und
Dennewitz kamen ihm just am schlimmsten vor. Und diese sollte
er nun wieder hier in Empfang nehmen, wenn sich drüben die

Wetterwolke entlud. Unruhig flog sein Blick zu der ihm an-
vertrauten deutschen Truppe hinüber, deren weiße Uniform das
eintönige Blau der französischen Heereshaufen an dieser Stelle
unterbrach. „Es geht was vor!" entfuhr es ihm unwillkürlich
halblaut.

„Sie meinen, bei den Sachsen?" fiel eine Stimme neben
ihm ein. Sein Divisionär Durutte ritt an ihn soeben unbemerkt
heran. „Ich sah Sie kommen, General, und beeile mich, Ihnen
meine Befürchtung auszudrücken. Die Haltung der sächsischen
Kameraden gefällt mir ganz und gar nicht, ihre Stimmung
scheint mir flau, um nicht zu sagen falsch und bedrohlich."

Rheynier seufzte. Er wie Durutte kannten die Sachsen von
Wagram her. Vorhin hatten sie ihn freilich lebhaft und freundlich begrüßt. Doch er gewann den peinlich-beängstigenden Eindruck, als ob sie bei der herzlichen Verehrung, welche er bei
ihnen genoß, ihn bloß nicht entgelten lassen wollten, was ihnen
an aufgespeichertem Groll auf dem Herzen lag. Als der verhaßte Ney vorhin zum Rechten sehen wollte und mit verlegener
Anbiederei mit „Kameraden" und „treue Sachsen" um sich
warf, antwortete ihm nur düstere Stille.

„Bah, bei Wagram sind sie ja auch ausgerissen!" machte
Durutte verächtlich. „Ich sah's selber, als ich auf Aderklaa
vorging. Und ihr damaliger Chef, der infame Verräter Bernadotte —"

„Das sind alte Geschichten!" unterbrach Rheynier stirnrunzelnd. „S i e hatten damals das Glück, unterm Vicekönig
und Macdonald zu fechten, während die Sachsen dort eben einen
s o l c h e n Chef hatten. Unter mir, das wissen Sie, taten sie allzeit ihre Pflicht wie Männer. Ich würde es beklagen, wenn heut
— d a v o n l a u f e n werden sie nicht, dafür bürg' ich Ihnen,
aber ... ihr alter Chef Bernadotte zieht sie wohl sympathisch
an, er würde sie sehr willkommen heißen, wenn —"

„O! ü b e r l a u f e n?!" murmelte Durutte bestürzt
„Was wird dann hier aus uns?" — — — — — —

„Was gibt's schon wieder?"

„Der General Rochambeau ist an der Spitze seiner Truppen
gefallen."

„Werde ich aus der Verlustliste erfahren. Verbitte mir
unnütze Meldungen."

„Sire, die Feinde sind wieder in Probstheida."

„Zum siebenten Mal! Gut. Man lasse sie zum siebenten Mal Spießruten laufen... General Friant!" Der auf der Straße mit seinem Stabe haltende alte Haudegen parierte in straffer Haltung vor dem Meister. „Sofort auf Probstheida los! Sie werden es endgiltig säubern — ich verlasse mich darauf. Marsch!... Nun?"

„General Drouot meldet, Sire, daß zwanzig Geschütze unbrauchbar geschossen. Die überhitzten Rohre sind dem Springen nahe."

„Er schießt, bis daß sie springen."

„Auch erregt es ernste Besorgnis, daß die Munition..."

„Schon gut. Er schießt bis zur letzten Kartätsche."

„Sire, die Linienregimenter in Probstheida haben sich beinahe verschossen."

„So mögen sie die letzte Patrone in den Lauf laden! Gibt's keine Bajonette?"....

„Wo ist der Kaiser?" Ein Generalstabsoffizier jagte mit verhängtem Zügel vom Thonberg her heran und durchbrach mit rasender Eile den Kreis des Stabes. Sein Hut war durchlöchert — von einem Streifschuß blutete seine Backe. Der Kaiser maß ihn mit finsterm Blick, als er, ohne zu grüßen, sein Roß herandrängte, indem er, zu Tode erschöpft, nach Atem zu ringen schien.

Ein Granathagel fiel in diesem Moment auf den Standort des kaiserlichen Hauptquartiers nieder. Todesschreie erschollen fast zusammenfallend hintereinander. Mehrere Adjutanten und Leibjäger waren in nächster Nähe des Kaisers in Stücke gerissen. Die durch und durch zerschossene Windmühle stürzte teilweise mit lautem Prasseln ein. Aber unerschütterlich, unbeweglich stand der Empereur, das Fernrohr in der Hand, ohne nur einen Blick zurückzuwerfen, während Berthier sich unruhig umwandte.

„Sie scheinen am Kopf verwundet, mein Herr," bemerkte Napoleon trocken, als der atemlose Adjutant mit Verletzung der Etikette sofort seine Meldung heraussprudeln wollte. „Das merkt man. Gehen Sie und lassen Sie sich verbinden!"

„Sire," stammelte der Mann, „haben Sie die Gnade mich zu entschuldigen. Ein unerhörtes Ereignis, das jeden außer Fassung setzen muß..."

„Schweigen Sie!" donnerte der Empereur. „Welch ein Geist beginnt einzureißen! Ein Offizier der Großen Armee hat durch gar nichts die Fassung zu verlieren — selbst wenn sein Chef gefallen sein, sollte. Ich lebe aber noch. Ob im übrigen der Himmel einfällt, ist egal."

„Sire, ich bin, um eher anzulangen, bei Stötteritz mitten durch die Schlachtlinie geflogen. Sie sehen mich daher dem Zusammenbrechen nahe."

„Nun wohl, ich merke, es ist nichts gutes, was sie bringen. — Welches Korps?"

„Rheynier! Ein unvorhergesehener Unfall..."

„Rheynier! Aha, die Sachsen!" Einen Augenblick regte sich etwas Menschliches in den starren Zügen des Halbgotts. Aber er unterdrückte diese Anwandlung der Schwäche. — „Sie sind wahrscheinlich zu den Verbündeten übergegangen. Wie?" Das klang so ruhig, als wenn es sich um ein sehr geringfügiges Detail handle.

„Nun denn ja, Sire — bis auf den letzten Mann. Die empfindlichste Lücke unserer Schlachtordnung klafft."

„Ich danke Ihnen. Sie sind entschuldigt." — Doch in diesem Moment jagten zwei neue Adjutanten im Karriere heran. „Sire" —

„Der General Rheynier, nicht wahr?"

„Er kann sich unmöglich mit der einen ihm noch gebliebenen Division Durutte halten. Die ganze Nordarmee rückt auf Paunsdorf. Wenn nicht schleunigste Verstärkung..."

„Berthier! Nansoutys ganze Gardereiterei und die reitende Gardeartillerie sofort auf Paunsdorf dirigieren! Was von der Linienreiterei rückwärts in Reserve steht, Kürassiere von St. Germain und dergleichen, folgt unverzüglich dieser Bewegung. — Adjutant! An den General Friant: Nur die erste Brigade wird zur Behauptung von Probstheida verwandt. Der ganze Rest schwenkt links ab und zieht sich hinter Stötteritz entlang auf Paunsdorf."

„Sire, der Marschall Ney —"

„Eh, was von ihm?"

„Der Marschall hat seinen rechten Flügel bis Paunsdorf ausgedehnt, weil er umgangen wird, und dort den General Rheynier unter seinen Befehl genommen. Doch glaubt er nicht das Feld halten zu können, wenn nicht Ew. Majestät persönlich —"

„Gewiß. Sagen Sie, ich komme."

„Ah, Sire!" Die Augen der Adjutanten leuchteten auf.

„Und halt, noch eins, meine Herren! Ich befehle Ihnen aufs strengste, den Übergang der Sachsen geheim zu halten, damit es auf die Truppen nicht nachteilig wirke. Adieu, auf Wiedersehen bei Paunsdorf!... He?"

„Sire, ich bin glücklich, melden zu können, daß der Herzog von Tarent Holzhausen mit Sturm genommen hat, indem er Russen und Österreicher hinauswarf. Sebastiani machte einige gewichtige Attacken."

„Freut mich... Nun, Drouot?"

„Sire, ich kehre eben von Stötteritz zurück, wo ich die Aufstellung der Batterielinie leitete, die nun im Bogen nach Probstheida hinaufläuft."

„Hab' schon bemerkt." Der Empereur richtete sein Fernglas dorthin. „Brav gemacht. Demnach müssen also alle Vorstöße aus Zuckelhausen durch Frontal- und Flankenfeuer umfassend pariert sein!... Nach dem Schall zu urteilen, kanoniert der Feind heftig von dorther. Ich schließe daraus, daß jedes Vorbrechen seines Fußvolkes gescheitert ist."

„Vollkommen richtig, Sire... Ich zeige Ew. Majestät an, daß die befohlene Versammlung der gesamten Reserveartillerie hinter Probstheida nunmehr vollzogen ist."

„Tun Sie Ihr äußerstes, mein lieber General. Die Schlacht hängt an einem Faden... Mein Pferd!"

Mit Erstaunen bemerkte Berthier, daß der Empereur statt nach links auf Stötteritz mit halblinks auf Probstheida den Kopf seines Pferdes wandte. „Sire," erlaubte er sich zu bemerken, „der Weg nach Paunsdorf..."

„Werde ihn schon finden, mein Vetter," erwiderte der Gebieter trocken. „Jetzt gedenke ich zuerst hier die Sachlage zu inspizieren."

„Hm — und, Sire," wagte der Chef des Großen Generalstabes einzuwerfen. „Durch Entsendung aller Reserven ist unsere Hauptstellung hier so geschwächt, daß der erneute Kampf um Probstheida, den Ew. Majestät befohlen, kaum von Erfolg gekrönt sein dürfte."

„So?" Aus dem kalten tiefen Auge Napoleons brach ein wunderbarer Strahl. „Ich werde den Angriff persönlich leiten. Ich glaube, das genügt wohl."

Schweigend zustimmend verneigte sich der Fürst von Neufchatel und Wagram. Galt doch Napoleon für hunderttausend Mann!

Ohne eine Sekunde zu verlieren, ohne den Kopf zu wenden, sprengte der Schlachtenmeister zuerst in dem ihm eigenen „Schlächtertrab," der sich allmählich zum Galopp und Karriere steigerte, mitten in das Schlachtengetümmel hinein.

Sobald er am südlichen Eingang Probstheidas anlangte, gab er den erschöpften Truppen durch seine Erscheinung die Kraft wieder. Haufenweise stürzten ihm die Verwundeten entgegen. Er aber fühlte die ganze Wichtigkeit dieses Augenblicks. Überall zeigte er sich vor der Front der wieder vorgehenden Truppen, umtost von fortlaufendem Vivat der Sturmkolonnen. Verstümmelte richteten sich jubelnd auf, wo er wie ein Meteor vorüberschoß. Sterbende verhauchten den letzten Odem in fanatischem „Vive l'Empereur!"...

Eben nahte die erste Brigade Friants im Sturmschritt dem Dorfe. Von Gehöft zu Gehöft zog sich der erbitterte Streit. Das ohne Bedenken ausgesetzte französische Geschütz überschüttete die Stürmer auf Straßenbreite mit Kartätschen. Aus allen Öffnungen der Häuser, hinter Hecken, Zäunen, aus den in die Gartenmauern gebrochenen Schießscharten hervor sprühten in unablässigem Hagelschauer die Gewehrkugeln, während die Artillerie beider Teile den unglücklichen Ort mit Granaten bewarf.

Doch immer drohender brummten die Blücherschen Kanonen von Norden her, als ob sie in dem grausen Konzert den Grundbaß und das letzte Wort behalten wollten.

Es dämmerte. Die brennenden Mühlen, Gehöfte und Meiereien beleuchteten mit grellem Reflex die endlosen dunkeln Schlachtlinien.

Das Handgemenge wütete in mörderischem Gemetzel fort. Massive Dächer stürzten mit weit vernehmbarem Krachen ein und begruben Verwundete lebendig. Aus den niedergestampften Ackerkrumen stiegen gerade Rauchsäulen mit lautem Knall empor, sich oben zu einer Baumkrone ausbreitend: Protzkästen

flogen fortwährend in die Luft. Auch Pferdekadaver und ge-
borstene Kürasse lagen massenweis aufgetürmt. Das Klein-
gewehrfeuer knatterte und rollte in meilenweitem Umkreise.
Unablässig wie Hagelschauer prasselte die Kugelsaat in den
Blutsumpf, der sich am klebrigen regennassen Boden staute.

„En avant, Vieille Garde!" Friant drang mit klingendem Spiel und wehenden Fahnen, mit dem üblichen Feldgeschrei
des stoßweis hintereinander ausgerufenen „Vive l'Empereur,
vive la France!" in das trümmernde Dorf.

Durch den dicken Pulverdampf und das Krachen der
springenden Granaten hörte man den dumpfen Rottentaktschritt
und die volle Musik der vorbrechenden, unablässig weiterrücken-
den Sturmsäule.

Der Pas de charge dröhnte unaufhörlich, während das
Brüllen des Geschützes auf wirksamste Nähe den Boden erschütterte. Das unheimliche Klirren der blanken Waffen, Toben
des Sturmmarsches, Todesschreie — und auch im Norden grollte
der furchtbare Kanonendonner vom Partheufer näher und näher.

Probstheida, eines der größten Kirchdörfer in der Nähe
von Leipzig, mit massiven Häusern und Gärten, die von starken
Lehmmauern umgeben waren, bot den Franzosen ein geeignetes
Objekt für volle Entfaltung ihrer eigentümlichen Geschicklichkeit, Schnelle und Umsicht, welche sie in Einrichtung einer Ver-
teidigungsposition zu entwickeln pflegten. Sechsmal hatten die
Preußen mit unübertrefflicher Bravour die Umfassungsmauern
erstiegen, deren dünne Lehmwände von den Batterien der
Alliierten wohl durchlöchert, doch nicht erschüttert wurden. Da
der über Probstheida lagernde undurchdringliche Pulverdampf
alle Aussicht verhüllte, hatten die Stürmer oft den Dorfeingang
verfehlt und die Plänkler, um sich Bahn zu brechen, oft einzeln die Mauern erklettern müssen. Trotz all dieser Schwierigkeiten und der ungeheuersten Verluste war der letzte Sturm
geglückt — als Napoleon eintraf und alle französischen Truppen
aufs neue vordrangen.

Die blutige Arbeit begann mit dreifacher Energie, indem
der Kaiser diesen Angriff in Person leitete. Die Kugeln sausten
über ihn hin, sie schlugen vor und hinter seinem Gefolge ein
und bedeckten es mit Staub, Rotten von Soldaten wurden wenige
Schritte von ihm zu Boden gerissen. Unverwandt den Vorteil

dies Tages im Auge, achtete er auf keine Gefahr, belebte von einem Punkte zum andern, nahe dem Handgemenge des Dorfgefechtes auf der großen Hauptstraße.

Granaten platzten um ihn, Wolken von Rauch umhüllten ihn — besorgte Getreue gaben ihn verloren. Aber Weichende sahen immer wieder dies flammensprühende Auge, vor dem sie mehr bangten, wie vor der feindlichen Feuerhölle.

Es blieb für die furchtbar gelichteten Preußen und Russen kein Halten länger. In einem allgemeinen Sturm wurden sie überwältigt und mußten über Berge von Toten den Rückweg suchen.

.. In den grünen Gebüschen der Pleißeufer huschten unverdrossen die polnischen Scharfschützen hin und her. Kam nur der Feind zu Gesicht, so huschte ein Freudenstrahl über die abgehärmten Gesichter. Vergeblich ermunterten ab und zu lustige Musikweisen österreichischer Trompeter ungarische Husaren und böhmische Küraffiere zum Einhauen, die abgehetzten Polen erwiesen sich zu furchtbar, wie verhungerte Tiger. „Noch ist Polen nicht verloren!" klang es wie ein Echo ihrer Schüsse, ihrer sausenden Lanzenstiche.

Unverzagt starrte auch General Lefol mit seinen Marschbataillonen dem Eisenorkan ins Gesicht, er hatte heut die Ehre, Connewitz zu verteidigen. Er selbst verwundet, ebenso Augereaus Stabschef Menard und Artilleriechef Pellegrin. Rosniezky, Malachowski, Divisionär Isidor Krasinski nicht.

Wie ein Wirbelwind sausten die Jungen Garden, Haufe nach Haufe, über das Hochfeld bei Dösen, und wo die feindlichen Weißröcke aus eroberten Gräben und Uferdämmen wie aus Laufgräben vor einer Festung vorstürzten, da erreichte ihre Sturmsäule kaum den Gipfel des niederen Plateaus, als sie auch schon im Steigen schwankte und sank wie ein stürzender Wall. Die hellblauen Spenser der Weichsellegion mit dem Gelb und Weiß ihrer Aufschläge und Kragen und Rabatten überträufelte aber immer häufiger ein nasses Rot und viele dieser gelbhäutigen Sarmaten lagen bei Dölitz erschlagen.

Auch die jungen Garden brachten allmählich die blutigsten Opfer, Pacthods 6. Voltigeurs ließen zehn Offiziere auf dem Felde der Ehre, die 7. acht, obschon ihre heldenhafte Gegenwehr sich nirgends unter die Füße stampfen ließ. Ihr General

Coulomeh fiel. Pacthod³ 2. Voltigeur³, am meiſten bei Lützen im Feuer, wo ſie elf Offiziere hundertſechsundfünfzig Mann liegen ließen, verloren heut ſieben Offiziere. Mit Wut drangen die 1. Voltigeure in den Feind. Wo Fürſt Poniatowsky, hochgemut als neuer Marſchall von Frankreich, ſeinem rauchen- den Renner die Sporen einſetzte, da ließ auch der mannhafte Pacthod jene Feſtigkeit ſehen, die er bei Wagrams Erſtürmung betätigt und noch mehr dereinſt beim Untergang ſeiner hero- iſchen Nationalgarden in Frankreichs Todeskampf bewähren ſollte.

Die ſchwächere Gardedibiſion Decouz, beſonders die 5. Vol- tigeure, ſchon vorgeſtern ſcharf im Kampfe, und die 8., 10. opferten ſich auf, die 5. und 8. verloren ſo viel Offiziere wie Pacthods 2. und 7., ihre ſchmalen Bataillone ſchrumpften bitter zuſammen. General Boyer de Rebeval blutete.

Doch nun rückte mit eiſerner Beſtändigkeit etwas Beſon- deres heran. Ein Raunen ging um: die Alte Garde kommt.

Curial, ein ‚Alter‘ von Aspern, zog gewaltig mit den Seinen herauf, die ſtolze Trikolore zu ihren Häupten flatternd. Die harten Geſichter mit den langen Schnauzbärten, die ſich vor kaltem Zorn zu ſträuben ſchienen, richteten unveränderlich den Blick gerade aus. Ohne Pauſe und Stocken, mit immer gleicher kalter Ruhe und Unempfindlichkeit für einſchlagende Granaten, bewegte dieſer Menſchenwall, der niemals anhielt, ſich vorwärts, immer vorwärts, unerbittlich und unwiderſtehlich wie das Schickſal.

Die „Füſiliergrenadiere“ machten alsbald den Voltigeur- und Tirailleur-regimentern der Jungen Garde Luft. Da war kein Halten, die Öſterreicher wichen und fielen ſchnell, und die rotweißen Lanzenfähnlein nachſetzender Krakuſen, die heut mit beſonderer Aufopferung neun ihrer Offiziere bluten ließen, be- ſudelten ſich mit triefendem Blut.

„Nieder mit den Kaiſerliks! Ein bischen Wagram!“ jauchzte der ſtolze Oudinot auf, ſeinen großen Tag nicht ver- geſſend, wo er ſeine Sporen als Marſchall verdiente. „Immer drauf, polniſche Brüder! Ihr ſeid wert zu fechten an der Seite der Großen Nation!“ Das ließen Curials Polniſch-Italieniſche Veliten ſich nicht zweimal ſagen, und von ſarmatiſchen Säbeln floß es rot über weiße Collets der Auſtriaken.

... Wie eine weithin lodernde Flammensäule schob Friants Alte Garde sich unaufhaltsam vor. „Man sagt ‚tapfer wie Friant‘, du verstehst mich,“ hatte der Kaiser ihm zugerufen und der kühne narbenbesäte Kriegsmann, der neben Rapp und Oudinot die meisten Wunden zählte, focht so unerschrocken wie bei Semenofskaja, wo er schwerverwundet, sein junger Sohn neben ihm getötet, aus einer Sänfte den Sturm fortleitete. Herausfordernd und zornig dräuend in schrillen grellen Tönen durchschnitt ein jauchzendes Vive l'Empereur das tiefdröhnende Donnergeheul der preußischen Hurras. Und wie ein Präriebrand in weitem Umkreis züngelt, fraß Drouots Feuerkreis, vom einen Ende zum andern rennend, immer weiter um sich.

Ein Windstoß fegte schon früher vorübergehend die Landschaft frei und klar von Rauch, und die russischen Garden sahen deutlich die schlanke Linie der Alten Garde über den Rasen des Abhanges vom Thonberg herabkommen. Mit kalter Gelassenheit, ohne einen Schuß zu feuern, Gewehr im Arm, hielten die Bärenmützen einen Augenblick an und formierten sich zierlich und adrett. Dann rann vom einen Ende zum andern eine zuckende Kette von Flammenspitzen. Und Victors Gewehre und Drouots Schlünde fielen fortissimo ein. Wie durch Zauberschlag bedeckte sich die ganze Waffenwoge auf einmal mit kräuselndem Schaum grauer Dämpfe und aus solch schäumendem Schleier spritzte das fliegende Blei. Weg übers Bollwerk der feindlichen Reihen, das wie ein Deichdamm vor Sturmflut zerbarst. Nichts Lebendes konnte vor dieser blitzenden Front bestehen, die kühlruhig ihr Vorwärts fortsetzte mit langsamer Unzerbrechlichkeit und doch mit atemloser Hast ihrer sinnberaubend schnell auf einander folgenden Salven. Noch eine letzte ungeheure Entladung der Gardebatterien zwischen Stötteritz und Thonberg — noch eine allgemeine Bajonettattacke der Gallier, ihre Bärenmützen vorauf — und dann war es mit Wittgensteins prächtigem Heerteil vorbei. So schmuck auf Paraden, so glänzend die Uniform, so tadellos der Stammbaum ihrer Junker — wo blieb die Garde des monarchischen Europa? Sie traute sich nicht vor wider die Alte Garde, die Mann für Mann aus dem Blutschlamm der Revolution emporstieg.

Die stolzen Grognards warfen alles über den Haufen. Das 1. Grenadierregiment, diese vornehmste Elitetruppe des Kaiserreichs, allen voran. Ihre drolligen goldenen Ohrgehänge und Haarzöpfe baumelten methodisch auf und ab bei ihrem ununterbrochenen Sturmlauf...

Die Schlachtrüstung Schwarzenbergs krachte in allen Fugen und seine eigenen Weißröcke zogen schon in Verwirrung davon. Hingebend genug stritten sie bisher, die einst bei Aspern und Wagram so wacker den Adlern trotzten, Opfer genug brachten ihre deutschen Schlachthaufen für ihre deutschen Brüder, und es fehlte in Österreichs Adel und Volk an Einzelnen nicht, die mit aufrichtig großdeutscher Gesinnung die Waffen schwangen. Doch was galt der Masse dieses bornierten Feudaladels und den armen Haiduken slavischer und magyarischer Stämme ein Kampf von Schwiegervater und Schwiegersohn um verschiedene Herrenrechte des staatlichen Gleichgewichts! Franzosen, Polen und Preußen starben für ihr Vaterland, Russen und Austriaken für ihre allergnädigsten Höfe... Klenau steckte seinen Degen resigniert in die Scheide, den er so scharf im Marchfeld am übermütigen Gegner gewetzt; Colloredo seufzte beklommen, wie er's nicht bei Eßling tat, als er neben dem heldischen Erzherzog vom Rosse sank. Bianchi, der Abenderstürmer von Aspern, Prinz Liechtenstein, auch ein Paladin des Nationalhelden Carl — ihre grünen Generalsfederbüsche hingen zerzaust herunter. Radetzky, ein Mann der Zukunft, sehnte sich umsonst nach schönen Husarenstreichen wie vor der Traunbrücke von Ebelsberg. Und der liebe gute Schwarzenberg, dessen Goldenes Vließ so treffend seiner Lammesgeduld und Schafsnase ein Relief sinnbildlich verlieh, wußte schon lange, daß man ein schneidiger Reiterführer bei Cateau und Ulm, ein tüchtiger Korpsleiter unter Napoleon selber gewesen sein könne, aber daß lauter Schlappen und Schläge wie bei Dresden dem gewiß wären, der einem Napoleon gegenüberstehen soll. Wenn nicht — ja wenn nicht Blücher und Bülow den Zauber gebrochen hätten. Sogar bei Kulm hatten Kleists Preußen den Sieg gebracht. Diese Abhängigkeit von dem gedemütigten kleinen Staat und seinem schier revolutionär anmutenden Volksheer lastete wie Alb auf den übrigen Feldherrn der Verbündeten.

So richteten sich denn auch diesmal alle Blicke nach Norden, wo bei Blücher oder Bülow die Entscheidung fallen mußte. Denn die gewaltige prunkvolle Hauptarmee mit dem Generalissimus

und den Monarchen in ihrer Mitte, sah sich wiederum am Rand
ihrer Kräfte, so gut wie aus dem Feld geschlagen... Die 1.
Grenadiere, fast alleine fechtend, siegten mit ganz geringer Einbuße, nur fünf ihrer Offiziere bluteten, und Michel's schwache
Brigade entschied das Gefecht. Als auch die intakten Reserven
und Garden der Ostmächte, so wenig verschwenderisch verwendet,
bedenkliche Erschütterung verspüren ließen, war Napoleon wie
der Wind davon und übergab Murat das Kommando.

„Die Krise ist da. Lassen Sie die Situation noch etwas
ausreifen, und dann los! Reiten Sie wie bei Heilsberg: mit
e i n e m Stiefel, wenn der andere im Dreck stecken bleibt! Und
ob auch ein paar Gäule den Hals brechen! Machen Sie eine
Omelette aus Ihren Schwadronen, wenn nur des Feindes
Reihen wie Eierschalen zerbrechen, verstehn Sie!" Und Murat
verstand...

An der steinernen Kirche, welche in der Mitte des inneren
Vierecks von Probstheida liegt, hielt der Cäsar einen Augenblick,
die Stirn von düsterm Unmut umwölkt, den er auch während des
siegreichen Vordringens seiner Legionen bewahrt hatte. Die
heldenmütige Todesverachtung der Preußen, deren Zeuge er gewesen war, hatte ihn mißgestimmt.

Aber äußerlich bewahrte er die immer gleiche Fassung und
Kälte — jene außerordentliche Ruhe, die mit dem ersten
Schlachtendonner seine vulkanische Natur gleichsam besänftigte,
als habe sie, der die Welt zum Ersticken eng war, jetzt die ihr
natürliche Atmosphäre gefunden. Und diese Ruhe wuchs bis zu
unheimlicher, übernatürlicher Gelassenheit mit dem Wachsen der
Gefahr. Je drohender ihm der Tod naherückte, um so kälter und
ruhiger versteinerte sich seine Seele in ungeheurer Spannung
— es war wie ein Starrkrampf der Selbstbeherrschung.

Eine Ebbe der Schlacht trat ein. Zwar tauchten hier und
da wieder Sturmsäulen des feindlichen Fußvolks auf, die mit
schlagenden Tambours und lautem Feldgeschrei wieder vorzugehen suchten. Aber die überlegenen Feuerschlünde Drouots
und Sorbiers brüllten mit fieberhafter Hast sogleich wieder los
und hemmten durch ein rasendes Kartätschfeuer jedes neue
Wagnis.

„Einfachste Pflicht der Menschlichkeit, das unnütze Blutbad
einzustellen!" machte Schwarzenberg aus der Not eine Tugend.

Rückgängige Bewegung bis in eine Vertiefung hinter der Wachauer Bodenwelle ward zwar in peinlicher Ordnung, doch nicht ohne Störung ausgeführt.

„Der Sturm ist endgültig abgeschlagen, sie werden nicht wiederkommen," warf Napoleon gleichmütig hin, als der König von Neapel um weitere Befehle bat. „Hier nichts mehr zu fürchten, habe keine Zeit, mich weiter aufzuhalten, muß zu Ney hinüber." Drei Uhr, hinter Stötteritz brach Doumerc hervor.

„Und wenn ... alles fertig zur Attake ... belieben Sie —"

„Sie werden wissen, was zu tun ist. Übrigens mögen Sie jetzt vorgehen. Es kommt auf den Versuch an, obwohl ich fast bezweifle ... Adieu! Auf Wiedersehen!" —

... Da hob Murat den Säbel hoch, so heiter und triumphierend, als gelte es einen sicheren Siegesritt wie jüngst bei Dresden, wo er noch einmal mit vollen Zügen den Becher des Ruhmes schlürfte, so mordlustig wie bei Abukir, so jugendlich stürmisch wie an den Pyramiden. Sein Westfälischer Fuchs, wohl sechzehn Hände hoch, brach in rasendem Lauf zuerst durchs feindliche Fußvolk.

Der Reiterkönig parierte den Hieb eines berittenen Offiziers und stieß ihm den Türkensäbel bis ans Heft in den Leib, so daß der Unglückliche sich buchstäblich im Sattel mit dem Säbel im Bauche drehte, als der Fuchs an ihm vorbeistob. Dann, sein bepurpurtes Schwert aus der Scheide herausreißend, führte Murat seine wildjauchzenden Geschwader tiefer hinein mit funkelnd vorgestreckten Palaschen und tiefgeneigten blitzenden Helmen.

Unter wahrem Wolluststöhnen kriegerischer Wut, mit plötzlichem Aufschrei, als sie in Schwertstreichnähe gelangten, begruben sie sich förmlich in den dunkeln Massen. Starke Männer auf starken Rossen im Impetus ihres jähen Galopps, wobei ihr Hintertreffen jede Gelegenheit benutzt, um durch die Zwischenräume nach vorne einzufüllen, schnaubten Kürassiere, Dragoner, Chasseurs, Husaren in einer einzigen breiten Front entlang mit einem Geräusch wie von tausend Maschinenrädern.

Das überraschte Fußvolk konnte kaum seine Feuerwaffe gebrauchen, Bajonett klirrte an Palasch zusammenschlagend. Eine in schnellstem Tempo voranwirbelnde Staubsäule barg in ihrem Schoß das Lärmen, Trampeln und Schnauben der rasenden Menge eisenstarrender Schlachtenreiter. Masse auf Masse fiel vor ihnen in raschem Aufeinanderfolgen, unter der niederstampfenden Wucht. In unhemmbarer Gewalt mit ihren Schwertern und Säbeln um sich hauend, fegten die eisernen Schwadronen wie ein Sturmwind die vorderen Geschützreihen weg, deren Bediener teils zur Flucht ihre Gäule anspornten teils mit gebücktem Haupt und eingezogenen Schultern sich bei Seiten warfen, um den sausenden Hieben zu entgehen, welche die Schwertmänner im Vorbeistreichen an sie austeilten. Das schmale Vordertreffen der Verbündeten, durch endlosen Blutverlust verdünnt, geschwächt, gelockert und eingeschrumpft, auf der Stelle durchbrochen, zersplitterte in tausend Atome. Doch jedes lebende Atom darin feuerte und stach so grimmig wie zuvor, wenn die wilden Reisigen an ihm vorbei oder drüber wegbrausten. Zu beiden Seiten ausweichend, fielen Knäuel für Knäuel in Reih und Glied und bildeten gleichsam Spaliere, durch deren Mittelöffnung die Geschwader hindurchschäumten wie sturmgepeitschte Meeresbrandung.

Einer saß aufrecht mit erhobenem Schwert noch im Sattel, indes sein Todesschrei eben die Luft durchschnitt. Dann schoß er taumelnd nieder. Sein scheu durchgehendes Roß schnob wild die Front der 25. Dragoner entlang, seinen toten Reiter, dessen Fuß im Steigbügel verwickelt, mit sich schleifend und führte so, des Herren Hand entledigt, die Leiche an Freund und Feind vorbei. „Oberst de Montigny!" schrie man entsetzt und schaudernd sich zu.

Doch solch grausiges Schauspiel focht den gekrönten Sabreur wenig an. Es kam ihm vor, als ob die vier Jahrtausende der Pyramiden wieder auf ihn herabschauten, als ob der Murat wieder raufe mit Murad dem Mameluken. Der Stern der Wüste leuchtete seiner Jugend nicht heller, als hier nordischen Herbstes matter Abendschein. Sein Krönlein auf dem hohlen Lockenkopf mochte in Stücke brechen, fest hielt die polnische Samtmütze mit phantastischem Federstutz: der König von Neapel verweht wie ein Schatten im Wind der flüchtigen Zeit, aber unsterblich lebt Joachim Murat, so lange noch Reiterfäuste auf Erden Zügel und Klinge führen.

Wohl boten reiterlose Gäule und einsam fliehende Einzelreiter, die aus dem düstern Dickicht des Handgemenges heraus-

brachen, anfangs den französischen Zuschauern kein günstiges
Bild vom Erfolg der Attacke. Aus spinnwebdünnen Fronten
sprühte es immer noch, als sollten die drohenden Vertilger in
einen Feuerofen hineinreiten. Im Gewühl und Gedonner
fochten Preußen und Russen als Trümmer gerade so erbittert
fort, wie vorher als schwere geschlossene Schlachthaufen.

Doch nur zu bald, als der Dampf zerriß, sah man nur
verzweifelt sich wehrende Klumpen, die zwar immer noch mit
Kolben und Bajonett gegen entlang mähende Schwerter schlugen,
aber fielen wo sie schlugen. Die russischen Fußgarden standen zwar
teilweise noch fest wie ein Eisenwall. Durch flatternden Dunst-
schleier wurden die Einhauenden immer noch starre Vierecke
gewahr und es schien eine Weile, als werde diese unermüdliche
Reiterei sich am Dröhnen unablässiger Schüsse erschöpfen. Aber
es schien nur so und bald machte sich ihr Übergewicht bemerkbar.

Divisionäre Doumerc und Berkheim, ihrer Beresinatat
eingedenk, und ihr Brigadechef Dubois, der aus den Eisschollen
der Beresina sein Generalspatent herausfischte, der schneidige
Bordesoulle, der kühne Leritier, bei Eylau und Aspern noch als
Oberst der zehnten Kürassiere verwundet und jetzt schon Divi-
sionsführer, Milhaud der kecke Trophäensammler von Pasewalk
und Malaga, der bravouröse Exzelmans, der kundige Suberbie,
sie alle strotzten hier von blendendem Kriegertum. Selbst der
sonst etwas träge und nonchalante Korse Sebastiani, als Führer
von Infanteriekorps in Spanien so gewandt wie als Leiter der
großen Attacke von Ocanna, zeigte rastlos tätig in den Leipziger
Tagen, daß er würdige, was auf dem Spiele stand. „Denkt
an die Katzbach!" trieb er seine Schwadronen zur Rache. Dort
hatte er in heller Verzweiflung sich eine Kugel vor den Kopf
schießen wollen, hier konnte er's heimzahlen!

„Entweder gehen wir jetzt alle drauf oder das Schicksal des
Tages wendet sich! Lieber ein jäher Fall als langsames Verderben!" rief dem Oberst Lefaivre der 8. Kürassiere der alte
Brigadegeneral d'Haugeranville zu, bei Aspern als Oberst so
hervorragend, daß er hier bis zum Kommando der Carabiniers
und der 1. Kürassiere aufstieg. Und schon wieder vergoß er heut
sein Blut. Diese Elitebrigade focht abgezweigt bei Dösen. Soldat
Blavier der 1. Carabiniers rettete den mit dem Pferd gestürzten
Sebastiani selber.

Die leichten Brigaden Watier, Maurin, Domanget wetteiferten in Brabour. Oberst Graf Vence der 4. Chasseurs
blutete, ebenso der Kommandeur der 9. Husaren.

Kräftig führte Bordesoulles 2. Küraffiere ihr verwundeter
Oberst Rolland in den Feind, auf der Brust das bei Dresden
erworbene Kommandurkreuz der Ehrenlegion. Unter den
3. Küraffieren ritt noch in Reih und Glied Leutnant Bertagne,
der als Wachtmeister bei Austerlitz dreizehn Wunden empfing.
Oberst Lacroix räumte blutend den Sattel. Doumercs
Holländische Küraffiere der Brigade Oudenarde ließen sich von
Italienischen Napoleonsdragonern nicht in Schatten stellen, die
neben den 7. Dragonern der Brigade Reiset anritten, deren
früherer Oberst Sopranzi, Rittmeister Domont, Leutnant Lumez
heut wieder wie bei Dresden im Armeebefehl zitiert werden
wollten. General Sopranzi, an Stelle Reisets zum Brigadechef
ernannt, ward verwundet. Oberst Testot=Ferry führte die
Dragoner weiter. Kapitaine Gégout der 23. Dragoner, der bei
Dresden den General Mesery gefangen nahm, Oberleutnant
Piquet, vor dem zwei Bataillone dort das Gewehr streckten,
Adjutant Agoustine, der eine Fahne eroberte, waren hier auch
noch da! Oberst Ordener der 30. rief dem Unteroffizier Dé-
happe zu: „Mach's wie bei Dresden!" und Berkheims General
Piré dem überreste seiner bei Altenburg vom Streifkorps Thiel-
mann zusammengehauenen 8. Husaren: „Heut nehmt Rache!"

Die holländischen Generale van Merlen (Chastel) und
Collaert (Leritier) feuerten ihre Chasseurs und Dragoner an,
ahnungslos, daß sie dereinst bei Waterloo gegen ihre alten
Waffenbrüder fechten würden. Der polnische General Klicky
(Suberbie) führte Mailändische Husaren, Belgische und Piemontesische Casseurs, innig verwachsen als wären's Landsleute.
„Ich empfehle mich Ihnen zu ähnlichem Dienst!" lachte er dem
Adjutanten Ginter der Mailänder zu, der bei Hagelsberg den
blutenden Girard heraushieb. Dem Unterleutnant Baraguay
d'Hilliers, der einen künftigen Marschallsstab in der Satteltasche
trug, ward bei den 2. Chasseurs ein Daumen von Kugeln weg-
gerissen, doch stritt er, kaum verbunden, allen anderen voran.
Oberst Royer der 3. Chasseurs starb den Heldentod. Neys
badische und blaue 10. Husaren, bei Lützen von Schlesischen
Ulanen geworfen, hielten fest aus unter Oberst Curely, einem

von der Pike auf gedienten hervorragenden Offizier, der noch jüngst bei Dessau den Russen viel Gefangene und Geschütze abnahm. Defrances Brigade Avice verfolgte früher die Sachsen.

Die russischen und österreichischen Geschwader vermochten nirgends das Feld zu halten. Manch weißer Dolman mit prächtigem Weißpelz, nagelneu und blitzblank als ging's zur Ballmaskerade, manche dunkelroten Hosen und roten Kopfbedeckungen troffen von Blut. In ihren schäbig abgenutzten Uniformen fochten die Franzosen, als hätten sie den Teufel im Leibe. Auch Lubienskis 8. Lanciers, Polen in französischem Verband, neun Offiziere verlierend, schnitten gut ab. In Reiterschlacht zeichnete Oberst Lemoyne der 14. Chasseurs sich derart aus, daß sein Name in den Armeebefehl kam. Auch Major Marquis de Grouchy der 19. Chasseurs, Sohn des bekannten Generals, der sich schon in den Bautzener Tagen durch verwegenen Aufklärungsritt einen Namen machte, fiel vorteilhaft auf. Oberst Baron Vincent ward verwundet. Desgleichen Wachtmeister Labille der 8. Chasseurs, den bei Goldberg der Kaiser persönlich lobte. Ihre Standarten hielt immer hoch die sächsische Brigade Lessing. (Ihr oberster Chef, Generalleutnant v. Zeschau, hielt sich dem Kampfe fern und konferierte mit dem König in Leipzig, infolgedessen er jede Fühlung mit den sächsischen Truppen verlor.) Die 25. Dragoner, die sich bei Ostrolenka durch das ganze Kosakenkorps Platof durchhieben, geführt vom famosen Ornano, fochten heut auch nach dem Fall ihres Obersten, an dessen Stelle Eskadronchef Cazener trat, unverdrossen. Ihre Elitekompagnie unter Rittmeister Clabel sammelte sich dreimal zu frischen Attacken. Rittmeister Ponsoret der 19. wollte wieder wie bei Dresden Trophäen erbeuten. Wenn doch heut ein Bravourstreich glücken wollte wie bei Austerlitz, wo Jean Biron der 1. Dragoner den General Zach mitten aus dem Feind am Kragen wegschleppte!

Sie alle stürzten mit dem Donner zahlloser Hufen auf die Müden herab, von Meusdorf bis Baalsdorf eine einzige blitzende Linie!

Und immer neu vermehrten sich die Geschwader. Alle bisher noch zurückgehaltenen Teile leichter Reiterei, die den ersten Erfolg abwarten sollten, schlossen sich an. Sogar Lauristons sieben schwache Chasseurschwadronen warfen sich mutig hinein. Ohne Befehl brachen Schwadronen von Lefebvre und Ornano

(Colbert, Castex, Victor Krasinski: Kavallerie der Jungen Garde) mit vor, indes die Hauptmasse der Gardereiterei, insbesondere Division Walter der Alten Garde, nach Paunsdorf abschwenkte. Die hohen Federstutze von Gardedragonern und karmoisinrote Beinkleider von polnischen Gardelanciers tauchten neben knallroten Spensern holländischer Gardeulanen im Getümmel auf.

Auch der Stabstrompeter der „jungen" Kaiserjäger-zu-Pferd holte sein Instrument mit der goldgefransten Rosaflagge hervor und blies zur Attacke.

Wo diese beflügelten Sturmböcke durch Zwischenräume des eigenen schachbrettförmig vorbewegten und des feindlichen unordentlich durcheinanderstehenden Fußvolks hindurchschossen, erhob sich langanhaltender prasselnder rasselnder Lärm zusammenkrachender Schwerter und dröhnender Rüstungen in zitternden Lüften. Das dumpfe Wutgeschrei der sich befehdenden Reisigen scholl wie ein Baß unter so gellen Lauten.

Die verbündete Reiterei suchte den Stoß zu bannen. Mitten vor den bewegten Linien der beiderseitigen Infanterie trafen die Schwadronen in vollem Lauf zusammen. Ein kurzes verwirrtes Streiten, dann ward die verbündete Reiterei, nie rechtzeitig zur Stelle, immer nur spärlich zur Hand befindlich, wo man sie brauchte, aus dem Felde geschlagen. Doch ging dies nicht ohne Opfer ab, die neulich geschonten 12. Kürassiers ließen sieben Offiziere auf der Strecke, vier Stabsoffiziere der 11. bluteten, von den 9. blieben nur sechs Offiziere übrig und verloren sie in den Leipziger Schlachten allein vierundsechzig Tote, zweiundvierzig Vermißte, fünf Gefangene.

Mit dem brandenden Donner ihres Galopps und langhingewälzter Welse nickender Pferdeköpfe und windgesträubter Mähnen toste und barst der Reiterschwall bis an die Fußgarden herein und sprengte den ganzen Rückhalt der Verbündeten.

Sebastiani selbst mußte sich verbinden lassen, Excelmans verlor heut wiederum fünfunddreißig Offiziere, Roussel nur vierzehn, Subervie zwölf, sämtliche Dragoner nur sieben.

Im Laufschritt wollten Maison, der seine Trikoloren mit besonderem Eifer hochhielt, und der alte Vial ihre Leute nachführen und Friant faßte den Degen fester. Held Maison, vorgestern mehrfach leicht verletzt, ließ sich's nicht nehmen, auf der Walstatt auszuharren, wo so viele seiner Braven bluteten. Elf seiner Stabsoffiziere fielen beiden Schlachttagen zum Opfer.

Doch das entsetzliche Kanonengewitter der verbündeten Artillerie, die nun in der Not nach vier Uhr zweimal zu brüllen anhob, machte dem Vorschreiten zuletzt ein Ende. Sehr weit zurückgetrieben, behauptete sich das böhmische Hauptheer endlich wieder mit äußerster Anstrengung in Höhe von Wachau, zumal Lauristons Angriff von Stötteritz her sich durch die Fortschritte Bennigsens über Holzhausen hinaus unterbunden sah. Maisons 139. litt auch heut wieder am meisten, verlor an beiden Schlachttagen dreiunddreißig Offiziere, nur Dubretons 37. litt mehr.

Der Schlachtenkrater erlosch in sich selbst, ausgebrannte Schlacken umherschleudernd. Bis in die Dämmerung arbeitete das Geschütz erschrecklich fort, dann immer längere Pausen, kaum kreuzten sich noch die eisernen Boten, dann Stille und Schweigen.

„Steht fest, meine Braven! Die gute Division Durutte wird nie Division Deroutte sein, wie die Kanaillen drüben uns schimpfen!" Der barsche Durutte hielt mannhaft stand mit seinen Teufelskerlen, diesen ‚Strafregimentern' aus Sträflingen und eingefangenen Deserteuren, die Napoleon zum russischen Feldzug aushob und neuerdings im Frühjahr dieses Jahres, nachdem sie in Rußland überraschend brav ihre Probe bestanden, in gleicher Zusammensetzung mobil machte. Fürwahr, diese ‚verlorenen Kinder' beherzigten, daß sie auch Franzosen waren und ihr Vaterland nicht vergaßen. Der in deutschen Berichten endlos wiedergekäute Scherz von ‚Division Deroute' lief auf alberne Verläumdung hinaus, noch bei Dennewitz warfen sie anfangs Thümens Elbregiment und Landwehr. Und auch heut benahmen sie sich unerschrocken, als sie allein und verlassen der ganzen Nordarmee gegenüber standen. Als das sächsische Fußvolk im Laufschritt zur preußischen Vorhut hinüberstürmte, glaubte Rheynier anfangs an tollkühnen Angriff, obwohl schon früher Chevaurlegers und Husaren den Säbel in die Scheide steckten und davonritten. Als Artillerie in voller Fahrt mit aufgesessener Bedienung die preußischen Linien erreichte, erkannte er die böse Wahrheit. „Daß mir das passieren muß! Alte Waffengenossen, solch Herzeleid erspart ihr mir nicht?!" rief er verzweifelt. Aber der brutale Durutte schrie auf: „Schickt den Hunden Kartätschen nach!"

Doch das besorgten die Überläufer schon selber. „Was ist das?" schrie Macdonald auf, der durchs Fernrohr den angeblichen Angriff der Sachsen beobachtete, auf welchen Durutte als zweites Treffen zu folgen schien, und deshalb Vorkehrungen traf, um selber einen Vorstoß anzuordnen. Doch erstarrend sah er die weißen Kolonnen plötzlich rückwärts kehrt machen, und gegen Duruttes Front gerichtet die Ahnungslosen niederschießen. Ihr maßloser Haß riß die Sachsen leider zu dieser durch nichts zu rechtfertigenden Handlung fort. Doch dient als Entschuldigung, daß sie einer Beschießung durch Durutte nur selber vorbeugen wollten. Denn gleich darauf verschwanden sie, freudig empfangen und bewillkommt, in den preußischen Linien. Freilich nicht ganz freiwillig, da der sie zunächst empfangende General Bülow von sofortigem Einreihen unter die Verbündeten nichts wissen wollte, das aus hochpolitischen Gründen den Preußen nicht angenehm sein konnte. Vielleicht spielte auch etwas Schamgefühl dabei mit. Jedenfalls ließ man sich aber nicht entgehen, dies unverhoffte Ereignis zu benutzen, und schickte sich an, zum Angriff zu schreiten. Duruttes Truppen standen anfangs verblüfft und entsetzt, als sie die Rautenfahnen, die noch kurz zuvor mit den Trikoloren gleiches Ziel verfolgten, gegen sich flattern sahen. Und ein Schwanken trat ein, das sich nur allmählich beruhigte und Macdonalds linke Flanke anzustecken drohte ...

„Das ist die kaltblütigste Schurkerei, die himmelschreiendste Verräterei, die je auf Erden vorfiel!" Macdonald, ohnehin von tiefer Besorgnis übermannt, geriet in zornige Aufregung. Sein rechtschaffener und beständiger Sinn, der in Glück wie Unglück nur unverbrüchliche Treue kannte, wo er einmal den Fahneneid schwor, fühlte sich aufs tiefste verletzt. Und so überbot er sich von jetzt ab in Aufopferung, um das Schicksal des Tages zu wenden und Napoleons Rettung aus dieser Klemme zu beschleunigen. „Kinder, ihr werdet mich nicht im Stiche lassen! Alles für den Kaiser!" munterte er seine fremdartig durcheinander gewürfelten Franzosen, Lombarden, Neapolitaner, Rheinbündler auf, die seine biedere wohlwollende Freundlichkeit ebenso liebten wie seine männliche Festigkeit hoch-

schätzten. Aus seinem ehrlichen offenen Gesicht strahlten ein
paar ausdrucksvolle Augen, in denen sein ganzes Innere frei
vor aller Welt sich zu spiegeln schien. Seine kraftvolle Gestalt
mit stolz emporgetragenem Kopf reckte sich gleichsam höher
empor, als er kurz entschlossen samt seinem Stabe vom Pferde
sprang und mit gezogenem Säbel die erschreckten Massen seiner
gefährdeten linken Flanke, in welche er sofort Ordnung brachte,
zum Ansturm trieb.

Dem Gegner zuvorkommend, stellte er das Gefecht wenigstens an dieser Stelle wieder her. Auch seine neuen Schießbedarf fassende Artillerie nahm den Kampf wieder auf, ihre
Geschosse sausten hageldicht aus der schwachen Höhe seiner Aufstellung auf die Russen nieder und zügelten seitwärts den Ver-
folgungseifer der preußischen Vorhut. So hatte der Tapfere
einst den Nußbach bornean durchwatet und mit „Kolonne Macdonald" den Keil zwischen des Feindes Mitte getrieben. So
durchschritt er, eine Axt in der Hand, zuvorne die Via Mala
des Splügen, als seine murrenden Leute nicht weiter wollten.

„Den Franzosen will ich doch sehen, der seinen Führer verläßt!
Der Kaiser wird außer sich sein, wenn ihr die Stellung nicht
haltet! Gegen Verrat zu ringen ist hart, ihr seid nicht feig,
das will ich nicht sagen, aber ihr seht doch, die Suppe ist ein-
gebrockt und muß ausgegessen werden! Schlagen müssen wir
uns, wo wir stehen, das läßt sich nicht vermeiden, man kann
im Kriege seine Stellungen nicht nach Gutdünken aussuchen.
Also findet euch damit ab wie Brave der Großen Armee."

Der unternehmende Bennigsen wollte zwar heute vernich-
ten, was er sonst morgen nochmals bekämpfen müßte, und ließ
Macdonald bis zur Dämmerung keine Ruhe. Das 22. Leichte,
dem seine neuliche Heldentat nur vier Offiziere kostete, verlor
heut deren neun. Aber General Charpentier, schon an der
Trebbia unter Macdonald fechtend, Ledru, ein Alter von Eylau
und Aspern, Marchand, der kühne Angreifer bei Friedland,
Gérard, bei Austerlitz und Wagram als Stabschef Bernadottes
verwundet, als Frontoffizier seither an Portugals Grenze und
an des Dnieprs Gestaden den Degen ziehend — all diese Ge-
hülfen waren Männer, die in jeder Zone Europas dem Tode
ins Antlitz schauten und taten redlich das Ihre.

Sebastiani, immer Napoleons Scheltworte im Ohr, der nur ihn die Katzbachmisère entgelten ließ und ihn abkanzelte wie einen dummen Jungen, herrschte seine Divisionäre St. Germain und Roussel an, die im Gelände Deckung suchen wollten: „Wo denken Sie hin! Er hat befohlen und es wird attackiert!"

Kurz zuvor hatte der kaiserliche Adjutant Major de Montesquiou sich erkundigt, ob die Reiterei auch tüchtig attackiere, denn es gelte Zeit zu gewinnen. Und diesem Wink entsprechend, ward jetzt die gesamte verbündete Reiterei zwischen Baalsdorf und Paunsdorf in glänzend ausgeführtem Sturmritt gründlich geworfen, daß sie erst wieder zu Atem kam, als frische Kräfte sie aufnahmen.

Den Fürsten Chowansky traf der Stoß, ein Teil seiner Division ward durcheinandergewirbelt. Doch blieben Regimenter Narwa und Smolensk fest und erwehrten sich des Einbruchs, erbeuteten sogar zwei demontierte Kanonen. Es stürmten nun russische Geschwader von verschiedenen Windrichtungen herbei: General Kreutz mit seinen Dragonern, Oberst Bennigsen mit seinen sechs Ulanenschwadronen, Oberst Besobrasof mit den Schwadronen Miliz von Pensa, endlich der Kommandierende Dochturow selber mit sechs Husarenschwadronen. Merkwürdigerweise tat es die Miliz allen anderen zuvor und brachte die Franzosen zum Weichen, die jedoch mehr freiwillig zurückgingen, da sie bereits das russische Fußvolk genügend aufhielten. Die verbündete Kavallerie geriet bald in vernichtende Kanonade und bezahlte ihr Ehrenamt, Bennigsens hundertachtundsechzig Geschütze zu decken, teuer genug. Zwar minderte die russische Korpsartillerie unter Oberst Taube ein wenig die beherrschende Wirksamkeit der französischen Batterien zwischen Mölkau und Stötteritz. Zwanzig reitende Gardegeschütze Nansoutys flankierten vorteilhaft im Verein mit den Holländischen Lanciers und die von Reudnitz vorgehenden Grenadiere-zu-Pferd und Gardechasseurs-zu-Fuß bewegten sich drohend in gleicher Richtung. General Lafferière der ersteren ließ sein nicht spotten. Die Reiterdivision Tschaplitz, Beresinaschen Angedenkens, ward übel zugerichtet, die russische Artillerie verscheucht, die leichte Batterie Schischkin erobert, jedoch durch eine wütende Attacke des ‚kombinierten' Dragonerregiments Klebeck gerettet. Excelmans Brigade Walthier — 23. 24. Chasseurs 11. Holländische Husaren — stürzte sich im Verein mit den polnischen Lanciers auf dichte Massen von Kosaken, Baschkiren, Kalmücken, die unter gräulichem Gekreisch mit ganzen Wolken von Pfeilen den Gegner umhüllten. Diese weder gezielt noch horizontal in hohem Bogen durch die Luft geschleuderten Eisenspitzen verirrten sich jedoch alle ins Blaue und büßten, selbst wenn sie trafen, in der Luft schon so viel Kraft ein, daß nur ihr eigenes leichtes Gewicht die Waffe eindrücken konnte. Da sie ohne jede feste Gliederung als wirre Hammelherde heranstürmten, mußten diese Barbaren ihre Bogen nach oben richten, um nicht in ihre eigenen Fleischklumpen hineinzuschießen. Einen Unteroffizier Marbots durchbohrte ein befiedertes Geschoß derart, daß die Spitze am Rücken heraustrat. Der Veterane brach unverzagt die Spitze ab und zog den noch im Leib steckenden Stab vorne heraus, starb aber sogleich daran. Einige andere Chasseurs erhielten leichte Fleischwunden, auch Oberst Marbot selber eine solche am Schenkel, wo ein vier Fuß langer Pfeil einen Zoll tief eindrang. Wegen so leichter Blutung verließ ein napoleonischer Oberst nicht seine Truppe und Marbot schlug sich bis Abend fort. Erst als man die Pfähle zum Anbinden der Pferde einrammte, und zwar auf gleicher Stelle wie tagszuvor, also ohne Boden verloren zu haben, ließ er sich verbinden. Ebenso ward der Oberst der 24. Chasseurs mit dem deutschen Namen Schneidt hier verwundet. Die Barbaren aber, die wie Myriaden von Wespen umherschwärmten, schlug man in solcher Menge tot, daß sie heulend davonstoben. —

Bennigsen mußte sich vorerst auf Besitz von Baalsdorf beschränken, das kaum verteidigt worden war. Zieten trieb allerdings die Rheinbündler aus Zuckelhausen hinaus, wagte aber nicht, jenseits weiter vorzudringen, weil ihm dies die Stötteritz-Batterien auf die linke Seite brachte, die jedem Fortschritt auf der Stelle Einhalt geboten. Im allgemeinen trug das wallende Durcheinander der Kampfflut die verbündeten Massen und ihre Führer davon und in ihre vorherige Stellung zurück. Immerhin blieb die Befürchtung, daß Durutte in der Flanke angefallen und abgedrängt werden würde. Falls etwa seine schwachen Haufen, in blinden Schrecken versetzt, sich auf die italienischen Bataillone warfen und sie in Unordnung sprengten, so würde Macdonald kaum dem Doppelstoß standhalten können. Die Nordarmee stieg freilich nur langsam das niedere Plateau herab und General Girardin vom kaiserlichen Stabe jagte soeben an Macdonald heran: „Herr Marschall hatten gestern das Vorgelände in Besitz, wissen demnach darin Bescheid. Setzen Sie sich dorthin in Marsch, Marschall Ney wird gleichzeitig Paunsdorf angreifen. Verständigen Sie sich mit ihm, ich werde ihn sogleich im Namen Sr. Majestät zu Ihnen schicken."

Ney kam freilich nicht persönlich zum Verabreden, traf aber obigem Abkommen gemäß seine Maßregeln. Änderte die Front seiner Rechten, während er mit ganzer Gewalt seiner Hauptmacht Blücher festhielt, und ging der preußischen Brigade Homburg bei Paunsdorf mutig entgegen.

„Nun ja denn, wozu dies Antreiben!" Es machte ihn ärgerlich, als ein Bote des Kaisers nach dem andern zur Eile mahnte. „Wir sputen uns schon so, glaubt Er, wir fechten nicht geradeso ums liebe Leben und die höchsten Güter, wie seine Garde? Und wo bleibt die wieder? Sie kommt und kommt nicht!"

Damit gab er seinem Rappen die Sporen und warf nach kurzer Umschau im leidlich übersichtlichen Gelände, wo nur wenige durcheinander geworfene Bodenwellen sich kreuzten, vom Flecke aus nach Paunsdorf, was gerade zur Hand war. Als er dort ankam, erkannte er begründete Ursache zur Unruhe und Ungeduld. Denn die dicken Kolonnen Bülows beschleunigten ihr Vorgehen und machten nur Halt, um Geschütze vorzuziehen. Ney gewann jedoch Zeit, Truppen heranzuholen und das schon verlorene Paunsdorf wieder zu besetzen, indem er gleichzeitig Vierecke formierte und auf kurze Entfernung anreitende Kavallerie abschlug. Duruttes wenige Geschütze feuerten mit Kartätschen und sein Fußvolk schmetterte Geschosse entgegen. Obschon aber manche Reiter unter Bajonetten den Tod fanden, und die von Sebastiani geschlagenen Harste in volle Auflösung verfielen, rückten Bülows Bataillone geordnet und geschlossen wie auf dem Exerzierplatz allmählich in die Vorderlinie ein, und wenn diese erst in Fluß kamen und mit gefälltem Gewehr hervorbrachen, so mußte die Sache schlecht ablaufen.

Da trabten rasselnd die stolzen Panzerregimenter der Division St. Germain heran. Wehende Roßschweife und glitzernde Bruststücke der Kürassiere neben den gelben Messinghelmen mit roten

Wollraupen der Karabiniers, deren gelbliche Harnische wie Gold
in der Abendsonne erglänzten, führten noch einmal den Pomp
des neuen Rom vor Augen, antike Rüstungen und Helme.

Bald darauf langten auch weißverschnürte Husaren und
grüne Chasseurs an, grüne Dragoner. Denn Milhaud bedrohte um vier Uhr Bülows Linke bei Mölkau, Macdonald mit
Nansouty fiel auf Baalsdorf aus, wo Sebastianis leichte Reiter-
gattungen so erfolgreich Bahn gebrochen. Dann nickten auch die
Trikolorenfedern vom Tschako der attchierten Ehrengarden
herüber, die General Walter nebst seinen andern fünfzehn Schwadronen Alter Garde heranführte. Letort und Lion waren da
mit den „alten" Dragonern und Jägern. Lefebvre-Desnouettes,
aus England entwischt, nachdem ihn im Scharmützel an der Esla
der britische Husar Franklin vom Pferde riß, begleitete Prinz
Radziwills polnische Lanzenreiter, Ornano's rheinländische
fochten bei Connewitz. Endlich folgten auf der Landstraße
später auch noch Bärenmützen der zweiten Brigade Friants:
Höchstens zweitausend Krieger, doch jeder mit dem Bewußtsein,
für zehn zu gelten, als feinster Extrakt von zwanzig Kriegs-
jahren!

Und als sechs Schwadronen der Grenadiere-zu-Pferd ihre
Bärenmützen hier sehen ließen, als eine Wolke himmelblauer
silberverschnürter Ordonnanzoffiziere des kaiserlichen Hauptquartiers die Ankunft des Kaisers verkündete, als neben dem
Violett von Kopf zu Fuß eines Leichten Regiments von Ney,
das mit gelben Pompons und gelbgrünen Epauletten vom tief-
blauen Tuch und Kragenrot und weißen Gamaschenhosen der
Linienregimenter abstach, die kornblumenblauen dunkelrot ver-
schnürten Dolmans und Bärenmützen mit rotem Kolpak der
Reitenden Gardeartillerie das bunte Bild belebten, da fühlte
jeder frische Sicherheit.

Der Reiterkommandeur der Kaisergarde, Graf und Ober-
stallmeister Nansouty, überschaute ernsten Blicks seine zahlreichen
Geschwader, wohl an achttausend Pferde von Garde und Linie.
Sein ewiges mokantes Lächeln erfror und erstarb gleichsam auf
seinen bartlosen Lippen. So ernst und still sah man den mali-
ziös witzelnden und seine Untergebenen pedantisch benörgelnden
Herrn noch nie. Bei Friedland, wo seine Karabiniers so wütend
fochten, noch Groudy untergeordnet, trat er infolge seiner be-

rühmten Attacke bei Eggmühl von da an in erste Reihe, behauptete sich auch bei Wagram und Borodino im Vordergrund und sollte sein glänzendstes Reiterstück noch bald darauf bei Hanau leisten. Freilich auch dort nur auf Drängen Macdonalds, den er schon bei Wagram durch Langsamkeit zur Verzweiflung brachte. Heut schien ihm wenig Gelegenheit zu Waffentat zu blühen, so ungern er sich von Murat verdunkeln ließ.

„Ihre Garden sehen nicht ganz so flott aus, wie ich wünschte. Bemerkte viele ‚gedrückte‘ Pferde,“ warf Napoleon im Vorüberreiten hin.

„Ich kann nur erwidern, wie früher in Rußland“, parierte Nansouty mit trockener Bosheit, indem er seinen spöttischen Freimut wiederfand. „Es fehlt den Tieren an Patriotismus!!“ Napoleon erwiderte nichts.

Nun, dann um so erstaunlicher, daß diese Kavallerie mit ausgemergelten schlechtgenährten Pferden ihren Willen durchsetzte, bis ihre letzten Kräfte ausgepumpt, während die verbündete mit besserem Beritt fast nirgendwo entscheidend auftrat, nur an der Katzbach und bei Dennewitz den Geist der Seydlitz und Zieten spüren ließ. Wenn Bülows Landwehrreiter, die oft nur Stricke statt Zügel in Händen hatten, und ein paar brandenburger Dragonerschwadronen bei Dennewitz so großes vermochten, wie kläglich schnitten dagegen die prunkvollen Reitermassen Schwarzenbergs ab! ...

Umbuschte Hüte steirisch-tyrolischer Jäger Bubnas und ein Lanzenwald von Kosaken, daneben ungefüge breite Tschakos und bekreuzte Landwehrmützen Bülowscher Preußen, untermischt mit dem Weiß der Sachsen in blutsverwandter Verbrüderung ...

Die zahlreichen Kosakenpulks, Baschkiren und Kalmücken des Schlesischen Heeres sowie die Reiterkorps Emanuel und Korff traten schon vormittags in Verbindung auf der Eilenburger Straße mit dem Hetman Platof. Zu Korff zuerst ging am Vorwerk Heiterblick die sächsische Reiterbrigade Gablenz nebst dem leichten Bataillon Sahr über, nachdem das in Taucha belassene Bataillon bereits hierzu das Beispiel gab, und zu Platof die Württemberger Normanns, die freilich schon von Kosaken umringt. Rheynier warf die sächsische Infanteriebrigade Brause nach Paunsdorf. Nur zwei Kompagnien des Leichten Bataillons Lecocq unter Major von Egydi, Bat. Anton, Friedrich als Splitter wurden abgedrängt und blieben so sechshundert Sachsen in Paunsdorf bei Duruttes Brigade Jarry, als beide Brigaden Ryssel und Brause zu Bubna übergingen. Die Österreicher empfingen die Sachsen mit lebhafter Freude, der herbeigeholte Bennigsen jedoch sehr kalt, als ihm Ryssel großdeutsche Gesinnung eifrig bekunden wollte. Was ging den Hannoveraner Bennigsen Deutschland an! Er war nach guter deutscher Gesinnung ganz urdeutscher Russe geworden.

„Dies Loch wird nicht mehr zu stopfen sein!" rief Rheyniers Stabschef, General Gressot, verzweifelt, der sorglos den Sachsen nachritt, ihren vermeintlichen tollkühnen Ausfall zu zügeln. „Entfernen Sie sich, General," rief ihm ein Offizier warnend zu. „Wir mögen nicht die letzte Schmach hinzufügen, Sie gefangen zu setzen!" Gressot fluchte jetzt mit naiver Entrüstung auf die treulosen „Verräter". „Wir tun eben unser Möglichstes!" tröstete Reynier ruhig. „Für's erste haben wir Paunsdorf noch."

Aber nicht lange. Bülows Brigade Hessen-Homburg rückte um vier Uhr an, unterstützt von vier Batterien. Bernadotte, der persönlich mit dem russischen Militärattaché Pozzo di Borgo, dem preußischen General von Krusemark und Major von Kleist, dem englischen Oberstleutnant Cooke und dem Gesandten Thornten hier anlangte, hieß es ausnahmsweise einmal gut, als die Preußen sofort zum Angriff übergingen. Zwei Bataillone 4. Reserveregiments unter Major Polczinski entrissen mit hervorragender Bravour Paunsdorf der Brigade Jarry, indes das 2. Ostpreußische Grenadierbataillon und das 6. Jägerbataillon Bubnas links und rechts vom Dorfe halfen. Als sich aber Polczinsky verleiten ließ, auf Sellershausen zu verfolgen, ward er sofort von Artillerie zerschmettert, von dichten Tirailleurlinien umwickelt, zuletzt von Kürassieren in Auflösung zersprengt. Polzinski, Majore Stutterheim und Schulenburg fielen. Nur Bülows schon über Paunsdorf vorgeschobenes Geschütz setzte Schranken, bald aber zerschossen und kampfunfähig.

Plötzlich hörten die in düsterer Stille lauernden Strafregimenter den Hufschlag eines eilenden Renners. So überraschend stand der kleine Mann im grauen Überrock dicht neben ihnen da, sein Roß scharf parierend, als wäre er aus der Luft herabgeschwebt. Mann und Roß starrten auf den nahenden Feind mit einer Eindringlichkeit, die alles Fühlen in ihre Augen zu konzentrieren schien. Das plötzliche Anhalten des persischen Schimmels mit schwarzem Schweif und Mähnenhaar gab ihm ein gespenstiges Aussehen, als wäre er das bleiche Geisterpferd der apokalyptischen Todesboten. Die Ohren wie Hörner ausgestreckt, die Augen feurig stierend, die Mähne vorwärts gesträubt, die Nüstern mit lautem Wiehern gedehnt. Doch wer auf den Reiter schaute, vergaß das Pferd. Beim jähen Parieren auf die Hinterfüße eingeknickt, wühlte es mit den Vorderhufen den Sand auf und beugte seinen Reiter nach vorn bis zur Mähne. Doch dieser warf den Kopf zurück, und sein durchdringender forschender Blick hatte etwas Übernatürliches, als sähe er durch die Rinde der Materie hindurch bis ins Innerste der Dinge.

Indes seine beiden Hände die Zügel fest anzogen und seine Schenkel das Roß fest umklammerten, fesselte er das spähende Auge genau auf Bülows vorschreitende Masse. So beschäftigte sich sein Körper mit dem Tier, sein Geist mit dem Feind, und dies Bild prägte sich unverwischlich jedem Beschauer ein, als unbeschreibliche Probe einer Feldherrntätigkeit auf dem Schlachtfeld. Dann jagte er in gestrecktem Galopp davon, ohne ein Wort zu sprechen, ein kaltes Lächeln auf dem reglosen Gesicht, dieser Cäsarenbüste von gelblichem Marmelstein, aus der zwei lodernde Geniusaugen dämonisch hervorbrannten....

Doch der Augenblick, wo sie ihn wieder leibhaftig sahen, genügte, den gefährlichen Eindruck der Saxonnade zu bannen. Es bedurfte des ganzen allgewaltigen Zaubers seiner Person, den leichtentzündlichen Galliern neues Vertrauen einzuflößen. Sein Einschreiten krönte denn auch der Erfolg, daß aufatmendes Mutschöpfen wieder die Reihen straffte.

„Laßt sie schießen, die undankbaren Verräter! ‚Sächsern‘ solls künftig heißen, wenn man in der Not seine Kameraden im Stich läßt!" brüllte Durutte aus voller Kehle. „Der Kaiser ist in unserer Mitte, er wird bei uns sein, wenn wir zeigen, daß Franzosen sich selbst genug!"

Daß die Sachsen bei ihrer Tat, mag sie vor militärischem Ehrgefühl nicht ganz bestehen können, nur der höheren Moral und Notwendigkeit folgten, kann man ja naiven Gallierschädeln nicht einpauken....

... Es war vier Uhr, als der Kaiser auf der Chaussee nach Paunsdorf eintraf. Rheynier rapportierte besorgt über den

Stand der Dinge: „Auch die württembergische Reiterbrigade Normann ging zum Feind über. Wichtige Deckungsposten sind uns so verloren. Ich besorge eine Panik. Unsere erschreckten Truppen —"

„Franzosen erschrecken nicht so leicht," fertigte der Kaiser strenge ab. „Da haben Sie übrigens Ihre Lieblinge, die Sachsen, auf die Sie immer so große Stücke hielten! Ich warnte Sie immer: Fremde bleiben Fremde, und beim ersten Umschlag des Glücks —"

„An dem Allen ist niemand schuld, als der Fürst v. d. Moskwa. Hätte er nicht im Moniteur-Bulletin über Dennewitz gefälscht —" „Keine Rekriminationen in der Schlacht! Übrigens, da kommt er!"

Marschall Ney, der eben mit seinem Stab auf die Nachricht von der Ankunft des Kaisers atemlos heranjagte, rief schon von weitem mit der Vertraulichkeit des Kameraden auf hundert Schlachtfeldern und des ersten Napoleonischen Helden:

„Gut, daß Sie kommen, Sire. Es steht schlimm. Es kann uns die Schlacht kosten."

„Ob es das kann oder nicht," kanzelte der Meister ihn stirnrunzelnd ab, „das zu beurteilen wird m e i n e Sache sein, mein lieber Marschall. Vor allem bitte um Ruhe. Die Herren scheinen sich erst erholen zu müssen. Dieses Hasten und Durcheinander ist immer der Anfang vom Ende. Ich ersuche, sich zusammenzunehmen. Das ist nicht die Haltung eines Generals der Großen Armee."

Die beiden Heerführer verneigten sich stumm.

„Sire," hob der Marschall kleinlaut mit unterwürfigem Tone an. „Ew. Majestät mögen sich selbst überzeugen, daß wir wirklich einen sehr schweren Stand haben. Allerdings machen die verheißenen Verstärkungen uns etwas Luft, auch hab' ich Paunsdorf, das in die Hand des Feindes fiel, unverzüglich wieder genommen. Aber jetzt rückt die ganze Nordarmee des Bernadotte mit Macht heran und wir sind viel zu schwach, die vorgeschobenen Posten der ausgedehnten Linie zu behaupten."

Napoleon hob das Glas zum Auge, setzte es ab und nickte verdrießlich. — Gegenüber Paunsdorf erhob sich momentan eine furchtbare Kanonade, wobei man rote Leuchtkörper zischend nach dem schon lichterloh brennenden Dorfe hinüberschwirren sah.

„Aha, eine englische Raketenbatterie ist mit dabei! Haben Sie eine Ahnung, wer dort diese dichten Massen zusammenzieht?"

„Ich fürchte, der General Bülow, Sire," versetzte Ney mit unsicherer Stimme.

„Fichtre! Den Kerl haben Sie wohl noch von Dennewitz her im Magen. — Hätte nie geglaubt, daß diese preußischen Windhunde von Jena sich zu so wütigen Rüden herausbilden würden. Verdammtes Volk! — Und da oben bei Marmont, wo Blücher angreift, — wie steht's da?"

„Sire, der Herzog von Ragusa hält sich mit größter Anstrengung. Um Schönfeld tobt ein verzweifelter Kampf."

„Verstärken Sie diesen Posten aufs äußerste! Sind dort Preußen?"

„Russen. Langeron."

„Ach, die Schlafmütze! Wo steckt denn dieser Verräter York?"

„Weiß nicht. Preußen oder Reußen, man kennt sich nicht aus in diesen barbarischen Völkerstämmen, ist ja wohl dieselbe Rasse. Aber wenn mir recht ist, drücken nur Russen auf unsere nördliche Flanke."

„Schön. Die Polen Dombrowskis sind Manns genug, dort jeden Handstreich zu vereiteln. Es gilt ja nur, die Burschen aufzuhalten..... Sacré bleu!"

Ein Ausruf des Mißmuts entfuhr den zusammengepreßten schmalen Lippen des Empereurs, der im Sprechen unverwandt die Paunsdorfer Position besichtigt hatte. Der Feind schien dort seine Vorbereitungen, mit niederschmetternder Gewalt vorwärts zu kommen, beendigt zu haben. Eine unabsehbare Geschützreihe hatte er vor die Front gezogen und mächtige Streitmittel aufgehäuft.

„Der Aufmarsch der Nordarmee scheint im wesentlichen vollbracht. Zu langsam, zu methodisch. Hätten sie früher angegriffen, wär's richtiger gewesen, da hier jede Minute kostbar. Sie haben noch eine Stunde bis Einbruch zur Dunkelheit zur Verfügung und daher größte Eile nötig, wenn sie noch etwas leisten wollen. Der Anprall wird daher sofort mit Vehemenz beginnen. Aha, da jagen sie schon unsere Vortruppen aus Paunsdorf hinaus."

Diese Bemerkungen warf Napoleon so kühl und gelassen hin, als verfolge er die Bewegungen des Gegners nur im Studierzimmer auf der Karte.

„Ich selbst will —" Ney riß wütend sein Pferd herum, seine Ungeduld nicht länger bezähmend.

„Still, still, mein Lieber!" Der Empereur, das Glas noch immer nicht absetzend, regte sich nicht. „Das tut hier nichts. Gerade weil er so spät attakiert, reißt den Feind sein Eifer fort. Sehen Sie, da stürmen sie schon aufgelöst auf Sellershausen zu, sie überstürzen sich förmlich. — Rheynier, in die Flanke! Wer kommandiert in Sellershausen?"

„General Delmas."

„Ah, der wird sie hübsch empfangen. — Sieh' einmal, Nansouty zaudert — auch etwas Neues!"

In der Tat sah man Abteilungen zu Fuß und zu Roß rechts von Paunsdorf, die beim Anblick der ungeheuren Massen, die sich, dicht zum Kampfe aufgerückt, heranwälzten, keinen Angriff wagten, sondern in ehrerbietiger Entfernung stehen blieben.

„Nun, wird seinen Mut schon wieder finden. — Adjutant! An den General Nansouty: Ich hoffe am Abend von einer brillanten Charge zu hören. Verstanden?... Ja, ja, mein Prinz von der Moskwa, ich sehe, Sie sitzen auf Kohlen; die Gefahr ruft Sie — will Sie also nicht länger der Umarmung dieser Geliebten entziehen. Ich kann Ihnen nichts weiter sagen, als: Wehren Sie sich wie ein Löwe, wehren Sie sich wie — Ney. Halten Sie sich nur noch ein Stündchen, bis Dunkelwerden, und vor allem lassen Sie sich Schönfeld am linken Flügel nicht entreißen. Alles übrige findet sich von selbst. — Auf Wiedersehen!" .....

Während die Reiterei Pahlen vor Sebastiani wich und umsonst Macdonalds Kolonnen zu belästigen suchte, welche langsam unterm Druck von Doctorof (Divisionen Pasketwitsch, Kavansky, Markof) auf Stötteritz wichen und zwischen Holzhausen und Zweinaundorf eine neue Front bildeten, verband sich Bennigsen links mit Klenau und Ziethen und stieß rechts die ihm zugeteilten Österreicher Bubnas (sieben leichte Bataillone, achtzehn Husarenschwadronen) auf Möllau vor. Die zwölf Kosakenpulks von Platof ließ er noch weiter rechts über Paunsdorf ausschwärmen, Anknüpfung mit Bülow suchen. Indes Langeron und St. Priests schwaches Infanteriekorps Schönfeld immer hitziger anfielen — Langeron und St. Priest, französische Empigranten, fochten hier gegen ihre Landsleute — wagte sich Klenau an Stötteritz heran, doch Maison warf ihn gänzlich, drang über Oberzweinaundorf nach.

Macdonald fand, durch Bülow flankiert, erst spät abends Holzhausen unhaltbar, Pasketwitsch aus Unterzweinaundorf erstieg erst dann rechts und links die Höhen dahinter.

„Es geht alles gut," rapportierte der König von Neapel, als der Kaiser wiederum mit den Dienstschwadronen auf dem Blachfeld zwischen Probstheida und der Tabaksmühle eintraf. „Die Alliierten haben die zweite große Sturmsäule gegen tausend Schritt weit hinter die Meusdorfer Vertiefung zurückgezogen, um ihre dezimierten Massen dem Feuer Drouots zu entziehen. Freilich sind all' unsere Versuche, aus Probstheida vorzukommen, zurückgewiesen."

„Und die erste Sturmsäule der Leute — da drüben bei Dösen?"

„Überall zurückgeworfen. An fünfzehnhundert Schritt Terrain verloren."

„Bravo! Wackere Polen!... Meldung?" wandte er sich herantrabender Ordonnanz entgegen, dessen rotumränderte Tschapka polnische Zugehörigkeit verriet.

„Zu Befehl, Sire. Vom General Dombrowsky in der nördlichen Vorstadt: Alle Angriffe bisher zurückgeschlagen. Doch Verstärkung tut not."

„Wackere Polen! Sie verdienen sich heute die Wiederherstellung ihres Vaterlandes! Was lächeln Sie, Gourgaud?"

„O nur ein Einfall, Sire."

„Ich will ihn wissen."

„Wenn Ew. Majestät befehlen!" erklärte sich der tapfere Generaladjutant mit soldatischem Freimut. „Ich dachte nur daran, daß Ew. Majestät ganz dasselbe schon einmal in einer Schlacht äußerten."

„So? Das kann wohl sein. Wann?"

„In der Schlacht an der Moskwa, Sire — als das Korps Poniatowsky den russischen Schanzhügel bei Utiza erstürmte."

„Ja, seitdem ist manches anders geworden." Napoleon, der die versteckte Ironie jener Erinnerung sehr wohl begriff, wandte sich rasch ab. „Reiten Sie selber dorthin und nehmen Sie Division Pacthod mit, die ich Dombrowsky beiordnen will." Bei Dösen als entbehrlich ausscheidend, kam Pacthods Eilmarsch schon um drei Uhr nach Reudnitz, ihm folgte spätabends Christianis Füsiliergarde. „Ah da — Meldung?"

„Sire, vom General Bertrand bei Lindenau. Die Österreicher sind vollständig über den Haufen geworfen und die Rückzugslinie absolut frei.“

„Aha, mein guter Schwarzenberg will mir goldene Brücken bauen.“ Napoleon atmete erleichtert auf, setzte aber sogleich mit erhobener Stimme hinzu: „Nicht, als ob ich den R ü c k z u g beabsichtigte! Das sei ferne! Sind wir doch auf allen Punkten s i e g r e i c h.“

Niemand antwortete. — „Ah, es dunkelt bereits. Die Schlacht ist zu Ende. Meine Herren, wir haben unser Tagewerk getan und das Gewitter bestanden.“

Aber es war nicht wahr. Den Atem anhaltend, lauschte das Große Hauptquartier bis zur Ordonnanz herab von seinem alten Standpunkt am Thonberge aus nach Nord und Nordost, wo das Geschütz Blüchers und Bülows rastlos in der Dämmerung fortlärmte.

Überall um Leipzig im endlosen Halbkreis wütete die unerhörte Völkerschlacht, deren entsetzlicher Donner, die Erde erschütternd und die Luft fieberisch bewegend, bis in unglaubliche Ferne hallte. — Es war wie ein ungeheurer Schlußchoral dieser Himmel und Erde in ihren Grundvesten empörenden LeichenMesse des Empire.

— — — — — — — — — — — —

Da Giulay, der Banus von Kroatien, dem Marmont in der Wagramkampagne so hart zusetzte, sich auch heut’ nicht weidlich anstrengte und sogar seitwärts abschwenkte, öffneten Bertrand und Guilleminot, sowie nach deren Abzug Mortier, völlig die Rückzugsstraße. Die Junge Garde, vornehmlich Barrois 2. 6. Tirailleurs und Flamands Flanqeur-Grenadiere, alles Übrige brauchte nicht mal zu fechten, schleuderte die Sperre bei Seite und schritt förmlich über den Leib des Gegners weg. Der riesengroße Schläger Mortier, der sonst nur in Spanien an der Gebora und bei Ocanna sein Licht leuchten lassen konnte, focht stets so energisch, wie einst bei Dürrnstein.

Sobald die Sonne den erdbedeckenden Frühnebel durchdrang, brach Bertrand mit größtem Ungestüm auf Kleinzschocher vor, indem er alle Vorposten vor sich hertrieb und alsbald das 1. Jägerbataillon überwältigte. Die Jäger mußten sich links in die Auen ziehen, obschon ihnen Oberstleutnant Arbter mit III. Kottulinski zu Hilfe kam. Es war der verwundete General Belliard, der diesen Stoß leitete, und zwar führte er 13. 137. ligne, aus lauter Italienern der Bezirke Arno-Appennin bestehend, und den Rest 156. vor, dessen II. Bat. unterm Schweizer Major Voirol schon bei Bautzen Belobigung erhielt und das bei Dennewitz dreiviertel seiner Mannschaft verlor. Voirol, jetzt Oberst, drängte so stark, daß die Österreicher in der Angst, er würde gar über die Elster bei Schleußig nachdringen, die dortige Brücke, schon mit geteertem Stroh umwunden, übereilt ansteckten. Infolgedessen konnten die siebenhundert 1. Jäger nicht mehr rückwärts entkommen und streckten samt Oberst Lutz und achtzehn Offizieren die Büchsen. Auch das Bataillon Arbter geriet größtenteils in Gefangenschaft, trotzdem es sich bis zum Ende des langgedehnten Kleinzschocher durchschlug, wobei der Oberstleutnant sterbend niedersank und die meisten tot und verwundet um ihn her lagen. Bataillon Graf Breda des Regiments Kaiser Franz stellte sich am von Pionieren verrammelten Eingang von Großzschocher verzweifelt zur Gegenwehr, Junge Garden an Guilleminots Stelle vertrieben aber Brigade Czollich auch von dort. Giulays Linke entrann mit knapper Not unterm Schutze der zahlreichen Reiterei, wobei Fürst Kudaschef fiel. Das berühmte Regiment Frehlich jenseit der Lützener Straße war schon abgeschnitten, schlüpfte aber noch durch. Das 2. Jägerbataillon ward hingegen aus Leutsch seitwärts über die Luppe zersprengt. Immerhin mußte auch die schwache italienische Division (kaum von Regimentsstärke) Fontanelli beim Abmarsch durchs Feuer, ihr General St. André wundenbedeckt. Unglaublicherweise langte aber jetzt Befehl Schwarzenbergs an, überbracht vom Generalstabsmajor Baron Adelsheim, daß Giulay unverweilt nach Gröbern marschieren solle, um die Schlacht bei Dölitz zu nähren. Der ungarische Feldzeugmeister ermangelte zwar nicht zurückzumelden, daß der Feind in starken Säulen bis Markranstädt vorrücke und somit die Rückzugslinie völlig freimache, folgte aber trotzdem nur zu gern der sinnlosen Ordre und marschierte vom linken Flügel her rückwärts ab. Natürlich erhielt er unterwegs Gegenordre, er solle am linken Elsterufer bei Pegau beobachten. Mittlerweile schwand aber jede Gefahr für Napoleons Rückzugslinie und auf Giulays wichtige Aufgabe

leiftete man Verzicht, da er fie nicht erfüllen konnte. Die Trauben
waren zu fauer . . . .

„Wer fchwindeln dhut, die Franzen ftehen nicht, der lügt in
feine Tafche," geftand anerkennend Marfchall Vorwärts, der in
der Hitze des fchweren Kampfes immer noch fein Pfeifchen
fchmauchte, „aber wenn fie ooch wie die Grasdeibel bellen, freffen
thun fie uns nich un Keile kriegen fie doch! Ne, Musjö von der
Moskowa, oder wie der Satanskerl fonft feinen ehrlichen Vaters-
namen fchimpfiert, da kennt Er den ollen Blücher fchlecht. Die
Piepe geht mir noch lang' nich aus und fo ein wälfcher Höllen-
hund kooft den ollen Fritzen noch lange nich, Gott ftraf mir!"

Mit unbeugfamer Zähigkeit fetzte er das Ringen um Schönfeld fort und wußte feine Muskowiten immer wieder hinein-
zuhetzen. „Man druff! Es wird fchon jehn, und der Bülow ift
auch noch da! Was meint Ihr, Gneifenau?"

Der geniale Stabschef, in allmählich keimender unbequemer
Ruhmrivalität auf etwas gefpanntem Fuße mit dem Sieger von
Dennewitz, fühlte fich zwar nicht bemüßigt, in ein Loblied auf
diefen einzuftimmen. Aber auch er hoffte alles von Bülows end-
lichem Eingreifen. —

Der fchneidige kleine General, ein zierlich fchmächtiges
Männchen, das wie ein befcheidener Pfalmenkomponift ausfah,
immer unmilitärifch mit abgeriffenen Uniformknöpfen, an denen
er nervös zu drehen liebte, hielt gegenüber Paunsdorf in der
Vorderlinie und beobachtete durchs Glas. Nicht ohne geheime
Schadenfreude, die auch Gneifenau, Boyen und Grolmann als
weitblickende deutfche Patrioten heimlich teilten und verftohlen
unter fich ausfprachen, bemerkte Bülow das troftlofe fich Auf-
zehren der beiden ruffifchen Armeekorps im Schlefifchen Heere.

„Wir Preußen haben fchon genug getan," gab er unver-
hohlen feinem tapfern Brigadechef, Prinzen Heffen-Homburg, zu
verftehen. „Die kaiferlich ruffifchen Truppen mögen auch mal die
Suppe auseffen. Se. Majeftät der Zar wird fich wohl wenig
grämen, ob ein paar Taufend mehr oder weniger feines Kropp-
zeugs zum Teufel fahren." Aber er meinte es anders: je mehr
die Ruffen fchmolzen und die Preußen fich auffparten, die bisher
wie recht und billig am freigebigften ihr Blut vergoffen, defto
tüchtiger konnte Preußens bewaffnete Volksmacht beim Friedens-
fchluffe ihre Anfprüche erheben und durchfetzen. „Daß bei uns

das edle Korps Woronzoff, das immer zu spät zur Aktion kam, auch heute nichts tut, dafür werden Se. Hoheit unser erhabener Chef gewiß gebührend sorgen."

Sein Adjutant Weyrach lachte, die zornige Verachtung gegen Bernadotte legte sich schon gar keine Rücksichten mehr auf, seit Bülows Ausruf: „Den hab' ich weg!" Ohne sich im geringsten um Adjutant auf Adjutant zu kümmern, die Bernadotte ihm nachschickte, schritt er hier unablässig vor. Gerade als Blüchers Russen völlig mürbe schienen, gab der kleine General das Zeichen zum Angriff. Sein im gewöhnlichen Leben oft verlegenes und schüchternes Behaben, das sich doch mit sofort aufflammender stolzer Entschiedenheit vertrug, wenn sein patriotisches Heldengefühl erregt, verwandelte sich auf dem Schlachtfeld auf der Stelle in prächtig joviale Energie des geborenen Batailleurs. „Klopft die Schelmfranzosen tüchtig auf die Hosen!" spornte er seine aufjauchzenden Scharen an, laut jubelnd, wo sie des geliebten Führers ansichtig wurden.

Vor dem Andrang der Brigaden Vorstell und Homburg suchte Duruttes Häuflein das Weite und riß auch den rechten Flügel Souhams in die rückwärtige Bewegung mit. Als jedoch die reitende Gardeartillerie heftig feuerte und Nansouty mit Elan attakierte, flog Ney herbei, der sich in seiner tapfern Art überall auf seiner Schlachtlinie aufhielt, weil Souham schon verwundet.

„Delmas, das Schicksal des Tages ruht bei Ihnen," drückte er diesem Divisionär die Hand, „Sie müssen diese Bursche fernhalten." Kurz vorher stieß der Marschall mit Marmont zusammen, der sich endlich, von Wundfieber geschüttelt, nach Leipzig wegbegab. Dessen vornehmes Gesicht war finster wie die Nacht und seine Leichenblässe schien mehr von seelischer als körperlicher Wunde herzurühren.

„Zu Beginn der Kampagne äußerten Sie: „„Früher hatten wir alte Truppen und junge Generale, heut' haben wir nur junge Truppen und alte Generale,"" nahm er Abschied von seinem Vorgesetzten. „Nun, heut' dürfen Sie sagen, daß wir Alten kommandierten wie Junge, und unsere Jungen fochten wie Veteranen. Doch alles umsonst, ich geb' es auf, die Partie steht zu ungleich."

„Der Kaiser ist Trumpf," beharrte Ney trotzig, „man muß nie ein Spiel verloren geben..."

General Delmas mußte seine eigene Ordnung brechen und ausweichend abschwenken, um der Ansteckung verschlungener Fluchtknäuel in der Mitte seines Weges zu entgehen. Doch die Wucht seines eigenen Anlaufs ward so gebrochen, und er sah sich alsbald durch schräges Flankenfeuer Bülowscher Feuerschlünde getroffen. Zwar schmiß Ney, der von Streifschüssen blutete, persönlich mit Division Ricard die Russen wieder tief nach Schönfeld hinein, aber Division Delmas wich in weitem Bogen. Ermutigt durch feste Haltung der Sträflingregimenter Duruttes und Zuspruch des sofort auch hier anleitenden Marschalls, setzten zwar die Franzosen aufs neue an. Vierzig frische Geschütze Neys donnerten aus allen Rohren und zum Angriff donnerte der rote Löwe. Doch umsonst die fessellose Furie neuen racheschnaubenden Angriffs mit allen drei Waffengattungen gegen das unablässige Vorschreiten des erstaunlichen preußischen Fußvolkes, dessen Art ja Ney zur Genüge am Sumpfbach von Dennewitz kostete. Ein immer höher gebäumter Feuergischt sprengte die Sturmsäulen entzwei, als ob ein Lauffeuer explodierender Raketen mitten hindurch brenne. Tödlich unaufhörliche Salven und Nachstöße mit blanker Waffe warfen die Spitzen jeder neuen Formation nieder. Diese schreckliche Infanterie stieß den ganzen rechten Flügel und die Mitte Neys mit wundersamer Kraft über den Haufen. Marmonts zertrümmerte Batterien schirrten an und suchten sich davonzumachen. Doch wie der Wind waren die Pommern da und stürzten immer näher. —

Die Kirche in Schönfeld ging in Flammen auf, der Kirchturm stürzte krachend auf die Kämpfenden nieder. Rauch, Staub und Dampf verdunkelten das Tageslicht, so daß jedem die Empfindung verloren ging, welche Stunde es sein möge, und die Nacht unbemerkt anbrach. Ricard nahm das Dorf sofort wieder, nachdem Marmont es aufgab. Sein 144. setzte sich dort fest, Oberst de Reville und Major Tarisan schlugen sich so brav wie bei Lützen, Hauptmann Guilhem vom 142. wie bei Bautzen. Die äußerste Heftigkeit der Schlacht an diesem Punkte ließ nicht mal nach, als die Franzosen endlich Schönfeld verließen, denn vom Windmühlenberg beherrschte 17. Prov. den Ort. Leiche des Oberst Camescasse ließ das 142. zurück und feuerte jetzt seine Salven wie Grabsalut über ihn hin ins Dorf, wo Brayer und Brigadegeneral Bony bluteten. Als man auch dort vertrieben und die Ruffen auf Reudniß siegesbewußt nachrannten, warf sie Neys Gegenstoß aus Volkmarsdorf, an dem auch Teile der Jungen Garde Pacthods teilnahmen, in einem Zuge wieder bis, in, ja über Schönfeld hinaus. Nur die schwedische Geschützabteilung des Oberst Cardell, der sich wie bei Großbeeren und Dennewitz von den schlaffen Schweden ehrbegierig fortmachte und mit zwanzig frischen Feuerschlünden den schon munitionslos verstummenden russischen zu Hilfe kam, setzte den Fortschritten Neys ein Ziel, dem vier Pferde unterm Leibe erschossen wie Marmont.

Die russische Reiterei der Nordarmee unter Generalen Orurk, Baron Pahlen und Manteuffel langte gegen halbvier Uhr an, setzte sich neben Bülows Reservekavallerie und stemmte sich jetzt Neys Sturmsäulen entgegen, der mit allen drei Waffen aus Sellershausen hervorkam. Da sie frischere Pferde hatte, glückte es anfangs, Badische Dragoner zurückzudrängen. Baron Pahlen hatte mit Sziumhusaren, die schon zu Beginn des heiligen Krieges im Treffen von Lüneburg sich ausgezeichnet, Fühlung zur österreichischen Husarenbrigade Neipperg aufgenommen und seine Finland- und Riga-Dragoner gingen neben Manteuffels Dragonern von Petersburg und Elisabethgradhusaren tüchtig vor, unterstützt von den Petersburger Freiwilligen Kosaken und den übrigen Irregulären des Reiterkorps Tschernitschef. Allein, Neys holländisches 9. Artillerieregiment richtete auf sie ein schreckliches Feuer, das grausam die Reihen lichtete. Dem schon bei Eylau so tapferen General von Manteuffel riß eine Kanonenkugel tot vom Sattel, just als er bei Volkmarsdorf vier Geschütze vorübergehend im Fluge eroberte. Die verbündete Reiterei mußte Neys Angriff nicht mehr Einhalt zu tun, der mit jener ihm eigentümlichen Impetuosität erfolgte. Noch erschöpfte sich nicht der französische Mut und entsprach jeder Zumutung des gewaltigen Marschalls. Der Brigade Hessen-Homburg trat aber nun rechts Brigade Vorstell zur Seite, links Paunsdorf berührend, und Bülow zog volle sechsundsiebzig Geschütze vor seine Front, denen sich die reitende russische Artillerie des Oberst Arnoldi anschloß. Kraft's schon bei Bautzen als Preititz-Erstürmer so ruhmvolle Regiment Kolberg und I. 1. Neumärkischen Landwehrregiments, die bei Dennewitz so schwere Opfer brachten, zusammen sechzig Offiziere dreizehnhundertdreizehn Mann einbüßend, eroberten Dorf Stünz im ersten Anlauf, Bubna setzte sich in Mölkau fest, wo allerdings nur schwache Posten standen. Und das 3. ostpreußische Linienregimnt ging entschlossen auf Sellershausen los, während Prinz Homburg das Schwesterregiment 3. ostpreußische Landwehr in Reserve hielt. Bis des eigenen Geschützes Donner den begeisterten Sang übertönte, stimmten die Preußen ihre Nationalhymne an, in welche alle Musikchöre einfielen. Königin-Dragoner, das einstige berühmte Regiment Bayreuth, bliesen den Hohenfriedberger Marsch.

Der Vorstoß Delmas' scheiterte. Sandrarts schwarze pommersche Husaren, brandenburger Prinz Wilhelm-Dragoner, Kamekes westpreußische, bei Dennewitz so großes vollbringend, suchten einzuhauen. Der Feind setzte sich jedoch sofort wieder. Delmas' 136. hatte schon bei Lützen sich im Zurückschlagen von Reiterattacken seine Rittersporen erworben, zwei Leutnants, sieben Unteroffiziere und sogar einen Gemeinen namens Héron hatte der Armeebefehl zitiert. Der Voltigeurhauptmann Trappier, heut Bataillonschef an Stelle seines dort gefallenen Vorgesetzten, und die Hauptleute Bacquet und Masson taten auch heut ihr Möglichstes. Oberst Laurain und General Maran bluteten, Oberst Commau fiel an dieser Stelle. 23. Leichte Friederichs stand fest wie bei Bautzen. Auch Genfer 145. ließ nicht erkennen, daß es bloß aus Nationalgarden von Leman und Montblanc zusammengesetzt, und focht wie alte Soldaten.

„Es fehlt zu unserer Linken an Artillerie. Ersuchen Sie den Kommandanten der übergetretenen sächsischen Batterien am Kampfe teilzunehmen," beauftragte Bernadotte den russischen General de Witt und stellte dem Colonel Cooke verbindlich anheim: „Die kgl. großbritannische Raketenbatterie dürfte hier wohl Wirkung tun." Auf der Stelle brachte Captain Bogue seine Raketengestelle vor, die einen erschütternden Eindruck auf die Franzosen machten durch das Ungewohnte dieser Waffenart, doch riß den Bogue sofort eine Granate in Stücke. „Nun mögen Franzen den Rest meiner Kugeln kosten," jubelte ingrimmig der sächsische Artilleriekommandant Birnbaum: mächtige Decharge scholl. Neckows 9. N.-Rgt. schrie: „Dennewitz!"

Sobald Hessen-Homburg Sellershausen nach dreimaligem blutigem Ansturm erobert hatte, machte Vorstell Miene vorzugehen. Allein, Bernadotte rief ihm gemessen zu: „Herr General, Sie werden pünktlich meine Befehle befolgen. Ich weiß, daß

die Herren Preußen es lieben, mir ungehorsam zu sein, nämlich
vorwärts zu eilen, statt sich zu verteidigen!"

Den Kommandeur des ostpreußischen Landwehrregiments,
Graf Finkenstein, hatte er schon zurückhalten wollen, doch machte
sich Major Friccius mit dem dritten Bataillon los und über-
nahm sein drittes Glied in Plänklerform alsbald die Deckung
der russischen Artillerieabteilung Dietrichs, deren Oberst seit der
Dennewitzer Schlacht diese Landwehr kannte und schätzte. Die
Landwehrschützen unter Leutnant Holzhausen gingen unerschrocken gegen die Küraffiere St. Germains den Batterien
Dietrichs und Glasenapp voraus und erwarben sich begeistertes
Lob der russischen Offiziere. Abends unterstützte Friccius noch
Bataillon Müllenheim vom 3. ostpreußischen Linienregiment
beim Eichwäldchen von Stünz. Bei der dortigen Windmühle
unterhielt sich Bernadotte mit dem Prinzen Homburg, ohne aber
den Bülow v. Dennewitz eines Blickes gnädigst zu würdigen,
worauf ihm dieser ebenso gelassen den Rücken kehrte. Die letzten
Strahlen der Abendsonne übergossen das seltene Schauspiel mit
unheimlichem Glanz.

. . . So entfaltete sich denn endlich lückenlos, vollzählig
beisammen, der feurige Halbkreis der riesigen Völkerschlacht. Es
war ein Schauspiel, wie wenn eine Schlachtreihe von Kriegs-
schiffen mit dem stattlichen Leinwandturm aufgesetzter Segel lee-
ward und starboard bei leichtem Wind und glattem See maje-
stätisch den Gegner anläuft, bis in schwerfälligem Vorbeitreiben
am Stern ihr Bugsprit fast das feindliche Quarterdeck berührt
und ihre Flagge dort das Mittelsegel streift, bis diese Pro-
zession tiefstimmiger Giganten hintereinander in ein Brüllen
ausbricht wie Tropengewitter und ein Spiel tanzender Flammen
wie tropisch Wetterleuchten die hohen Maste umkränzt.

„Delmas auf dem Fleck gefallen? So werden wir alle umkommen, ein schöner Tod!" hielt der unbeugsame Ney seinem
Untergebenen die kurze Leichenrede. Wie aus Erz gegossen ragte
er aus dem Fluchtgewühl, das nach Sellershausen hineinflutete.

Divisionen Ricard, Lagrange und Friederichs, in der rechten
Flanke entblößt, vermochten Schönfelds Umgebung nicht länger
zu halten. Das siebenmal den Besitzer wechselnde Dorf ging
endgültig in Blüchers Hände über. Bei Dunkelwerden brach Neys
festgefügte Schlachtreihe endlich unter dem Druck der übermacht.

Dennoch hielt der Tapferste der Tapferen, heut' wie immer seines Beinamens würdig, der für immer an ihm haften blieb, monumental wie jedes Granitwort aus Napoleons Munde, durch sein großes persönliches Gewicht den Kampf noch in der Schwebe. Rasch stellte er die Ordnung her. Zwar konnte er nicht hindern, daß die sich förmlich überstürzende Angriffslust der Bülowschen wie im Sturmesflug Sellershausen wegnahm. Gleichwohl raffte er nochmals die Bleibsel von Ricard, Delmas und Compans zusammen und führte zum dritten Mal einen verzweifelten Gegenstoß. Das 1. Marine, bei Möckern fast vernichtet, ließ hier den Rest seiner Offiziere. Zehn Stabsoffiziere der Marine heut' tot und verwundet!

„En avant, tue, tue! En avant, tue!" Auch dieser letzte Gegenstoß führte tief ins Herz der russischen Angriffsmacht, doch Bülows Preußen hielt keine Macht der Welt mehr auf. Wie ein Eisbrecher zerschnitten sie die Gewalthaufen, deren stürmischer Elan verebbte, und eine Flut gebrochener Flüchtlingsscharen überschwemmte die Kohlgärten von Leipzig. „Delmas gefallen? Der Teufel soll mich holen, so ich nicht Revanche nehme!" Der wilde Don Juan und Bramarbas Fournier, verrufenster Duellant der Armee, sonst musikalisch-ästhetischer Salonlöwe, riß seinen andalusischen Hengst herum und stürzte sich wütend mit seinen 2. Husaren in den Feind. „En avant, Français!" Doch seine entmutigten Reiter ließen sich förmlich wegblasen vom verlorenen Schlachtfeld. Da hatten seine Hessen und Badenser etwas anderes geleistet, als er mit ihnen an der Beresina zwanzigmal die russische Übermacht vor sich hertrieb, bis fünf Achtel der tapferen Deutschen die schneebeschüttete Wahlstatt deckten. Doch Compans im freien Feld widerstand endlosen Attacken der Reiterei Blüchers und Bernadottes.

Bülows Helden von Dennewitz stürmten zum Siege, wie der Freier zum Hochzeitfest, ihr Sturmlauf tanzte förmlich hinein in den Feind. „Dumme Jungen, wollt ihr wohl die Schnäbel hochhalten?" herrschte ein derber Pommer seine Kameraden an, als sie sich bücken wollten, weil Kartätschen dicht über ihre Köpfe flogen. „Hier ist mein Platz!" drängte ein Füsilier seinen Leutnant bei Seite, der sich zu sehr aussetzte, und fand an dessen Statt den Ehrentod. „Wir verlassen unsern Herrn Major nicht!" rief der Freiwillige Motherby, als die Königsberger Landwehr des Regierungsrats Major Friccius am Eingang der

Kohlgärten stutzte. Die Nacht brach darüber herein und die Flügelhörner der grünen Freiwilligen Jäger bliesen „Heil dir im Siegerkranz." Es klang wie ein seliges Aufjauchzen der Befreiung über zerbrochenem Thrannenjoch. . . .

Umsonst aber donnerte Geschütz von schwerstem Kaliber gegen die Hallische Vorstadt, Chausseehäuser einäschernd und Fallgruben verschüttend. Sackens Kampf vor und in Gohlis zog sich so in die Länge und gestaltete sich so peinlich, daß ihm York drei Füsilierbataillone zur Aushülfe sandte. Im Rosenthale standen Polen und Franzosen fest. Das Vorwerk Pfaffendorf war zwar von Fürst Scherbetof erobert worden und seine Division griff heftig die Schanzen am rechten Partheufer vorm Gerbertor an. Allein, eine Batterie im Löhrschen Garten überschüttete die Stürmer mit Geschossen und die Russen wichen nach anderthalbstündigem Ringen schon um ein Uhr zurück. Es gelang ihnen nichts weiter, als ein Lazarethhaus mit Haubitzen in Brand zu schießen, so daß mehrere hundert Schwerverwundete dort rettungslos verbrannten.

Drei russische Generale bluteten in diesen Kämpfen, ebenso Oberst Symanowski des 2., Oberst Cichoki 4. Polenregiments, Generale Zoltowski und Grabowski. Der hierher verpflanzte Pacthod, vorher gegen Bülow frontmachend, wandte sich nach dieser Richtung. „Sagen Sie dem Kaiser, ich und die meinen, wir sind entschlossen, alle zu sterben, ehe wir Einen nach Leipzig hineinlassen!" rief Dombrowsky dem Flügeladjutanten Gourgaud zu. Als Pacthod erschien, brachen sich alle Stürme an unzerbrechlichem Wall. Oberst Castanié 6. Voltigeurs, schwerverletzt, rief laut: „Polen und Junge Garde, da kommt keiner durch!"

Auch bei Holzhausen Ansetzen zu Sturm und Gegensturm, grauser mordlustiger Nahkampf. Bennigsen, kein geborener Balte, sondern geborener Hannoveraner, deshalb wie der wackere Balte Barclay de Tolly und der hochbegabte Eugen Würtemberg dem plumpen Dünkel der Stockrussen ein Dorn im Auge, — minder fügsam wie der lebhafte oberflächliche Wittgenstein, auch so ein russifizierter Deutscher — wollte durchaus noch einige Vorteile erlangen. In seiner Gefolgschaft schleppte dieser Geschlagene von Eylau und Friedland ein liebliches Pack von Baschkieren und Kalmücken mit. Den ledernen Kantschu über die Schulter gehängt, Bogen und pfeilgespickten Köcher im Gürtel, mit geschlitzten Triefäuglein und häßlichen Bartstoppeln, verkörperten diese biederen Söhne der Wildnis so recht den Befreiungskrieg der alten legitimen Welt gegen die neue des schändlichen Revolutionsvolks und des souveränen Umsturzes kraft der Gewalt des Genius. Von Monarchen Gnaden zog Halbasien zu Felde wider den Kaiser von Gottes Gnaden ‚durch den Willen der Nation‘, und das edle germanische Preußen mittendrunter, unbewußt vom Geiste der neuen Zeit durchtränkt und in unklarschwärmender Begeisterung durch Befreiung von Fremdherrschaft die Völkerfreiheit erstrebend. Das ganze Deutschland sollt’ es sein... und ganz Halbasien lastete bleischwer bis zum Vater Rhein, in dem sich französische Adler nicht mehr spiegelten, damit struppige Kosakenrößlein sich in den heiligen Wassern tränkten.

„Sapristi, da grinsen sie wieder, die Liebesgötter!“ schnarrte Nansouty sein übliches Bonmot, als er die Spitzmützen der Kirgisen und Baschkieren am Horizonte erblickte. „Hat denen unser seliger Lasalle bei Friedland noch nicht genug die Cour geschnitten? Ahmen wir’s nach, das Vorbild des Ritterlichen, er verstand sich so gut auf Galanterie!“ Und im Steigbügel sich aufrichtend, schmetterte er das Kommando heraus: „In Kolonne! Großer Trab!“ Mit einem Gelächter, das den Barbaren nichts Gutes verkündete, rasselten die fränkischen Geschwader über das Blachfeld. Sie kannten diese Cupidos mit wohlgefülltem Köcher von Friedland her, wo Lasalle ihnen die Bekanntschaft mit französischen Klingen vermittelte, und die Holden durchlebten wieder eine böse Viertelstunde. Mit dem Pfeil und Bogen durch Gebirg und Tal kamen sie gezogen... Aber jetzt rissen sie laut heulend in alle Winde aus. Auch die Kosakenhetmans rauften sich umsonst die langen Prophetenbärte.

Bennigsens ganze Reiterei machte, daß sie fortkam. Ehrengarden, Lanciers und Kaiserjäger rauften alles nieder, nicht ohne eigene erhebliche Opfer.

„Mit solchem Gesindel muß man sich herumschlagen!“ stieß Nansouty ärgerlich sein Schwert in die Scheide. Er hatte sich mehr rechts wenden müssen, um auch Macdonald zu decken, hielt aber links noch Bernadotte in Schach, der mit Russen und Schweden wirklich herankam. Der russischen Batterie Diederichs, deren deutscher Chef mit rühmlichem Eigenwillen immer den Preußen nachzueilen und ein Schußfeld zu finden wußte, donnerten jetzt noch eine Reihe anderer Russengeschütze nach. Und o Wunder und Staunen! in einer schwedischen Plänklerkette, die General Adlerkreuz wirklich noch zum Schuß brachte, erschien ein hochgewachsener imponierender Recke mit ungeheurer jüdischer Krummnase. Der alte Schwede Bernadotte, Kgl. Hoheit. . . .

. . . Kürassierdivision St. Germain hatte sich nach Anlangen der Gardereiterei seitwärts gewendet und spätabends Woronzofs Fußvolk attakiert. Auch sie ging heut' ins dichteste Gewühl, zwanzig ihrer Offiziere trugen Wunden davon. Der brave d'Haugeranville, bei Aspern und Wagram verwundet, während der blutjunge Oberst Coeslosquet der 8. ,Gentlemen-hussards' heut' erste Wunde empfing, gestern zum General befördert, blutete hier wieder. 20. Chasseurs, bei Feldzugsbeginn rund sechshundert Köpfe, mußten bis Mitte November drei Viertel aus der Liste streichen. Noch schwerer litten, wenn auch nicht so arg wie die leichte Reiterei Excelmans, die sich an beiden Tagen vor allen opferte und am meisten vollbrachte, Doumercs schwere Schwadronen. General Pelletier fand den Reitertod morgen erst im Straßenkampf.

Nur Pajols Regimenter blieben auch heut mehr im Hintertreffen oder die Waffengeübtheit ihrer Veteranendragoner schützte sie gewandt beim Fechten im Handgemenge. Heut opferten 6. Dragoner nicht mal 10 Mann wie bei Tormes, 18. nicht 53 wie bei Dresden, 14. Chasseurs nicht 50 wie bei Wagram, 19. nicht 92 wie bei Aspern!

Verwundet ward Milhauds Brigadier Montelegier. Nicht minder Generaloberst Belliard, Oberinspektor der Kavallerie, der sich als Murats Beirat ohne eigene Truppe im Lager befand, bei Lindenau.

Überhaupt erreichte der Verlust an Generalen eine erschreckende Höhe an beiden Tagen. Bei Marmont fand sein Stabschef Richemont den Heldentod, mit ihm elf Stäbler. Nur zwei Marmonts noch übrig, dessen Hut und Ärmel durchlöchert, linker Arm gequetscht. Wie am Halleschen Tor Russengenerale Newerowski und Hüne zu Tode bluteten, so endete der greise, schon im amerikanischen Freiheitskriege fechtende Rochambeau mit Jugendeifer heut sein Kriegerleben. Überhaupt wurden bei den Leipziger Schlachten drei Marschälle und fünf kommandierende Generale, sechs Divisionäre, 28 Brigadiers verwundet, fünf Divisionsgenerale, neun Brigadiers getötet. Der stellvertretende Divisionär Graf Brayer (noch Brigadier dem Patent nach) ließ sich verbinden. Zuguterletzt war auch Vial eine Leiche. Heut 25 Gen. verw., 10 t., dazu 104 Adjutanten und Stäbler.

„Tut eure Pflicht auch ohne mich!" Neys Artilleriegeneral Charbonnel schied verwundet von seinen Batterien. Trotz ihrer riesigen Überzahl dämpfte die verbündete Artillerie nirgendwo — Compans' und Delmas' Geschütz bekämpfte heroisch Bülows Übermacht bis zuletzt — das technische Übergewicht der furchtbaren französischen, die stets, sei es bei Lützen, Dresden, später bei Arcis sur Aube und Craonne selbst in ungünstigster Lage mit Minderzahl sich überlegen erwies. Noch bei Bautzen hatte wenigstens das Verfolgungsfeuer der Gardeartillerie Drouots Meisterschaft bewährt. So feierte sie auch jetzt bei Stötteritz und Probstheida den Triumph, daß sie die feindliche Kanonade, während sie gleichzeitig das verbündete Fußvolf zerschmetterte, völlig auf sich abzog. Denn so schwer die Kämpfe bei Probstheida, litt Victor heut weit weniger als bei Wachau, hauptsächlich durch Handgemenge, und Friants winzigem Verlust entsprach vielfach derjenige der Linientruppen, besonders Lauristons, an dessen Stötteritzstellung sich von rechts und links fein Feind ungestraft herantraute. Dessen Marschbataillone beherzigten des Kaisers neuliche Standrede und traten so fest auf, als trügen sie wirklich Frankreich auf der Spitze ihrer Bajonette.

Bei Division Maison trug außer dem 139. sonst nur das 154. ligne die Hälfte des Verlustes der zweiten Brigade; überhaupt verlor es seit dem 14. Oktober 26 Offiziere, soviel wie Dubretons 19. Nur 37., 139. und 26. Leichtes bluteten mehr. Bei Division Rochambeau blieben 135., 155., die vorgestern allerdings grausam litten, gänzlich in Reserve, nur das 141. führte den Vorstoß aus, bei welchem der Divisionär selber fiel. Victors schwache Division Dufour hielt ebenfalls ihr 93. zurück, nur das Häuflein des 72., als ein Bataillon formiert, ließ neun Offiziere auf der Strecke und das 26. Leichte focht nochmals fräftig, wie auch das 4. Vials, obschon beide bei Wachau schon arg geschmolzen. Dafür feierte das 11. Leichte ziemlich mäßig mit seinen fernigen Hochländern vom Kanton Wallis und Insel Korsifa. Dubreton zog statt des 56., das neulich erheblich litt, das 24. Leichte vor und neben dem 37. focht auch heut wieder, mit fast gleichem Verlust wie bei Wachau, das 19., das einst bei Aberllaa (Dupas) so gut wie aufgerieben. Diese drei Regimenter und das 2. 18. Vials bestanden heut allein den Hauptfampf.

Auch bei Macdonald sah der Verlust anfangs stärker aus als er war, blieb vielmehr überraschend gering. Vor Maison lag Mann wider Mann wechselseitig durchbohrt, wo Klenaus Rgt. Zach und Colloredo vernichtet, die umsonst vorwärts drückten. Österreicher und Preußen vermochten nicht vorzuschreiten, so lange die feindliche Hochburg Stötteritz unbezwinglich Verderben brüllte, und die Russen sahen sich zuletzt durch heftigen Sturmritt Nansoutys aufgehalten. Bei Connewitz waren es Ornano's Bergische Lanciers, die rücksichtslose Hingebung entfalteten. Tief genug bis in Mitte der feindlichen Massen stachen fünfhundert Rheinische Lanzenreiter sich einen blutigen Weg, mußten aber zuletzt schier vernichtet umkehren. Nicht weniger als sechzehn ihrer Offiziere räumten den Sattel, während Radziwills alte Gardelanciers bei Paunsdorf nur wenig litten. General Lafferière hieb auch ein wenig mit den Reitenden Grenadieren der Alten Garde ein, er selber flog getroffen vom Pferde, desgleichen General Gros der Fußjäger.

Sonst hatten nur das 1., 3., 4., nicht 2., Regiment der Ehrengarden Verluste, das 3. ging kräftig ins Geschirr und verlor vier Offiziere. Die Schwadronen von Kozietulskis 1. polnischen Ulanen und Tintevilles Dragonern der jungen Garde, welche Murats Massenattacke mitriß, beklagten geringe Verluste, letztere drei Offiziere. Am meisten von der gesamten nationalfranzösischen Gardekavallerie kamen die 2. Kaiserjäger Lefebvres ins Getümmel, denen sieben Offiziere außer Gefecht gesetzt.

Im allgemeinen hielten zuletzt Nansoutys glänzende Reiterharste nur unbeweglich im Kanonenfeuer, nach allen Seiten die Schlachtordnung stützend. Unter Napoleons persönlicher Bedeckung, den Elitegendarmen, forderte so der Tod noch einen Offizier als Opfer. —

„Was! Auch mein armer Coehorn? Sein Divisionsgeneralspatent nur eine Eintagsfliege? Nun, es freut mich, daß ich ihm noch seinen letzten Tag versüßte. Seit Ebelsberg blieb er mir empfohlen als ein Mann von großem Werte. Meine Vettern aus Korsika sind tüchtige Leute. Auch Sebastiani, obschon er manchmal dumme Streiche macht. Sein Blut wusch heut den Katzbach-Flecken ab, er hat die Scharte ausgewetzt, ich bin mit ihm zufrieden. Auch sein Bruder Tiburzio beim 11. Leichten soll sich neulich gut benommen haben, wie Victor berichtet. Ist Coehorn wirklich unrettbar? Beide Beine zerschmettert? Schade um ihn! Man wende alles an, ihn mir zu erhalten, wenn noch Hoffnung bleibt. Sonst — nun, dann ging er eben den Weg so vieler Tapfern, abgerückt zur Großen Armee."

Nicht ohne Wehmut empfing der Imperator die Kunde, daß Coehorn, Enkel des berühmten Holländer Ingenieurs, ein schwächlich Männchen mit Feuerseele, heute früh zum Divisionsgeneral ernannt, seine Schuld ans Adoptivvaterland Frankreich bezahlte. Das Korsenbataillon, das so oft unter stürmischem ‚Evviva Napoleone!‘ am großen Klangenossen vorbeidefiliert und sich stolz den Titel ‚Vettern des Kaisers‘ beigelegt, trat einst unter Coehorn neben den ‚Tirailleuren vom Po‘ den Sturmlauf auf die Ebelsberger Brücke an, wo der finstre Schlächter Claparède die kristallklaren Fluten der Traun mit Leichen füllte. Coehorn, dessen Anblick den nationslosen Allmenschen aus meerumspültem Felseneiland oft mit anheimelnder Erinnerung an seinen Ursprung gemahnte — nun war auch er dahin.

Doch so viele hohe Führer hier den Geist aufgaben — den engen, aber männlich entschlossenen Geist, den nur kriegerische Rauheit belebte —, den alten Stolz und Trotz auf ihre Unbesiegbarkeit gab die Große Armee noch immer nicht auf.

„Unser braver Chef, Vicomte de Pajol, ist nun wohl auch eine Leiche, man zweifelt an seinem Aufkommen. Wir aber, Dragoner, wir sind noch lebendig und werden weiter leben im Leben wie im Tod als die Krieger des Großen Napoleon, der Großen Nation und der Großen Armee!" Pajols Stellvertreter, Reichsgraf Milhaud, hielt eine Schlußansprache, um das Tagewerk würdig abzuschließen. Einstiges Konventsmitglied, hörte er sich gerne reden, wo seine Rhetorik am Platze war. Mit grimmigem Behagen musterte er das seltsam auffallende Braun, das vom sonstigen Dunkelgrün der Dragoner abstach, wo ein Teil seiner ‚spanischen‘ Veteranen noch jene improvisierte Phantasieuniform trug, die man aus Mangel an Ersatzmontierungstuch aus Stücken spanischer Mönchskutten zurechtschnitt. Gar mancher Blutstropfen rieselte heut darüber, doch noch röter tropfte es bis zum Heft die langen Palasche herunter. „Dragoner, erinnert euch, daß ein Schrecken vor euch herging von den Pyrenäen bis zur Meerenge von Gibraltar, daß mit dem Drohruf ‚Los Dragones‘ die spanischen Ammen noch heut ihren schreienden Bälgern das Maul stopfen. Wir haben denen da drüben heut gezeigt, wer wir sind. Der Kaiser hat gesiegt, es lebe der Kaiser! Wo sind die Verbündeten? Wie Schafe fielen sie vor unseren Streichen. Kommen sie morgen wieder? Bah, sie sind mausetot, es lebe der Kaiser!"

O Große Armee, es stirbt sich nicht so leicht und das deutsche Volk lebt noch und die Rache der Vergeltung. Es naht die große Nemesis, die da züchtigt der Sterblichen Übermut und bändigt den maßlosen Lauf. Fahr wohl für immer, schöne Leiche!

.. „Die Schlacht ist gewonnen," orakelte der geheimnisvolle Stratege. „Sei General Blücher ohne Furcht, Ich bin da!" So gascognerte Karl Johann, genannt Bernadotte, alias königliche Hoheit von Schweden, nicht übel umher. Er mußte am Ende doch auch etwas tun, um sich nachher bei der Beute als Schakal melden zu können, vielleicht gar für einen Löwenanteil: den Thron von Frankreich. Seine wahlverwandte Gattin intriguierte derweil unbehelligt in Pariser Salons gegen ihren einstigen Verlobten Bonaparte, dessen bis zur Schwäche ausartende Großmut ihr und ihrem wohledlen Gemahl alles durch die Finger sah . . . . .

Die Schlacht war aus. Murats siegreich heimgekehrte Geschwader hielten noch schweigend der Flankenkanonade stand. Dominik Radziwil ahnte nahe Todeskugel bei Hanau.

„Haha, Se. Majestät geruhten neulich bei Revue in Schlesien ungnädig zu vermerken: „„Diese unreifen Milchbärte taugen zu nichts, ich wünschte mir einige unserer guten Jakobiner der Schreckenszeit her!"" Heut haben die Milchbärte unserer Schwadronen sich in Blut getunkt und eine Schreckenszeit schmeckten sie hier genug!" Eben rief es der gallige St. Chamans spöttelnd dem Marbot zu, wo ihre beiden Chasseurregimenter, jedes nur noch zweihundert Säbel stark, sich zur Ruhe setzten. Da riß ihn Stückkugel schwerverwundet vom Sattel.

. . . „Murat ist ein Held in der Schlacht, sonst ein altes Weib," schnauzte Napoleon einst über diesen Selbstherrscher aller Lazzaroni. Er hätte sagen sollen: eine gefallsüchtig eitle launische Kokette. Aber hier auf der Walstatt schauten seine Myrmidonen zum Achill der Großen Armee geradeso gläubig auf, als wäre er der unverwundbare Pelide. Sein Reiherbusch, an dem sich die Seinen begeisterten wie an Henriquartres weißer Feder von Ivry, knickte unter Säbelschnitt zusammen. Seiner gefiederten Papageientracht schien manche Schwinge gestutzt,

manche Feder herausgepflückt. Aber er selber lächelte strahlend,
als käme er von einem Festball als glücklicher Herzensbrecher,
und sein vergoldeter Sammethut mit der seltsamen Federkrone
eines Kaziken war wie ein Leuchtturm der Schlacht. Weinerlich
und träge wie der Sohn der Thetis, aber immer bereit,
jeden Hektor in die Schranken zu fordern und prahlend die
Mauern jedes Ilion zu umtosen, schien Achilles Murat fest gegen
Hieb und Stich. Seit dem Sturm auf St. Jean d'Acre, wo die
Kugel den Helm ihm durchbohrte und neben Lannes, dem
Paladin Roland des neuen Charlemagne, auch Murat nieder-
streckte, streiften fruchtlos ihn Blei und Stahl. Gefeit gegen
das Los der Sterblichkeit, glaubte er seinen Zoll nicht wie
gemeine Erdenbürger dem Schicksal entrichten zu müssen, ein
heiter Verblendeter, dem erst die Binde von den Augen fiel, als
er aufrecht und ohne Binde den Gewehrläufen seiner Henker
drunten im Sonnenlande entgegensah...

„Die Schlacht ist gewonnen," schrie er aus voller Kehle
dem Kaiser zu, die dunkeln Locken aus der niederen Stirne
streichend mit triumphierendem Gelächter. „Glückliche Reise den
Königen von Gottes Gnaden! Aber laßt euer Gepäck zurück!"
Und er schnippte mit den Fingern spöttisch schnalzend nach Osten
hinüber, wo das legitime Europa sich in dumpfes Schweigen
hüllte.

„Hörten Sie schon, daß ich die Schlacht gewonnen nannte?"
versetzte Napoleon ihm streng und bös den kalten Wasserstrahl.
„Dann warten Sie gefälligst! Nicht an Ihnen ist's, das letzte
Wort zu sagen." Und er streifte ihn mit seltsamem Seitenblick.
Ahnte er, wie bald er seinen Lebensgefährten zum letzten Male
sah?... Und im Norden grollte immer noch die Kanone.

Am Rande des sanften Abhanges hingelagert, die Arme
verschränkt, starrte der Schlachtenmeister finster vor sich nieder.

„Man hat sich gehalten," dachte er, „der Zweck ist erreicht.
Ich habe einen gewaltigen Widerstand geleistet, und so viel ist
gewiß, daß ich nicht geschlagen bin. Aber dort links nähert sich
der Kanonendonner Leipzig mehr und mehr. Ney verliert
augenscheinlich Boden. Was ist zu machen? Der Rückzug ist
ohnehin sicher... Wie diese Kanaillen von Preußen fechten!
Mein größter Fehler, daß ich den Friedrichsstaat nicht ganz von
der Landkarte strich. Und es kostete auch nur ein Wort: ‚Das

Haus Hohenzollern hat aufgehört zu regieren'. Dies Volk ist
teufelmäßig stark. Zu spät! Doch was hilft die Weisheit
hintenach. . . . Hm, muß auf ein gutes Bulletin an Marie-
Louise denken. — ‚Ziehe siegreich ab, um Leipzig, der treuen
Stadt, und meinem lieben Freund, dem König von Sachsen,
die Gräuel des Krieges zu ersparen.‘ — Haha, sehr gut.
Werde morgen mit dem alten Esel eine Rührszene spielen. Doch
wahrhaftig, er tut mir leid. Er ist gut und dankbar. Das
vergeß ich ihm nie. Nun ist Sachsens Untergang entschieden.
Preußen annektiert es. Doch — was geht's mich an! Der
Weltreichtraum ist ausgeträumt."

Nach und nach erstarb allmählich das Feuer — aber ganz
verstummte es erst, als völlige Finsternis eintrat. Doch als
grausige Mene Tekel, als schaurige Denkmale für die Zer-
störungskraft der nun schweigenden Feuerschlünde brannten
zahllose Ortschaften in der nächtigen Runde, die der verheerende
Schlachtorkan in Trümmerhaufen verwandelt hatte. Sollte der
grausame und unerbittliche Krieg Tod und Verwüstung auch auf
die Dächer der alten berühmten Universitätsstadt schleudern, an
deren Mauern jetzt der erstickende eherne Ring der verbündeten
Waffen die französischen Streiter zusammenpreßte? . . . .

Der Hufschlag zahlreicher in schärfster Gangart heransprengenden Adjutanten weckte den Empereur aus seinem
Brüten. Die Hiobsposten überstürzten sich.

„Vom Marschall Macdonald: Holzhausen mußte vor der
entschiedensten Übermacht geräumt werden. Alle erneuten Versuche, das Dorf in Besitz zu bekommen, waren vergebens. Der
Feind suchte jenseits vorzudringen und nur das entsetzliche Feuer
von Stötteritz und selbst von Probstheida her ließ ihn seine Vorteile nicht weiter verfolgen."

„Es ist gut. Ich danke Ihnen."

„Meldung vom Marschall Ney: Nach dreimaligem sehr
heftigen Kampf hat der Feind Sellershausen erobert. Der
General Delmas fiel an der Spitze seiner Truppen. Man mußte
sich bis an die Kohlgärten von Leipzig zurückziehen."

„Hm, nicht wesentlich. — Ha, und Sie? Vom Herzog von
Ragusa? Schönfeld — ich ahne es . . ."

„Ja, es ist über. Sire, ich war bei Eylau und Valutina
Gora — dies aber ist der heißeste Kampf, den ich erlebte."

„Gut, gut. Gehen Sie — abtreten!"

Wie zusammenbrechend unter der Wucht dieser Unglücks-
botschaften, sank der Kaiser auf einen hölzernen Schemel, den
man ihm aus einer benachbarten Bauernhütte herbeibrachte.
Ein Wachtfeuer ward rasch angezündet, an dem er sich niederließ.
— So war denn der Stützpunkt des linken Flügels verloren
und die Stellung nicht mehr haltbar! — „Berthier!"

„Sire?" Der Fürst von Neufchatel war sofort, die Brief-
tafel in der Hand, an der Seite seines Meisters.

„St. Cyr muß meine Befehle nicht erhalten haben. Dagegen ist klar, daß die ganze Streitkraft der Verbündeten —
was haben Sie, Graf Sorbier?"

Direktor der Gardeartillerie war soeben von Stötteritz her
herangejagt und hielt, den Hut in der Hand, neben dem Kaiser.

„Sire," begann er zögernd und verlegen. „Da der
Artilleriepark nach Torgau vorausgeschafft ist, bedaure ich,
Ew. Majestät erklären zu müssen, daß bis auf sechzehntausend
Kanonenschüsse die ganze Munition verbraucht ist."

„O welch ein Schicksalsschlag!" rief Napoleon mit lauter,
dem ganzen Stab vernehmlich sein sollender Stimme. „Das
sind die Launen des Zufalls. Dies erbärmliche Versehen zwingt
mich nun doch, den Rückzug anzutreten!"

„Rückzug!" Widrig tönte dies den französischen Heeren
fast verloren gegangene Wort an jedes Ohr. Rückzug! Also
überwunden in dem größten Kampf des Jahrtausends trotz
äußerster Hingebung! Rückzug!

Und mit geheimem Schauder, als streifte sie unsichtbar aus
Wolken eine Geisterhand, gedachten diese stolzen Sieger in
hundert Schlachten, daß ja an demselben Tage vor einem Jahre
der unvergeßliche Rückzug aus Moskau angetreten sei. Rückzug!
Wieder hatte das unabwendbare Schicksal den Lippen des Gewaltigen dies unheilvolle Wort entrissen.

An einem Seitenwachtfeuer diktierte der Chef des Großen
Generalstabes einigen Adjutanten die näheren Befehle. Die
Generale standen düster und stumm um das Wachtfeuer. Aus
ihren traurigen Mienen sprach deutlich das bedrückende Gefühl
der großen Weltveränderung, die an diesem Tage vor sich ging.
Mit dem Grand Empire des neuen Charlemagne war es zu

Ende, die befreiten Völker schaufelten ihm mit Bajonetten ein blutiges Grab.

Der alte Marschall Victor näherte sich dem Kaiser. „Sire, ich habe einen traurigen und seltsamen Verlust zu melden. Ich ritt vorhin in das brennende Probstheida hinein, um dem General Vial wegen seiner brillanten Verteidigung des Platzes zu gratulieren. Man überhäufte ihn mit Lobsprüchen, als plötzlich eine Kanonenkugel über uns wegfuhr und der General wie vom Schlag getroffen vom Rosse stürzte. Man hob ihn lebloß auf. Jeder hielt ihn aber nur für scheintot vom Luftdruck der Kugel, wie den seligen Bessières bei Wagram, den doch die tödliche Kugel erst vier Jahre später traf, da man auch keine äußere Verletzung an ihm bemerkte. Doch er blieb und bleibt tot. Wahrscheinlich hat übergroße Anstrengung ihn so erschüttert, daß der gewaltsame Luftdruck einen Herzschlag herbeiführte. Ew. Majestät sind um einen trefflichen Offizier ärmer."

„Ja, der arme Vial! Er war mein Adjutant in Italien und auch ein alter ‚Ägypter'. Das fällt um mich wie welkes Laub. Bah, er ist glücklich — gestorben inmitten seines Ruhmes. Wer beneidet ihn nicht? Möge es uns nur auch so gut werden!.. Berthier, einen Gürtel von Wagen und Train auf der ganzen Linie verbrennen, um den Abmarsch zu maskieren! — Der Marschall Macdonald hat die Arrière-Garde und übernimmt die Verteidigung von Leipzig mit dem 11., 5., 7., 8. Korps. Und dann... was die... sagen Sie dem Herzog von Vicenza..."

Er vollendete nicht. Rittlings auf dem Schemel sitzend, das Kinn auf die über der Lehne gekreuzten Arme gestützt, versank er plötzlich in den Schlummer gänzlicher Erschöpfung...

Er sollte aber keine Ruhe finden. Eine Batterie der Verbündeten schien das hart neben seinem Sitze lodernde Wachtfeuer zum Zielpunkte genommen zu haben. Eine von dort herübersausende Kugel schlug in dasselbe ein, wühlte sich ganz in der Nähe des Kaisers in die Erde und warf das Feuer auseinander.

Napoleon schlug die Augen auf. Kaum eine Viertelstunde dauerte der wohltätige Schlaf, der ihn seine Lage vergessen ließ. Mit einem langen verwunderten Blick schaute er auf seine Umgebung, in dem die Frage zu liegen schien, ob sein Glück denn in Trümmer gebrochen. Noch schien er die Wahrheit und Wirklichkeit des Erlebten nicht fassen zu können. Da wühlte ein zweiter eiserner Bote sich in die Feuerstelle ein, und die Funken und Holzsplitter stoben nach allen Richtungen auseinander. Schwankend wie ein Träumender und ohne sich nach dem feind-lichen Geschoß nur umzusehen, erhob sich der Mann des Jahr-hunderts.

Die umhergestreuten Feuerbrände wurden sogleich wieder zusammengeschürt; doch als man frisches Holz und Stroh zusammenbrachte und darauf legen wollte, löschte das Feuer plötzlich völlig aus, indem abermals eine Granate hineintraf. Der Kaiser blieb ruhig dabei stehen, ohne irgend eine Bewegung, die einen Aufruhr seines Innern verraten hätte. Sinnend be-trachtete er die liegen gebliebene Kugel.

„Bah, seit zwanzig Jahren fliegen uns Kugeln um die Beine!" wiederholte er eine schon einmal bei Krasnoi gebrauchte Phrase. „Das Feuer nicht wieder anzünden! Man will uns hier ans Leder!"

Rasch hatte er sich wiedergefunden. Mit derselben un-wandelbaren Ruhe, wie in den Tagen der Gloire, wurden die letzten Befehle mit gewohnter Kälte von ihm erteilt.

Nach einer halben Stunde bestieg er sein Pferd und ritt langsam die Vorderstadtgasse am Thonberg hinunter, bis er am Roßmarkt das Hotel de Prusse bezog.

„Die Pferde von früh zwei Uhr gesattelt bereit halten! ... Der Fürst von Neufchatel in jenes Kabinett! ... Sie, meine Herren, erwarten mich dort drüben!"

Der Minister des Auswärtigen, Großstallmeister Caulin-court Duc de Vincenza, und der Staatssekretär Maret Duc de Bassano zogen sich schweigend zurück, um ihre Portefeuilles und wichtigen Staatspapiere zu ordnen. Sie und General Savary Duc de Rovigo, ein treuer und schuftiger Leibmameluk des Padischah, kamen an die Reihe, wenn die Welt der Waffen ruhte. Die Dioskuren der Erzgaunerei, die Oberhalunken Talleyrand und Fouché, gegenwärtig vor dem Stirnrunzeln des Löwen in ihre Schlangenhöhle verkrochen, mochten jetzt gleichfalls ihr heim-liches Werk beginnen und ihre Spinnennetze weben, bis alle Bienen und Veilchen der kaiserlichen Embleme damit überzogen.

Des Imperators Untergang gab alles Schleimige, Kriechende, Giftige, alle Ottern und Spinnen ihrem edeln Berufe zurück. Nach dem majestätischen Orkangewitter der frühere Modergeruch feudalen Gerümpels und der Pesthauch höfischer Sümpfe, nach dem freihinströmenden Bad von Drachenblut die Blut-saugerei der heiligen Allianzen....

„Sie haben mich rufen lassen, Sire?" frug Poniatowski ehrerbietig.

„Fürst, Sie verteidigen morgen die Südvorstadt."

„Ach, ich habe nur noch so wenige Leute!" klagte jener schüchtern.

„Also mit den Wenigen!"

„Polen sind immer bereit, für Sie zu sterben!" Und sporenklirrend trat er ab, der schmucke Frauenliebling....

„Eine Suppe, eine halbe Bouteille Bordeaux!"

Man brachte es. Kaum hatte er die Erfrischung in voller Hast genossen, als sich Napoleon, obwohl aufs äußerste erschöpft, sofort zu den Ministern begab.

Nachdem er erst um acht Uhr die Walstatt verließ, wo er so ungewöhnlich persönlich sich ausgesetzt und oft an den vor-dersten Reihen vorüberflog, erlaubte ihm seine unerschöpfliche Geisteskraft ein Durchwachen der Nacht mit rein politischen Geschäften seines wankenden Reichs.

Alle Kerzen des Hotels brannten die ganze Nacht durch — Sekretäre und Adjutanten, Estafetten und Ordonnanzen jeder Art flogen bis zum hellen Morgen aus den Toren des Hotel-hofes, dessen Pflaster unaufhörlich von Hufschlägen dröhnte — und unermüdlich, unausgesetzt arbeitete der Mann des Schicksals, bis das Frührot seine marmorne, unheimlich fahle Stirne beschien.

Botschaften nach Hamburg, Danzig, Dresden, Erfurt. Magdeburg, Mainz, Würzburg, Kassel! Man brauchte kein Licht zum Lesen, als glutrote Sonne erlosch, doppelt so groß als sonst in qualmdicker Luft: zwölf taghell brennende Dörfer verscheuchten das Sternenlicht von bebender Erde, wie von Wundfieber geschüttelt. Pferde zitterten den ganzen Tag mit schlotternden Knien, angstvolles Grauen trieb ihnen Schaum vor die Nüstern. Menschen hörten nicht mehr ihr eigenes Heulen, wo sie wie tolle Wölfe und grinsende Hyänen sich zer-fleischten. Doch Er arbeitete.

Langeron hatte einen Verluſt von 5500 Toten und Verwundeten, indes auch Sacken 3000 verlor. Auch Bülow büßte 1500 ein, wozu noch 465 (? wohl mehr) des Korps Woronzoff und der Reiter traten. Geſamtverluſt also über 10 000. Durutte verlor hingegen nur 14 Offiziere, Marmont 120 (wovon 40 Marine), Souham angeblich nur 117. Letzteres Korps ſoll 5009 Tote und Verwundete (nach Fabry ſogar noch mehr) verloren haben, was aber dem Maßſtab des Offiziersverluſtes kraß widerſpricht, ſo daß wohl der Blutverluſt am 19. Oktober dabei i n b e g r i f f e n. Zieht man dieſen ab, ſo bleibt 2257, was ganz genau dem Offiziersverluſt entſprechen würde, wenn man durchſchnittlich einen Offizier auf 20 Mann rechnet. (Die neuen amtlichen Angaben des Archivars Martinien, der ein Tableau aller verwundeten und getöteten Offiziere der großen Armee herausgab, ſind hier ſehr widerſpruchsvoll, gegenüber anderen Angaben, indem er für den 18. Oktober 183 Offiziere angibt, wovon aber 17 am 16. Oktober abzuziehen, und für den 19. nur 41, immer außer Gefangenen, während anderweitige Angabe 122 Offiziere tot und verwundet für den 19. annimmt, was ganz offenbar falſch.) In Wahrheit verlor Souham 154 Offiziere tot und verwundet und 11 gefangen, letztere nebſt 459 Mann, erſtere wohl mit über 3000. Marmont höchſtens 2500. Dombrowski verlor heut angeblich 30 Offiziere, 600 Mann. Hiernach müßte er bei Widderitſch, ſowie am Schlußtage (Erſtürmung von Leipzig), viel weniger gelitten haben, als man annimmt, da er im ganzen nur nahe an 900 Köpfe (exkl. Gefangene am 16.) einbüßte, am meiſten ſein 4. Regiment (20 Offiziere). Somit dürfte der franzöſiſche Geſamtverluſt im Norden, Durutte inbegriffen, nur 7000 Tote, Verwundete, Gefangene, betragen haben, wobei geringer Verluſt des Reiterkorps Arrighy (elf Offiziere) einbegriffen. Es deſertierten 3400 Sachſen und 570 Württemberger. Die Angabe, daß 2700 Ponty 1700 verloren, iſt zuverläſſig falſch. —

Bennigſen will 3100 Ruſſen verloren haben. Dazu preußiſche Brigade Zieten, im Kampf um Zudelhauſen. Dies Dorfgefecht war aber ſchwerlich ſo blutig, wie die Tradition will, da die fünf heſſiſchen Bataillone noch nicht 300 Mann einbüßten. Die Badenſer fochten freilich energiſcher, im ganzen darf man aber ſagen, daß dieſe Deutſchen des grausamen Spiels genug hatten und nicht mehr sich schlugen, wie einst bei Aspern und Wagram. Marchand verlor 17 Offiziere, Ledru nur 16. Den Hauptkampf bestanden Gérard und Charpentier. Da Neys Division Brayer allein 86, Marmonts Friedrichs 58 verlor, 45 zuletzt Delmas, Macdonald hingegen im ganzen nur 61, so muß man annehmen, daß sein Gefecht in dieser Richtung doch ziemlich schwächlich verlief. Außerordentlich kräftig wirkte nur wieder Reiterei Sebastiani, die für sich 69 Offiziere einbüßte (bei Wachau nur 57). Gesamtverlust also hier höchstens 2000, derjenige der Verbündeten inkl. Klenau-Bubna vielleicht 5000 oder noch mehr.

Lauriston büßte allein 83 Offiziere (139. ligne nur 155 Mann) ein, wovon zehn auf seine tapferen Chasseurschwadronen entfallen, die mit Bravour sich beteiligten. Division Maison litt heut dreimal so sehr als Rochambeau, obschon die Mythe, sie habe bei Leipzig fünf Sechstel eingebüßt, sich durch den Offiziersverlust als lächerlich erweist. Lauriston könnte höchstens 2000 verloren haben. Ungleich ärger litt wiederum Victor: 108 Offiziere, Division Dubreton davon am meisten, also sicher 2000. Nicht inbegriffen bei allen Korps bedeutender Artillerieverlust, da die gesamte Linienartillerie heut 75 Offiziere einbüßte. Auch Gardeartillerie (19 Offiziere) und Division Friant sind hier beizurechnen, welch letztere jedoch nur acht Offiziere verlor, also schon durch ihr Auftreten genügte, Probstheida zu sichern. Pajol litt wiederum erstaunlich wenig (19 Offiziere), dagegen büßte Latour Maubourg 110 Offiziere ein: Beweis genug für die von allen außerfranzösischen Berichterstattern verschwiegene große Attacke Murats. (Vergl. Marbot, Historique 9., 12. Kür.) Denn die Kanonade allein kann unmöglich so gewirkt haben, da nachsweislich Friant nur 118 Mann verlor! Die Gardereiterei büßte im ganzen 37 Off. ein, nicht eben viel, was den Erfolg ihrer Attacke neben Durutte kundtut. Napoleons Gesamtverlust im Zentrum dürfte also höchstens 5000 Infanterie und Artillerie, 1700 Kavallerie betragen haben. Vial verlor ¾ ? Fabel!

Da das preußische Korps, Kleist, mutmaßlich 4—5000 verlor, 800 für Division Zieten abzurechnen, das russische Korps, Wittgenstein, gewiß gleichfalls viel, so verloren die Verbündeten im Zentrum mindestens 7000 Tote und Verwundete. Historique 142. sagt 12 000!

Auf dem Südostflügel, wo die Österreicher fochten, war ihr Verlust auch groß genug. Denn da die Österreicher nach neuer richtiger Angabe an beiden Schlachttagen nicht weniger als 420 Offiziere und fast 16 000 Mann tot und verwundet einbüßten, dazu 5000 Gefangene, so bleiben nach Abzug des Verlustes am 16. (etwa 10 000) noch 11 000 übrig, wovon etwa 4000 für Klenau, Giulay, Bubna abzurechnen. Der gegnerische Verlust war in Anbetracht der geringen Kräfte hier relativ am größten. Poniatowski: 1300 (53 Offiziere), Augereau: 35 Offiziere, Pacthod: 33 und Decouz: 22, Curial: 27, zusammen also wohl 4000 Mann. Kellermann büßte nochmals 300 ein.

Rechnet man diesen Verlusten den der Artillerie bei (die Garde verlor 31 Offiziere an beiden Tagen, was, nach geringerem Verlust bei Wagram abgeschätzt, etwa 400 Kanoniere bedeutet), so verlor Napoleon im ganzen höchstens 20 000, die Verbündeten 33 000 Mann. Hierbei ist der neue österreichische Verlust bei Lindenau inbegriffen, während außerdem Bertrand (16 Offiziere), Guilleminot (17) und Mortier (13) dort noch etwa 1000 Mann einbüßten. Napoleons mutmaßlicher Verlust glich sich also an beiden Schlachttagen genau. Sagen wir: je 20 000. Daß die Verbündeten von der Ziffer „70 000" sicher nicht entfernt blieben, welche französische Autoren für sie angaben, ist klar, vielmehr dürfte ihr Verlust auch diesen Ansatz noch überschritten und im ganzen wirklich 80 000 (Vaudoncourt) erreicht haben. Die antinapoleonischen Schriftsteller — auch für Eylau, Friedland, mehrfach auch Borodino, ganz besonders für Aspern, übrigens auch Bautzen, auf groben Entstellungen ertappt: Herabschraubung des eigenen, Aufbauschung des napoleonischen Verlustes, was ebenso für beiderseitige Stärkeverhältnisse zutrifft — fälschten frisch und munter die Verlustliste derart, daß entweder nur über 40 000 oder 45—48 000 herauskamen, wobei anfangs der österreichische Gesamtverlust gemütlich auf genau ein Drittel (7000) angegeben. Nach immer noch viel zu niedrigem Ausweis des letzteren möchte man jetzt die Ziffern umstellen, d. h. statt 45 000 nun 54 000 ansetzen: Österreicher 400 Offiziere, 14 000 Mann, Russen 860 Offiziere, 22 000 Mann, Preußen 600 Offiziere, 16 000 Mann. Aber auch dies geht fehl, da man sogar russischen und preußischen Verlust ähnlich erhöhen muß. Da nämlich Langeron, Sacken, Bennigsen, sowie Eugen nur am 16., schon rund 16 000 Verlust ergaben, so sind vermutlich noch 7000 für Wachau (Gortschakoff, Rajewski, Garden, Reiterei) und mindestens 2000 für Probstheida (außer Grenadieren und Garden) hinzuzurechnen: ersteres könnte etwas zu hoch, letzteres wahrscheinlich zu niedrig sein. Bei den Preußen verloren nach verschiedener Angabe Kleist 11 000, York 7000 (beide wahrscheinlich v i e l mehr Leichtverwundete inbegriffen). Bülow nach anderer Angabe inkl. Artillerie 8000, so daß sicher über 21 000 herauskommen. Am 29. fehlten 14 000 Russen Schwarzenbergs, 8200 Bennigsens, Pahlen behielt 1600 von 3000!

Leipzigs Erstürmung muß aber auch noch viele Menschen gekostet haben, wenn man den französischen Verlust dagegen hält.

Die Korps Marmont und Lauriston entkamen ohne ansehnliche Einbuße, nur Division Friedrichs büßte 20 Offiziere ein (an allen drei Schlachttagen allein 113, Compans gar 121 und Lagrange 95). Bei Durutte bluteten nur acht seiner Offiziere. Dombrowski (zehn Offiziere) inbegriffen, verloren all diese Teile nebst Lauriston (nur 14 Offiziere) wohl nur 900 Tote und Verwundete. Dombrowski rettete noch volle 1800 Mann. Auch dürfte Verlust seiner Kavalleriebrigade bei Kellermann, wozu sie gehörte, inbegriffen sein. Dazu Victor (neun Offiziere) und Garde (15 Offiziere während des Rückzugs, Mortier inbegriffen) und III., V. Kavalleriekorps (sieben Offi

ziere): 500. Augereau verlor nur sechs Offiziere, Bertrand mit
Guilleminot fünf (es fanden also auch jenseits Lindenau noch Rück-
zugsgefechte bei Kösen und Weißenfels statt). Dagegen hatten angeblich
die Polen nochmals 1000 (angeblich nur 10 Offiziere? Poniatowskis)
tot und verwundet (überhaupt 102 Offiziere Polenfußvolk an allen
drei Tagen zusammen, Kellermanns Rest verlor sechs Offiziere). Wohl
ebensoviel Macdonald (57, Gérard allein 28 Offiziere). Korps Ney
verlor auf 41 Off. 1000 Tote und Verwundete. (Angeblich 2742,
oder nach Fabry gar 2854, wonach aber 46 Mann auf einen blutenden
Offizier kämen, eine ganz unsinnige Ziffer!). Der französische Blutverlust dieses Tages könnte nach Offiziersverlust auf 5000 Tote und
Verwundete berechnet werden. 240 Off., 3250 Polen gefangen, wo
Poniatowski nur noch 2700 zählte?! 300 Würzburger, 600 Sachsen,
600 Westfalen, 1200 Badenser, 2000 Hessen kapitulierten. Lauristons
139. ließ nur 6 verw. Offiziere, 70 Mann an der Brücke. Von Neys
Heeresteil mußten noch 69 Offiziere, 2400 Mann infolge der Brückensprengung die Waffen strecken.

Die Verbündeten machten im ganzen 15000 Gefangene. Da
nun Napoleon in den drei vorigen Tagen nur etwa 4000 Gefangene
verlor, und außerdem 1000 im Reitergefecht bei Liebertwolkwitz, so
mögen hier 10000 abgeschnitten und gefangen sein, wovon fast 6000
auf Macdonald entfielen, denn ihm desertierte die ganze Division
Marchand.

Wenn nun der französischen Verteidigung dieser Tag noch 6000
Tote und Verwundete kostete, (vergleiche oben, Gesamtziffer gliche sich
aus, wenn wir Fabrys Angabe für Ney adoptieren, dagegen Mac-
donald-Poniatowski zusammen nur auf 1500 Tote und Verwundete
berechnen), so könnte der Angreifer eigentlich nicht unter 9000 verloren haben, welche Ziffer auch irgendwo verstohlen auftaucht. Jedenfalls aber nicht weniger als der Verteidiger. Angeblich zählte man
schon vor der Halleschen Vorstadt fast 3000 Tote. Das Königsberger
Landwehrbataillon büßte so ziemlich die Hälfte ein, bei anderen Teilen
stand es wohl nicht viel anders. Zwar stellt sich Bülows Verlustangabe so an, als ob beide harten Kämpfe, bei Sellershausen und
in Leipzig, ihm nur 2400 gekostet hätten, doch widerlegt Bennigsens
vergleichsweiser Verlust und der des Bataillons Friccius genügend
diese Annahme. Letzteres verlor 6 von 15 Offizieren, 183 von 450
Mann, wovon 70 tot und 30 an Wunden gestorben. Der Verlust jener
andern neun meistengagierten Sturmhaufen Bülows muß noch größer
gewesen sein, so daß Friccius' Angabe: 75 Offiziere, 2285 Mann als
Bülows Verlust offenbar nur für den 19. Oktober gelten darf.
Das Mißverhältnis des Bülowschen Verlusts zu sämtlichen übrigen
Korps der Verbündeten wäre sonst einfach rätselhaft. „78 Off., 2186
Mann“, muß auf 3500 erweitert werden. Vorstell verlor nachweislich
23 Off., 860 nur am 19., und hierbei lächerliche Angabe 49 fürs
2. Res., denn nach Kriegsakten verlor dessen Bat. Mirbach allein 137.

Die Preußen gaben ursprünglich als Gesamtverlust an: 495 Offi=
ziere, nachher 520, und 14 950 Mann (Plotho), was Beißle laut
Friccius schon in 15'935 umänderte. Später rechnete man schon
620 Offiziere heraus, das spricht Bändel Nicht nur die Angaben für
York und Bülow bleiben weit hinter der Wahrheit zurück, nicht nur der
Taschenspielerstreich wurde gewagt, Kleists Verlust bei Wachau als
seinen Gesamtverlust in die Ziffer einzustellen und den vor Probst=
heida zu unterschlagen, sondern auch letzterer selber, indem man ihn
später unterschmuggelte, ward gröblich gefälscht: Pirch soll 21 Offiziere
477 Mann verloren haben?! Geradezu toll, da seine 9. Landwehr
allein schon 930 verlor!! Wahrlich, der Probstheidasturm, wo die
Verluste „ins Große gingen", müßte ja eine recht unblutige kleine
Affäre gewesen sein! Zieten wird mit Schweigen übergangen. Sein
Gefecht gilt als „sehr blutig"! über Klüx äußerten wir uns früher.
Doch siehe da, für August am 18. gibt Aster schon eine bestimmte Ziffer:
56 Offiziere 2500 Mann! Selbst wenn August am 16. nur 1500 und
Pirch 500 verlor, hätte Kleist laut eigener Liste am 16. doch 6000
(Klüx so viel wie alle andern zusammen!) verloren, am 18. also nur
2000! Widerspricht nicht schon der französische Verlust bei Probst=
heida? — Drei Tage später schrieb Gneisenau an Prinzeß Luise, das
Schlesische Heer sei auf „40 000 geschmolzen": demnach um 18 000.
Also verloren Langeron=Sacken sicher nicht 250 Off., 6879, sondern
11 000, was aber noch um 3000 zu niedrig scheint. Vielleicht Blücher
doch 64 000 stark? Daß Langeron am 18. nur 3700 verlor, ist an=
gesichts viel höheren Verlusts der Verteidiger plumpe Fälschung. York
will am 18. nur 4 Offiziere 60 Mann verloren haben, was um so un=
glaubwürdiger, als er am 21. bei Verfolgungsgefecht auf 17 Offiziere
volle 823 Mann und Brigade Hünerbein am 26. allein 16 Offiziere,
338 Mann verlor.

Ebenso muß Giulahs Verlust, dessen Brigade Salis am 21. allein
800 verlor, auch am 18. groß gewesen sein. Kennen wir doch schon
1000 Gefangene, die er dort nach eigener Angabe verlor! Wenn also
Aster für österreichischen Gesamtverlust, den er auf 14 541 Mann be=
rechnet, nur 2 848 (außerdem 49 Offiziere) „Gefangene und Ver=
mißte" angibt, so hat er wohl nur „Vermißte" gemeint! Wenn ferner
Barclay allein (Wittgenstein und Reserven) 107 Stabs=, 678 Offiziere
1 229 Unteroffiziere 17 501 Mann verlor, so kann natürlich die
Gesamtangabe 22 600 Russen nicht stimmen, vielmehr treten 13 100
Langeron=Sacken=Bennigsen hinzu, und zwar den 19. augenscheinlich
ungerechnet! Langeron=Sacken bei Barclay inbegriffen? Dann ver=
loren Wittgenstein und Reserven nur 9500, obschon Ersterer laut
Bogdanowitsch selber am 16. mit Kleist=Silenau 20 000 verlor! Da
4000 Verlust Reserven abzuziehen, hätten also Württemberg, Gortscha=
kof, Pahlen am 16. und 18. nur 5500 verloren! Rechnen wir 4000
davon am 16., so verloren Silenau=Kleist 16 000! Aus welchem Unsinn
sich doppelt ergibt, daß Kleist am 16. wahrscheinlich 8000 (angebliche
Gesamtziffer) und die Russen überhaupt viel mehr verloren, als sie
Wort haben wollen. Die Schweden wollen übrigens 310 Mann ver=

loren haben: leere Aufschneiderei, da kaum so viel von ihnen überhaupt am Kampfe teilnahmen; wäre dem aber so, dann wird Bülows
Verlustliste vollends undenkbar. Schweden verloren 9 Off., 169.

Östereichisches Verlusttableau, Gefangene offenbar vergessend, auch
ergötzlich: Giulay 1550, Meerfeldt 1950, da Meerfeldt laut Schwarzenbergs eigenem Geständnis schon 4000 am 16., und Giulay sicher 4000
am 16., 18. verlor! Liechtenstein mit 550, Bubna gar 240 Verlust,
klingt komisch. Auf 53 Off. verlor Colloredo sicher mehr als 1441
Mann, wenn Meerfeldt auf 53 schon 1885 verlor! Nur 5200 für
Hessenhomburg klingt glaubhaft. Klenau 4000 sicher schon am 16.
Wir rechnen ihn 6000 Verlust.

Wieviel die 1384 Geschütze der Verbündeten verfeuerten, ist nicht
bekannt. Die französischen verbrauchten am 16. und 18. je 84 000 und
95 000 Schuß, im ganzen 220 000, so daß 40 000 auf den 14. entfallen würden, was zu hoch erscheint und daher für den 19. mitgelten
dürfte. 325 Geschütze gingen verloren, 28 Fahnen und Adler,
30 Generale, 3000 Offiziere gefangen, inkl. Verfolgung 370 Geschütze,
meist demontiert. —

Somit kommen wir ordnungsgemäß auf die sonst überall verlachte
und angezweifelte Ziffer „80 000" als Blutverlust der Verbündeten.
Hierbei Verlust am vierzehnten wohl inbegriffen, demnach je 22 000
Preußen und Östereicher, 36 000 Russen.

Napoleon würde nach unsern Angaben im ganzen seit dem 13. Oktober 45 000 Tote und Verwundete verloren haben, was den allgemeinen
Angaben auch verbündeterseits entspricht, während eine neuste französische Quelle (Historique des 142. ligne) sogar von 19 300 Toten, 33 800
Verwundeten redet. Diese Differenz von 8000 Mann läßt sich aber
leicht dadurch erledigen — vorausgesetzt, daß diese urplötzlich und für
sich alleinstehende Einzelquelle wirklich lauter —, daß vermutlich noch
ein bedeutender Teil der Gefangenen verwundet war und außerdem
die nächsten Rückzugsverluste bis zur Unstrut mit eingerechnet, welche
auch Blüchers Verfolgung (York) noch viele Menschen kostete, endlich
wohl irrtümlich noch ein Teil der früheren Hospitalinsassen in Leipzig
aus den Frühjahrskämpfen eingeschlossen, von denen viele hier am
Typhus starben. Keinesfalls kann Napoleons Verlust viel mehr als
60 000 betragen haben, da er nicht weit von 120 000 nach Erfurt
brachte, wovon freilich 30—40 000 Nachzügler. St. Hilaire übertreibt
maßlos, der 20 000 getötet, 40 000 verwundet und hiervon 23 000 in
Leipzig gefangen werden läßt. Wenn Kerchnaves Studie über
14. Oktober statt nachweislich 80 Offiziersverlust Murats 97 rechnet,
wenn Major Friedrichs offiziöses Werk „Herbstfeldzug 1813" meist
alte Irrtümer übernimmt und zum Verständnis der Schlacht nichts
neues beibringt, trösten wir uns über seine Oberflächlichkeit, daß
unsere Verlustabschätzung sich „leicht widerlegen lasse".

Das neuerschienene Historique des 144. ligne schätzt den Verlust
am zweiten Schlachttag auf 20 000, kleiner wie wir, am dritten auf

ebensoviel, am ersten jedoch auf 26 000. Da der Mannschaftsverlust an
Toten und Verwundeten von uns genau nach dem Maßstab toter und
verwundeter Offiziere berechnet wurde, und zwar so hoch wie möglich,
so könnte obiges höchstens durch eine größere Masse Gefangener erklärt
werden. Offenbar rechnet aber das Historique auch den Verlust am
14. und 17. Oktober für den 16. mit ein, was also keine erhebliche
Differenz zu unseren Gesamtausgaben ausmacht. Es wäre ferner
möglich, daß wir die in Leipzig Gefangenen zu niedrig berechnet
hätten, doch auch dies trifft schwerlich zu. Denn Korps Souham-
Ney, das angeblich am blutigsten bei Leipzigs Verteidigung focht, also
bis zuletzt zunächst am Feinde blieb, verlor noch nicht mal 3000 Gefangene, und andrerseits war aus dem nämlichen Grunde, da dies
am meisten fechtende Korps höchstens 2000 Tote und Verwundete laut
Offiziersmaßstab verloren haben kann, auch der Blutverlust sicher nicht
größer, als wir angaben. Andrerseits belegt obige Ziffer des Historique
für den zweiten Schlachttag unsre Meinung, daß Korps Souham unmöglich (laut Foucart) 5000 Tote und Verwundete hier verlor, da
sonst der Gesamtverlust höher gewesen sein müßte. Weder Gefangene
noch Blutverlust scheinen uns daher höher zu taxieren, als wir taten.
Übrigens zählte Souham am 11. November noch 7049 Mann Infanterie, verlor also bis dahin just 8000, also unmöglich am 19. noch
2860 tot und verwundet (Foucart), unmöglich inkl. Gefangene 10 900
am 18. und 19. allein! Selbst wenn man laut Ausweis eine Differenz
von 500 Kavallerie desertiert, 1500 Artillerie gefangen, als verloren
zurechnet, stimmt genau unsere Annahme, daß das Korps am 18. nur
4000 (angeblich 2400 Brayer, 1400 Delmas, 1100 Ricard), am 19.
noch 3500 verlor, dazu noch 1000 (385 bei Hanau) auf dem Rückzug.

Da sie so ungleich mehr an Toten und Verwundeten einbüßten,
so wird man die Schlachten bei Leipzig nicht als wirklichen Sieg der
Verbündeten auffassen dürfen. Um dies zu bemänteln, fälschte man
nicht nur die Verlustliste, sondern brachte das Unikum fertig, daß keine
Relation der Verbündeten den glücklichen Reitersturm Murats bei
Probstheida einer Erwähnung würdigt. Nur Sporschill gibt zu, daß
die vielen dort begrabenen Reiter- und Pferdeleichen zur Evidenz
dartaten, es habe dort ein heftiger Zusammenstoß stattgefunden.
Daraus mag man auf das übrige schließen. Von der ungeheuerlichen
Verlogenheit der „verbündeten" Schlachtberichte gibt es einen Begriff,
daß Schwarzenberg den Gesamtverlust auf — 10 000 ansetzte.

Überhaupt bedürfen alle bisherigen Angaben der Korrektur, auch
bezüglich angeblicher Taten der Rheinbündler. Diese brachten durchweg in Rußland solche Heldenopfer, daß sie nicht falscher Anpreisung
ihrer Verdienste in diesem deutschen Bruderkrieg bedürfen. Die alte
Legende, man habe die „Bundesgenossen" grundsätzlich ins Vordertreffen gestellt, ist so haltlos, daß genau das Gegenteil zutrifft: man
stellte sie in fast kränkender Weise ins Hintertreffen, als ob man ihrer
Leistungsfähigkeit mißtraue, mit Ausnahme eben der russischen Kampagne, wo besondere Umstände diesen Grundsatz durchbrachen. Bei

Bei Großbeeren wurden dreimal, bei Dennewitz zweimal mehr Sachsen unverwundet gefangen, als tot und verwundet, bei Württembergern stand es nicht anders, bei Bayern noch schlimmer, die schon bei Lauchen zehnmal weniger litten als die französischen Schwesterdivisionen. —

Was die Verluste der Jungen Garde bei Leipzig betrifft, so haben wir Decouz nur zu fünf (Roguet sieben, die anderen je sechs) Regimentern berechnet, weil angeblich außerdem anwesende je zwei Voltigeur- und Tirailleurregimenter Nr. zwölf und dreizehn vermutlich nur Bataillonsstämme waren. Die beiden Nr. zwölf nennt zwar Pelet mit, und Belhomme noch die beiden Nr. dreizehn dazu, dagegen Martiniens Offiziersverlusttableau schweigt darüber. Zudem bieten beide Quellen zwei ganz verschiedene Divisionszusammensetzungen, so daß die Verlustabschätzung sich verschieden danach richten müßte. Wir haben die einzig wahrscheinliche Ordre de Bataille angenommen, da Pacthod und Decouz bei Dösen doch offenbar unendlich mehr litten, als Mortier bei Lindenau, und nur Pelets Verzeichnis der Regimenter hiermit übereinstimmen kann.

Wenn von Marmonts fünf Bataillonen 15. 70. III. 86. nur vierhundertfünfzig Mann übrig blieben, so beweist dies gar nichts für seinen Verlust bei Möckern, da jene, zu Friederichs gehörig, an allen drei Tagen fochten. Wenn das 1. Marine seit Anfang August fast zwölfhundert Tote (Kranke) verlor, so könnten davon nur fünfhundert für Leipzig gerechnet werden auf vierzig Offiziere. Und diese Truppe litt offenbar am meisten! Wenn Dombrowski im ganzen 50 Offiziere (laut Moßbach) verlor, wovon 4 Offiziere gefangen und 6 von der Ulanenbrigade, so focht eben auch er alle drei Tage, und kommt gleichwohl bei 827 Mann tot und verwundet also noch lange nicht das Verhältnis 1 : 20 heraus. (Wenn Moßbach 1 : 23 hier rechnet, ist das offenbar Rechenfehler.) Wenn bei so dauernd und hitzig engagierten Truppen dies aber nicht einmal der Fall war, so taten wir wahrlich ein übriges, wenn wir es als Verlustnorm der Infanterie aufstellten. Und bedenkt man, daß bei Dennewitz die 13. Chasseurs von Lorge auf zwei verwundete Offiziere nur neun Mann Verlust hatten, so wird man zugeben müssen, daß unsere Taxierung bei der Kavallerie 1 : 10 auch schon übermäßig reichlich ist. —

Bülows 1. Pom. gibt 14 Off. 385 M. und 2. R. gar 346 auf nur 6 Off. zu. Dagegen will 4. R. auf 16 Off. nur 285 verloren haben! 4. Ostpr. 7, 131. P. Gr. 2, 33. Colberg 1, 45 und I. 9. R. bei Sturm auf Sellershausen 2, 50, ebenda II. Colberg „wenig"? Zietens 10. R. 89, 1. Schl. 300? Augusts 2. Schl. nur 25, 798 an beiden Schlachttagen? Pirch bei Gossa 23, 500, bei Probstheida egll. Landwehr 13, 370?! Alles so wirr wie möglich! 1. Pomm. will allein 12 Generale, 18 Obersten, 300 Offiziere, 8063 Mann gefangen haben und 2. R. noch 3 Gen., 47 Off., 2670, dazu 63, 28 Geschütze!

Deutscherseits liegen nur die bekannten alten Werke vor, alle von Irrtümern wimmelnd, französischerseits desgleichen Pelet, Thiers 2c. Dagegen Memoiren (Jomini, Marmont, Marbot, Parquin), Historiques, sowie das Sammelwerk „Historiques de l'Armée", Statistisches von Belhomme und Picard, vor allem das neue „Tableau des Officiers tués et blessés" des Archivars Martinien, Verlustuntersuchungen über Korps Ney von Fabry und Foucart, endlich die Studie „Campagne de 1813" des Generalstabsmajors Camon boten wertvolle Einzelheiten. über Grimmasches Tor vergl. Beitzke „Friccius' Schriften". Die preußischen Regimentsgeschichten bieten oft zweifelhafte Verlust-Ziffern. Wenn II. 4. R. allein 16 Off. 285 Mann verlor, erscheint der Verlustansatz fürs ganze Regiment zu niedrig. Wenn 2. ostpr. Gr. am 19. immerhin 7 Off. 128 Mann verloren, müßten 3. ostpr. Linie den Gefechtsumständen nach das Fünffache verloren haben, die Regimentsgeschichte aber schweigt darüber. Das 1. Ostpr. verlor bei Möckern 29 Off. 904 Mann, es sind aber noch 79 freiw. Jäger hinzuzurechnen. Neben solch ungeheurem Verlust erscheint doppelt seltsam, daß das Schulter an Schulter damit fechtende 2. Ostpr. nur so wenig verloren haben will. Mochte es bei Wartenburg auch 13 Off. 310 Mann verloren haben und seine Musketierbataillone nur noch 162 betragen, das Füsilierbataillon war wohl 600 stark. Und wenn II. und III. Leibregiment bei Wartenburg 283 und 439 verloren, so wird trotz solcher Schwächung die tapfere Truppe schwerlich in Reserve geblieben sein, wo doch jedes Gewehr nottat. Obendrein noch 1702 Mann stark! Auch eroberte grade Horn 21 Geschütze, 2. Ostpr. 5? Nach andrer Angabe verlor Leibr. 8 Off., 224, dabei soll aber separiertes Grenadierbataillon mit 3, 133 inbegriffen sein. 4. Kompagnie Gardejäger nur 28? Dies alles verdächtig. Ob Horns Thüringer Bataillon mitwirkte, blieb unklar. Bataillon Brixen, IV. 14. Landwehr, verlor nur 5 Mann? Riß es aus? Dagegen müßten Augusts 10., 11. (letzteres neu hinzugestoßen) Landwehr 1200 verloren haben, also weit mehr als 11. Reserve (23, 817)? Und zwar fordert dies schon offizielle Liste 2900, während After außerdem bloß für 18. noch 2500 ansetzt! Wir geben zu, daß dies unmöglich ist. Also muß eben mehr auf Pirch berechnet werden. Daß 2. Westpr. an beiden Tagen nur 20 Off. 440 Mann verlor, 7. Reserve gar nur 6 Off. 197 Mann, ist geradezu unfaßlich. Also sind alle Nachrichten über den Riesenkampf um Probstheida Lüge? Wie stimmt dies alles zu dem tatsächlichen eingestandenen Wachau-Verlust (1. Westpr. 957, 6. R. 28 Off. 786, 7. L.-W. 1640, schlesische Schützen 164)? Wenn Brigade August in b e i d e n Schlachten nur 2000 verlor, so wären die so grausig geschilderten Kämpfe bei Markkleeberg und Probstheida daneben ein Kinderspiel gewesen, auch die bei Dösen und Schönefeld, ja selbst bei Sacken blutiger! Wenn eine französische Quelle behauptet, die Verbündeten hätten 32 500 Tote, 45 000 Verwundete verloren, so entspricht dies jedenfalls besser der Sachlage.

„Es bleibt nichts anderes übrig, ein Opfer muß sein, ich werde eine starke Nachhut darangeben müssen. Verhehlen wir uns nicht die Größe der Gefahr, die sich zusammenzieht! Mein Vetter, schreiben Sie!" begann Napoleon gestern nacht sein Diktat, indem er mit Berthier unterwegs in einem Hause der Vorstadt abstieg und in Haft die nötigen Gesichtspunkte festlegte. „Ich gehe dabei von dem Grundsatze aus, daß von unserer siegreichen Rechten her bis Stötteritz der Abzug sofort eröffnet wird. Unsere Linke ist allein bedroht, nur dort der Feind an der Klinge, aber ich kann den geplagten Truppen dort nicht helfen, sie müssen wieder allein die Nachhut bilden. Das elfte Korps gebe ich hinzu, es kann nicht sehr gelitten haben, und übertrage Macdonald das Kommando in Leipzig." Berthier sah etwas überrascht auf. „Sie wundern sich, daß ich diesen Ehrenposten nicht für Ney bestimme?"

„Allerdings, Sire, glaubte ich . . eine so große Verantwortung . . . Marschall Macdonald genoß ja nie die besondere Huld Ew. Majestät . ."

„Bah, alte Geschichte! Heute weiß ich, daß ich ihm unbedingt vertrauen kann. Er ist gut, er ist brav, doch leider hat er kein Glück. Ich trug ihm die traurige Katzbachaffäre nicht nach; hätte selber ahnen sollen, daß Macdonald nie viel Chance hat. Fürchte auch heute für ihn. Doch was will ich machen? Ney, daß Sie's nur wissen, ist nun auch hin. Vorhin die Ordonnanz, die mir etwas zuflüsterte — erinnern Sie sich? — brachte die Kunde, daß Ney blutet wie Marmont, im Schlußkampfe erheblich angeschossen. Also bleibt keine Wahl, dem noch heilen Marschall der Linken kommt das Kommando zu. Macdonald und sein Unglück — mir schwant nichts Gutes.

Doch — wer leben wird, wird's sehen, und man kann sich die Chancen nicht aussuchen. Es sind doch hoffentlich genügende Nebenbrücken über die Elster geschlagen, wie ich Ihnen wiederholt anheimgab?"

„Sire, ich.. ja wohl, gewiß," stotterte Berthier leicht verlegen. „Ich gab natürlich den Wink weiter und vermute, mein Abteilungschef de Monthyon wird das Nötige veranlaßt haben."

„Sie vermuten nur? Haben sich nicht selbst danach umgetan? Aber das verstand sich doch ganz von selber!"

„Im Falle des Rückzuges wohl! Doch Ew. Majestät entschlossen sich eigentlich doch erst jetzt, die Stadt zu räumen."

„Das ließ sich voraussehen, und wenn nicht, so entsprach es doch immer der gesunden Vernunft, im Rücken der Armee genügende Übergänge zu schaffen. Soll ich an alles denken? Kann ich die Augen überall haben? Werden Sie niemals lernen, selbständig das Selbstverständliche zu ordnen? Ja, wahrlich, wenn hier ein Unglück passiert, so trifft mich mit die Schuld, daß ich meinen Generalstab nicht für solche Fälle schulte," stieß der Kaiser heftig hervor.

„Sind Ew. Majestät mit meinen Diensten unzufrieden," verneigte sich der Fürst von Wagram und Neufchatel steif und förmlich, „so muß ich meine Entlassung anbieten."

„Käme wohl etwas spät, mein Werter! Von Lodi bis Lützen an meiner Seite, und beim ersten Erbleichen des Glücks davonschleichen — geht nicht!" Er lachte heiser auf. „Übrigens wissen Sie recht gut, daß der Dienst sonst vortrefflich funktioniert und ich mich über nichts beklage, als diesen traurigen Mangel an Initiative. Übrigens trifft das hier nicht einmal zu, denn ich machte Sie aufmerksam. Sonst pflegten Sie doch meine Weisungen sachgemäß zu übersetzen und in passende Befehlsform zu kleiden."

„O, ich zweifle durchaus nicht, Sire," beeilte sich Berthier zu beruhigen, „daß alles in bester Ordnung ist. Die Unterchefs des Großen Generalstabes verstehen doch am Ende ihr Handwerk, sie gaben gewiß die Direktive weiter. Wir werden einen geordneten Rückzug haben, zumal das Lindenauer Defilee von Bertrand und Mortier so völlig freigemacht."

Napoleon atmete tief auf. „So ist noch nichts verloren. Wir haben uns dem Feinde sehr furchtbar gemacht und ihn ungeheuer geschwächt. Ich denke an der Saale mich nochmals zu setzen." — —

Lange nachdem die Schlacht einschlief und der stetig verminderte Geschützdonner gänzlich aufhörte, ließ die Spannung im Norden Leipzigs nicht nach, trotzdem der eigentliche Kampf erlosch. An der Parthe dauerte die Kanonade noch spät bis in die Nacht vereinzelt fort, doch fanden die Russen und Preußen an Divisionen Friedrichs und Ricard ja längst einen Wall, der weiteren Anstrengungen widerstand, und auch die Verbündeten waren so in Verwirrung gesetzt, daß Ney sogar seine Versprengten glücklich über das Flüßchen zurückbekam und seine durchbrochene Linie überall wieder herstellte. Als früher Bülow auf der inneren Seite zwischen Macdonald und Souham drängte und Reiterei nachhieb, maskierten die bis zum letzten Augenblick festhaltenden und dann vom Feinde dicht gefolgten Haufen von Delmas, ohne obere Leitung nach Fall des Divisionärs, geraume Zeit die rückwärtige Artillerielinie Marmonts, statt sich in eine seitwärts offengelassene Lücke zurückzuwerfen. Hätten Langeron und Bennigsen jetzt kräftig nachgedrückt, so würde es auch Macdonald schlimm ergangen sein. Dieser überschüttete jedoch den Gegner in Front und Flanke mit verheerendem Feuer und Neys Front vor den Kohlgärten ward bald wieder frei, so daß die mit aller Macht und betäubendem Hurra nochmals anrennenden Preußen in der Dunkelheit von jeder weiteren Ausnutzung ihrer Vorteile abließen.

Es herrschte allgemeine Erschöpfung, bei den Franzosen übrigens schon schreckliche Verwirrung hinter der Schlachtfront, wo Trains und Parks sich durch Leipzigs Straßen hindurchwanden. Vereinzelte Schüsse flammten noch während der Nacht auf, als wollten die Parteien einander zurufen: Gib Ruhe, halte dich still und hüte dich, denn wir hier drüben sind auf der Hut.

. . . Die französische Reiterei litt nicht unwesentlich durch Kanonade, obschon man nicht außer Acht ließ, die Truppe durch Deckung in welligen Geländeabschnitten zu schonen. Nur der unreife Excelmans machte dem Oberst Marbot noch Vorwürfe: „Was verkriechen Sie sich? Das gibt ein schlechtes Beispiel. Jedes Regiment muß seinen Anteil an der Gefahr haben. Rücken Sie sofort wieder um hundert Schritt vor!" Natürliche Folge: ein Eskadronchef und zwanzig Chasseurs sofort tot und

verwundet. Übrigens verlor Marbots Regiment, das noch volle
siebenhundert Säbel zählte, doch nur sechzig Tote, neunundachtzig Verwundete, einschließlich fünf Offizieren. Von St.
Chamans' Chasseurs hingegen, die mit nur dreihundert Säbeln
in die Schlacht rückten, blieben nur hundert übrig, dreizehn
von zweiundzwanzig Offizieren tot und verwundet!

Als das Gefecht einschlief und erstarb und die Sicherungslinie der Vorposten ausgesetzt wurde, taten die Stabsärzte ihr
Möglichstes, die Verwundeten in nahe Baulichkeiten zu bergen.
Besonders der Chirurg Dedeuille vom 153. ligne, der später bei
Hanau, ähnlich wie sein Kollege Atoch vom 4. Leichten bei Lützen,
ein Opfer seiner Pflichttreue werden sollte, von bayrischen Säbeln
brutal zusammengehauen, arbeitete bis zum Frühlicht auf dem
Schlachtfeld. Der Sanitätsgehilfe Bordenave von der Kavallerie
erbot sich, bei den zurückbleibenden Verwundeten auszuharren,
um sie vorm Feinde zu schützen. Diese Aufopferung verschaffte
ihm hernach das Ehrenkreuz. Der Rückzug bei stockfinsterer
Nacht ging schlecht von statten. Pferde und Geschütze versanken
oft im Schlamm und die 23. Chasseurs an der Spitze der unabsehbaren Marschsäule erreichten die Elsterbrücke erst vier Uhr
morgens. Doumerc brauchte sieben für drei Stunden Weg.

Dies Schlachtfeld, Zeuge so vielen Heldentums und
durchtränkt von solchen Blutbächen, auf welchem in ungebrochener Ordnung so zahlreiche Heerscharen dem feurigen Ofen
des Vernichtungskampfes entgegenzogen, über welches nachgefahrenes Geschütz bis nahe an feindliche Linien heranrasselte,
wo unterm Gewicht von Reitermassen die Erde zitterte und manch
gewaltiger Anlauf den Feind überwältigte, wo eine drohende
Wolke auf den Höhen sich hingelagert, aus der Napoleons
Donnerkeil niederfuhr, wo der letzte Anprall so heftig war wie
der erste und nur die Dunkelheit dem Würgen ein Ende machte,
wo mit so wechselndem Hin und Her eigentlich jede Partei die
andere zurückgenötigt, — da war's jetzt wüste und leer, da lagerte
nur das Grauen über der Stätte des Schreckens. Schweigend
schlichen die Schwadronen des äußersten Nordflügels in die
Hallesche Vorstadt hinein. 2. Husaren, deren Adjutant Dulimbert
bei Fuentes einen englischen Oberst gefangennahm, 13. Chasseurs,
die unter Milhaud bei Pasewalk und unter Fournier bei Fuentes
so Großes getan. 10. Husaren, die an der Gebora spanische

Massen niederritten. 5. Chasseurs, deren Wachtmeister Legendre
bei Austerlitz, wo ihrem Oberst Corbineau fünf Pferde unterm
Leib getötet, eine Fahne eroberte und Wachtmeister Vigne den
schon gefangenen Oberst der 4. Hussards befreite, ja, deren
Wachtmeister Duplessis nochmals in Spanien eine Fahne eroberte: der Wallonischen Garde bei Talavera. Heut trotteten
sie gesenkten Hauptes dahin, ihre armen abgetriebenen Gäule
spitzten bei jedem Geräusch ängstlich die Ohren.

Still ward's an allen Wachtfeuern, aus der Stadt tönte
unablässiges Fahren und Hämmern durch die Nacht herüber.
Auf der Walstatt blieben nur die Trümmer der abziehenden
Artillerie. Batterie Garcin, die bei Austerlitz allein vier feindliche Kanonen demontierte, Batterie Raindre, die bei Ostrolenka
so rühmlich standhielt, hatten hier mitgewirkt im 1. Artillerieregiment. Das 2. trug den Leichnam des Oberst Pellgrin-
Millon mit fort. Das 3. besaß noch den Batteriechef Lebel, der
bei Friedland mit zwei Geschützen gegen zwanzig kämpfte, wobei
der verwundete Leutnant Houdard auf seinem Posten blieb. Das
6. noch den Major Patenaille, dessen Feuer bei Corunna die englische Flotte zwang, ihre Segel zu hissen. Das 8. noch den Major
Ferry, den Marschall Lefebre bei Eggmühl beglückwünscht und
dabei sein eigenes Ehrenkreuz dem Feuerwerker Decroix auf die
Brust gedrückt. Die 1. 2. 3. Batterie der Alten Garde 1. 2. der
Jungen hatten das Feuer zuerst eröffnet. Korporal Letort der
Batterie Rivière, dessen Zufallschuß bei Dresden den Moreau
getötet, gewann heut nicht solchen Treffer. Bei der 4. Fußbatterie der Alten Garde wehklagte man um einen jungen Helden,
kaum aus der Polytechnischen Schule entlassen, Leutnant
Ramadan. Tödlich getroffen ließ er sich an der Tabaksmühle
von Probstheida unter einen Baum tragen, von wo er das Zielen
seiner Sektion mit lauter Stimme so lange regelte, bis sein
Odem erstickte. Und also starb er. Also starben wie Helden so
viele Jünglinge auf fremder Erde für Frankreich und den Kaiser.

Und die Windmühlenruine bei Probstheida, die wie ein böses
Vorzeichen als Bild des launischen Glücks, das sich nach allen
Winden dreht, ihre Flügel bewegte, ließ sie jetzt traurig sinken.
Laßt euch warnen, o Don Quixotes, gegen Windmühlen zu
fechten, abhängig von jedem Lufthauch! . . .

Blücher opferte eine solche Masse Menschen, und das Mißgeschick, außer Gefecht gesetzt zu werden, ereilte der Reihe nach
so viele Generale und Obersten, die das Kommando übernahmen,
daß sich für jeden anderen eine sofortige Fortsetzung des Kampfes
am andern Tage ausgeschlossen hätte. Nicht so bei Blücher,
der hochbefriedigt schmunzelte: „Na, nu haben wir sie in der
Falle, denen wollen wir morgen auf den Hacken sitzen und die
Jacke vollhauen, daß sie's, Gottstrafmir, spüren sollen bis zum
jüngsten Gericht.“

Die Nähe, in welcher hier die Gegner zueinander verblieben, erforderte ruhelose Wachsamkeit von den übermüdeten
Truppen, die keuchend in ihren Stellungen um ihre Wachtfeuer
lagen, sich ablösend, da ein Teil unter Waffen die Nacht zu-
bringen mußte. Macdonald saß morgens schon im Sattel und
starrte gespannt ins feindliche Lager hinüber.

„Unverantwortlich, diese Verzögerung des Rückzugs! Ich
habe ein unheimliches Gefühl, als ob uns großes Unglück bevor-
stände,“ äußerte er sich zu seinem Stabschef Dumoustier. „Und
ich fürchte, wir selber kommen am schlimmsten dran!“ Der
Stabschef murmelte etwas von unbelästigtem Abzug, doch der
Marschall schüttelte den Kopf: „Nun werden Sie mir wohl
glauben, daß wir selber gleich zu tun bekommen! Denn dort
naht sich jemand vom Hauptquartier.“ Es erschien ein auffallend schöner Herr in Generalsuniform von sehr gewinnenden
Formen: „Habe ich den Vorzug, den Herzog von Tarent zu
grüßen? Ew. Exzellenz sind mir natürlich dem hohen Rufe
nach bekannt, der Ihnen schon so lange vorangeht, doch es be-
glückt mich, Monseigneur, Ihre Bekanntschaft auf einem für Sie
so ehrenvollen Schlachtfeld zu machen!“ Macdonald errötete
leicht, er hatte es nicht gern, wenn man ihm in solche Lobes-
erhebungen ausbrach: „Darf ich fragen, mit wem ich die Ehre
habe und wer mir solche Ehre erweist?“

„Ich bin der Generaladjutant Graf Flahaut.“

„Ah, das interessiert mich sehr.“ Das feine Lächeln Macdonalds, das ihm fast zur Gewohnheit geworden war, vertiefte
sich noch. Als Liebhaber der Königin Hortense konnte Flahaut
natürlich nicht unbekannt bleiben. „Was bringen Sie mir,
mein Herr?“ „Die ehrenvolle Vollmacht, Herr Marschall, den
Oberbefehl des ganzen linken Flügels an Stelle des verwundeten

Fürsten b. d. Moskwa zu übernehmen. Mit Leitung der Arrière-
garde betraut, werden Sie Leipzig als Brückenkopf so lange
festhalten, bis die ganze Armee die Elster passierte."

„Ich werde dem hohen Vertrauen entsprechen, möchte mir
aber den Einwand nicht versagen, daß ich viel früher den Auftrag zu dieser schweren Aufgabe hätte erhalten sollen." Er sah
auf die Uhr. „Schon 7 Uhr." „Mich trifft die Schuld," erklärte Flahaut gemessen, „Die Ordre sollte schon früher an Sie
gelangen, ich habe mich verirrt, der Nebel ist so dick." „Das
kommt uns sehr zu paß, um unbemerkt zu entweichen. Ich
werde sogleich alle Anstalten treffen und danke Ihnen, Herr
Adjutant-General," verabschiedete der Herzog-Marschall den
vornehmen Boten. Im Abreiten rief dieser noch zurück: „Ich
vergaß zu erwähnen, daß Fürst Poniatowski zu Ihrer Rechten
die Connewitzer Vorstadt decken wird, während die ganze Hauptmasse unseres Zentrums und rechten Flügels bereits im Laufe
der Nacht abmarschierte."

„Die Polen, natürlich! wozu wären sie da, als sich zu
opfern?" murmelte Macdonald bitter. „Und wir? Ich vermute,
es wird heiß hergehen. Frisch ans Werk!"

In aller Stille bezogen die Korps Souham und Macdonald
ihre neuen Stellungen innerhalb der Reudnitzer und Grimmaer
Vorstadt sowie im Innern der Stadt, aus welcher mittlerweile
schon die gesamte Garde und Reiterei (außer sämtlichen polnischen Reitern) über die eine Lindenauer Brücke entströmte.
Victor, der ja an beiden Schlachttagen im Brennpunkte der
Gefahren stand, folgte eiligst. Augereau hatte hinter Poniatowski noch etwas länger ausharren sollen. Victor mußte ihn
jedoch zu sofortigem Weitermarsch zu bewegen.

„Was wirst du dir um Macdonalds Flanke Sorge machen!
Der ist doch nie zufrieden, stellt immer übertriebene Ansprüche
und beschwert sich hintennach!" stocherte und klatschte er giftig.
Denn Victor hatte noch aus der Republikanerzeit seit der Schlacht
an der Trebbia einen Span auf seinen damaligen Vorgesetzten,
vor dessen vollkommen berechtigten Vorwürfen er damals die
Augen niederschlagen mußte.

Niemals verzieh er Macdonald, was er selber durch sündhaftes
Pflichtvergessen Macdonald angetan, das ist so Menschenart. Niemals
verzieh auch Goubion St. Chr dem Macdonald, daß er selber Moreau
von rechtzeitiger Einlösung seiner Verpflichtung abhielt und den un-

glücklichen Kollegen so an der Trebbia allein ans Messer lieferte. Nie verzieh St. Cyr seinem Kaiser, daß dieser alle schnöde Scheelsucht und Nörgelei des eiteln Besserwissers übersah und durch maßlose Anerkennung das erste wirkliche Verdienst St. Cyrs (Polotzk!) belohnte. Wie der hämische Racker absichtlich Vandamme bei Kulm stecken ließ, damit der nicht auch noch den Marschallstab erwerbe, so fiel ihm auch gar nicht ein, rechtzeitig den Cernierungsring von Dresden zu durchbrechen und bei Leipzig zum Kaiser zu stoßen, trotzdem ihm dieser in ihrer letzten Unterredung in Dresden mit gewohnter lichtvoller Klarheit die Lage erläutert hatte. Dafür behielt sich der Schuft aber vor, in seinen Memoiren Napoleons Stümperei ins rechte Licht und sein eigenes Licht nicht unter den Scheffel zu stellen. Er täuschte sich nicht darin, daß das neidgrüne Geschwätz der Nachwelt als „klassische Quelle" dienen werde.

Ja, es waren liebe Leute, die Herren Marschälle. Und der weiland Galeerensträfling Vandamme, der als wilder Hüne sonst vor ‚diesem kleinen Teufelskerl' ins Mauseloch kroch, sprach ihnen aus der Seele und schwatzte aus der Schule, als er in heller Wut über Nichternennung zum Marschall, weil Napoleon seinen Widerwillen gegen solche Verbrechernaturen nicht überwinden konnte, vor Macdonald und einem Kreise von Stabsoffizieren unverfroren schimpfte: ‚Ohne Uns würde er in Korsika noch die Schweine hüten!' Der Größenwahn dieser Kaste verwechselte schon lange Napoleons Genie mit ihren eigenen Bullenbeißerzähnen.

Auch Ney, der sich soeben mit verbundenem Kopfe und kontusionierter Schulter fortschaffen ließ, befand sich in höchst ungnädiger Stimmung. „Werden geopfert wie vorig Jahr an der Losmina!" schärfte er seinem Divisionär Ricard ein.

Anders als in diesen Streberköpfen, die von jedem Regenguß des Unglücks sich die Schminke abwaschen und ihre wahre Natur hervorkehren ließen, malte sich freilich in Macdonalds Kopf die Welt.

Ihn hatte Napoleon lange zurückgesetzt und beargwohnt, weil Talleyrand und andere seinen redlichen Freimut haßten und ihm daher verbissenes Republikanertum andichteten. Aber nach Wagram umarmte ihn der Kaiser öffentlich: „Ich trage nur eine alte Schuld ab, wenn ich Sie hier auf dem Felde Ihres Ruhmes zum Marschall von Frankreich ernenne." Macdonald hatte zwar nicht darauf geschluchzt: ‚Sire, zwischen uns geht's jetzt auf Leben und Tod', ebensowenig wie er bei Wagram seine alte Uniform als General der Republik trug, was beides die Legende erfand; aber nichtsdestoweniger schwor er tiefbewegt sich zu, dem großen Manne Treue zu halten bis zum Ende, und er nahm die edeln Worte des Gestürzten in Fontainebleau, wobei beide sich von Herzen umarmten und küßten, mit ins Grab: ‚Ich gestehe, daß ich Sie verkannte, man hatte mich gegen Sie eingenommen. Grade Sie, der Sie mir keinen Dank schulden, sind mir treu geblieben. Diese Erfahrung zu spät zu machen, ist für mich ebenso beschämend als schmerzlich.‘ Und doppelt nach der schuftigen, verlogenen, schäbig erpresserischen Gemeinheit eines Ney, von Marmont, Berthier, Augereau ganz zu schweigen . . .

Kaum lichtete sich der Nebel und hob sich verschwebend über der Parthe, als feindliche Vedetten den Abzug des französischen Heeres erkannten. Alsogleich brach alles zur Verfolgung auf. Doch genügte die Zwischenzeit zur Einrichtung der kleinen Gartenwälle der Vorstadt und Verbarrikadierung aller Stadtausgänge durch die Sappeurs. Durch die starken Mauern der Stadt führten Tore mit regelrechten altertümlichen Türmen, davor ein Graben. Baumstämme, umgestürzte Wagen verrammelten alsbald jene schadhafte Stelle. Jede Häuserfront an den Thoren verwandelte sich in eine kunstmäßige Bastion. Daneben warf man Erdschanzen auf, versehen mit den Eisenhecken spanischer Reiter, Pallisaden, Eggen und Pflugscharen.

„Ew. Exzellenz möchten doch sofort dem Herzog von Castiglione eine Division zu Hülfe schicken, unsere äußerste Rechte wird hart gedrängt, läßt Ihnen Se. Maj. sagen,“ entledigte sich General Girardin vom Generalstabe eines Auftrages an Macdonald. Dieser fuhr auf: „Ich kann keinen Mann entbehren, überzeugen Sie sich davon, wenn Sie wollen. Ich brauche selbst Unterstützung. Sagen Sie das dem Kaiser!“

Doch der General dachte: Ich werde mich hüten, und ritt mit kaltem Gruß davon: „Ich tat, wie mir befohlen. Der Rest ist Ihre Sache, Herr Marschall.“

Macdonald biß sich auf die Lippen. Er hielt jeden Fußbreit der Mauern besetzt und mochte diese gerade ausreichende Besatzung umso weniger schwächen, als der Angriff bereits in bedrohlichem Maße zunahm. Zugleich schütteten die vierzehnhundert Feuerschlünde der Verbündeten mitleidlos ihren Eisenhagel über die Stadt aus, bestrichen auch tunlichst das Lindenauer Defilee, so daß die abziehende Hauptmasse doch einige Verluste dabei erlitt. Dies bewog die schwache Division, welche ein „Korps“ Augereau vorstellte, sich gar nicht aufzuhalten, sondern eilfertig Victor und Lauriston nachzurücken, unbekümmert um Poniatowski, der Schritt für Schritt den äußersten Widerstand

leiſtete. Als daher General Marchand mit der Heſſenbrigade
doch noch von Macdonald abgegeben wurde, um den angeblich
bedrängten Augereau zu decken, traf ſie an der bezeichneten Stelle
weder Freund noch Feind, denn letzterer war hier noch gar
nicht heran, erſterer verließ einfach den Poſten. Um die nord-
öſtliche Vorſtadt wogte der Sturm hin und her. Schon bald
nahten Bülows Preußen Reudnitz, Hintertor und Kohlgärten,
mehrmals ſchlugen Gérards und Ricards Häuflein ſie zurück,
die alles aufboten, was todesverachtende Energie vermag.

Sacken rang ums Halleſche Tor, wo Durutte und Dom-
browſki ſich noch hielten, Bennigſens Diviſionen Paskewitſch und
Kavanſki weſtlich gegen die Petersvorſtadt.

„Die heſſiſche Brigade kommt wieder, vom IX. Korps war
nichts zu ſehen,“ ward gemeldet. — „Was! Das iſt höchſt ſelt-
ſam. Wir ſchweben doch nicht in Gefahr, abgeſchnitten zu
werden? Reiten Sie zum Fürſten, Poniatowſki, er möge doch
ſeine Kavallerie auf Tod und Leben einhauen laſſen, bis meine
rückwärtige Infanterie über die Elſter ging!“ Macdonald hatte
nämlich nun doch die alten Stadtwälle, die ſogenannten Promenaden, aufſuchen müſſen, wobei Gérard zuletzt allein blieb, da
bereits der Hauptteil ſeines Korps zur Elſterbrücke hinabdrängte
und auch Ricard allmählich den abgezogenen anderen Diviſionen
des linken Flügels folgte. Stroganof griff das Hoſpitaltor an,
Bennigſens Pioniere hieben Palliſaden und Hecken um, in den
Baumalleen der Promenaden floß Blut in Strömen.

.. Der Kaiſer ritt am Vormittag ganz gelaſſen den großen
Steinweg hinab, auf welchem ſich ein unendliches Chaos von
Truppen aller Waffengattungen hinabwälzte. Vorher, gegen
acht Uhr, machte er dem König von Sachſen ſeinen Abſchieds-
beſuch, wobei die ſächſiſche Leibwache ihm mit präſentiertem Gewehr noch die üblichen Ehren erwies. Er ritt jedoch die Front
ab, ohne ein Wort zu ſprechen, und grüßte nur ſtumm mit der
Hand, denn deutſche Truppen betrachtete er fortan ſeinem Befehlskreis entbunden.

„Ich ſtelle mich Ihnen völlig zur Verfügung, wenn Ew.
Maj. darauf eingehen, mich begleiten zu wollen, nicht ſich der
Huld des Feindes überliefern,“ verabſchiedete er ſich freundlich.
Es klang nur wie Höflichkeitsfloskel. Jedenfalls entwand ſich
der König der tödlichen Lockung, immer noch in Escarpins,

Seidenstrümpfen, Schnallenschuhen friedlicher Hoftracht! „Ich manöbriere jetzt im Freien, werde Leipzig binnen drei Tagen entsetzen. Was mich betrifft, so werde ich keinen Frieden schließen, in keine Bedingung willigen, die Sachsens Integrität antastet." Es mochte neun Uhr vormittags sein, als Napoleon sich von Leipzig nach Lindenau wandte. „Wie steht es um die Brücken?" fragte er noch vorher haftig den bisherigen Gouverneur von Leipzig, General Margaron, einen alten Kavalleriegeneral, der bei Vimeiro mit Engländern und bei Jena mit preußischen Holzendorfkürassieren blutig raufte.

„Brücken? Ich weiß nur von einer!"

Napoleon schien eine Schattierung bläffer zu werden. „Also doch! Brachte Ihnen niemand in Erinnerung, daß neben der Steinbrücke Laufbrücken zu schlagen seien?" „Niemand, Sire. Ich machte mir ja auch meine Gedanken, aber ich dachte, der Generalstab werde das wohl besser wissen und im Sinne Ew. Maj. handeln. Ich maße mir nicht an, die allerhöchsten Intentionen zu kennen."

Napoleon preßte düster die Lippen zusammen. „Herr von Mortemar," entsandte er einen Offizier seiner persönlichen Suite, „sehen Sie doch mal zu, wie es mit dieser wichtigen Sache steht."

Mitten in dem wüsten Strudel der wild hinabdrängenden Masse von Menschen, Pferden, Geschützen, Wagen, ritt der kleine Mann in grauem Überrock dahin. Er ließ sich einfach treiben. Was noch an verzettelten Mannschaften und Marodeuren der bereits abgerückten Heerteile in der Stadt steckte, schob sich in wirrem Gemengsel ein. Die Einen marschierten festgeschlossen in Reihe und Glied, die Anderen als ungeordneter Haufe mit tollem Lärm. Ab und zu mußten Gendarmen mit blanker Klinge ihm Raum schaffen. Der sonderbare Zug erfaßte ihn mehrmals wie eine fließende Stromschnelle, das kaiserliche Gefolge arbeitete sich kaum hindurch. Er aber sah so gleichgültig, kühl und ruhig drein, als ginge ihn diese ganze Welterschütterung nichts an. Und doch rührte sie von ihm selber her, dem gleichmütig gelassenen Spieler. Die geängsteten Einwohner, in ihre Häuser verschlossen, aus den Fenstern scheu hinauslugend, entdeckten den Ungeheuren mitten in diesen Myriaden von Fuß-

gängern, die seines Rößleins Hufe umspielten und bis zu seinen
Reiterstiefeln reichten. Es sah aus, als wolle er dies Kanonen-
futter unbedeutender Sterblichen unter die Hufen werfen und
drüber weg zu neuen Taten reiten...

„Wer ist der Bourgeois dort, der über die Brücke will?
Ich will ihn ausfragen!" sprengte General Chateau, Victors
Stabschef, heran, der die Übergangspunkte feststellen sollte. Der
Mann im fest zugeknöpften Überzieher ohne Abzeichen, den er
zur Rede stellen wollte, schlenderte in Gedanken versunken vor-
bei, nur ein paar Reiter in gemessener Entfernung hinter sich.
Zwischen den Zähnen pfiff er deutlich das alte Lied: „Marl-
borough zieht in den Krieg, trala!" Chateau erstarrte — der
Kaiser!...

Sobald das ganze Hauptquartier nach Markranstädt in
Sicherheit kam, wo Garden und fast gesamte Reiterei regellos
lagerten, brach der Kaiser vor Erschöpfung endlich zusammen.
Als Berthier um Befehle bat, raunte er ihm halblachend zu:
„Wissen Sie was, jetzt werde ich erst schlafen!" Und wiederum
verlor Berthier so völlig den Kopf, daß er nicht mal auf eigene
Hand anordnete, man solle eine Truppe am linken Ufer aufstellen, um die einzig vorhandene Brücke zu schützen. Der In-
genieuroberst Monfort lief wie ein Irrsinniger hin und her:
„Ich habe schon dreimal beizeiten angefragt, ob ich nicht Übergänge schaffen soll, dreimal erhielt ich Bescheid, man müsse
warten, bis der Kaiser befehle. Ist der Generalstab denn toll
geworden? Und was soll werden, wenn der Feind herzudrängt
und die Brücke besetzt?" Artilleriedirektor Dulauloy bestimmte auf eigene Verantwortung zwei Gardekompagnien und
Gardesappeurs zur Brückendeckung. „Korporal, bleiben Sie hier!
Ich werde selbst nachsehen, was vorgeht! Ich begebe mich zum
Fürsten Berthier nach Lindenau um nähere Anweisung. Wenn
der Feind sich der Brücke bemächtigen will, sprengen Sie! Die
Sicherheit der Armee ist mehr wert, als ein paar Versprengte,
die noch in den Häusern stecken!" Der klebende Pulverdampf,
die Dächer entlang ziehend und die Promenaden umflorend,
verhüllte ihm die traurige Wahrheit, daß noch ganze Divisionen
in der Stadt steckten....

.. Wie ein Wald von Bannern wogte es heran, als die bewaffneten Völkerheere ihre schwellenden Fahnen gen Leipzig

richteten. Schwarzgelb, schwarzweiß .. der doppelköpfige Kaiser-
aar, der preußische Adler und dazwischen der gierige Doppel-
adler des fremden Mongolenzaren.

Wie eine Völkerwanderung tauchten unzählbare Scharen
von allen Seiten am Horizonte auf, ruhig neben und nach einander, mit glänzenden Waffen. Die trüben Wolken sprengte
längst Kanonengewitter und Herbstsonne goß voll ihre Strahlen
auf den riesigen Eisenring, der sich an Leipzigs Mauern heran-
preßte. In der Ferne schwebten diese unendlichen Massen, im
Südosten hervorschimmernd und immer weiter gen Westen hin-
wallend, in ununterbrochener Bewegung wie Traumerscheinung
vorüber.

Kaum stiegen Bülows Preußen jubelnd den letzten niederen
Hügelrand herauf, kaum blitzten ihre Bajonette darüber fort,
kaum sauste die erste feindliche Granate durch die Luft und platzte
zwischen dem ersten und zweiten Treffen, als sich vaterländische
Hymne erhob, immer lauter, bis die eigenen Feuerschlünde ab-
protzten und mit ihrem Donner den Gesang erstickten.

„Die Völkerschlacht!" rief hier zuerst Müffling in Blüchers
Stabe aus. Der Name blieb ihr...

.. Das Schlachtfeld sah grauenhaft aus, die Marschsäulen
wateten förmlich im Blut. Schon am südlichen Eingang von
Wachau lagen Pferdekadaver in Masse geschichtet, weiterhin ge-
borstene Küraffe aufgetürmt, bis hinter Probstheida zog sich die
rote Spur gefallener Panzerriesen, wo Murats Reiterstoß so
ungünstig für die siegesdurstigen Kerntruppen der Monarchen
endete. Überall ragten zerschossene Kanonen und Munitionskarren, auf ein Rad umgeschlagen, aus den rauchenden Schutt-
und Leichenhaufen. Doch die Marschierenden wendeten den
Blick ab, ihre Musikkorps fielen mit brausenden Akkorden in den
rauhen Jubel ein, wo der Marschtritt dieser Hunderttausende ein
einziges Hohelied der Auferstehung aus langer Knechtschaft zu
bedeuten schien.

„All dies Elend verdanken wir e i n e m Menschen!" rief der
Zar, um mittag den Thonberg erreichend, einem Preußen zu,
dem beide Beine abgerissen. Aber der Sterbende versetzte trocken:
„Was tut's! Wir kamen nicht hierher, um Pflaumen zu pflücken!"

Ob die Niederwerfung des Kolosses auch Europas vereinten
Völkern Ungeheures gekostet, ihre Gefallenen, zum Krüppel Ge-

schossenen oder sonstwie Verletzten das Heim ihrer streitbaren
Jugend zu veröden schienen und den Keim neuen Verderbens
über Leipzigs Fluren streuten, wo erst nach der Schlacht die gräß-
lichste Hölle menschlichen Elends gähnte, wo Verwesung der
Toten die Eiterwunden der Sterbenden wie die Lunge der Lebenden vergiftete, bis Leipzig ein einziges Hospital und seine Ebene
ein Herd der Pestilenz, eine Stätte von Fluch und Grauen —
dennoch frohlockten kindlich fromme Gemüter und priesen den
Gott der Schlachten, der so Großes an ihnen getan.

Toll und Natzmer verhandelten mit dem Sachsenkönig, der
vom ‚Protector‘ nicht lassen wollte, als Parlamentäre.

Nach Freilegung des Lindenauer Flußpasses, wo die junge
Garde Giulays Kroaten förmlich wegfegte, blieb die Abzugs-
straße gesichert. Das tatsächlich zweimal geschlagene Hauptheer
Schwarzenbergs gelangte natürlich erst an die Stadt, als Blücher
und Bülow bereits die Arbeit getan. Doch wollte auch Bennigsen
nicht zurückbleiben und geriet alsbald mit dem Erbfeind aneinander: seine sogenannte Polnische Armee stieß auf die wirklichen
Polen. Poniatowski (zweitausensiebenhundert Rest) und Kellermann (noch achthundert), anfangs außerhalb als verlorene
Nachhut den Abzug deckend, fochten dann im Innern so lange
fort, daß bei einigen Bataillonen fast kein Mann mehr übrig
blieb, um polnischen Kindern von solcher Aufopferung zu erzählen. Polnische 1. Chasseurs verloren ihren Chef und hundert-
dreißig Mann, polnische 8. Ulanen, gestern vier Offiziere opfernd,
wetteiferten mit Poniatowskis Krakusen. Der wütendste
Straßenkampf währte so lange, bis fast das ganze Häuflein der
vordersten Verteidiger aufgerieben. Als auch noch Austriaken
eindrangen, hatten die Polen beide Vertilger ihres Vaterlandes
gemeinsam vor der Klinge und sie wußten, daß es diesmal für
immer hieß: Finis Poloniae! Jeder war hier ein Koscinsko
und schlug wie ein Rasender um sich, gern zum Tode gewillt,
wenn er nur verhaßte Feinde mit sich riß.

Mit gleicher Entschlossenheit wehrten die verwaisten Truppen sich des verwundeten Gérard wie angeschossene Eber, hinter
dem zuerst Ledru, dann Charpentier abzogen. Man wich
nur Schritt für Schritt ins Innere. Hier wurde seit zehn Uhr
in der Mitte die Grimmavorstadt berannt, früher als die Hallesche im Norden. Charpentiers 22. Leichtes verlor übrigens noch

sechs Offiziere. Dagegen ersah Westfalenbrigade Henin bald Gelegenheit zu schleunigem Waffenstrecken, auch die badischen Husaren verliefen sich, was ihnen die Franzosen nicht weiter verübelten. Doch Duruttes Sträflinge hielten noch wacker stand, hielten nördlichste Vorstadt ohne Dombrowski, rechts Division Friederichs nach wie vor, indes Marmonts übrige Teile heil entkamen. Schon Rgt. Archangel vernichtet: Vor einem großen dortigen Gebäude schichteten sich wahre Leichenhaufen, ein leichtes Bataillon machte sogar einen Ausfall durchs Hallesche Tor und metzelte viele nieder. Die Hauptlast des Kampfes fiel jedoch Division Ricard zu, gestern am meisten geschont, während Delmas' Reste schon gleich nach Marmont abzogen. Auch dieser Marschall blieb lange bei der Nachhut und vernichtete eingedrungene Kolonnenspitzen mit 142. und Major Janins 23. Leichten.

Langerons Russen, an der Katzbach infolge Lässigkeit ihres bequemen und unfähigen Führers hinter jeder Erwartung zurückgeblieben, holten gestern alles nach. Doch wollte ihnen Eintritt in die Stadt heut ebensowenig gelingen, wie Eroberung von Schönfeld vor Ankunft der Preußen, und auch diesmal blieb es dem Bülow von Dennewitz vorbehalten, zuerst als Sieger das feindliche Bollwerk zu betreten. Nicht ohne schwerstes Ringen.

Die dünnen Mauern der Vorstädte bestanden freilich nur aus Ziegeln und sogar Lehm, stellenweise gab es nur Bretterwände. Dahinter aber umschloß die Altstadt ein förmlicher Wall mit vier Tortürmen und einem mit breitgemauerten gewölbten Brücken versehenen Graben sowie einem Glacis mit Lindenalleen. Die Verteidigung hätte sich also lange genug hinziehen können, um das ganze Heer hinüber zu retten, wenn die Verbündeten sich darauf einließen, wegen Übergabe der Stadt zu parlamentieren. Bernadotte war natürlich sofort dazu bereit. Aber der hochmütige Bennigsen ließ ihm grob sagen: „Auch ich will mit dem Feinde parlamentieren, doch nur mit meinen sechzig Zwölfpfündern, und die werden gleich zu sprechen anfangen." So durfte der unglückliche Gascogner wohl oder übel nicht zurückstehen, ging mit schwerem Herzen schon wieder vorwärts. Diese Deutschen ließen ihm doch niemals Ruhe.

Auch der hochedle Schwarzenberg hatte wichtigeres zu tun, als sich um Angriff auf Leipzig zu kümmern: mußte vor allem die Komplimente der Monarchen mit holdem Schamerröten ehrbarer Bescheidenheit ablehnen. Habsburgs Wappen in sein eigenes aufnehmen — Großkreuz des Theresienordens — zu viel der Gnade! Das Kommandeurkreuz des Theresienordens vom Halse nehmend, überreichte er es seinem Stabschef Radetzky, den nur Leopoldsorden I. Klasse auszeichnete, mit den huldvollen Worten: „Dies Kreuz trug einst der große Loudon, ich könnte es keinem Würdigeren abtreten" ....

Während die hohen Herren Glückwünsche wechselten und eine Gratulationshofcour auf freiem Felde abhielten, wechselten die Völker immer noch Flintenschüsse. Bei den Österreichern freilich nur einige Plänkler des Regiments Kerpen am Windmühlentor, doch Paskewitsch blutete noch gehörig am Hospitaltor. In das Mauerviereck der Pulvertürme am Sandtor, die Mauern von Johannisvorstadt und Petersschießgraben und in das sogenannte Storchsnest gelang es ebensowenig Bresche zu schießen, wie in den Kirchhof. Durch eine gebrochene Lücke desselben schossen polnische Geschütze hervor, aus allen Gartenhäuschen lugten Gewehre, und der Wall des Bosesschen Gartens mußte von bärtigen russischen Sappeurs durchhauen werden. Über den Gottesacker floß Blut in Strömen, aus dem erstürmten Pulverturm stürzte man die überlebenden in die tiefe Sandgrube hinab. So viele Feinde die Verteidiger töteten, nahm ihr verzweifelter Widerstand aber natürlich ab, je mehr von ihnen zur Elsterbrücke abzogen.

Entflammt durch Macdonalds und Rheyniers persönlichen Zuspruch, setzten die Franzosen, hoffnungslose Lage vor Augen, noch überall der Übermacht und der Begeisterung ihrer preußischen Gegner den rühmlichsten Widerstand entgegen. Die armen kleinen Rekruten — „Milchschweine", wie die Alten der Armee sie nannten —, über die Napoleon fast alleine diesmal verfügte, oft ein Jahr unterm dienstpflichtigen Alter, wahre Knaben, bestanden schon bei Lützen höchst ehrenvoll ihre Feuertaufe. Es wollte etwas sagen, den todverachtenden Marathoniern der preußischen Blütejugend und ihren Gardehünen zu trotzen. Jene angeborene Geschicklichkeit, die nun mal der Franzos als Soldat zu entwickeln pflegt, verlieh gar bald diesen Jüngelchen einen militärischen Wert, der ihrer sonstigen Unerfahrenheit und körperlichen Unreife abging. Und bei Leipzig, obwohl erschöpft durch endlose Hinundhermärsche und elende Verpflegung, ließen sie nichts mehr zu wünschen übrig.

„Gut, sehr gut, meine Braven!" lobte freundlich der wohlwollende Macdonald. „Wohlan, Marie-Louisechen's" — wie der Volksmund die kleinen Konskribierten taufte — „meine Alten bei Wagram schlugen sich nicht besser als ihr!"

Wohl spielte der größte aller Feldherrn in der größten aller Schlachten auf einem Instrument, so verstimmt und gebrechlich, daß es neben der ehernen Harmonie seiner Heeresorgel von Austerlitz, die so jäh in Moskau verstummte, gar kläglich sich anhörte. Aber dies ungedrillte, hastig zusammengeraffte Aufgebot hielt sich gut, ja vortrefflich, man kann es nicht anders sagen. Die französische Tapferkeit, obwohl sie über die peinlichen Verhältnisse sich nicht täuschen konnte, trat auch jetzt noch bei Verteidigung der Stadt in so ausgezeichneter Weise hervor, daß die gerechte Geschichte nur Ehrentage der Besiegten in kriegerischer Hinsicht hier verzeichnen muß. Aber die eigentümlichen Umstände, welche den Kaiser gebieterisch zwangen, mit Flußdefilee im Rücken zu schlagen, verschuldeten ein Unglück, das über dies tapfere Heer hereinbrach und schon hämisch lauerte, alle Früchte beharrlichen Mutes zuschanden zu machen. Taktisch unbesiegt, denn Erfolg und Mißerfolg zur Rechten und Linken glichen sich gestern aus, hätte der Löwe mit mäßigen Opfern die Saale erreicht, nachdem seine Tatze dem Gegner zerreißende Wunden schlug. Aber das Schicksal verfing ihn plötzlich ins Garn, daß er nur stolpernd und halbzerquetscht der Grube entrann und dem tückischen Fallstrick.

Artillerie und Trains verkeilten bereits den Zugang zur Lindenauer Brücke. Mühsam wanden Infanterie und abgesessene Reiter sich durch. „Das ist ja wie an der Beresina!" Verzweifelt mühten Offiziere und Gendarmen sich ab, die Brücke offenzuhalten. Kein Generalstäbler ließ sich blicken, das ganze erlauchte Ressort ging mit dem Chef seelenruhig auf und davon.

„Solch verbrecherische Gleichgültigkeit ums Wohl der Truppen kam mir noch niemals vor. Wehe dem, der dafür Verantwortung trägt!" tobte Rheynier, und Lauriston schrie: „Da muß jemand vor's Kriegsgericht!" Beide kommandierenden Generäle blieben pflichtgetreu bei ihrer letzten Nachhut in der Stadt, indeß ihre Korps längst die Brücke passierten.

Auch Dombrowski und Friedrichs zogen noch unbeschädigt ab, doch ihr Räumen der nördlichen Vorstadt gab nun vollends Flanke und Rücken Macdonalds preis. Gleichzeitig ward er auch von rechts her umgangen, da die Polen nachgaben und Poniatowski sich mit seinen wenigen Reitern nicht mehr dem unaufhaltbaren Strom der Einbrechenden entgegenstemmen konnte. Die 1. Jäger und 8. Lanciers hatten zusammen bisher schon dreihundertdreißig Mann, Kellermann überhaupt ziemlich die Hälfte verloren. Eine Anzahl verlassener Geschütze blieb stehen, Fahrer mit Bespannung flohen, umsonst suchten Offiziere sie mit flachen Säbelhieben zurückzutreiben, um die Stücke abzufahren. Auch hier also wie in der nördlichen Vorstadt hielten nicht die Polen am längsten aus, wie die Sage will, sondern die Franzosen.

Von Lauriston nur eine Kompagnie 139. noch diesseits mit Major Ybers. 3. Husaren abgeschnitten.

„Rette sich, wer kann!“ knirschte Poniatowski zwischen den Zähnen, auch er begab sich schon auf die Flucht, indes die französischen Kommandierenden noch teilweise ausharrten.

Zwischen dem Schloß und Rudolfs Garten hatte er einen Augenblick halt gemacht und die Weichenden angeredet. Diese kehrten auch mehrmals um und schossen Verfolger nieder. Insbesondere schlugen sich die Franzosen in den Gärten der Milchinsel mit solcher Erbitterung, daß Vorstells Pommern wiederholt wichen und aufs Glacis nicht vorwärtskamen, nur mit äußerster Anstrengung sich in der langen Querstraße behaupteten.

Links und rechts auf der Promenade fuhren Geschützkolonnen, ebenso gradeaus durch die Stadt, alle kreuzten sich vor der Brücke in tollem Wettfahren, wer zuerst hinüberkomme.

So wirrte sich ein Knäuel zusammen, der sich auf die Brücke selber durcheinanderdrängte und zuletzt jeden Ausgang versperrte. „Sechsundzwanzig Geschütze der Polen blieben in Paskewitsch’s Händen,“ meldete man Lauriston, der sich um seine alte Spezialwaffe bemühte. „Unsere Artillerie muß sich sputen, um zu entrinnen.“

„Um Gotteswillen, Herr Herzog, Herr Marschall, schonen Sie unsern Notbehelf! Ich bitte, ich beschwöre Sie zu warten, bis der Belag fertig wird!“ fiel Oberst Marion, Kommandeur der Genietruppen Macdonalds, den Marschällen Victor und Augereau in die Zügel. Diese Herren hatten sich hinter ihren

bereits defilierten Korps verspätet und benutzten angesichts des
Wirrwarrs auf der Brücke zwei Notbrücken aus langen Baumstämmen, mit Brettern und ausgehobenen Türen und Fenster-
laden belegt, welche Marion in Eile über den Fluß warf.

„Eh was da, Herr! Wollen Sie sich an Marschällen ver-
greifen? Platz da! Wir müssen hinüber, das ist das Wich-
tigste!" Und die beiden niedrigen Selbstlinge, unheilbare
Plebejernaturen wie sie waren, ritten mit voller Wucht hinüber. Infolge der Erschütterung verschob sich der Belag, glitt
ins Wasser und trieb auf den Fluten. Auf die allein noch
festliegenden schlüpfrigen Baumstämme wagte sich Keiner, umso
mehr jetzt das Schießen russischer Jäger immer heftiger wirkte.
Diese kamen sogar jenseits über den Fluß und feuerten von
dort, auch Husaren zeigten sich, die weiter aufwärts das Wasser
durchquert hatten, und dieser Hinterhalt begann allen noch hin-
überströmenden Flüchtlingen verderblich zu werden.

Das 12. polnische Regiment rettete sich jedoch rechtzeitig zu Dombrowski, und da später im Dezember noch 5500 Polen, Reiter und
Fußgänger, sich sammelten, kann ihr Gesamtverlust (von 11 000) nicht
so bedeutend gewesen sein. Generale Kasimir Malachowski, Julian
Sierawski mit allen Adlern entkommen.

„Victoria! Stadt gewonnen!" verbreitete sich jetzt der
Jubelruf. Das Königsberger Landwehrbataillon stürmte in
wahrhaft heldenmütiger Weise das Grimmaische Tor, wobei sein
Kommandeur Major Friccius zu Fuß mit einem Gewehr in
der Hand das Torwärterhäuschen einschlug und so einen Durch-
gang bahnte. Pommern Vorstells betraten schon früher diese
Stelle, Bernadotte selber rief Major Mirbach zu: „En colonne
en avant!", doch Feuer vom dreistöckigen Armenhaus trieb
sie zurück, das eigentliche Tor mit zwei Mauerpfeilern blieb
gesperrt. An Blindentor und Wendlers Gutspforte kam
hessische Leibgarde dem 23. Leichten zu Hülfe, Major Linsingen
fiel, Major Podewils blutete. Dessen Bataillon richtete später
Flankenfeuer vom inneren Petertor, zuletzt bot Bat. Löwen-
feld den Russen Chowanskis die Hand, als sie durchs Münz-
tor die Allee erreichten. Erst um halb eins wälzte sich eine
Brigade Langerons durch Gerbergasse zum Holzmarkt, den rastlos „Vorwärts"! schreienden Blücher an der Spitze. Rosen-
tal — Totental! Hier pflückte man blutige Rosen.

Borstells Hauptteil rechts vom Grimmator ging gegen das Hintertor. Geschützbettungen auf dem weit über die Vorstadtmauer hinausreichenden Johanniskirchhof ermöglichten den Verteidigern, den ganzen Anlaufraum mit Kartätschen zu bestreichen. Die Angreifer sehnten sich nach den abwesenden Hellwigschen Fußjägern der Brigade Thümen, da die ungeübten freiwilligen Jäger des 1. Pommernregiments nicht genau genug schossen, um dem gedeckten Feind etwas anhaben zu können. Jedes Blumenbeet der Grimmator-Gärten begoß ein Bluttau.

Den Torflügel ohne Brecheisen und Äxte mit den Schultern zu sprengen mißlang, und einer vorgeführten Kanone ward die Bedienung gleich weggeschossen. Die Füsilierbataillone des pommerschen und des 2. Reserveregiments unter Majoren von Cardell und von Mirbach gelangten zwar allmählich durch kleine Pförtchen der Stadtmauer ins Innere. Aus Hinterhäusern und Zäunen sprühte ihnen jedoch ein Nahfeuer entgegen, nur einzelne wie Mirbach selber kamen anfangs hinüber, Einbruch rechts davon viel später. Die pommerschen Grenadiere unter Major von Romberg rissen Balken von den Dächern erstürmter Häuser und zerstießen mit diesen Sturmböcken das Hintertor. Schon schmetterte der tiefe Hörnerschall der pommerschen Schützen durch die Gassen und ein paar dreiste Gesellen vom I. 1. pommerschen eilten über den offenen Platz vor dem Innentore, so daß alles dem Beispiel folgte und der überrumpelte Gegner hier zuletzt, von allen Seiten eingekeilt, sein rücksichtslos ausgesetztes und bis auf nächste Distanz feuerndes Geschütz, etwa zwanzig Stück, und drei Adler auf dem Roßplatz waffenstreckend ausliefern mußte. Hier ergaben sich die Polengenerale Rosniecki, Zoltowski, Grabowski, Uminski, Axonitroski, sowie der Dujour-General Rautenstrauch und der Divisionär Isidor Krasinski. Auch der zweite Platzkommandant im Rathaus, General Bertrand, verwundet. Einzelne einspringende Häuser, aus deren Stockwerken und Zinnen eine ununterbrochene Tirailleurkette bis zuletzt schoß, konnten erst durch den Tod der tapferen Besatzung gesäubert werden. Um den Preis vielen Blutes verkaufte der Feind auch jetzt noch seinen Untergang. Nur Brigade Vonty der Division Brayer floh und Oberst Buchet vom 6. ligne ließ sich ruhig gefangen nehmen, indes Oberst Straßewski 15. Polenregiments getroffen umsank.

Übrigens hatte man absichtlich, um ihr keine Ehre zu gönnen, sowohl Vorstells 2. Kurmärkische als Homburgs 3. Ost-preußische Landwehr ins Hintertreffen gestellt mit Ausnahme des Bataillons Friccius, das zu weit voraus war, um angehalten werden zu können. Homburgs 2. Ostpreuß. Grenadierbataillon und I. 3. Ostpreußische Linie unter Majoren v. Benkendorf und Monsterberg, mit dem 4. Reserve unter Major v. Uttenhoven als Reserve, richteten rechts gar nichts aus. Links nahmen II., III. 3. Linie unter Majoren Müllenheim und Gleißenberg später am Siege teil, als Friccius Bahn gebrochen. Zwei Helden von Dennewitz, Majore Putlitz und Bülow, fehlten heut.

Bülow selbst hielt hundert Schritt rechts von Friccius, als eine Kanonenkugel vier Landwehrleuten den Kopf vom Rumpfe riß, so daß Blut und Gehirn umherspritzten. „Legt euch nieder!" rief Bülow dem Bataillon zu, aber der laute Ruf: „Wir bücken uns nicht!" bewies die Entschlossenheit der Truppe. Der tapfere prinzliche Brigadechef zeigte sein besonderes Vertrauen, indem er diese Landwehr an die Spitze der Sturmkolonne stellte, indem er selber kühn voraufritt, als die Königsberger festen Schritts vorgingen. „Kameraden!" rief Friccius den Seinen zu: „Was ihr erreichen könnt, stoßt nieder, gebt keinen Pardon! Aber wir führen nicht Krieg mit den friedlichen Einwohnern!" Das von starken Planken gezimmerte, verrammelte und verpfählte Tor wäre ohne Zimmerleute nicht zu sprengen gewesen, wenn nicht Bataillonsadjutant Gaesebeck eine schwache Stelle zwischen dem einen Torpfosten und dem Armenhaus erkannt hätte. Die Wand des Torschreiberhäuschens mit dem Gewehrkolben durch-schlagend, brach Friccius Öffnung. Hindurch stürmte Haupt-mann und Regierungsrat Motherby, sank aber seinem Busen-freund Stumpf, Rektor der Kolberger Stadtschule, tot in die Arme. Später fielen auch Leutnant Referendar Wnorowski und Kaufmann Leutnant Dulk. „Ihr werdet mich nicht verlassen!" eilte Held Friccius weiter durch die Bresche voraus und keiner ließ ihn im Stich. Der erschrockene Feind räumte das Außen-tor und floh das Glacis hinauf. „Wahrlich, die Landwehr erwirbt sich heut großen Ruhm und übertrifft manche Linien-truppe!" rief Prinz Hessen-Homburg begeistert. Feldwebel Monck erbeutete eine Fahne, Brigadegeneral Pieret ward ge-fangen. Die Totengasse verdiente heut ihren Namen, denn der

Tod hauste hier so fürchterlich, daß einige Franzosen im Häuser-
kampf hoch aus den Fenstern geworfen wurden. Von der
Esplanade drang der Feind übermächtig auf die Königsberger
ein. Da kam über diese eine wahre Berserkerwut, so daß der
Gegner förmlich vor Schrecken erstarrte und in Kirchhof und
Johannesstraße haufenweis Tote zurückließ.

Es bleibt dabei, daß Brigade Hessen-Homburg, deren tapfrer
prinzlicher Chef hierbei verwundet, und an ihrer Spitze die
Königsberger Wehrmänner, zuerst über den Steinweg in den
Feind drang. Dies geschah gegen z w ö l f Uhr mittags.

Die Bürger kamen jetzt aus den Häusern hervor oder zeigten
sich an den Fenstern mit lautem Heilruf und Tücherschwenken.
Mit einer zum Untergang entschlossenen Wut verteidigten die
letzten französischen Haufen noch jede Straße, jedes Blumenbeet, jeden Bretterzaun. Bleiche finstere Offiziere, den Dreimaster tief in die Stirn gedrückt, das Messingschildchen unterm
Ringkragen von Pulverruß derart besudelt, daß die Chiffre des
kaiserlichen N verwischt, den schmalen Degen mit dem schmalen
Stichblatt des Griffs zwischen den Zähnen haltend und in jeder
Hand eine Pistole, führten immer noch gesammelte Häuflein von
Braven mit gefälltem Bajonett durch verödete Gassen, um an
jeder Ecke aufs neue Fuß zu fassen. Doch im allgemeinen ging
der Widerstand zu Ende und alle geschlossenen Abteilungen verliefen sich, nur einzelne Häuserbesatzungen ausgenommen, die
überall zerstreut des Gegners Vorwärtsstürmen noch etwas aufhielten. Marmont vermochte nur durch Säbelhiebe von Offizieren, die ihn erkannten und den Zügel seines Pferdes ergriffen,
sich einen Platz in der dicken Masse zu verschaffen, welche langsam
über die Brücke quoll. Das Toben des Pas de Charge er-
tränkten die preußischen Trommeln, die Kesselpauken polnischer
Reiter verhallten dumpf unter Zymbeln, Klarinetten und
Hörnern, die Töne der Sieger überschwemmten mit Strömen
von Blutvergießen die eroberte Stadt von einem Ende zum
andern.

Mitten durch dies Chaos von Tönen dröhnte plötzlich ein
dumpfer erschütternder Knall zum Himmel auf. Ungefähr zur
nämlichen Zeit, als die Preußen eindrangen, begegnete den
tapfern Verteidigern das unvorhergesehene Unheil. Der geäng-
stete Korporal Lafontaine mit Artilleurs, Sappeurs und Pon-

tonnieren an der Brücke sah nämlich die feindlichen Schützen in
immer dichteren Ketten nahen, die Flucht aus der Stadt sich
immer dichter nähern, und verlor völlig den Kopf. Sein Oberst
Monfort kam überhaupt nicht zurück, auch dieser bemühte sich
um Herstellung von Notbrückchen. Um dem Geniekorps anzugehören, braucht man ja kein Genie zu sein. Die zündende
Lunte an den Draht — und mit eins flog die minierte Steinbrücke mit ihrer ganzen lastenden Bürde in die Luft, abgerissene
Pferdeköpfe, menschliche Gliedmaßen, Wagenräder und Lafetten
in scheußlichem Gemengsel gleichzeitig zu den Wolken entführend!

Ein Schrei des Entsetzens entstieg den am Ufer wimmelnden
Massen. Doch so mächtig sauste das Getöse der Straßenschlacht,
daß die vorne Fechtenden die Explosion nicht mal hörten. So
verstrichen ein paar Stunden, ehe die letzte Nachhut, bei der sich
alle höchsten Führer in Person aufhielten, vom Umfang der
Katastrophe Kenntnis erhielt. In dem wüsten Tumult gelangte nicht mal Meldung an Macdonald. Bei der außer-
gewöhnlichen, durch Verzweiflung gesteigerten Tapferkeit der
Franzosen und ihrer ungemeinen angeborenen Geschicklichkeit
im Straßengefecht gelang es den begeisterten Preußen nur allmählich die Stadt zu durchmessen und die Plätze zu säubern,
auf denen einzelne sich opfernde Offiziere statt der geflohenen
oder gefallenen Bedienung selbst mit Wischer und Lunte han-
tierten und sich nach der letzten Kartätschlage buchstäblich von
Bajonetten aufs Geschützrohr festnageln ließen. —

Sacken erneuerte bisher umsonst seinen Sturm aufs Hallesche
Tor, seine Kerntruppen fielen unter Kugeln der hinter Mauern
sichergestellten Schützen und Kartätschen dreier im Tore selber
aufgepflanzten Stücke. Duruttes 133. hielt sich hier gegen die
Übermacht so überaus tapfer, daß es allein von allen Regimentern die Inschrift Leipzig erhielt. Auch seit Langeron
mittags herbeikam, stand das Gefecht in aller Heftigkeit unter
großem Verlust der Russen. Hintereinanderliegende verschanzte
Linien ermöglichten ausgiebige Benutzung der Örtlichkeit. Kapzewitsch ward schmählich zurückgetrieben, nicht minder St. Priest.

Blücher verbot, Granaten in die Stadt zu werfen, um Leipzig
zu schonen, was dem Angriff sehr förderlich gewesen wäre. Erst
als Franzosen und Polen den Feind in der Grimmaschen Vorstadt rückwärts spürten und in der Besorgnis, abgeschnitten zu

werden, ihr Geſchütz vom Tore abfuhren, ſtürmten Sackens
Plänkler in vollem Laufe über die Parthebrücke in die Vorſtadt
hinein. Zwiſchen ihr und der Innenſtadt erfüllte den Raum
ein Chaos von Fuhrwerk, Fliehenden und immer noch mannhaft aus Häuſern und hinter Brücken Entgegenkämpfenden.
Nur am Ranſtädter Tor dauerten zuletzt die Feindſeligkeiten noch
fort, indes auf dem Glacis viele widerſtandslos Gewehr bei Fuß
ihre Entwaffnung erwarteten, ins Unabwendbare ſtoiſch ergeben.
Da die kleine Lazaretbrücke am Jakobsſpital aus Verſehen nicht
abgebrochen, gelangten Sackens Jäger ſchon um ein Uhr bis
zum Mühlgraben, von wo ihre Kugeln jene Elſterbrücke erreichten, unter die man Fladderminen hatte legen laſſen. —

Als Bennigſen zu Bülows Linken gegen den Boſeſchen
Garten mit Zwölfpfündern lange genug gedonnert, unternahm
er einen Sturm. Er wurde abgeſchlagen. Infolgedeſſen zog
er links um die Vorſtadt herum zum äußeren Peterstor, durch
welches mittags Paskewitſch eindrang, Woronzofs Ruſſen der
Nordarmee folgten Vorſtell, Korpschef Wintzingerode ritt perſönlich voraus mit ſeiner Stabswache.

Nachdem ſchon Friccius' Landwehrleute die Barrikaden weg-
geräumt, trieb General Adlerkreuz, entrüſtet über die Feigheit
einiger ſchwediſcher Bataillone, die nicht durchs Tor wollten,
ſcheltend und fluchend wenigſtens zwei ſchwediſche Geſchütze vor.
Rechts von Heſſen-Homburg drang aber nun Vorſtell durch Boſes
Garten und perſönlich an der Spitze des Pommerſchen Grena-
dierbataillons bis zum Roßmarkt. Ihn begleiteten die 14.
ruſſiſchen Jäger des Oberſt Kraſſowsky. Dieſe wichen, doch die
Pommerſchen Grenadierknochen erwieſen ſich unzerbrechlich. Auf
Vorſtells Zuruf ward der Feind unerſchütterlich von Ecke zu Ecke
verdrängt: 3. Badenſer, verſprengte 15. 26. Dragons.

Inzwiſchen rangen die zwei Linienbataillone Müllenheim und Gleißenberg ſich bis zum Prinz-Emilsgarten durch
und folgten den Landwehrleuten gegen das Innentor. Gemein-
ſam ward dies und der Steinweg erobert, doch verknüpfte ſich
der Sieg mit herben Verluſten, beide Majore fielen und Bataillon Müllenheim mußte nachher ein Leutnant führen. Hundert Helden in ſchlichtem Landwehrrock ließen hier ihr Leben
fürs Vaterland: da durfte die Linie nicht zurückbleiben. Als
Prinz Homburg mit zerſchmetterter Schulter weggetragen ward,
voll lebhafter Anerkennung für den einſtündigen Heldenkampf

des vereinzelten Bataillons Friccius, war sein letztes Wort: „Kinder, haltet euch ferner brav!" — —

„Was macht denn Marchand? Warum hält er nicht die gerade Straße zur Brücke ein?" staunte Macdonald, als er die hessische Brigade seitwärts abschwenken sah. Aber schon kam Marchand fliehend herbei, einen Fluch im Munde und die Faust geballt: „Auch diese Schurken fallen ab!"

Ein Unglück kommt selten allein und nun erst wurde es voll. Die Darmhessen, denen das Beispiel der Sachsen keine Ruhe ließ, besetzten weiter südlich die alten Wälle an der Promenade, wo die Verbündeten noch nicht drinnen waren, öffneten diesen das von den Badensern geräumte Peterstor und eröffneten auf ihre alten Waffenbrüder ein wohlgezieltes Feuer.

Ein badisches Bataillon, zum Kleinhacken des Holzes für Heizung der Brotbacköfen zurückgelassen, nahm jetzt Abschied von den Zwingherrn, indem es seine gesparten Patronen aus Fenstern und sicheren Verstecken der Bäckerei in die französischen Reihen sandte. Westfalen schossen auf eigene Offiziere.

Den Holzmarkt, von Homburgs Ostpreußischem Grenadierbataillon erreicht, bestrichen standhaft zwei Geschütze, erst unter Blüchers Andrang entscharten sich die Eingeklemmten, doch Rgt. Ingermanland, Katherinburg, Rylsk, Polotzk, 37. Jäger gingen fast völlig unter. An Wasserkunst, wo Poniatowski drei Geschütze auffuhr, Fleischerplatz und Wiese hinter Richters Garten, wo Flüchtige zu Notbrücken drängten, wüstes Gemetzel. Angeschwollene Elster füllte sich mit Knäueln ertrunkener Gäule, Rettungsdamm für viele. An der hochgehenden Brücke vierundzwanzig Offiziere 6. ligne zerschmettert! Der junge Oberst Labedoyère mit 112. Belgischen wehrte sich noch. II. 142. Ricards diesseits abgeschnitten. Trupps Krakusen und 4. französische Küraffiere Mann für Mann am Ranstädter Tor erschlagen, einer gegen vierzig! Vorm Innentor der Promenade, dessen Verschluß badische Torwache nicht entriegelte, wildes Morden am Rondell. Unterm Druck Verzweifelter gab das Tor nach, nachströmende Verfolger hielt Fuhrwerk auf. An Nikolaikirche warfen Hessen, an Pleißenburg Badenser die Waffen weg.

Unter der niederschlagenden Wirkung dieses neuen Abfalls löste sich endlich der Halt auch der bisher so heroisch standhaften Nachhut Gérards. Den Marschall selbst riß der tolle Flüchtlingsschwall mit fort und zwar zu Fuß, weil ihm sein Pferd im

Gewühl abhanden kam. Und wo noch ein Band notdürftiger kriegerischer Ordnung die Entmutigten fesselte, da sprang es entzwei unter der Schreckenspost: „Die Brücke gesprengt!"

Jetzt lähmte grause Bestürzung selbst die zum Äußersten Entschlossenen, nicht zum wenigsten den Marschall selber. Der Held kochte vor Grimm, sich so nach der edelsten Aufopferung im Stich gelassen zu finden. Seine Füße berührten den Boden kaum mehr, denn die wütende Menschenmasse trug ihn pressend und keilend davon.

„Herr Marschall, wohin? Es muß doch noch ein Übergangspunkt da sein!" heulte und bettelte es um ihn her, als an einer großen Uferwiese der riesige Menschenstrom sich teilte, ungewiß, ob er sich hier endgiltig stauen oder unmittelbar ins Wasser hinein münden solle.

„Nichts, nichts! Meine Karte enthält kein Zeichen!" erklärte Macdonald in trostloser Pein den umringenden Mannschaften. In diesem Augenblick bahnte sich ein polnischer Adjutant zu ihm den Weg: „Mein Chef, Fürst Josef Poniatowski, ist soeben ertrunken!" Es klang wie ein Schluchzen und dem Mann standen die Tränen in den Augen.

„Auch das noch!" Macdonald hob die Arme gen Himmel mit einer Gebärde, als gebe er jede Rettung auf. „Ich glaubte die Polen noch hinter mir! So sind wir denn auch von rechts her abgeschnitten!" Der edle polnische Fürst, erkennbar an seiner goldstrotzenden Kurtka und der rosaroten Ulanentschapka, die er als Generaloberst aller polnischen Lanciers statt des sonst üblichen Federhutes trug, hatte sein scheues Roß in die Elster gespornt, doch dies bäumte und überschlug sich bei dem Versuch, das steile Ufer jenseits zu erklimmen, Roß und Reiter rollten in die reißende Flut, die sie verschlang. Seine blendende Schönheit, von Frauen geliebt, seine heldenmütige Vaterlandsliebe, von Männern hochgeachtet, begrub so ein klägliches Ende.

„Hier ist ein Pferd! Retten Sie sich, mein Marschall!" Adjutant Beurnonville sprengte mit einem Maréchal-des-Logis von der Kavallerie heran, der in soldatischem Pflichtgefühl seine eigene Not vergaß und sich die Zeit nahm, für seinen Feldherrn ein lediges Pferd aufzufangen. Mit einem Satz im Sattel, drückte Macdonald dem wackern Wachtmeister die Hand: „Ich danke, mein Braver! Ihr Name?" Aber der Adjutant Beurnonbille schnitt, das Pferd am Zügel packend, die Antwort ab: „Dazu ist jetzt keine Zeit, es gilt das Leben!" und galoppierte mit dem Marschall Seite an Seite davon zu einer der halbzerstörten Notbrücken, wo nur zwei Baumstämme einen Schritt weit auseinander überm Wasser lagen.

„Lieber tot als gefangen!" Im Gedränge, das jeden Platz verstopfte, vom Pferde steigend, warf Macdonald seinen langen pelzgefütterten Marschallsmantel ab und schritt behutsam auf dem glitschigen Pfad wie auf wagerechtem Balanzierbalken hinüber. „Ihm nach! Es hält!" drängten da andere ihm nach und beim Schwanken verlor er das Gleichgewicht und stürzte ins Wasser. Wohl fand er Grund, doch der fette schlüpfrige Boden des abschüssigen Ufers spottete jeder Anstrengung, mit den gespornten schweren Stiefeln hinaufzuklimmen, zumal von jenseits Kugeln russischer Jäger in Menge sich eine Ernte unter den Hinüberwollenden suchten...

..Jählings fuhr der Kaiser aus unruhigem Mittagsschläfchen empor, das seine geopferte Nachtruhe ersetzen sollte. Der Brückensprengung dumpfer betäubender Knall weckte ihn. Wie auf ein Alarmsignal, als sei ihr Gebieter selber bedroht, sprang die Alte Garde zu den Waffen und stellte sich ohne Geheiß in Schlachtordnung.

„Die große Brücke flog auf!" meldete Berthier tonlos, als man die Ursache und hiermit die ganze Schwere des Unglücks erkannte. „Macdonald ist noch drinnen!" Napoleon sank auf einen Feldstuhl in einer Bewegung völliger Apathie. Seine Arme hingen schlaff herunter, seine Blässe nahm im erstarrenden Erschrecken eine olivengelbe, fast grünliche Färbung an, als werde ihm übel. Wohl schüttelte er die Entmannung ab und erwog gelassen, doch klang seine Stimme wie belegt.

„Da ist nichts zu machen, wir können nicht helfen, hilft auch nichts, Untersuchungskommission zu bestellen, wen die Schuld trifft. Sollt' ich etwa selbst mit der Lunte bei der Brücke stehn? Die Stadt ist genommen, die Nachhut verloren. Hoffentlich rettete sich der größte Teil. Ein Glück noch, daß die Armee sonst ohne Schaden davonkam. Dies Ereignis bestimmt mich, den Rückzug ungesäumt fortzusetzen. Herr v. Wrede erwartet uns freundlichst am Main und wir werden das Rendezvous einhalten. Pünktlichkeit ist die Höflichkeit der Könige. Bah, diese Preußen, so jämmerlich bei Jena und Auerstädt, und jetzt so äußerst gefährlich. Ich war erstaunt schon bei Lützen und Bautzen, und gestern bei Probstheida... unübertrefflich! Den Leuten mach' ich keinen Vorwurf, trotz York und Bündnisbruch. Wo würden wir hinkommen, wenn wir erzwungene Verpflichtung für bindend hielten! So was braucht man der öffentlichen Meinung nicht zuzugeben, aber unter uns —! Dies Preußen litt viel. Und ich glaube, daß man meine nicht gerade billigen Forderungen mit unnötiger Härte eintrieb. Ich hatte Wichtigeres zu tun, als Gouverneure und Intendanten zu überwachen. Gegen Daru sollen sie besonders wütend sein. Aber Eblé in Magdeburg, Narbonne in Wittenberg und Rapp in Danzig werden doch als menschenfreundlich gerühmt. Konnte ich mehr tun, als wiederholt Geheimerlasse an die Statthalter zu richten, daß man die unglücklichen Fremden nicht über Gebühr schinden solle? Auch die Sachsen haben nicht so Unrecht zum Groll. Ihr Land ist ausgesogen bis zum Ruin. Wenn Unterschleife dem Soldaten seine Magazine schmälern und ihm das tägliche Brot stehlen, kann man nichts Gelinderes erwarten. Es war eine Schande, dies Marodieren, und dabei war die Armee nie schlechter verpflegt als hier in einem fruchtbaren Lande. Erinnern Sie sich, daß ich mit Oberzahlmeister Peyrousse noch ein ernstes Wörtchen zu reden habe. Die Mannschaften lebten zuletzt von ungaren Kartoffeln. Alles mögliche, daß sie noch so viel Haltung bewahrten! Die Armee trägt keine Verantwortung für unser Unglück. Die furchtbare Übermacht hat mich zu Grunde manövriert, Zahlen sind stärker als Berechnungen, die Ziffer entscheidet zuletzt im Krieg, und Gott war selten bei schwächeren Bataillonen."

Dies alles plauderte er so hin, als säße er außerhalb der Dinge auf dem Sirius und bespreche als Welthistoriker entfernte Dinge von höherer Warte. Aber es rief ihn in die traurige Wirklichkeit zurück, daß ein Gardeoffizier hereinstürzte: „Sire, der Herzog von Tarent ist ertrunken." „Sicher?" „Man hat ihn in den Fluß stürzen sehen. Das Gerücht drang sogleich hierher." Der Kaiser stützte den Kopf in die Hand: „Schade um ihn, den Treuen, den Guten! Wie Lannes und Bessières, meine ältesten Waffengefährten, wie Duroc, mein bester Freund!" Er zuckte schmerzlich zusammen, denn diese seelische

Wunde vernarbte noch nicht, die ihn unter allen am tiefsten traf. „Noch erinnere ich mich, wie ich auf der Anhöhe bei Wagram ausrief: ‚Welch tapferer Mann ist Macdonald!‘, als ich hinter Division Lamarque ihr Vorgehen verfolgte. Ach, der arme Broussiers, dessen Division damals Macdonald so kräftig vorriß, fiel ja auch tot in den russischen Schnee. Doch was hilft das Trauern! Rufen Sie den Oberst d'Albe, daß er die große Karte des Kriegstheaters bringt!"...

Der über alle Maßen erbitterte Kampf in Leipzig fügte zwar den Verbündeten noch schwere Verluste zu, aber nun war auch alles zu Ende. Bis der Widerstand zur Neige ging, suchten die kommandierenden Generale Lauriston und Rheynier durch ihr Lob die standhafte Nachhut zu begeistern. „Freunde, wir erreichten nicht alles, was wir hofften," rief Rheynier den paar Häufchen zu, mit denen er stritt, „doch wir sind nicht besiegt." Und Lauriston: „Noch haben wir Leipzig, und so lange ich noch einen Degen halte, soll sich der Feind nicht unserer Kanonen bemächtigen." Padua entwischte dagegen im Weiberrock.

Das Tücherschwenken und Chamadeschlagen des badischen Regiments Hochberg und des beim König als Wache verbliebenen sächsischen Gardebataillons wollte kein Ende nehmen. „Schont die deutschen Landsleute!" Mit dem König fiel hier auch Prinz Emil von Hessen in Gefangenschaft. . . .

Außerdem die badischen Generale Rauchhaupt, Stockhorn, Graf Hochberg, Schäffer, welch' letzterer einst bei Talavera die ‚Deutsche Division‘ so brav geführt, die sächsischen Gersdorf, Bose, Zeschwitz (nicht bayerische Raglovich), württemberger Beurnonville, Jett, hess. Berolbingen, andere rheinbündlerische Generale, sogar ein Kroate der Division Guilleminot, General Slivarich. Doch nicht der alte italienische Divisionär Pino, in Mailand interniert, nicht Charpentier, wie stets irrig berichtet. Als nicht transportabel fielen ferner in die Hände der Verbündeten die sterbenden Generale d'Eßko, Aubry und Coulomey, die verwundeten Bronikowski, Valery, Haugeranville. Selbst der kühne Reitergeneral Dubois und der Kommandeur 8. Gardetirailleurs, Dorsenne, Bruder des in Spanien verstorbenen Chefs der Jungen Garde, fanden nicht mehr Anschluß, zu lange in der Stadt verweilend. Auch Rochambeau's Brigadegeneral Mandeville, ferner Graf d'Henin und noch sechs andere Brigadegenerale mußten ihren Degen ausliefern. Pelletier de Montmarie und Boyer de Rebeval bluteten zu Tode.

Obschon Russen über die Lazarettbrücke am Jakobsspital

drangen, so bohrte sich dort noch ein erheblicher Teil der am Ranstädter Steinweg zusammengepreßten Truppen durch die Gärten einen Weg. Nur was vom Gehlerschen Garten vor den Preußen und von Reichels Garten (Petersvorstadt) vor Paskewitsch aufs Glacis und von dort zu Richters Garten floh, ging an der Elster zu Grunde. Den am Ufer Abgesperrten, oder denen, die schon jenseits hinüberkamen, unter denen russische Jäger und Husaren ein Blutbad anrichteten, kam unerwartete Hilfe. „Sollen wir das mit ansehen?" Oberst Marbot riß den Säbel aus der Scheide und General Excelmans brüllte zornig seinen Stabstrompeter an: „Pour la charge!" Während die schwere Reiterei, indes nur selten eine verirrte matte Flintenkugel wie Erbsen an ihren Kürassen herabkollerte, schon in schweren Säulen abzog, standen Sebastianis Chasseurregimenter noch seitwärts Markranstädt aufgeritten. Sie stürzten sich jetzt mit wahrer Wut auf die heimtückischen Niedermetzeler der Wehrlosen und streckten eine sehr große Menge davon mit ihren Streichen nieder. „Kein Pardon! Schlagt alles tot!"

Marbots blutbesudelte Klingen vollzogen eine wahre Hinrichtung. Fünfhundert Russen wurden niedergesäbelt, ein Teil davon in einem Wirtshaus, das man mit Karabiner und Säbel in der Faust zu Fuß erstürmte. Das kostete nur den Unteroffizier Fouche, Ritter der Ehrenlegion, durch beide Schenkel geschossen, und ein paar Leichtverwundete. In Leipzig blieb der schwerverwundete Rittmeister Pozac zurück, seinen Ehrensäbel von Marengo dem Regimentschirurgen anvertrauend, der das Ehrenzeichen glücklich nach Frankreich heimbrachte. Außerdem hatte Marbot seinen Rittmeister Joly verloren, der gestern abend auf grellleuchtendem Schimmel die ausgesetzte Vorpostenkette abritt, trotz aller Warnung der Kameraden, und so als Zielscheibe gleich eine feindliche Kugel schmeckte.

Dies Eingreifen erlaubte noch vielen, die Elster teils schwimmend, teils auf Baumstämmen zu passieren, und Macdonald selber ward so wie durch ein Wunder gerettet. Keine Kugel traf ihn und Chasseurs, den Feind vertreibend oder umbringend, zogen ihn aus Ufer herauf. Er triefte von Wasser, während ihm von übermäßiger Klettermühe der Schweiß von der Haut rieselte. Völlig atemlos, sah er sich von einer

18*

Ordonnanz mit einem frischen Pferd empfangen: „Vom Herzog von Ragusa!" Der verwundete Marmont, schon seit der Frühe am linken Ufer, hatte sich pflichteifrig vorgewagt, des Kollegen Bedrängnis bemerkt und schickte dies Hilfsmittel. „Mir wären trockene Kleider lieber!" brummte Macdonald. „Tod durch kaltes Bad — dann lieber durch Füsillade!"

Er wandte sich im Sattel. Denn ein herzzerreißender Hilferuf drang zu ihm herüber: „Marschall, rettet Eure Soldaten! Eure Kinder!" Hunderte stürzten sich in das Gewässer und kamen dabei um. Denn jetzt quetschten sich die letzten Bleibsel der Nachhut, bis an den Rand der Flut getrieben, ratlos ans Ufer. Im Innern drüben überm Wasser währten Schlachtlärm und Schießen noch eine Weile fort, plötzlich ward es ganz still. Denn zu Tausenden mußten die Abgeschnittenen, zuerst Gérards 6. Regiment, das Gewehr strecken, und den dichtgedrängten Abgesperrten am Flusse blieb jetzt auch keine andere Wahl. Waffen rasselten nieder, Feldzeichen sanken in den Staub, sechzig verlassene Feldstücke standen mit leeren Mündungen verlassen umher. Sämtliche Geschütze des Neyschen Korps bis auf vierzehn gingen verloren. So richtete sich hier neben dem Rest von Polen (1., 8., 15. Regiment gefangen, nur noch sechshundert) fast das ganze Korps Macdonald zu Grunde, während übrige Teile des Nachhutheeres glimpflich davonkamen. Rheyniers Adjutant Esclignac entkam schwimmend.

Die Italiener widerlegten sonst die alte Mär, daß sie feige Soldaten seien, wie schon die Garden des Vicekönigs und die aus lombardischen Depots gebildeten nur angeblich französischen Regimenter seines Korps in Rußland das Nötige darüber bekundeten, ganz zu schweigen von Espagnes piemontesischen Kürassieren bei Eßling und den berühmten 111. Piemontesen des Korps Davout. Hier aber drückten sie sich hinter die französischen Kameraden und warfen die Waffen weg, kaum daß sie einen einzigen Offizier verloren.

Der ritterliche Marbot, übrigens sofort ein Handpferd an Macdonald leihend, beklagte auch sehr, daß sein Kollege St. Chamans im Hotel Bayrischer Hof in der Peterstraße zurückblieb, vorheriges Hauptquartier Neys. Der Schwerverwundete ward dort gründlich von Kosaken ausgeplündert. Der gallige Doppeladlige — geborener Vicomte und Reichsbaron — schimpfte auch jetzt noch in seinen Schmerzen: „Jawohl, zwanzigjährige Soldaten und vierjährige Pferde! Aber die Damen von

Paris wollten den Krieg, um die Dotationen ihrer Männer zu retten! ‚Wenn August trinkt, ist Polen betrunken!‘"

Ein Pommerngrenadier und Jäger Gauer nahmen zwei Größen in Gewahrsam: es fielen in Gefangenschaft starkblutend Lauriston und Reynier, welchem Musketier Finger einen derben Fingerzeig gab. Beide, beschmutzt und die goldstrotzende Uniform zerrissen, doch in stolzer ungebrochener Haltung, begrüßten würdevoll die Monarchen, deren Triumphatoreinzug soeben von statten ging.

„Ah, Graf Lauriston, so ich nicht irre? Wir sahen uns zuletzt in Petersburg," nickte der Zar nicht ohne leichte Jronie. Hatte doch Botschafter Lauriston vor ihm den ganzen Glanz des Empire auf Galafesten in der Newaresidenz entfaltet. „Das ist ein peinliches Wiedersehen. Sie werden, meine Herren, mit all der Achtung behandelt werden, die Ihrem Range gebührt."

So geht es immer. Der gemeine Mann hat auf solche Behandlung keinen Anspruch, nur die Höheren bei Freund und Feind erweisen sich gegenseitige Courtoisie.

….„Ihr Stabschef, Herr Marschall, ist auch ertrunken!" hieß es neben Macdonald, General Dumoustier fand in den Fluten den Tod. Fast zusammenbrechend, erwehrte sich der Marschall nicht bitterer Tränen, als er die Stätte verließ, wo sein braves Korps zu leben aufhörte. Hinter ihm gellte noch das Angstgeschrei der vielen Ertrinkenden, die lieber umkommen als in Feindeshand fallen wollten. Gleichgiltig nahm er die herzlichen Glückwünsche zu seiner wunderbaren Rettung entgegen, die man verschwenderisch über ihn ausschüttete. „Der Kaiser wünscht Sie zu sprechen," trat König Murat auf ihn zu.

Doch er wehrte schroff mit der Hand ab: „Nicht jetzt! Ich bin nicht in der Stimmung." Der König ergriff ihn am Arm und führte ihn beiseit: „Ich bitte Sie dringend, raten Sie, verhüten Sie weitere Tollheiten! Tun Sie mir den einzigen Gefallen und finden Sie kein Auskunftsmittel, das ihn darin bestärken könnte, sich an der Saale zu setzen!"

Macdonald lachte bitter auf. „Fürchten Sie nichts, Majestät! Ich werde mich sicher nicht scheuen, ohne Umschweif zu sagen, daß jeder Aufenthalt uns verderben muß." „Bravo! Reden Sie ihm seine Wahngebilde aus!" Und halblaut raunte er: „Dieser Mensch ist toll, rein toll, er stürzt uns alle in den

Abgrund." So wagte dieser Seiltänzerkönig von Napoleons Gnaden sein unwürdiges Gebahren vom vorigen Dezember zu wiederholen. Damals hatte der eiserne Marschall Davout ihn gebührend abgefertigt, ihn einen unanständigen undankbaren Gesellen genannt, dessen Betragen er allerhöchstenorts zur Anzeige bringen werde. Diesmal fand er nur einen stummen Zuhörer. Macdonald fügte sich und begab sich, zitternd vor Naßkälte und nervöser Abspannung, zum Kaiser. Als er eingeführt ward, saß Napoleon vor seiner Karte, die erhabene Stirn in beide Hände gestützt. Die Chargen des Hauptquartiers standen in ehrerbietigem Schweigen umher. Er sah auf: „Herzog von Tarent, ich grüße Sie. Es freut mich, daß Sie sich Mir erhielten. Ich gab Sie schon verloren. Erzählen Sie den Vorgang!" Macdonald ließ die Gelegenheit zu einer Standpauke sich niemals entgehen und legte los. Er war wieder mal empört und sprudelte in heftiger Erregung seinen Bericht hervor, oft innehaltend, um seine seelische Ergriffenheit zu bemeistern. Der Herzog von Bassano und seine Geheimsekretäre, die in einer Ecke arbeiteten, unterbrachen ihr Schreiben, um zuzuhören. Auch die Mitglieder des Hauptquartiers bezeugten durch Gesten und Ausrufe ihre Erschütterung. Napoleon allein saß unbeweglich stumm da, nichts deutete in diesem ehernen Antlitz auf eine Regung seines Innern, sein kalter fester Blick verriet weder Leid noch Überraschung, sprach kein Gefühl aus und keinen Gedanken an die gewaltige Veränderung seiner Weltmacht, die ein einziger Tag heraufbeschwor. Und Macdonald schloß: „Lassen Sie sich nicht täuschen, Sire. Wenn der Feind uns auch Zeit läßt, unsern übermüdeten Truppen dürfen wir keine Ruhe gönnen. Die untergrabene Disziplin wird den gelockerten Mannschaftsstand in jeder Stunde verringern. Beträchtliche Truppenteile strömen schon bunt durcheinander dem Rheine zu, instinktmäßig. Sie werden plündern, ohne sich stören zu lassen, und mit Beute beladen davon laufen. General Wrede darf nicht vor uns bei Gelnhausen anlangen. Lassen wir uns nicht zu Aufenthalt verleiten, selbst wenn der Feind hinter uns absichtlich seine Verfolgung verlangsamt, damit wir Wrede ins Garn rennen. Unsere Zustände sehen Ew. Majestät vielleicht noch nicht in ihrer vollen Wahrheit. Augenblicklich können Sie sich nur auf Ihre Garden verlassen. Unverzüglicher Aufbruch tut not, erst hinterm Rhein können wir wieder in Ordnung kommen. Unser Verlust an Menschen und Material ist so ungeheuer, daß wir, um den Rest zu retten, keinen Augenblick verziehen dürfen, bis hinter den Rhein zu weichen." Die Generalstäbler blickten sich starr an. Berthier räusperte sich leicht. Der Minister Bassano, in seinen Stuhl gelehnt, die Arme gekreuzt und die Schreibfeder zwischen den Zähnen, stierte mit unverhohlener Verblüffung auf den kühnen Krieger. Sein Blinzeln frug: So wagt jemand mit Ihm zu sprechen?

Es schien, als ob Napoleon eine herbe Rüge auf der Zunge schwebe, und er warf einen durchbohrenden Blick auf den vor augenscheinlicher Erbitterung Bebenden, der übrigens auch nicht vergaß einzuflechten, daß er sein ganzes Gepäck und Baargeld verloren habe und von allem entblößt sei. (Denn wenn die Welt zusammenbricht, um die nassen Kleider und das leere Portemonaie des Herrn v. Macdonald muß man sich kümmern!) Dann bezwang sich seine Selbstbeherrschung in Rücksicht auf das erschöpfte durchnäßte Aussehen des Mannes, der offenbar geistig und körperlich ganz darniederlag, und er entließ diesen von den Toten gleichsam Wiedererstandenen, dessen Hinscheiden er noch vorhin beklagte, barsch und kalt: „Gehen Sie, ruhen Sie sich aus!"

Macdonald war außer sich, als er ging. Ja, da hörte alles auf! „Nicht einmal eine Stärkung hat er mir angeboten!" knurrte er in tiefer sittlicher Entrüstung. Ein braver Durchschnittsmensch wie er vermochte diese anscheinende Unempfindlichkeit nur als unmenschliche Gemütsverhärtung aufzufassen. Daß Napoleon ihm keine Teilnahme ausdrückte, kränkte ihn schwer. Daß er durch seinen anmaßenden Sermon dem Gebieter eine noch kränkendere Geduldsprobe auferlegte, unterschied er nicht. Zu anderen Zeiten würde es geheißen haben: ‚Der Kaiser hat Ihren Rat nicht erbeten, noch bedarf er desselben. Niemand kennt das Geheimnis seiner Pläne und die andern haben zu gehorchen.' Doch das Unglück nivelliert und vorlaute Dreistigkeit heißt dann edler Freimut. So sind die Menschen.

Ehe Macdonald sich in trockener Wäsche umkleidete, mit der ihn Marmont versorgte, begegnete ihm noch der ruppige Augereau. „Wie kommt's, daß ich Sie gar nicht mehr auf meiner Flanke in der Vorstadt fand?" fragte er gemessen.

Da brach jener bissig los: „Halten Sie mich für solch 'nen
Narren, daß ich mich deswegen werde abmetzgen lassen? Einem
Tollhäusler zuliebe? Wie hirnverbrannt hat der Kaiser in den
letzten Tagen gehaust! Der weiß nicht mehr, was er tut, das
muß Ihnen doch auch schon aufgefallen sein." Macdonald
knirschte etwas Unverständliches zwischen den Zähnen. „Ja,
zum Feigling ist er geworden. Stellt uns auf verlorene Posten
und läßt uns drin, unbekümmert, was aus uns wird. Solchem
Verfahren gegenüber zog ich es vor, einfach abzuziehen, ehe es
zu spät war. Sie hätten's ebenso machen sollen. Wozu sich
weiter für ihn opfern!"

Damit trollte der anziehende Schurke sich seines Weges.
Nachdem seine Beutewagen neben den ‚Ersparnissen‘ des
Räubers Massena und dem Privatgepäck des schmutzigen Bernadotte schon in den Revolutionskriegen eine wohlfeile Berühmtheit genossen, bereicherte er sich durch seinen Wohltäter und alten
Zeltkameraden Bonaparte, bis er platzte, und biß jetzt die Hand,
die ihn fütterte. Macdonald, der die Verhältnisse kannte,
runzelte in düsterm Unmut die Stirn. Aus Uneigennützigkeit
so vermögenslos, daß seinen Töchtern der Kaiser aus seiner
Privatschatulle eine Mitgift schenken mußte, empfand er, der
allein kärglicher Bedachte, doppelt den treulosen Undank seiner
Kollegen gegen ihren Gebieter. Bald darauf vernahm er auch
eine wohlbekannte Stimme in gleicher Tonart. Ney unterhielt
sich in seinem Wagen mit seinem Gesinnungsgenossen, dem gleichfalls verwundeten Souham, ohne Scheu unter lautem ärger-
lichem Poltern über Napoleons Unfähigkeit. Früher nach
Aspern, als zum ersten Mal der Glücksstern ungewiß flackerte,
hieß es noch aus Massenas Mund: ‚Sire, Sie sind ein Mann
von Herz, Sie allein sind würdig, Männer wie Wir zu kommandieren.‘ Selbst nach der russischen Höllenfahrt gewann nur
Murat den Königsmut zum Schimpfen. Aber jetzt schien jeder
Respekt im Schwinden. Die Versäumnis der Brückenschläge
ward als absichtliche Vernachlässigung aufgefaßt. Am ärgsten
trieb es aber der unglaubliche Fournier, der leichtverwundet
überall herumzankte. Da er weder republikanische noch roya-
listische, überhaupt keine politischen Überzeugungen besaß, wußte
der unreife Bramarbas eigentlich selbst nicht was er wollte.
Am liebsten gar keinen Vorgesetzten über dem Helden Fournier,

das war des Pudels Kern... Als Napoleon beim allgemeinen
Aufbruch der Armee, wobei sich nur noch neunhundert seines
Korps um Macdonald zusammenfanden ohne irgendwelche Fahrzeuge und Geschütze, längs einer Ambulanzkolonne vorüberritt,
hörte er Fourniers helle krähende Stimme provozieren in nicht
wiederzugebenden Ausdrücken. Mit Widerwillen wandte er den
Kopf ab und wollte nicht hören. Doch Berthier drängte sein
Pferd nahe heran und stellte eindringlich vor: „Fournier ist
schon lange reif, ein Exempel muß statuiert werden."

„Wo denken Sie hin?" Napoleon lächelte kalt. „Der
Mensch ist ja unzurechnungsfähig, ein Geck und Narr. Wenn
er Tollwut simuliert, lassen wir ihm dies Vergnügen." „Sire,
es ist unmöglich. Majestätsbeleidigungen dürfen nicht geduldet
werden, das zerfrißt die Moral der Truppe." „Die Truppe!
Glauben Sie, die horcht auf ihre Generale? Subalternoffiziere
und Gemeine machen sich wenig aus diesen betreßten Kriegs-
knechten, denen Ich mehr Ruhm gab als sie tragen können. Un-
barmherzig hechelt jeder ehrliche Soldat deren Habsucht, Hoffart,
Eifersüchtelei durch, die man in der Armee so gut kennt wie ich."
Berthier kniff die Lippen zusammen, er fühlte sich mit getroffen.
„Für meine Krieger bin Ich das Ideal, in dem sie das Vaterland selber anschauen. Und was solch ein Tropf im Kreise von
Kollegen auskramt, müßte er vor den Truppen für sich behalten,
wenn ihm sein Leben lieb ist." Er hatte Recht. Die geheiligt
unverletzliche Person des Kaisers erfüllte die französischen Heere
immer noch mit unbegrenzter Verehrung. Die ‚Alten' erfreuten
sich an seiner Größe wie an einem Monument, das ihre Hände
mit bauen halfen, und die Jungen sahen zu ihm als einem
höheren Wesen auf, dessen Vorzüge und Fehler anders waren
als die anderer Menschen. Einzelne Schwächen und Launen,
die ihn manchmal zum Gewöhnlichen herabdrückten, seit er mit
Selbstdegradierung in das herkömmliche Geleise des Dynasten-
wahns einlenkte, entgingen ja denen, die ihn nur dort zu
Gesicht bekamen, wo alles an ihm außerordentlich und einzig
war. Diese in Riesenmaßstab angelegte Natur verzerrte zwar
selber den großartigen Entwurf, der als ein Bild sondergleichen
für immerdar einen Gipfel des Menschlichen bedeuten sollte, und
sein eigener ungereinigter Wille war es, der in das über-
menschentum häßliche kleine Staubflecke hineinklerte, bis eine

naive Parteilichkeit die Sonne nicht mehr vor Flecken, den
Urwald nicht mehr vor Bäumen, den Geniekaiser nicht mehr
unter seinem Cäsarenwahn entdeckte. Für die breiten Massen
der unverfälschten schlichten Gemüter blieb er aber trotzdem der
unvergleichliche Ur- und Allmensch, für welchen die Begeisterung
eher zu- als abnahm, wenn das äußere Glück von seiner Seite
wich und ihm die ellenhohen Kothurnhacken unter seinem Sieger-
fuß abschnitt.

In diesem Augenblick tönte hinter ihm Journiers Krähen:
„Eine lügnerische Memme! Siebenundzwanzig Generale, dreitausend Offiziere, zwanzigtausend Gemeine lagen in den Leipziger Lazaretten, auch diese gaben wir schmachvoll preis.
Desertiert von der Armee wie in Ägypten! Das kennen wir!"

Mit einem unwillkürlichen Zucken der Linken nach dem
Pistolenhalfter seiner goldbordierten roten Schabracke, als wolle
er einen lästigen Köter niederknallen, riß der Kaiser sein Pferd
herum, mit einem Satz vor Journier hin: „General, Sie werden
sich sofort von der Armee nach Paris begeben und dem Kriegsminister zur Verfügung stellen." Einen Augenblick schien Journier betreten, wurde rot und blaß. Dann aber gewann er die
ganze Fassung seiner verwegenen Frechheit wieder und versetzte
barsch: „Fällt mir nicht ein, denn ich nehme hiermit meinen
Abschied." „Gehorsamsverweigerung vor dem Feinde? Nun
gut, so werden Sie sich einfach in Paris melden und weiteres
findet sich." Puterrot vor Wut sprudelte der vor Einbildung
halbtolle Geck hervor: „Gar nichts findet sich. Werde mich
hüten. Ihrer Tyrannei werde ich mich zu entziehen wissen."

„Ah, zum Feinde überlaufen? Ich dachte mir's!" Und mit
metallischer, nur leicht bebender Stimme setzte er hinzu: „Mein
Herr, wer seinen Souverän beschimpft, weil dieser Unfälle erlitten
haben mag, ist ein Elender!" Als hätte ihn ein Peitschenhieb
getroffen, fuhr Journier mit der Hand an den Degen. Wie
alle ehrlosen Säbelrassler war er äußerst empfindlich im
Punkte der sogenannten ‚Ehre'. Aber ohne mit der Wimper
zu zucken, winkte der Kaiser seinem Gefolge: „Verhaften Sie
den gewissen Journier! Er ist des Aufruhrs und der Desertion
verdächtig und hat den Arm gegen mich erhoben. Man stelle
ihn vor ein Kriegsgericht!" Indes Journier auf den barschen
Anruf „Ihren Degen, mein General!" sich ohne Widerstand

enttraffnen ließ, plauderte Napoleon ruhig wieder weiter: „Bedrohung im Osten durch die wachsende Barbarenmacht, die all mein Werk in Frage stellt, etwa meinen Nachfolgern vermachen? Es mußte gewagt sein. Nun, das Schicksal war gegen mich, und da konnte ja ein Atom mich fällen. Aber daß ich den Zug unternahm, bereue ich nicht. Und jetzt Frieden schließen? Ich war dazu bereit. Aber niemand unter den Verbündeten meinte es aufrichtig damit. Sie kennen diese Leute nicht, ich kannte sie. Je mehr Konzessionen ich machte, desto mehr forderten sie. Die Hauptsache war, mich vorerst aus Deutschland herauszudrängen, wo ich noch achtunggebietend bis zur Elbe regierte und sogar Oder und Weichsel durch meine Festungen beherrschte. Hernach, wenn ich alles Land bis zum Rheine räumte, hätten sie Holland erpressen wollen, Belgien, Italien, was weiß ich! Da war's schon klüger, nochmals an die Waffen zu appellieren. Ich bin weit entfernt, mir Illusionen zu machen. Das mochte früher so sein. Heut sehe ich klar, wohin sie steuern. Dieser Sieg wird die Alliierten trunken vor Freude machen und ich halte für möglich, daß ihre Keckheit so weit geht, uns selbst in Frankreich anzufallen. Es sei denn, daß mein Schwiegervater sich ins Mittel legt. Ohne Österreich werden sie's nicht wagen. Jedenfalls werden wir sie sofort am Rhein auf unserer Schwelle empfangen, wie es gekrönten Häuptern gebührt."

„Und womit werden wir fechten?" mischte Marmont sich ein, dessen leidendes Gesicht in der Suite plötzlich auftauchte.

„Welche Frage! Mit dem, was wir gerade bei uns haben!" Er schwieg und die Umgebung glaubte zu träumen, da sie solche Worte gelassener Zuversicht hörte. „Sehen Sie diesen Mann," raunte einer seinem Vertrauten ins Ohr, „ganz wie in Rußland. Er will schon wieder von vorne anfangen." Und doch hatte der Gestrenge sich nicht reizbar und unzufrieden gezeigt, auch nicht Erörterung vermieden in stolzer Verschlossenheit, wie früher, sondern offen und mild wie trostbedürftig sich ausgesprochen. So verschieden beurteilen die Menschen je nach Glück oder Unglück.

... Napoleon schaute rückwärts am Horizont entlang, wo Leipzig lag, der Sarg seiner Weltmacht. Noch einmal sah er vor seines Geistes Augen die Ereignisse vorbeirollen. Er schaute auf die Völkerschlacht und die Völker schauten auf ihn ...

Als der Entscheidungstag zu Ende ging, da glich das Heer
der Monarchen einem halblecken Linienschiff, das kaum noch
Steuerung innehält, Topmast mit Takelage umgerissen, Vor-
kastell dahin, das aber immer noch auf Musketschußnähe die
zerschossene Nase seines Bugspriets kampfmöglich ausstreckt. Das
französische Heer aber war wie eine Fregatte, die vor dem Toben
feurigen Wirbelwinds aus der Schlachtreihe Bereich herausfuhr,
ein Tor zum Entkommen findend und kaum noch feuernd, das
Deck dicht mit Leichen gefüllt und blutüberschwemmt am zersplittert gesunkenen Hauptmast. Und wie im Orkan zerspellender
Schüsse, dem Krachen zerreißender Breitseiten durch stäubende
Sparren und Luken, bis hochgehende See ins Innere wäscht,
durch erstickenden Rauch gekrümmter Glutkreise plötzlich des
Gegners schwarzer Rumpf und dunkle Donnerrohre wie Vision
vorüberhuschen, so tauchten später aus allverschlingendem Dampf
verschanzte Torwälle und Turmdächer auf wie Vorkastelle
schwimmender Gallionen. O große Seestadt Leipzig, wie der
Volkswitz dich taufte, hier schwimmst du in einem See von Blut.
Wie flüchtige Visionen schälen sich sekundenrasch Augenblicks-
bilder los von scheuen gehetzten Menschen, die sich aus rollenden
Glut- und Rauchwänden herauswickeln, spukhafte Schatten der
Großen Armee, einst in frischstrotzender Lebensfülle Gebieterin
der Welt, heut ein abgemergelt dürres Gespenst einstiger Größe.
Und wie ein Schlachtschiff, Brüstung und Railings zersplittert,
Segel in Fetzen, die Flagge streicht, so fiel der ganze Rest napo-
leonischer Heeresmacht auf einen Streich.

Vom Wallrand bis zum Uferrain, die Wasserrinne der
Flußwiese entlang, führte jetzt eine seltsame Brücke, nicht von
Holz, ausgeschlagen mit blauem Tuch, wie ein teppichbelegtes
kopfüber umgefallenes und hingestrecktes Steggerüst: eine Brücke
von uniformierten Leibern. Unter Erschlagenen erstickte Frankreichs Stolz, seine blühende Jugend erlag geschwungenem Stahl.

Ein paar kalkulierende Gehirne unter erlauchten Feder-
hüten — das ist alles, was Kriegsgeschichte zu beachten geruht,
leidenschaftslos arithmetisches Schachspiel gegnerischer Feldherrn mit blutlos abstrakten Massen. Doch der Einzelne in
diesen vielfarbigen Eisensäulen waffenstarrender Heere verdient
wohl auch einen guten Blick. Ein Dornendickicht von Stahlspitzen unter gesenkten Köpfen, eine Wette von Leben gegen

Leben, ein Ringen heißblütiger Wesen in Atmosphäre heftigster
Leidenschaft, und dann der Gewaltmarsch oder die taumelnde
Flucht, bestaubte schweißbeklebte fahle Gesichter mit röchelndem
Odem, strauchelnde blutende Füße hinkenden Nachschleppens,
Umstürzen vor reiner Erschöpfung wie plötzlich erschossen — das
ist's, das sind die Bilder, die ein armer Troupier, betrunken
von Schlachtengraus, in seiner Hirnzelle verarbeiten soll,
stöhnend und fluchend als Sonderstückchen der stählernen Kette,
zu welcher sich diese verdüsterten Menschen unter klammernder
Disziplin zusammenschmieden. Eine halbe Million Kanonenschüsse
auf eine halbe Million bewaffneter Lebewesen, die als zornige
Streiter wild aufeinander stoßen, welche Summe der sittlichen
Weltordnung stellen sie wohl zusammen?!...

Und der sinnende Imperator gedachte jener entscheidenden
Stunde, wo er in einsamem Gemach seinem Gehilfen die Rück-
zugsordre diktiert. Draußen im Umkreis der Stadtgemarkung
loderte ein langer Gürtel angezündeter leerer Munitionskarren,
dessen Feuerschein unterm falben Licht des Herbstmonds den
abziehenden Heeressäulen den Pfad erhellte. Schon rauschte
draußen vorm Fenster und in der Ferne der dumpfbrüllende
Waffenstrom vorüber. In langer Wagenkolonne zogen die
Parks der Artillerie voran, ihnen folgte Hufschlag von Schwadronen auf Straßenpflaster und Marschtritt bärenmütziger
Kohorten. Brennende Pechfackeln trug man voraus, wo die
dunkeln Massen durch die Vorstadt hereinquollen. Das Licht
bog manchmal in Nebengassen ab, wenn die Spitze des Zuges
sich spaltete.

Einen altertümlichen Armleuchter neben sich, saß Berthier am Schreibtisch. In der Ecke tickte eine altertümliche
Uhr, neben ihr ein Napoleonsbildchen als Kupferstich, wie es
damals in deutschen Landen so manche Häuser zierte. Ein
Spiegel im Empirestil hinter Berthier fing den Strahl seiner
dicken goldenen Epauletten auf. Aus der Ferne winkte im
Spiegelglas die Silhouette des blassen harten Cäsarenkopfs,
wo der Kaiser am Fenster lehnte. Den historischen Hut mit der
Kokarde und den schmalen Degen hatte er abgelegt, der Hut lag
und der Degen stand an einem einfachen Stuhl. Über weiße
Beinkleider und Weste hin, da der lange graue Überrock weit-
geöffnet herunterhing, flirrte der Mondschein. Napoleons

Rechte hielt eine englische Zeitung, in der er zum so und so vielsten Male als Ungeheuer gebrandmarkt und konterfeit; die Lektüre hatte ihm in Schlachtpausen viel Vergnügen bereitet. Seine Linke stützte sich aufs Fenstersims. So diktierte er eintönig, eintönig tickte die Uhr, eintönig raschelte Berthiers Feder.

Was ging wohl durch des Sprechenden und Schreibenden Seele? Ein breiter Schatten fiel durchs Fenster auf Schreibtisch und Papier. War's grauser Schatten unzähliger Opfer, die fruchtlos geschlachtet für unerreichbares Ziel? Düster lastete der Schicksalsstunde gewaltige Tragik.

... Leipzigs Segensglocken läuteten über wallenden Mähnen und windzitternden Federbüschen, über einer wahren Legion von Generalen und Diplomaten, von Ordensbändern und Sternen, über goldgestickten Prunkgewanden aller Dynastien, überm gesalbten Haupt der erhabenen Monarchen. Der Zar lächelte noch einmal so gönnerhaft als sonst, und Schwarzenberg sah dem Goldenen Vließ ähnlicher denn je mit seinem pfiffig-behäbigen Lächeln. Friedrich Wilhelm musterte mit Kennerblick Gamaschen und Knöpfe seiner einmarschierenden Krieger, wobei das unvorschriftsmäßige Aussehen der Landwehr ihn zu Äußerungen des Mißfallens bewegte.

„Garstige Leute, sehen unappetitlich aus. — Was machen Ihre Söhne, mein lieber Major?" „Sind alle für Ew. Majestät umgekommen." „Nicht für mich, das nicht annehmen können, für das Vaterland." Der Held von Lützen empfand so.

Unter den letzten Donnern der Völkerschlacht kam Blücher auf den Roßplatz geritten. Dort trat heut früh der große Besiegte aus dem Apelschen Hause, stieg auf und bog von der Hainstraße durch Fleischer- und Klostergasse um, wandte sich durchs Peterstor zum Ranstädter Steinweg. Daß er im Gasthaus ‚König von Preußen' genächtigt, schien auch ein kichernder Spott des Schicksals. Nun, vor dem selben Haus auf dem Markte sprach jetzt der König von Preußen unterm Rauschen vielfältigen Jubels zum Marschall Vorwärts:

„Schon wissen, lieber Blücher, immer große Stücke auf Sie gehalten. Ihre Sache ganz brav gemacht. Werde nicht vergessen." Der Alte aber blüchert nicht faul: „Ik habe man bloß meine Schuldigkeit getan, aber meine braven Kerls, ja die haben m e h r getan!" Doch d a s wurde vergessen.

Fürst Blücher von Walstatt, Durchlaucht, empfing soeben den höchsten russischen Orden aus der Hand des großen Zaren, die sich segnend über sein Gestüt Deutschland ausstreckte. Metternich und Hardenberg, die Veteranen der Staatskunst, lächelten vielsagend. Und alles war eitel Freude. Nur die Völker gingen leer aus . . Das war die Völkerschlacht von Leipzig.

Wie der Wilde Jäger unter sausenden Wipfeln fuhr Er durch Hanau's Lamboywald hinüber den Rhein und der Strom schloß sich hinter ihm fortan als Grenze. Nicht eher fühlte Frau Europa Ruhe, als bis das Weltmeer schäumte zwischen ihr und ihrem ungestümen Freier. Ja, sie tat eine Fehlgeburt, weil sie den dunkeln Haß gegen ihren schändenden Überwinder auf den Samen übertrug, den er in ihren Schoß geschüttet. Aber zu tief drang sein Druck, zu gewaltig hatte er sie befruchtet, daß sein Wesen noch fürder in ihren Adern rollte. Lustschaudernd fühlte sie sein Blut in ihrem Blute, sein Bild unter ihrem Herzen für immer. Die kränklich grämliche zänkisch kleinliche Alte Jungfer Deutschland erstarkte zu frischer Jungfräulichkeit in seinen eisernen Armen, und daß sie später Kinder gebären konnte, das war sein Werk.

So hat bei Leipzig die Schlacht der Völker erst Europa verjüngt. Wohl erwarben die Deutschen nichts weiter zurück als ihr altes Hauskreuz, wenn's auch nicht immer von Eisen war. Aber der Gott, der Eisen wachsen ließ, erzog sie unterm eisernen Kreuz ihrer Lebensopfer für Seelengüter zu Männern aus Kindern, bis daß sie lernten abzutun, was kindisch war. Daß nicht in Friedrichs toten Diamantenaugen, sondern im Gesamtmark seiner trotzigen Bürger und Bauern die Größe und Zukunft ruhe, deß ward Preußen erst inne in seinem Volksheer auf Leipzigs Gefilden.

Den toten Cäsar lasset ihn abseit ruhen in seiner Unsterblichkeit! Sein Monument steht auch in Deutschlands Denkmal auf Leipzigs Flur. Aber über alle Denkmäler hin schmettert die Leipziger Lerche ihr Auferstehungslied und des Deutschen Reiches Aar kreist vom Thonberg zum Niederwald, zum Zeichen, daß wir keiner Völkerschlacht mehr bedürfen, dieweil wir eins geworden, ein einziges Brudervolk. Nie fürder kräht der gallische Hahn. Denn die Wacht am Rhein begann, als Preußens Adler seine Schwingen erhob über Leipzigs qualmenden Dächern.